创新型经管专业精品教材

高级财务管理

主编　李魁

镇　江

内 容 提 要

本书主要介绍了高级财务管理的相关知识，共九章，其具体内容包括高级财务管理理论，财务战略，全面预算管理，业绩评价，企业价值评估，公司并购运作，企业集团财务管理，国际财务管理和公司破产、重整与清算。

本书可作为高等院校会计、财务管理、审计、税务及资产评估等财经专业高年级学生的教材，也可作为企业的会计、财务管理、审计等相关专业人员的参考用书。

图书在版编目（CIP）数据

高级财务管理 / 李魁主编. -- 镇江 : 江苏大学出版社, 2016.12（2024.1 重印）

ISBN 978-7-5684-0276-7

Ⅰ. ①高… Ⅱ. ①李… Ⅲ. ①财务管理 Ⅳ. ①F275

中国版本图书馆 CIP 数据核字(2016)第 187443 号

高级财务管理

GaoJi CaiWu GuanLi

主　　编 / 李　魁
责任编辑 / 柳　艳
出版发行 / 江苏大学出版社
地　　址 / 江苏省镇江市京口区学府路 301 号（邮编：212013）
电　　话 / 0511-84446464（传真）
网　　址 / http://press.ujs.edu.cn
排　　版 / 河北鹏润印刷有限公司
印　　刷 / 河北鹏润印刷有限公司
开　　本 / 787 mm×1 092 mm　1/16
印　　张 / 26.25
字　　数 / 606 千字
版　　次 / 2016 年 12 月第 1 版
印　　次 / 2024 年 1 月第 8 次印刷
书　　号 / ISBN　978-7-5684-0276-7
定　　价 / 68.00 元

如有印装质量问题请与本社营销部联系（电话：0511-84440882）

前言
Preface

会计、财务管理专业人员不仅需要具备基本核算及财务管理才能，更需要具有开阔的视野和广博的知识，以适应当今经济社会的发展，以及企业对财会人员的需求。高级财务管理的学习应该是在掌握财务管理的基本理论和通用方法、能够处理财务管理的常规业务的基础上，进一步掌握涉及专门领域的、难度较高的财务管理的内容和方法。本书旨在为培养企业财务总监、财务经理等财务领导人才提供学习的方向和具体的相关知识。

本书从结构和内容的安排上均体现了较为鲜明的特色：

1. 结构体系完整

（1）将“高级财务管理”课程的内容定位为在“财务管理”课程中未曾涉及，但对现代企事业单位又甚为重要的财务管理内容与方法。

（2）突出对现代企业财务管理方法的介绍，如财务战略管理、全面预算管理、企业业绩评价等。

（3）紧密结合企业现代经营国际化和集团化两个主要特点，注重分析国际财务管理问题和集团财务管理问题，如公司并购运作、企业集团财务管理、国际财务管理等。

（4）注重分析企业特殊的财务管理问题，如公司破产、重整与清算。

2. 内容设计实用

（1）务实性。本书紧扣财务理论与实际问题安排内容，体现“务实性”。

（2）易用性。为便于教学，本书在每章开始就明确提出学习目标。在编写体例上，坚持形式为内容服务。全书每个章节都由“案例引导”引出正文，“案例引导”内容贴近现实，可激发学生的学习兴趣并引导学生思考；正文中穿插了“提示”“典型案例”“例题解析”“知识拓展”等模块，可使学生加强对理论知识的理解并开阔视野；每章最后附有与该章内容紧密结合的案例研究与分析，并配有相关教学课件，体现“易用性”。

（3）新颖性。本书的教学案例均来自最近几年企业的财务管理实践，部分案例是实地研究的最新成果，体现“新颖性”。

为学习贯彻党的二十大精神，提升课程铸魂育人效果，本书专门在扉页“教·学资源”二维码中设计了相应栏目，以引导学生践行社会主义核心价值观，涵养学生奋斗精神、敬业精神、奉献精神、创新精神、工匠精神、法制精神、绿色环保意识等。

本书由李魁担任主编，刘金星、张玲、王嘉、桂春丽、贾宁、张喜娟担任副主编。本书在编写过程中参阅了许多相关著作及论文，不能一一列举本书参考内容所涉及的专家、学者，我们在此表示深深的敬意和由衷的感谢！

由于国内对高级财务管理体系的架构及内容尚未有定论，由于编者水平有限，书中难免存在疏漏与不当之处，敬请广大读者批评指正！本书配有精美的教学课件，读者可以登录文旌综合教育平台“文旌课堂”（www.wenjingketang.com）下载。

目录 Contents

第一章　高级财务管理理论……1
第一节　高级财务管理概述……2
一、高级财务管理的定位……2
二、高级财务管理的内容……3
三、高级财务管理的特征……4
第二节　财务管理假设……5
一、财务管理假设的概念……5
二、财务管理假设的意义……6
三、财务管理假设的构成……6
案例研究与分析：从泸天化的“十个统一”探讨财务管理体制……10
一、案例背景……10
二、案例分析……11
思考与练习……14
第二章　财务战略……15
第一节　财务战略概述……17
一、企业战略与财务战略……17
二、财务战略的特征……18
三、财务战略的类型……19
第二节　财务战略规划……20
一、财务战略环境分析……21
二、财务战略规划方法……23
三、财务战略规划的内容……28
第三节　财务战略控制……35
一、财务战略控制的内容……35
二、财务战略控制的特征……36
三、财务战略控制的实现方式……37
案例研究与分析：万科企业财务战略十年轨迹与启示……38
一、万科财务战略轨迹……38
二、万科财务战略的启示……44

思考与练习……45

第三章 全面预算管理……47

第一节 全面预算管理概述……49
一、全面预算管理的内涵……49
二、全面预算管理体系……52
三、全面预算管理程序……55
第二节 全面预算管理模式……60
一、以销售为核心的全面预算管理模式……60
二、以利润为核心的全面预算管理模式……62
三、以成本为核心的全面预算管理模式……65
四、以现金流量为核心的全面预算管理模式……72
第三节 全面预算的控制与调整……80
一、全面预算控制的概述……80
二、企业全面预算控制的形式和方式……83
三、全面预算控制的内容……84
四、预算调整……86
案例研究与分析：东风汽车公司全面预算管理体系建设……88
一、东风汽车公司实施全面预算管理的背景……88
二、东风汽车公司实施全面预算管理的主要做法……88
三、东风汽车公司实施全面预算管理的主要特点……93
四、对东风汽车公司实施全面预算管理的分析……95
五、东风汽车公司全面预算管理下一步工作方向……96
思考与练习……97

第四章 业绩评价……99

第一节 业绩评价概述……100
一、业绩评价的相关概念……100
二、业绩评价层次……101
三、业绩评价系统……102
四、业绩评价的分类……106
五、业绩评价的功能……107
六、业绩评价的程序……108
七、业绩评价模式……110
第二节 责任中心业绩评价……112
一、成本中心的业绩评价……112
二、利润中心的业绩评价……115
三、投资中心的业绩评价……120

第三节 综合业绩评价体系……124
一、业绩评价的财务模式……124
二、业绩评价的价值模式……129
三、业绩评价的平衡模式……135
四、成功的企业业绩评价特征……144
案例研究与分析：万科的平衡计分卡……146
一、万科公司背景介绍……146
二、万科公司的企业战略……147
三、万科公司平衡计分卡实用……149
四、关于万科实例的思考……150
思考与练习……152

第五章 企业价值评估……153

第一节 企业价值评估概述……155
一、价值评估的概念……155
二、价值评估的分类……156
三、价值评估的前提假设……157
四、企业价值评估的对象……158
第二节 企业价值评估的方法……162
一、企业价值评估方法的分类……162
二、现金流量折现法……166
三、经济利润模型……169
四、相对价值法……171
案例研究与分析：青岛啤酒市场价值评估……181
一、青岛啤酒简介……181
二、对青岛啤酒市场价值的分析与评估……182
三、总结……187
思考与练习……188

第六章 公司并购运作……189

第一节 公司并购理论……191
一、并购的形式……191
二、并购的动因……192
三、并购的作用……197
四、公司并购的类型……198
第二节 公司并购的一般程序……202
一、制定并购战略规划……203
二、选择并购对象……203

三、发出并购意向书……204
四、进行尽职调查……205
五、进行价值评估……208
六、开展并购谈判……210
七、做出并购决策……210
八、完成并购交易……211
九、进行并购整合……212
第三节　企业并购融资……212
一、并购融资渠道……212
二、并购融资方式……213
三、并购支付方式……219
第四节　杠杆收购和管理层收购……223
一、杠杆收购……223
二、管理层收购……226
第五节　并购防御与整合……228
一、并购防御战略……228
二、并购整合……231
案例研究与分析：五矿有色并购 OZ 矿业公司……239
一、并购背景……239
二、五矿集团投资决策分析……240
三、并购项目的内容……242
四、并购整合……244
五、经验与教训总结……246
思考与练习……247
第七章　企业集团财务管理……249
第一节　企业财务管理概述……251
一、企业集团的概念……251
二、企业集团的类型……253
三、企业集团的特征……253
四、企业集团的组织结构……255
五、企业集团财务管理的特点……258
第二节　企业集团财务管理体制……260
一、企业集团财务管理体制的基本模式……260
二、设计企业集团财务管理体制需要考虑的因素……262
三、企业集团的财务机构……262
第三节　企业集团筹资管理……265
一、企业集团筹资管理概述……265

二、以银行贷款为主的债务筹资分析……270
三、权益筹资——分拆上市……271
第四节 企业集团投资管理……278
一、企业集团投资管理的特点……278
二、企业集团外部投资管理……280
三、企业集团内部投资管理……281
四、企业集团投资多元化……281
第五节 企业集团分配管理……287
一、企业集团分配管理的重点……287
二、内部转移价格……288
三、企业集团内部的利益分配方法……291
案例研究与分析：海尔集团的多元化经营……293
一、海尔集团的简介……293
二、海尔集团发展概况……293
三、海尔集团发展战略……294
四、海尔集团多元化发展历程……294
五、海尔多元化的特点……295
思考与练习……297
第八章 国际财务管理……299
第一节 国际财务管理概述……301
一、国际财务管理的概念……301
二、国际财务管理的形成与发展……301
三、国际财务管理的特点……303
第二节 国际企业筹资管理……304
一、国际企业的资金来源……304
二、国际企业的筹资方式……306
三、国际企业资本结构管理与优化……308
四、国际企业筹资风险及规避……316
第三节 国际企业投资管理……319
一、国际投资的种类……319
二、国际投资的特点……321
三、国际投资的方式……322
四、国际投资分析……326
第四节 国际企业营运资金管理……338
一、国际营运资金管理的内容……338
二、国际营运资金存量管理……339
三、国际营运资金流量管理……345

第五节　外汇风险管理……347
一、外汇及外汇汇率……347
二、外汇风险及其种类……348
三、外汇风险管理的程序……350
四、外汇风险管理的方法……351
第六节　国际企业税收管理……354
一、国际税收概述……354
二、国际双重征税的免除……357
三、国际避税……359
四、国际反避税……363
案例研究与分析：中国石油集团海外投资决策与风险管理……365
一、案例背景……365
二、案例分析……367
思考与练习……369

第九章　公司破产、重整与清算……371
第一节　公司破产……372
一、公司破产概述……372
二、破产预警管理……376
第二节　公司重整……391
一、影响财务重整的决策因素……392
二、非破产重整……392
三、破产重整……395
第三节　公司清算……397
一、非破产清算……398
二、破产清算……398
案例研究与分析：无锡尚德破产重组的启示……406
一、无锡尚德简介……406
二、无锡尚德破产重组的内部原因分析……406
三、无锡尚德破产重组的外部原因分析……408
四、无锡尚德破产重组带来的启示……409
思考与练习……410

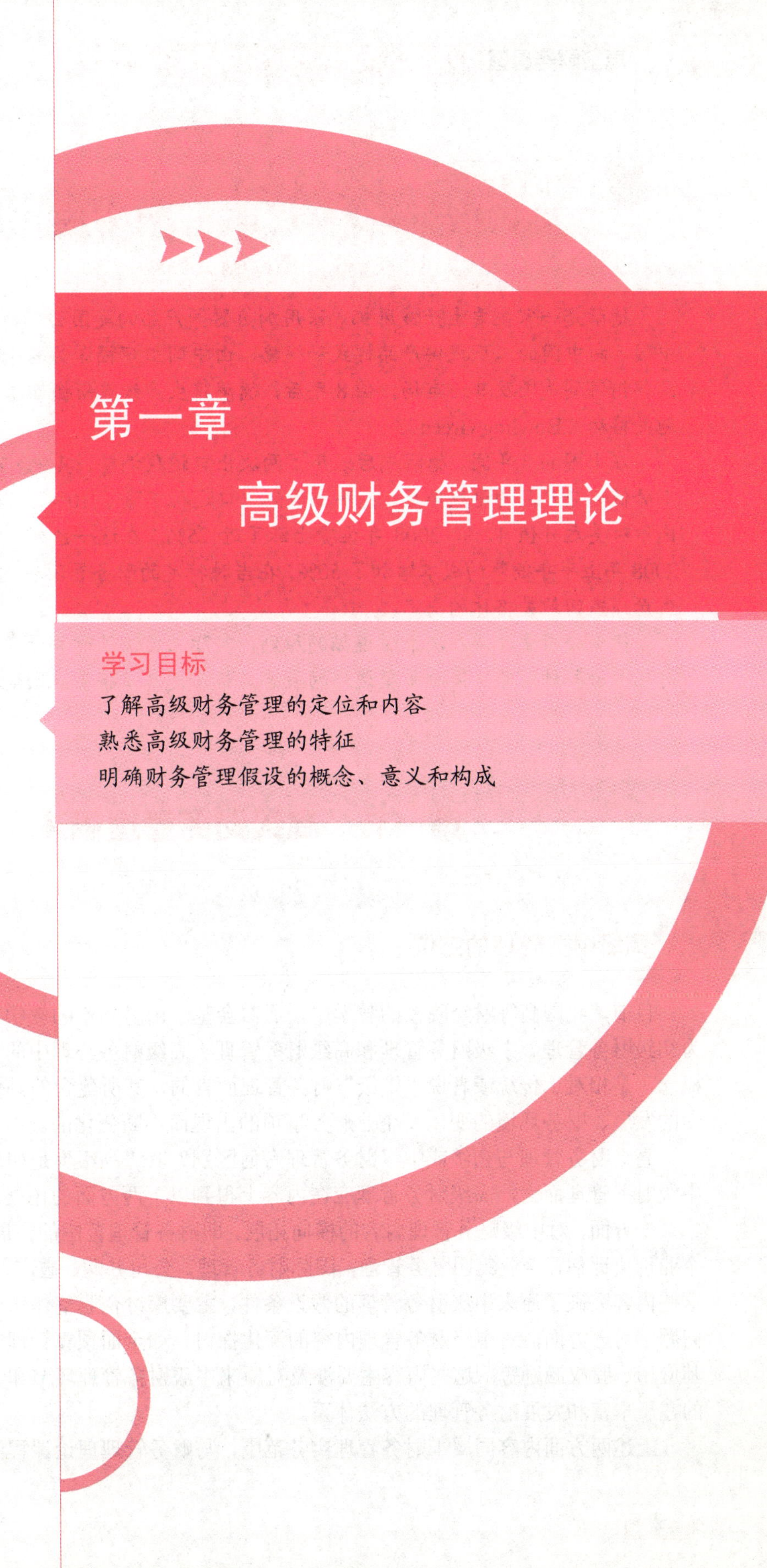

第一章 高级财务管理理论

学习目标

了解高级财务管理的定位和内容

熟悉高级财务管理的特征

明确财务管理假设的概念、意义和构成

案例引导

德萨搬回鲍灵格林

德萨是一家主要生产暖风机、家用加热器等产品的美国公司，于 2000 年末进入中国，向中国的工厂提供产品样式和规格，由中国工厂福泽为其生产，产品用德萨的品牌销售到美国及其他市场。但 8 年后，德萨将生产线重新搬回了美国中东部的小城鲍灵格林（Bowling Green）。

在中国的 8 年间，德萨先后经历了两次出口退税调整。其中，2007 年中国政府宣布降低部分产品的退税率后，德萨公司的出口退税下降了 10%。与此同时，2007 年人民币对美元升值 12%，2008 年运费上涨了近 25%。在这一系列因素的综合作用下，2008 年上半年德萨的成本增加了 50%。在当时特定的财务管理环境下，德萨做出了将生产线搬回鲍灵格林的决定。

德萨公司管理层在决策时遵循的原则，实际上反映了财务管理假设的概念。该公司在做出各种财务决策时希望达到的最终目标，是本章将重点阐述的内容。

第一节　高级财务管理概述

一、高级财务管理的定位

目前，我国高等财经院校的教学中，通常会基于由易到难的教学规律，将财务管理分为初级财务管理、中级财务管理和高级财务管理。高级财务管理中的“高级”是一个相对概念，是相对于传统或者说“中级”财务管理而言的，其所蕴含的具体内容是随着管理科学的发展、财务环境的变化及企业财务事项的出现而不断变化的。

高级财务管理与初级或中级财务管理有何区别？其“高级”是如何体现的呢？相对于中级财务管理而言，高级财务管理应在内容上得到以下两方面的拓展：

一方面，对中级财务管理内容的横向拓展，即财务管理范围的拓展，如企业财务战略，企业价值评估，企业集团财务管理，国际财务管理，公司并购、破产、重整与清算，等等。这些内容突破了原来中级财务管理的假设条件，主要探讨企业整体和企业之间的财务管理问题。另一方面，对中级财务管理内容的深化探讨，如全面预算管理、业绩评价、期权及其应用、股权激励等。这些内容主要涉及对原来中级财务管理环节和方法的深化研究，目的在于丰富和发展财务管理的方法体系。

上述两方面内容同属于财务管理实务范围，与财务管理理论课程的内容不交叉。也就

是说，财务管理理论框架、财务管理目标、财务管理假设、财务管理环境、资本结构理论、投资组合理论及所有者财务理论和经营者财务理论等财务管理理论，不属于高级财务管理的范畴。

二、高级财务管理的内容

基于拓展和延伸中级财务管理的视角，高级财务管理主要讲授对财务管理假设有突破的问题，其主要内容包括以下几个方面。

（一）非日常财务决策及相关问题

财务管理涵盖投资和筹资两大领域。在投资方面，现代企业除了进行固定资产、无形资产和营运资金等日常的投资活动以外，通常还会基于资本运作的需要或其他特殊目的进行一些非日常的投资扩张、收缩或重整。例如，企业通过整合资产、负债和股权完成投资规模和结构的调整，实现企业的重组，即公司并购或公司重整；而在此过程中，需要对企业进行价值评估，这是一项基础性工作。本书的第五章将阐述企业价值评估的相关内容，第六章和第九章将分别阐述企业并购、破产、重整与清算方面的内容。

在筹资方面，企业需要根据营运资金、固定资产和无形资产等投资活动的需要，通过债务融资、股权融资等方式来筹集资金。本书将在第六至八章中的阐述不同主体及不同情况下的筹资方法与技术。

（二）非日常或全局性财务管理

财务管理过程从总体上可以划分为财务预测、财务决策、财务计划、财务控制和财务分析五个环节。这些环节相互联系、相互配合，形成周而复始的财务管理循环过程，构成完整的财务管理方法体系。中级财务管理对这些环节中的常规问题进行比较系统、全面的阐述，而高级财务管理对这些环节中的非常规问题进行阐述，主要包括财务战略、预算管理、业绩评价和财务风险管理等。

财务战略是为适应公司总体的竞争战略而筹集必要的资本，并在组织内有效地管理与运用这些资本的方略。它是企业整体战略规划的具体化，是进行财务预测的前提。本书第二章将专门阐述财务战略方面的内容。

预算管理是管理者通过详细规划未来，有效地配置财力、物力和人力等企业资源，以实现企业既定的战略目标。它既是财务战略实施的方法基础，也是财务控制和财务分析的重要依据。本书第三章将专门阐述预算管理方面的内容。

业绩评价是采用特定的指标体系，对照统一的评价标准，按照一定的程序，运用科学的方法，对企业一定时期的经营成果和发展能力做出客观、公正和准确的综合评价和解释。业绩评价作为公平的价值分享政策和薪酬计划的前提，能够激发经营者和员工为企业目标而努力工作的积极性。通过业绩评价，可以把握企业经营管理过程，判断它们对企业价值的影响方向和程度，为企业进行财务战略性重组决策提供依据。本书将在第四章专门阐述业绩评价方面的内容。

财务风险管理是经营主体对其理财过程中存在的各种风险进行识别、度量和分析评价，并适时采取及时有效的方法进行防范和控制，用经济、合理、可行的方法进行处理，以保障理财活动安全正常开展，保证其经济利益免受损失的管理过程。本书第九章将用一定篇幅对财务风险管理的相关内容进行阐述。

（三）特殊财务主体的财务管理

财务管理的基础是企业组织形式。现代企业的组织形式日益复杂，公司发展的集团化和面临的全球化市场运作，使其财务管理有别于一般公司的财务管理。例如，在全资子公司和控股子公司中，理财主体的地位已经部分消失，因为许多财权掌握在母公司手中；跨国公司在不同国家设有子公司和分公司，使同一理财主体的业务遍及世界各地，受多国理财环境的影响，财务管理更加复杂。本书将在第七章和第八章分别阐述企业集团财务管理和国际财务管理的相关内容。

三、高级财务管理的特征

与一般财务管理或中级财务管理相比，高级财务管理呈现出以下特点。

（一）从资金型管理到价值型管理

传统的财务管理重点关注股东价值最大化，以资本利润率或者股东财富最大化来表现企业的成长与壮大，财务部门强调资金运营、资金筹措和投放，财务管理呈现典型的资金管理特点。而高级财务管理是以企业价值最大化目标为出发点，以收益和风险的平衡发展为基本的财务管理观念，以财务预警机制为监控手段，通过资产组合和风险控制，保障企业的可持续增长，并以相关的评价机制和激励机制来激励管理者和全体员工不断追求企业价值的最大化。

（二）从资产运营到资本运营

财务理论的发展除了受到财务学科本身特质、相关学科相互关联的影响外，越来越受到理财环境和企业经营模式的影响，当今世界经济的一体化趋势，跨国战略、并购浪潮、抵御区域性风险，已经成为企业关注的热点。资本运营已经成为企业实施战略性结构调整和谋求价值快速增长的重要手段，也已成为企业实现全球战略的捷径。一般财务管理或中级财务管理重点关注的是资产管理，关于资本运营的原理和方法较为零散和随机。而高级

财务管理以资本、资产配置为内容，以企业价值最大化为行为准则，对资本运营进行较为系统的描述。

（三）从保障型管理到战略型管理

一般或中级财务管理主要定位于企业特定发展阶段和特定组织结构模式下的投融资决策、财务控制与分析问题，其讨论的财务管理似乎与战略距离较远，可以说是一种保障型财务管理。现代财务强调财务管理应该在企业战略管理中发挥更为广阔、深远的作用，应该侧重于企业财务的长期发展。实现企业价值最大化必须突出战略管理与财务管理的结合，战略的目标不再仅仅是获取竞争优势，而是获得企业整体价值的不断提高。

（四）从结果导向型管理到过程控制型管理

一般或中级财务管理主要是探索如何在财务管理中取得成功，对于如何面对逆境、如何使企业免遭损失和如何防止风险不够重视。实践证明，由于理财环境的动荡和人们对未来认识能力的局限性，企业可能的风险和损失是难免的，所以财务管理必须居安思危，防患于未然，分析企业财务失败的原因并采取预防措施，实现结果控制向过程控制延伸的管理导向，充分重视人的行为因素，重视全方位的内部控制，及时反馈危机或风险，加强沟通，制定对策，引导行为，以规避风险或走出困境。高级财务管理就是如此，其职能在协调、沟通、激励、评价与奖励等行为管理方面得以扩展延伸。

（五）从单一财务主体到复杂财务主体

不同企业的组织形式是决定财务管理特征的主要因素。市场经济的发展与企业组织形态的多样化，要求财务管理必须关注不同规模、不同组织结构企业的财务管理行为。高级财务管理的财务主体就呈现出从单一到复杂的特征，在管理过程中既要分析单一组织的财务运作问题，也要研究多层组织结构（集团制）企业的财务管理问题；既要研究国内企业的一般财务问题，又要关注国际企业的特殊财务问题。

第二节　财务管理假设

假设是一门学科建立理论体系的基本前提，财务管理也不例外。考虑到有些《财务管理》教材没有涵盖财务管理假设，我们在本教材中特别安排了在学科体系分类中本应属于财务原理的“财务管理假设”，以供读者夯实基础和深度学习时参考。

一、财务管理假设的概念

假设是人们根据特定环境和已有知识所提出的，具有一定事实依据的假定或设想，是

进一步研究问题的基本前提。财务管理假设是指人们利用已有的知识，根据财务活动的内在规律和理财环境的要求所提出的，具有一定事实依据的假定或设想，是进一步研究财务管理理论和实践问题的基本前提。

二、财务管理假设的意义

提出和研究财务管理假设的意义主要体现在以下两个方面：

1）财务管理假设是建立财务管理体系的基本前提。一般来说，理论体系的建立，多数要通过假设、推理、实证等过程实现。因此，要形成理论，都需要先提出假设。恩格斯曾说过："只要自然科学在思维着，他的发展形式就是假说。"列宁也指出："在马克思建立科学的无产阶级世界观之前，社会学中的唯物主义思想曾经是一假设。"可见，不管是自然科学还是社会科学，要建立科学的理论体系，都需要建立一定的假设。

2）财务管理假设是企业财务管理实践活动的起点。人类做出任何决策都需要一定的假设，财务管理也不例外。例如，当某企业进行长期债权投资时，必然假定自己的企业和被投资的企业均是持续经营的企业；当我们说"把钱存在银行不如投资股票的报酬高"时，实际是假设风险与报酬同增。

三、财务管理假设的构成

（一）理财主体假设

理财主体假设是指企业的财务管理工作不是漫无边际的，而应限制在每一个经济上和经营上具有独立性的组织之内。它明确了财务管理的空间范围。这一假设将一个主体的理财活动同另外一个主体的理财活动相区分。在现代公司制企业中，客观上要求将公司的财务活动与股东的财务活动划分清楚。理财主体假设将公司与包括股东、债权人、企业员工在内的其他主体分开。

理财主体应具备以下特点：① 必须有独立的经济利益；② 必须有独立的经营权和财权；③ 一定是法律主体，但法律主体不一定是理财主体。一个组织只有具备这三个特点，才能真正成为理财主体。显然，与会计上的会计主体相比，理财主体的要求更严格。如果某个主体虽然有独立的经济利益，但不是法律实体，则该主题虽然可能是会计主体，但不是理财主体。

一个真正的理财主体必须具备上述三个条件。一个相对的理财主体，条件可适当放宽，可根据实际工作的具体情况和一定单位权、责、利的大小，确定特定层次的理财主体。不过，财务管理理论研究中所说的理财主体一般都是指真正意义上的理财主体。

由理财主体假设可以派生出自主理财假设。从理财主体的特点可以看出，凡是成为理财主体的单位，都有财务管理上的自主权，即可以自主地从事筹资、投资和分配活动。当然，自主理财并不是说财权完全集中在财务人员手中。在现代企业制度下，财权是在所有者、经营者和财务管理人员之间进行分配的。但股东的权利一般不能单独行使，通常表现为一种集体决策权。在经营权和所有权日益分离的现代企业制度中，这种集体决策权一般是象征性的。因此，两权分离的推行，使财权回归企业，经营者有权独立地进行财务活动，包括筹资、投资和分配等重要决策。所有权与经营权的分离，更加显示出理财主体假设的实际意义。

（二）持续经营假设

持续经营假设是指理财的主体是持续存在并且能执行其预计的经济活动。也就是说，除非有相反的证明，否则，将认为每一个理财主体都会无限期地经营下去。持续经营假设明确了财务管理的时间范围。

在设定企业作为理财主体之后，就面临“企业能存在多久”的问题。企业可能是持续经营的，也可能会因为某种原因发生变更甚至终止营业。在持续经营和终止营业的不同条件下，所采用的财务管理原则和财务管理方法时不一样的。由于绝大多数企业都能持续经营下去，少数企业可能会面临破产、清算，且难以预计发生破产、清算的时间。因此，在财务管理上，除非有证据表明企业将破产、清算，否则，都假定企业在可以预见的将来持续经营下去。

持续经营虽然是一种假设，但在正常情况下，却是财务管理人员唯一可选择的办法，因而为财务管理人员广泛接受，成为一项公认的假设。在正常情况下，企业进行筹资、投资和分配时，假定企业持续经营是完全合理的，推测企业破产反而有悖情理。因为只有在持续经营的情况下，企业的投资在未来产生的资产才有意义，企业才会根据财务状况和对未来现金流量的预测、业务发展的要求安排其借款的期限。如果没有持续经营假设，这一切都无从谈起。

在持续经营的前提下，一旦有迹象表明企业经营欠佳，出现财务状况恶化，不能偿还到期债务，持续经营假设就失去了支持其存在的事实。进而，以这项假设为基础的财务管理原则和方法就失去了其应有的效用。这样，财务管理中就须放弃此项假设，而改为在清算假设下进行工作。

持续经营假设可以派生出理财分期假设。按理财分期假设，可以把企业持续不断的经营活动人为地划分为一定期间，以便分阶段考核企业的财务状况和经营成果。根据持续经营假设，企业自创立之日起到解散停业之日止，其生产经营活动和财务活动都是持续不断的，企业在其存在期内的财务状况是不断变化的。为了分阶段地考核企业经营成果和财务状况，必须将持续经营的企业人为地划分为若干个期间，这就是理财分期假设的现实基础。企业确定筹资、进行投资和收益分配，都是建立在此项假设基础之上的。

（三）有效市场假设

有效市场假设是指财务管理所依据的资金市场是健全和有效的。只有在有效的市场上，财务管理才能正常进行，财务管理理论体系才能建立。最初提出有效市场假设的是美国财务管理学家法玛（Fama）。法玛在 1965 年和 1970 年各发表一篇论文，将有效市场分为弱式有效市场、次强式有效市场和强式有效市场三类。

在弱式有效市场上，当前证券价格完全地反映了已蕴涵在证券历史价格中的全部信息。这意味着，任何投资者仅仅根据历史的信息进行交易，均不会获得额外的盈利。在次强式有效市场上，证券价格完全反映所有公开的可用信息。这样，根据一切公开的信息，如公司的年度报告、投资咨询报告、董事会公告等都不能获得额外的盈利。在强式有效市场上，证券价格完全地反映一切公开的和非公开的信息。这意味着，投资者即使掌握内幕信息也无法获得额外盈利。实证研究表明，美国等发达国家的证券市场均已达到次强式有效市场。我国有些学者认为，中国股票市场已达到弱式有效，但尚未实现次强式有效。事实上，即使是发达的股票市场，也不是在所有时间和所有情况下都有效的，时常会出现例外，所以称有效市场为假设。

法玛的有效市场假设是建立在美国高度发达的证券市场和股份制占主导地位的理财环境的基础之上的，并不完全符合中国的国情。从中国理财环境和企业特点来看，有效市场应具备以下特点：① 当企业需要资金时，能以合理的价格在资金市场上筹集到资金；② 当企业有闲置资金时，能在市场上找到有效的投资方式；③ 企业理财上的任何成功和失误，都能在资金市场上得到反映。

有效市场假设的派生假设是市场公平假设。它是指理财主体在资金市场筹集和投资等财务活动完全处于市场经济条件下的公平交易状态。市场不会抹杀某一理财主体的优点，也不会无视某一理财主体的缺点。理财主体的成功与失败，都会公平地在资金市场上得到反映。因此，每一个理财主体都会自觉地规范其理财行为，以便在资金市场上受到好评。市场公平假设还暗含另一个假设，即市场是由众多的理财主体在公平竞争中形成的，单一理财主体，无论其实力多强，都无法控制市场。

（四）资金增值假设

资金的增值假设是指通过财务管理人员的合理营运，企业资金的价值可以不断增加。这一假设实际上指明了财务管理存在的现实意义。

在企业财务管理人员运筹资金的过程中，企业可能会出现以下三种情况：① 取得了资金的增值（有了盈余）；② 出现了资金的减值（有了亏损）；③ 资金价值不变（不盈不亏）。财务管理存在的意义绝不是后两种情况，而应该是第一种情况。当然，资金的增值是在不断运动中产生的，即只有通过资金的合理运筹才能产生价值的增加。

在市场经济条件下，从整个社会来看，资金的增值是一种规律，而且这种增值只能来源于生产过程。但从个别企业来考察，资金的增值并不是一种规律，资金的增值也不一定来源于生产过程。因此，从理财主体进行考察，资金增值只能是一种假设，而不是一项规律。因为在财务管理中，在进行投资时，一定假定这笔投资会产生增值，否则就不会投资了。

资金增值假设的派生假设是风险与报酬同增假设。此项假设是指风险越高，获得的报酬也越高（取得的增值越大或付出的成本越低）。资金的运筹方式不同，获得的报酬就不一样。例如，国库券基本是无风险投资，而股票是风险很大的投资，而有人却将巨额资金投向股市。为什么呢？原因就是他们假设股票投资取得的报酬要远远高于国库券的报酬。同样，有人将资金投向房地产行业，有人将资金投向衍生金融工具，他们同样是根据风险与报酬同增这一假设来进行决策的。风险与报酬同增假设实际上暗含另外一项假设，即风险可计量假设。因为如果风险无法计量，财务管理人员不知道哪项投资风险大、哪项投资风险小，风险与报酬同增假设也就无从谈起了。

资金增值假设说明了财务管理存在的现实意义，风险与报酬同增假设要求管理人员不能盲目追求资金的增值，这两项假设为科学地确立财务管理目标、合理安排资金结构、不断调整资金投向奠定了理论基础。

（五）理性理财假设

理性理财假设是指从事财务管理工作的人员都是理性的理财人员，他们的理财行为也是理性的，他们都会在众多的方案中，选择最有利的方案。在实际工作中，财务管理人员分为两类：理性的和盲目的。但不管是理性的还是盲目的理财人员，他们都认为自己是理性的，都认为自己做出的决定是正确的，否则，他们就不会做出这样的决策。尽管存在一部分盲目的理财人员，但从财务管理理论研究来看，只能假设所有的理财行为都是理性的，因为盲目的理财行为是没有规律的，没有规律的事情无法上升到理论高度。

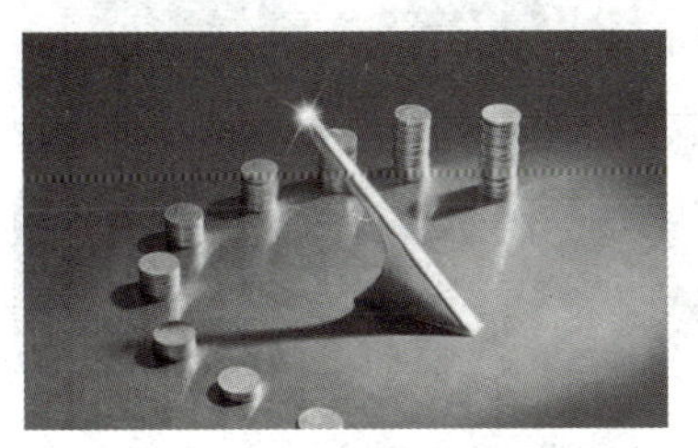

理性理财的第一个表现就是理财是一种有目的的行为，即企业的理财活动都有一定的目标；第二个表现就是理财人员会在众多方案中选择一个最佳方案；第三个表现是理财人员发现正在执行的方案是错误的方案时，都会及时采取措施纠正，以使损失降至最低；第四个表现是财务管理人员都能吸取以往的教训，总结以往的经验，不断学习新理论，合理应用新方法，使得理财行为由不理性变为理性，由理性变得更加理性。

在不同的时期、不同的理财环境中，对理性理财行为的看法是不同的。例如，在过

去计划经济年代里，企业的主要任务是执行国家下达的总产值指标，所做出的理财决策时为了实现产值的最大化。在今天看来，这种行为是不理性的，因为其只看产值，不讲效益，对企业长期健康发展有害。但当时，人们会认为这种理财行为是理性的。可见，理性理财假设中的理性是相对具体理财环境而言的。

尽管上述四个方面为理性理财假设提供了理论依据，但在实际工作中，仍有个别理财行为不是理性行为。此外，即使所有的理财行为都是理性行为，也不一定完全导致理性的结果。因此，理财的理性行为只是一种假设，而不是事实。

理性理财假设可派生资金再投资假设。这一假设是指当企业有了闲置资金或产生了资金的增值，都会用于再投资。因为理财行为是理性的，企业必然会为闲置的资金寻找投资途径；因为市场是有效的，所以能够找到有效的投资方式。财务管理中的资金时间价值原理、净现值和内部报酬率的计算等，都是建立在此项假设基础之上的。

案例研究与分析：从泸天化的“十个统一”探讨财务管理体制

一、案例背景

泸天化（集团）有限责任公司（以下简称泸天化）是我国特大型化工企业，年销售额近20亿元，利税2亿元左右，是中国500家最大工业企业和最佳经济效益企业之一。该集团公司形成了以“十个统一”为内容的财务管理机制和会计核算体系：

1）统一资产管理。集团公司拥有的资产由公司统一管理，集团公司内各单位受托经营本单位资产，受托经营限额以内的部分资产处置权必须报集团公司批准并备案，任何单位和个人不具备资产处置权。

2）统一资金管理。集团公司财务部成立了资金结算中心，取消了二级财务机构在各专业银行的账户，1997年度财务费用比上年同期减少了1 500多万元。具体措施主要有：① 集团公司内所有资金应由公司集中统一管理，通过资金结算中心对内部各单位统一结算和收付。② 各二级单位在资金结算中心开立内部结算账户，并执行资金的有偿占用。③ 统一包括主营业务收入在内的所有财务收支，各单位通过资金结算中心统一结算。

3）统一银行账户管理。各二级单位开立的账户均予以注销，二级单位确因生产经营、科研开发、基本建设等需要，在各专业银行或非银行金融机构开立账户时需报经集团公司

批准。集团公司有权调用各单位的结余，并实行有偿占用。

4）统一信贷管理。集团公司作为一级法人，统一向各专业银行、非银行金融机构和有关单位办理各种资金信贷事项，各二级单位向集团公司申请内部贷款，有偿使用。

5）统一税费征纳管理。

6）统一物资采购管理。集团公司内的主要原材料、燃料、设备、备品备件、辅助材料由公司统一采购，各项物资采购必须编制采购计划，严格物资进出库的计量和检验制度的执行。集团公司内有部分采购权的二级单位，其采购业务在供应部门指导下进行，并优先使用公司内各级库存物资。

7）统一财务收入管理。集团公司各种主营业务收入和附营业务收入都归财务部门管理，各单位和部门的非财务机构不得截留公司的各项收入。各单位财务部门必须将所实现的收入通过资金结算中心的内部结算制度集中统一到集团公司。

8）统一发票管理。集团公司实施了由财务部统一购领发票、统一解缴税金等一系列发货票管理制度。

9）统一会计核算和管理。① 各单位财务负责人对所设会计科目和会计账簿的真实性和准确性负责，并全面及时地反映资产、负债、权益的财务状况和收入、成本（费用）、利润及其分配的经营成果，各内部报表编制单位必须及时、定期向集团公司财务部报送内部报表。② 集团公司各单位必须建立财产清查制度，保证公司财产物资的账实、账账和账证相符。③ 各单位审核报销各种费用，必须按照集团公司的有关规定执行。④ 集团公司内各财务部门应当建立健全稽核制度，严格执行出纳人员不得兼管稽核、会计档案保管和有关收入、费用、债权债务等账务的登录。坚持出纳和会计核算岗位分开的内控原则。

10）统一财会人员管理。集团公司财务实行月度例会制，由财务部负责人主持，负责总结和布置集团公司财务工作。集团公司会计人员的业务接受财务部监督和指导。集团公司逐步实施对二级单位的会计主管和会计人员的集中管理。另外，集团公司实施了基本建设三项管理制度——投资计划管理制度、项目在建管理制度、工程预决算管理制度。

二、案例分析

目前，我国集团公司在财务管理方面存在着十分严重的问题。这些问题的产生及其蔓延不仅导致集团亏损、资产流失，而且使以建立现代公司制度为目标的深层次改革举步维艰。无疑，泸天化集团“十个统一”为内容的财务集权管理的成功经验给我们以有力启示。

（一）集权管理是财务成功管理的核心

泸天化财务管理的精髓是集权管理。现代公司有两种基本的管理模式：集权和分权。

一般地说，初创公司、大规模主业经营的公司、各子公司业务相似或相关、管理者本身的控制能力不强的公司，宜采用集权型管理；反之，则采用分权型管理。

近几年，我国兴起的集团公司中很多没有产生明显的规模效益，原因是多方面的，但在诸多原因中，集团公司在管理权尤其在财权方面过度分散，是一个非常重要的原因。管理权过度分散集中体现在以下两个方面：一方面，多级法人治理结构与独立核算、分享利润机制使集团属下各级公司均享有过多过大的财务权力，包括投资决策权、资产处置权、资金使用权、收益分配权等，从而使集团总部的财务权力在事实上被架空。另一方面，由于机构设置的失控，子、分公司呈几何级数繁衍，集团公司的管理层次增多，管理链条加长，本来已经很分散的财务权力又被多层次分割到各个层面上，从而使集团总部的财务管理更是鞭长莫及。在此情况下，在管理方面，尤其是在财务管理方面宜采用集权型管理模式。

针对我国众多集团公司财权分散、财务失控、竞争力急剧下降而纷纷陷于困境的状况，必须花大力气调整财权配置。基本思路如下：集中财权，统一管理，即把一些重大的财务权如投资权、资产处置权、资金调度权、收益分配权和财务人员的任免权等收归集团总部，只给各级公司留下经营权，实现由分权型管理向集权型管理的根本转变；缩小财务管理的半径，尽可能减少管理层次，使财权被多层次分割而散布于各级公司的状况得到根本改变。泸天化集团的财务管理就是这种思想的反映。具体说来，集团公司应坚持“以制度理财，用统管聚财，抓龙头控财，用指标管财”的基本原则，具体如下：

1）以制度理财。通过财务管理制度建立产权明晰、权责明确、政企分开、管理科学的集团管理体制，并建立与之配套的规章制度。通过相应组织机构的设置，建立规范的财务营运机制，确保财务管理制度的严肃性。强化财务制度的力度，树立集团“法制”理财观念。

2）用统管聚财。集团公司的生命力、竞争力就在于财务的统一运作。作为各子公司唯一的出资人，能够通过统一其财务的规划、运用、考核、评价管理，缓解或化解各子公司的局部利益与集团公司整体利益的矛盾，集中集团各下属单位财务力量，优化集团内部财务资源配置，实现集团财务管理的规模效益。

3）抓龙头控财。财务管理的方式是多种多样的，但是资金流转是主体形态。应通过严格掌握集团内资金的流入、流出及存量情况，控制集团财务管理的龙头。

4）用指标管财。在财务集中管理的基础上，实行适当分权与分层次管理的方法，通过建立健全集团内部激励与约束机制，合理设计集团公司对其下属各子公司的预算指标、业绩评价与考核指标，引导其资金运动与财务管理活动，提高集团管财效率。

（二）全面管理是实现集权管理的保障

集团公司在财务集权管理的基础上，必须通过对子公司实施多样的、全方位的财务管理才能保障集权管理的实现及高效运行。财务集权管理体现在方方面面，总的原则是：财务管理要到位，做到横向到边，纵向到底；力度要加强，做到管得住，管得好。泸天化的

“十个统一”启示我们，关键要全面抓住以下五点：

1．活化资金管理

资金作为集团的血液渗透到集团的每一个角落，成功的资金管理是实现集团公司对子公司财务集中控制的关键。围绕资金运动这根“主动脉”，加大集中管理力度；增强资金使用的全局观念，调剂内部资金余缺；提高资金使用效率；监控各子公司的资金运动，防范资金运作风险；把资金管理贯穿于生产经营的全程，使集团上下形成一盘棋，克服资金管理无序状态，避免资金闲置浪费。近几年来，像泸天化等一些大型集团公司中成立的内部结算中心是成功实现资金集中管理的有效途径。通过设立内部结算中心统一集团资金、信贷、收入、银行账户及税费征纳管理，负责监督集团公司及各子公司资金回收及使用的合法性、合规性，并及时反馈和评价集团公司的资金运动信息，按时向财务部及集团公司相关部门提供资金流动情况报表；对集团公司的管理职能部门及各子公司提供咨询服务等。

2．强化投资管理

集团公司实行集中的对外投资管理，各子公司作为利润中心，无权自主进行对外投资决策，但各子公司可以根据需要，提出投资项目的可行性分析报告及资金使用计划，上报集团总部，经集团公司总部审批决策后，由子公司负责具体投资方案的实施管理。项目完成后，由集团公司总部考核该投资方案资金的节约和超支情况、项目质量情况等，作为对子公司进行奖惩的依据。此外，集团公司总部要对整个集团公司的投资项目进行统一平衡和决策。集团公司在进行投资决策时，要加强投资立项的论证和审查程序，确保项目的收益率高于银行同期利润率，参与项目论证审查的人员应对该项目的盈亏负责。

3．细化资产管理

集团公司拥有的资产由公司统一管理，各单位受托经营本单位资产。固定资产的购建实行计划管理，各子公司认真做好年度固定资产购建计划的编制工作，并报集团公司总部批准备案。对于计划外必需的固定资产购建，子公司应单独立项向集团公司总部报告，总部依照程序批准办理。对于资本处置权，我们认为子公司的关键设备、成套设备、重要建筑物和限额以上资产的处置必须报经集团公司审批，其余资产处置可由子公司自主决定。但未经集团公司批准，集团公司内任何单位和个人不得以公司的机器设备、房屋建筑、土地、无形资产等对外进行投资、租赁、转让和捐赠。

4．深化成本管理

公司成本水平的高低直接决定着公司产品盈利能力的大小和市场竞争能力的强弱。集团财务部门要发挥拥有大量价值信息的优势，合理确定成本最低、利润最大的产销量，减少无效或低效劳动，开展价值工程活动，寻找适合公司产品特点的既能提高产品功能，又能降低成本的途径，改变现行产品成本出现浪费后再控制的做法和只注重生产过程抓成本控制的片面行为，从产品的设计、材料采购抓起，把成本浪费消灭在产品的“源头”，实现财务部门抓成本管理的事前参与和超前控制。如泸天化集团统一物资采购就值得学习。

5．完善财会制度管理

完善财会制度体系，统一会计核算，集中财会人员管理，建立健全符合公司发展要求的内部财会制度，才能使整个集团公司按同一口径和标准核算、监督和报表，才能使集中管理行而有据、管而有力，才能使财会人员主动参与公司管理，发挥能动性，避免各自为战。

（三）集权风险和运行变化的理性思考

1）集权模式的可操作性。不是所有的集团公司都适用集权管理，集团的行业特征和产品特征往往影响集团的集权与分权选择。若集团的行业和产品多样，各公司生产流程又不相关，且公司地理布局相当分散，那么集权管理将缺乏可操作性，由此管理成本将大于集权效益。

2）集团总部的控制和协调能力。若集团总部的控制和协调能力很弱，适用市场能力又不强，“一管就死”，则集中管理不仅不能协调、激发各子公司的积极性，还将会束缚各子公司手脚，削弱子公司适用市场的能力，妨碍其把握市场的机会。

思考与练习

1．如何理解高级财务管理的定位？

2．高级财务管理的内容有哪些？

3．高级财务管理具有哪些特征？

4．财务管理假设的意义与构成是怎样的？

5．财务管理假设与财务管理内容的关系是怎样的？

第二章 财务战略

学习目标

了解财务战略的特征和类型
了解财务战略的内外部环境
掌握财务战略规划方法
掌握财务战略规划的内容
掌握财务战略控制的实施方法

案例引导

赛维LDK太阳能高科技有限公司（以下简称赛维公司）2005年在江西新余注册设立，主营太阳能硅片生产及加工，2006年4月投产，2007年6月1日在纽交所上市，IPO募集资金4.69亿美元，为当时中国新能源领域最大的一次IPO。上市当年销售收入5.24亿美元，总资产规模13.1亿美元。上市后赛维公司发展异常迅猛，2010年销售收入达到上市以来的峰值25.09亿美元，2011年总资产规模达到68.54亿美元，至此赛维公司全产业链布局初步完成，2009年成为最年轻的中国500强企业，2011年跻身全球新能源500强中第22位，并成为全球已上市资产规模最大的光伏企业之一。

然而，2013年1月，赛维公司发布公告指出，2012年仍大幅度亏损。据透露，赛维公司很可能再度巨亏百亿元。赛维公司2011年已经亏损245.5亿元。目前公司资产负债率已超过80%，并且银行借款中有75%是短期借款，公司已“无钱可还”，支付员工工资都有困难。赛维公司股价已经处于历史低位，跌破了当初的发行价。

赛维公司业绩不断下滑，股价持续下跌，固然有整个行业大环境的影响，但最主要的原因是管理层在财务战略上的选择失误。近几年来，全球光伏行业持续低迷，寒冬仍未过去，美股市场中的光伏股像尚德电力、英利新能源等纷纷预亏，说明亏损的并非赛维公司一家。但为什么赛维公司亏损得最严重并且面临巨大的财务风险呢？这与赛维公司过于激进的扩张战略有关。

在2008年下半年次贷危机爆发之际，赛维公司的管理者却被一度繁荣的光伏市场及高度的盈利水平所迷惑，在本应该开始采取防御收缩型财务战略的时候，却盲目乐观，再加上对形势出现误判，结果在多晶硅料、多晶硅片及太阳能电池组三块业务上均大举做多，最终导致其一蹶不振。

而为了支撑巨额投资和光伏市场的运营，赛维公司不断从银行借入资金，并且将公司的大型设备进行售后租回以取得资金。更令人惊讶的是，即便在持续巨亏和无力归还借款的情况下，赛维公司仍然在筹谋业务扩张计划。据赛维公司相关人士介绍，2014年，公司提出了在新疆投资100亿元建立硅片厂的计划，目前仍在商谈中。

可见，赛维公司之所以成为“巨亏王”并且使资金极度紧缺，完全跟其在经济衰退阶段未正确选择财务战略密切相关。赛维公司案例也再次证明财务管理人员唯有持续跟踪时局的变化、正确判断经济发展形势、合理选择财务战略类型才是一个企业实现持续创造价值的关键。

第一节　财务战略概述

一、企业战略与财务战略

（一）企业战略与财务战略的概念

战略（strategy）一词最早是军事方面的概念。在西方，“strategy”一词源于希腊语“strategos”，意为军事将领、地方行政长官。后来演变成军事术语，指军事将领指挥军队作战的谋略。

在中国，战略一词历史久远，“战”指战争，略指“谋略”。春秋时期孙武的《孙子兵法》被认为是中国最早对战略进行全局筹划的著作。

“战略”一词运用于企业经营管理，是指一个企业为了实现它的长远目标和重要使命而作出的长期计划。企业要在复杂多变的环境中求得生存和发展，就必须对自己的经营管理进行长期的谋划。

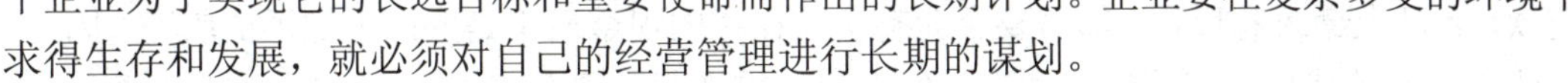

企业战略可以分为三种基本类型：企业总体战略、企业竞争战略和企业职能战略。

企业总体战略又称为公司战略，是指为实现企业总体目标，对企业的未来发展方向作出的长期性和总体性战略。企业竞争战略是对竞争的谋略，是在企业总体战略的领导下，各个事业部门制定的部门战略。企业职能战略是为实现企业总体战略而对企业内部的各项关键的职能活动做出的统筹安排。职能战略一般可分为人力资源战略、市场营销战略、财务战略、研究与开发战略、生产战略等。

财务战略作为企业职能战略之一，是指为谋求企业资金均衡有效的流动和实现企业整体战略，为增强企业财务竞争优势，在分析企业内外环境因素对资金流动影响的基础上，对企业资金流动进行全局性、长期性与创造性的谋划，并确保其执行的过程。

（二）企业战略与财务战略的关系

1. 企业战略与财务战略的联系

（1）企业战略与财务战略之间是整体与局部的关系

我们知道财务战略是企业战略的一部分，是企业职能战略之一。并且由于资金在企业中的重要作用，决定了财务战略必定成为企业战略的核心战略。

（2）企业战略对财务战略有指导作用

由于企业战略是企业的总体战略，财务战略只是企业战略的一部分，其目标必须与企业战略的目标协调一致，其内容也必须连贯统一，因此，财务战略的制定与实施必须服从并贯

彻企业战略的总体要求，来支持和完成企业总体战略，这也是企业战略获得成功的基本要求。

（3）企业财务战略与企业战略及其子战略相互支持

无论是企业总体战略，还是营销战略、人才开发战略、技术开发战略和发展战略等职能子战略，他们的实施都离不开资金上的筹集与投放。也就是说，企业财务活动的实际过程总是与企业活动的其他方面相互联系。因此，企业财务战略决策除了要贯彻企业战略的总体要求外，还必须要考虑其他职能子战略对资金方面的具体要求，即在制定财务战略时还必须确保财务战略与各职能部门之间战略的一致性。

另外，业务战略对财务战略的支持作用也是必不可少的：没有业务战略，财务战略就无法实施也没有意义。这是因为财务战略的价值管理核心要求即“价值创造”，必须通过业务战略的物质管理形式即维持企业竞争优势的“业务”来实现。例如，筹资战略中的增发配股或者债务调整在理论上和实务上都有利润率的要求。

2．企业战略与财务战略的区别

（1）二者关注重点不同

企业财务战略关注的重点是营业现金流的状况，而企业制定战略时首先要考虑营业收入和利润的规模。从长远来看，获取利润对每个企业都是必要和重要的，因此，企业制定战略时首先要考虑营业收入和利润的规模。但企业的利润有时存在泡沫，会有有利润而没有现金流入的状况发生。若一个企业如果没有足够的现金满足企业发展或生产经营的需要，即便有利可图，也可能会因现金流断裂而使整个企业发生危机。因为不论是偿还银行贷款，还是上缴政府税款，都需要企业有实实在在的现金而不是账面上漂浮的收益。因此，企业制定财务战略时应该追求利润，但更应该重视营业现金流量。

（2）二者侧重点不同

企业战略制定时侧重于企业整体目标，而企业财务战略制定时侧重于企业的财务目标。一般企业的财务目标是实现企业价值最大化，实现了企业价值最大化，才可能实现股东财富最大化。因此，制定企业战略时必须考虑到它与财务战略目标的协调性，在企业战略的目标中，必须涵盖有关企业资金使用效益及现金流量方面的目标。

二、财务战略的特征

财务战略作为企业职能战略之一，是企业战略的重要组成部分，既有一般战略的某些共性，也有其自己的独特性。

（一）财务战略的共性

1．长期性

财务战略是为了谋求企业财务的长远发展，面向未来，创造未来。企业制定的财务战略，既是企业谋求长远发展要求的反映，也是对未来如何生存和发展的谋划。因此，企业制定财务战略时，不应急功近利，应以当前企业外部环境和内部条件为出发点，着重考虑未来较长时期外部环境和内部条件的变化，从企业全局出发优化资金配置，以使财务战略可以对企业的长期发展发挥作用。

2. 指导性

企业制定的财务战略规定着企业财务的发展目标、重点和战略措施等，指明了企业资金运筹的总方向、总方针，它是企业财务发展的总纲，具有重要的指导意义。因此，财务战略一经制定便应具有相对稳定性，成为企业所有财务活动的行动指南。

3. 动态性

战略是环境分析的结果，环境的变化必然引起战略的变化。一般来说，当理财环境变化不大时，一切财务活动都必须按原定财务战略行事，充分体现财务战略对财务活动的指导性；当理财环境发生较大变化时，财务战略就应作适当的调整，以适应环境的变化。

（二）财务战略的个性

1. 相对独立性

企业战略虽然居于主导地位，但企业财务战略具有一定的独立性，且对企业战略及其职能子战略具有制约作用。

财务战略的独立性主要由两方面的原因造成的：① 企业的资金具有有限性。所谓资金的有限性，有两层含义：第一，从全社会来看，金融市场所能提供的资金总量总是有限的。第二，就某一个特定的企业而言，从金融市场上获得的资金总量总是有限的。由于资金的有限性，要求企业在制定企业战略及其职能子战略的过程中需要对资金的可得性进行研究，企业既要确保各项业务活动的资金需要，又要合理地分配和利用资金。资金的有限性是构成财务战略相对独立的一个重要原因。② 货币资金的独立性。随着金融资本从产业资本中分离出来，企业资金的筹集与运用及收益分配等其他财务活动的管理都必须以满足资金提供者的利益要求为基本前提。因此，货币资金的独立性又是财务战略相对独立的一个重要原因。

2. 从属性

财务战略作为企业战略系统中的一个子系统，必须服从和反映企业战略的总体要求，财务战略目标应该与企业战略的目标协调一致，并为企业战略的顺利实施提供资金支持。

3. 全员性

从纵向看，财务战略的制定与实施应是企业经营者、财务职能部门经理、基层财务部门三位一体的管理过程；从横向看，财务战略必须与企业其他战略相配合，渗透到企业的各个部门、各个方面，并最终由经营者负责协调。因此，财务战略管理实际上是以经营者经营战略为主导、以财务职能部门战略管理为核心、以其他部门的协调为依托而进行的全员管理。

三、财务战略的类型

（一）扩张型财务战略

扩张型财务战略，是指以实现企业资产规模的快速扩张为目的的一种财务战略。为了实施这种财务战略，企业往往需要在将绝大部分乃至全部利润留存的同时，大量地进行外部筹资，更多地利用负债。大量筹措外部资金，是为了弥补内部积累相对于企业扩张需要的不足；更多地利用负债而不是股权筹资，是因为负债筹资既能为企业带来财务杠杆效应，又能防止净资产收益率和每股收益的稀释。

企业资产规模的快速扩张，也往往会使企业的资产收益率在一个较长时期内表现为相对的低水平，因为收益的增长相对于资产的增长总是具有一定的滞后性。总之，快速扩张型财务战略一般会表现出“高负债、高收益、少分配”的特征。当然，随着企业逐步走向成熟，内部利润积累就会越来越成为不必要，那么，“少分配”的特征也就随之而逐步消失。

（二）稳健型财务战略

稳健发展型财务战略，是指以实现企业财务绩效的稳定增长和资产规模的平稳扩张为目的的一种财务战略。实施稳健发展型财务战略的企业，一般尽可能将优化现有资源的配置和提高现有资源的使用效率及效益作为首要任务，将利润积累作为实现企业资产规模扩张的基本资金来源。为了防止过重的利息负担，这类企业对利用负债实现企业资产规模和经营规模的扩张往往持十分谨慎的态度。所以，实施稳健发展型财务战略的企业的一般财务特征是“适度负债、高收益、中分配”。

（三）防御收缩型财务战略

防御收缩型财务战略，是指以预防出现财务危机和求得生存及新的发展为目的的一种财务战略。实施防御收缩型财务战略的企业，一般将尽可能减少现金流出和尽可能增加现金流入作为首要任务，通过采取削减分部和精简机构等措施，盘活存量资产，节约成本支出，集中一切可以集中的人力，用于企业的主导业务，以增强企业主导业务的市场竞争力。由于这类企业多在以往的发展过程中曾经遭遇挫折，也很可能曾经实施过快速扩张的财务战略，因而历史上所形成的负债包袱和当前经营上所面临的困难，就成为迫使其采取防御收缩型财务战略的两个重要原因。“低负债、低收益、高分配”是实施这种财务战略的企业的基本财务特征。

第二节　财务战略规划

企业财务战略规划应当在全面评估当前财务状况和生产经营能力的基础上，分析与既定财务战略目标的差距，然后指明企业为达到目标应采取的措施和行动。

由于企业财务战略是企业战略的一部分，因此它仍具有许多企业战略的一般特征，其规划的制订也与企业战略的制订有相通之处。制定企业财务战略的一般程序分为：财务战略环境分析、制定财务战略与财务战略的实施与控制。

一、财务战略环境分析

财务战略环境对企业财务战略管理的各个环节产生影响：① 在财务战略制定阶段，企业需要对现有环境进行扫描，寻找机会与威胁，并对未来环境进行预测，以制定科学、合理、正确的财务战略；② 在财务战略的执行阶段，财务战略环境各要素将对财务战略的贯彻实施产生影响，有利的财务战略环境能强化财务战略的有效执行，而不利财务战略环境将会制约、阻碍财务战略的有效执行，从而弱化财务战略的绩效；③ 在财务战略的控制阶段，财务战略环境各要素将对控制标准的确定及财务战略实际执行情况的衡量产生影响，从而影响财务战略控制效率及效果。

企业财务战略环境可分为外部环境和内部环境两部分。存在于企业外部的影响企业资金流动的客观条件和因素，称为企业财务战略外部环境。存在于企业内部的影响资金流动的条件和因素，称为企业财务战略内部环境。外部环境和内部环境相互影响、相互作用，共同构成完整的企业财务战略环境。一般而言，两者中更为活跃、起到主导作用的是外部环境。企业要主动改善内部环境，制定正确的财务战略环境，以适应外部环境的变化和发展。

（一）企业财务战略外部环境

1. 经济环境

经济环境是指公司进行生产和发展所处的社会经济状况和国家经济政策，包括经济周期、经济发展阶段、通货膨胀水平、市场特征和政府的经济政策等。

（1）经济周期

在市场经济条件下，经济发展通常带有一定的波动性，大体上经历复苏、繁荣、衰退、萧条几个阶段的循环。企业应当根据自身所处的不同的经济周期发展阶段，通过制定和选择富有弹性的财务战略，来减少经济周期的波动对财务活动、财务战略的影响。并且，企业财务战略的选择和实施要随着经济周期的变化进行同步调整。

（2）经济发展阶段

企业所在地区的经济处于什么样的发展阶段，是高速增长，还是平稳缓慢增长，或是经济衰退，企业所采取的财务战略是不同的。

（3）通货膨胀水平

财务人员需要分析通货膨胀对资金成本的影响及对投资回报率的影响。为实现预期的报酬率，企业应调整收入和成本。同时，使用套期保值等战略尽量减少损失等。

（4）市场特征

市场特征指企业所处市场的开放程度和自由竞争程度。不同的市场特征意味着企业不同的资源配置方式，也必然影响到企业的财务战略。

（5）经济政策

一个国家的经济政策，如经济的发展计划、国家的产业政策、财税政策、金融政策、外汇政策、外贸政策、货币政策及政府的行政法规等，对企业的财务战略都有很大的影响。

2. 政治法律环境

政治法律环境主要包括政治主体的目标、纲领和政策、法律和法规体系、对外方针、政策及各社会利害关系集团之间的相互作用的过程等。需要注意的是，企业不仅要关注在特定政治法律环境下企业行为权力的范围与限制，也要时刻关注法律进程和法律完善程度，对未立法规范的行为要评估风险。

3. 金融环境

由于企业的投资、融资等财务活动必须借助于金融环境才能得以实现，因此金融环境的任何变化对财务战略的选择都有较大影响。金融环境里金融机构的种类和数量及其所经营的业务，金融机构的服务质量极其发展的程度都对企业财务战略的制定有着极其深刻的影响，加之市场是不断变化的，因此在制定和实施企业财务战略必须根据不停变换的市场和企业自身的特点进行相应的调整。

4. 社会文化环境

社会文化环境是指企业所处的社会结构、社会风俗习惯、宗教信仰、价值观念、行为规范、生活方式、文化传统、人口规模与地理分布等因素的形成和变动。社会文化环境的变化必然会影响到整个社会资金的积蓄、分配和应用方式，并最终反映到企业中来，对企业资金流动产生各种各样的影响。

（二）企业财务战略内部环境

1. 企业总体战略

企业财务战略是企业总体战略的一部分，受到企业总体战略的制约。因此，财务战略必须在企业总体战略格局下确定。

2. 企业所处的发展阶段

企业的发展有一定的周期性，一般可分为初创期、发展期、成熟期和调整期四个阶段。在企业发展的不同阶段，其所需要的资源及提供的资源是不同的，这就决定了处于不同发展阶段的企业所采取的财务战略也有所不同。

3. 企业盈利水平

企业的盈利水平可以通过资产报酬率、股东权益报酬率、销售毛利率与销售净利率等相关指标得到，盈利水平的高低对未来投资及筹资战略有着重要的影响。例如，高水平的盈利能力下，企业需要考虑是否有必要增加新的投资战略，企业是否进行进一步的扩张等；在低水平的盈利能力下，企业需要考虑是否有必要进行大量外部筹资，保留全部利润等。

4. 企业现有的资源

企业财务战略是关于企业现有资源如何配置、未来如何配置资源的谋划。因此，制定企业财务战略必须对企业现有的资源进行详细分析，包括企业已经拥有或控制的资产，以及通过各种运营活动可能取得的资产等。

二、财务战略规划方法

为了使企业制定出符合自身实际情况并能确保企业长期发展的财务战略，必须采用一定的科学方法。常用的财务战略制定方法有 SWOT 分析法、生命周期矩阵法、波特五力分析法和波士顿矩阵法等。

（一）SWOT 分析法

SWOT 分析法又称为态势分析法，是由美国旧金山大学的管理学教授韦里克于 20 世纪 80 年代提出的，经常被应用于企业战略制定和竞争对手分析等场合。

SWOT 分析法，即分析企业的优势（Strengths）、劣势（Weaknesses）、机会（Opportunities）和威胁（Threats）。采用 SWOT 分析法可对企业内部条件所具有的优势和劣势及外部环境提供的各种机会和威胁进行综合分析，进而使企业的优势与环境相结合，以制订一个或多个可执行的方案。

通过 SWOT 分析，可以帮助企业把资源和行动聚集在自己的强项和有较多机会的地方，并使企业的战略变得明朗。

SWOT 分析法的步骤如下：

1. 分析企业的内部优势和劣势

所谓企业的内部优势，就是可以使企业处于一种相对优势地位或主动态势的因素；劣势就是导致企业处于一种相对劣势或被动态势的因素。分析企业的内部优势和劣势时，要对企业整体进行全面分析，要从组织结构、高层管理人员素质、财务管理、生产管理、营销管理和人力资源管理等诸多方面入手。

2. 分析企业面临的外部机会和威胁

市场环境的变化或给企业带来机会或给企业造成威胁。市场环境因素的变化对某一企业是不可多得的机会，但对另外一家企业则可能意味着灭顶之灾。因此，机会与威胁分析实质上就是对企业外部环境因素变化的分析。机会是企业业务环境中重大的有利形势，如买方、卖方关系的改善，有利于企业发展的政策出台等；威胁则是外部环境中对企业的重大不利因素，如竞争对手的加入、市场需求的改变等。

3. SWOT 分析与资金投放战略

将调查所得的各种因素根据轻重缓急或影响程度等方式进行排序，就可以构造 SWOT 矩阵。在对企业内部的优势和劣势、外部的机会和威胁进行分析，构造 SWOT 矩阵的基础上，企业就可以着手制定企业财务战略。

用 SWOT 分析法制定财务战略的基本思路是：巩固内部优势，减少内部劣势；充分利用外部机会，避免或克服外部威胁；考虑过去，立足当前，着眼未来。需要注意的是，企业财务战略一定要与企业总体战略保持一致，同时与外部环境相协调。图 2-1 表明了某些投资战略与不同的 SWOT 因素组合之间的关系。图中纵、横两轴把平面分为四个区域，横轴表示内部的优势和劣势，纵轴表示外部机会和威胁。

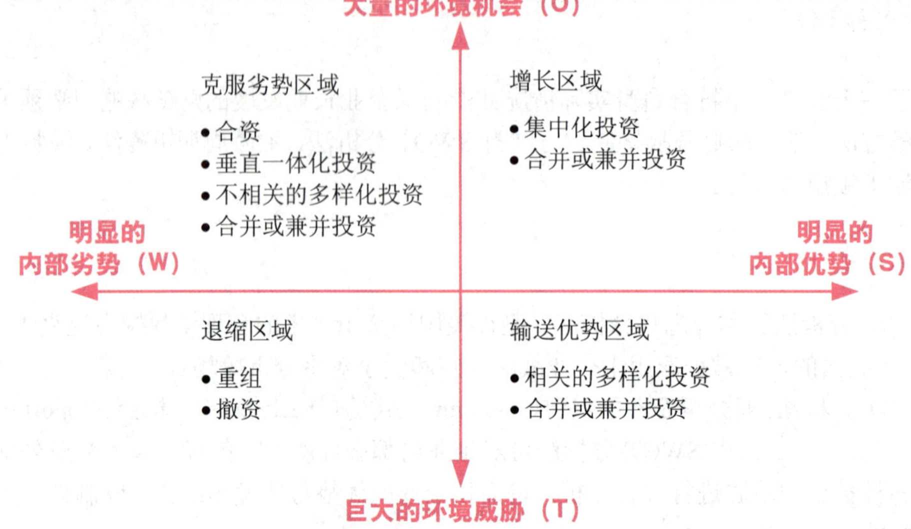

图 2-1　SWOT 和财务战略

处在增长区域是企业最有利的情况。在这一区域内，企业面临众多的外部机会，内部优势明显，企业可以趁机增加投资大力发展。

处在退缩区域是企业最不利的情况。在这一区域内，企业面临巨大的外部威胁，且内部劣势明显，只能采取收缩或退出的战略。

处在输送优势区域的企业内部优势明显，但面临外部巨大的威胁，此时企业应采取多种经营战略，利用自身的优势，在多样化经营上寻找发展的机会，以回避外部环境威胁。

处在克服劣势区域的企业，存在一定的外部机会，但企业内的一些弱点妨碍其利用这些机会，因此企业应采取战略行动来克服或弥补内部弱点。例如，企业可与他人形成暂时的或长期的伙伴关系，谋求向前或向后一体化，在其他领域进行多样化投资等。

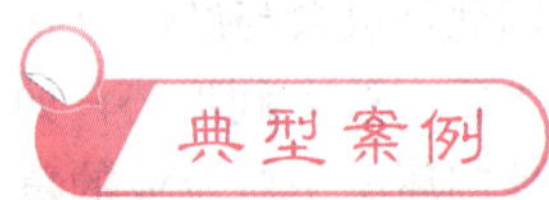

试论财务战略管理对企业生存发展的影响
——佑威国际破产案例研究

佑威国际控股有限公司（以下简称佑威国际）1989 年创立于香港，于 2000 年在香港联交所主板上市交易。佑威国际是香港著名的休闲服装生产销售企业，主营业务包括服装业务和德科纳米业务。在服装领域，公司主要从事服装设计、休闲服饰生产以及佑威品牌服饰在香港、中国大陆及中东等海外地区的销售，旗下包括中低端品牌 U-RIGHT、高端品牌 SEVENDAYS 和 PEZZX；同时，佑威国际致力于新兴纳米材料的生产销售，是中国大陆地区最大的纳米纺织企业之一。

佑威国际的服饰销售主要面向香港和中国大陆，公司销售规模逐年扩张。2005 年佑威国际香港分店仅有 19 间，内地为 330 间，而截至 2008 年 3 月 31 日佑威国际通过大举举债投资和降低加盟费用，其分店数已上升至香港 95 间，内地 516 间。这些大规模扩张挤占了公司大量的资金，造成公司经营困难，直至被迫破产。

佑威国际近几年一直大规模扩张销售渠道，然而经营活动产生的现金流量相对较低，内部财务资源积累不足，转而通过大量外部筹资获取资金支持大规模的投资活动，这是典型的扩张型财务战略。佑威国际试图通过生产销售规模的快速扩张达到大举占领市场，进而实现价值最大化的目标。那么，佑威国际的财务战略是否恰当？

首先，基于 SWOT 的环境分析，如表 2-1 所示，可以看出近两年佑威国际所面对的环境特点：

表 2-1 佑威国际 SWOT 分析

S（内部环境优势）	品牌知名度在香港和华南城市较高；对中低端服饰市场经验丰富
W（内部环境劣势）	单纯依靠家族管理，内部治理结构不合理；家族成员管理能力有限，且偏好铺张浪费；内部财务资源有限
O（外部环境优势）	部分厂商开始试行渠道成本更低的网络销售（B2C），为白领等年轻群体所热衷；线上销售和线下实体店结合的模式更易被消费者认可
T（外部环境劣势）	服装销售行业竞争逐年加剧；次贷危机导致融资困难

充分利用相对优势，改善或规避相对劣势应是佑威国际的适当选择。这要求其在高度竞争和经济危机导致销售萎缩、融资不易的情况下，集中企业财务资源稳固香港和华南等销售渠道，减少其他实体终端店铺的投资和扩张，适当发展渠道成本更低的网上销售，快速收回资金，即由快速扩张型财务战略尽快转型为稳健发展型财务战略甚至防御收缩型财务战略。然而，佑威国际一直忽视环境影响，大规模开设终端店铺占领大陆二三线市场，且未能充分利用信息时代带来的便利与巨大商机，导致财务资源分散且效率较低，最近导致企业运营困难。

（二）生命周期矩阵法

企业的生命周期是指企业从成立、成长、壮大、衰退直至破产或解散、清算完毕的整个过程。企业的生命周期一般可以分为初创期、成长期、成熟期与衰退期四个阶段。亚瑟·利特尔咨询公司把企业生命周期理论与企业竞争地位结合起来，提出生命周期矩阵分析法，如表 2-2 所示。

表 2-2 产品生命周期矩阵分析

竞争地位 生命阶段	强	中	弱
初创阶段	盈利	问号	亏损
成长阶段	盈利	盈利或问号	可能亏损
成熟阶段	盈利	盈利	亏损
衰退阶段	盈利	亏损	亏损

1．企业初创期财务特征及财务战略选择

在初创期，企业的未来的经营情况具有很大的不确定性，企业资信水平低，偿债能力差，资产抵押能力有限，负债融资缺乏信用和担保支持，很难获得银行贷款。因此，企业在此阶段的融资来源一般是低风险的权益资本。这时的企业经营风险高，财务风险大，对资金的需求很大，在此阶段一般采取扩张型财务战略，采取权益资本型筹资战略，实施一体化投资战略，实行零股利或低股利政策。

2．企业成长期财务特征及财务战略选择

在这一阶段，企业通过前期积累形成了一定的规模，其产品或服务已经成功进入市场，销售量开始增长。企业也就有了一定的自有资金周转规模，具备了一定的融资能力。企业此时经营风险有所下降，但仍然维持着较高的水平，财务风险较低。企业为获取低成本和高弹性的资金，采取相对积极的筹资战略，资金来源还是以权益融资为主，实施适度分权的投资战略，实行低股利政策。

3．企业成熟期财务特征及财务战略选择

在这一阶段，企业销售额很大，市场份额稳定，利润较为合理，企业财务状况稳定，经营风险很小，产生了大量的现金流。在此阶段企业一般采取稳健型财务战略，在资本结构中增加债务融资，资金来源以盈余留存和债务融资为主，实施尝试型投资战略，实行高股利和现金股利政策。

4．企业衰退期财务特征及财务战略选择

在衰退期，企业产品的市场占有率逐渐下降，销售收入增速放缓，现金流入量和现金流出量都会减少，风险进一步降低，在此阶段一般采取防御型财务战略，资本结构中以债务融资为主，建立进退结合的投资战略，实行现金股利分配政策，多给股东派发股利以作为资本的回报。

（三）波特五力分析法

波特五力分析法也叫行业结构分析法，是哈佛商学院著名战略管理学者迈克尔·波特在20世纪90年代末提出的五种力量模型。波特认为，任何行业的竞争性质都取决于以下五种竞争力量，即行业现有的竞争状况、供应商的议价能力、替代产品或服务的威胁、新进入者的威胁和客户的议价能力，如图2-2所示。

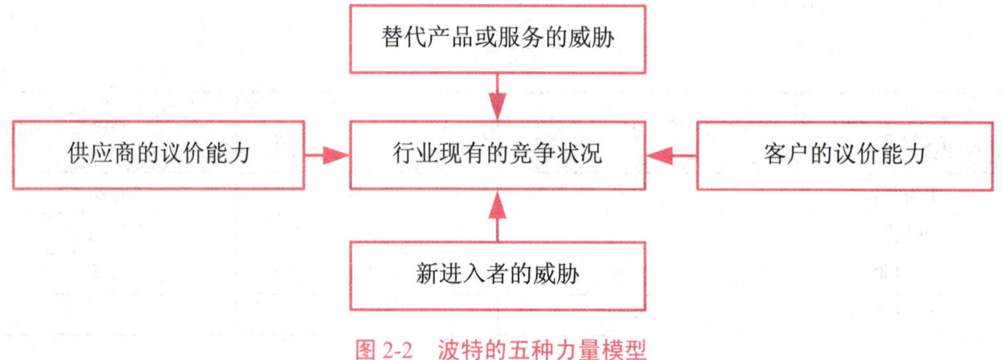

图2-2　波特的五种力量模型

五种竞争力量的大小决定着行业结构。例如，新进入者的威胁取决于行业壁垒的高低，而规模经济、产品差异、资本需求、转换成本、销售渠道及与规模经济无关的成本优势都是构成进入某一行业的障碍因素。

通过对行业结构分析，企业可以确定每个行业中决定和影响五种竞争力量的基本因素，明确企业发展的优势和劣势，能够发现该行业能否为其提供较高的持续盈利机会，并可结合实际情况决定是否向该行业投放资金，从而确定投资的方向和领域。

（四）波士顿矩阵法

波士顿矩阵法又称四象限分析法，是由美国著名的管理学家、波士顿咨询公司创始人布鲁斯·亨德森于 1970 年首创的一种用来分析和规划企业产品组合的方法。该方法将企业生产经营的全部产品或业务的组合作为一个整体进行分析，其着眼点是企业各种业务的相对市场份额及给企业所带来的现金流量。因此，该方法非常适合进行财务战略的制定。

运用波士顿矩阵法进行财务战略分析的步骤如下。

1. 划分并评估战略经营单位

企业管理者首先要把整个企业划分为若干个战略经营单位（Strategic Business Unit，SBU），在企业实践中，一般是按所处的产品市场情况来划分。然后，要按照相对市场占有率和行业增长率对其进行评估。相对市场占有率是指某个 SBU 的市场份额与本行业中最大竞争对手的市场份额之比；行业增长率就是把它和整个经济的增长率加以比较。

2. 比较战略经营单位

这一步骤要求以相对市场占有率为横轴，以行业增长率为纵轴，构建矩阵。再将对各个 SBU 的评估结果列在矩阵中，进而进行比较。如图 2-3 所示。

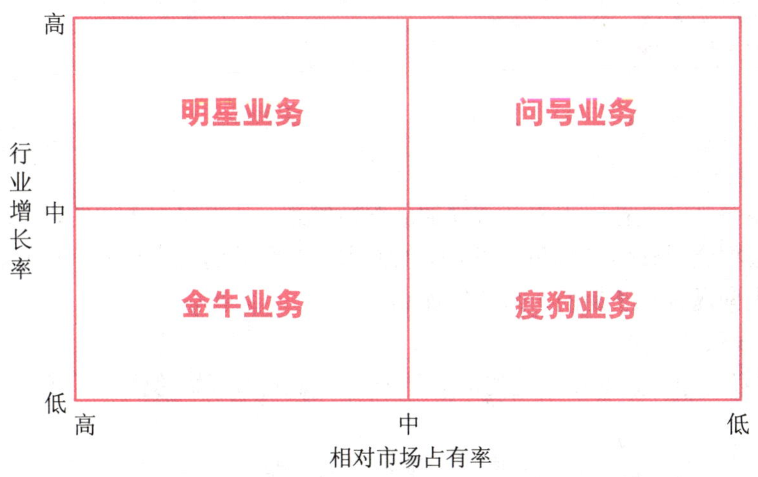

图 2-3　波士顿矩阵

根据波士顿矩阵可将企业的全部经营业务定位在四个区域中，分别是明星业务、问号业务、金牛业务和瘦狗业务。

（1）明星业务

它是指处于高增长率、高市场占有率象限内的业务，这类业务可能成为企业未来的金牛业务，需要加大投资以支持其迅速发展。

（2）金牛业务

金牛业务又称厚利业务。它是指处于低增长率、高市场占有率象限内的业务，是已进入成熟期的业务。其特点是产品销售量大、业务利润率高、负债比率低，可以为企业提供资金，而且由于增长率低，也无需增加投资。因而金牛业务是企业回收资金的主要来源，也是支持其他业务，尤其是明星业务投资的后盾。

（3）问号业务

它是处于高增长率、低市场占有率象限内的业务。前者说明市场机会大，前景好，而后者则说明在市场营销上存在问题。其特点是利润率较低，所需资金不足，负债比率高。

（4）瘦狗业务

瘦狗业务也称衰退类业务。它是处在低增长率、低市场占有率象限内的业务。其特点是利润率低，处于保本或亏损状态，负债比率较高，因而无法为企业带来收益。

3. 确定投资战略

波士顿矩阵指出了每个经营业务在竞争中的地位，使企业了解其作用或任务，从而有针对性地利用企业有限的资金。

对于明星业务，企业可加大资金的投入，巩固其明星地位，其所需的大量资金可能来自金牛业务。对于问号业务，如发展前景看好，则采取扩大投资的战略，使之转变为明星业务；否则，就应减少或停止投资，以避免或减少资金浪费。对于大多数金牛业务，市场占有率的下跌已成不可阻挡之势，可采取兼并或退出战略。对于瘦狗业务，若没有更好的重组机会，应完全停止投资，退出其所在的行业。

三、财务战略规划的内容

（一）筹资战略

筹资战略是涉及企业重大筹资方向的战略性筹划，是指根据企业的内外环境的现状与发展趋势，根据企业整体战略和投资战略的要求，对企业的筹资目标、原则、结构、渠道和方式等重大问题进行长期的、系统的谋划。

1. 筹资战略的要素

（1）筹资目标：企业在一定的战略期内所要完成的筹资总任务，是筹资工作的行动指南。

（2）筹资原则：企业筹资应遵循的基本要求，即低成本原则、稳定性原则、可得性原则、提高竞争力原则和风险性原则等。

（3）筹资结构：资金来源结构，即全部资金中各种资金所占的比例，通常由债务资金和权益资金两部分组成。

（4）筹资渠道：筹集资金来源的方向与通道，体现了资金的源泉和流量。

（5）筹资方式：可供企业在筹措资金时选用的具体筹资形式。我国企业目前主要有以下几种筹资方式：① 吸收直接投资；② 发行股票；③ 利用留存收益；④ 向银行借款；⑤ 利用商业信用；⑥ 发行公司债券；⑦ 融资租赁；⑧ 杠杆收购。其中前三种方式筹措的资金为权益资金，后几种方式筹措的资金是债务资金。

企业应根据战略需求不断优化筹资结构，拓宽筹资渠道，采用多种筹资方式合理组合，制定合乎企业实际又适应外界环境变化的筹资战略。

2. 保守筹资战略

保守筹资战略适用于快速增长型企业。对快速增长型企业来说，创造价值最好的方法是新增投资，能够促进增长的策略才是其最适合的战略。在选择筹资工具时，可采用以下做法：

① 维持一个保守的财务杠杆比率，它具有可以保证企业持续进入金融市场的充足借贷能力；② 采取一个恰当的、能够让企业从内部为企业绝大部分增长提供资金的股利支付比率；③ 把现金、短期投资和未使用的借贷能力用作暂时的流动性缓冲品，以便于在那些投资需要超过内部资金来源的年份里能够提供资金；④ 如果必须用外部筹资的话，那么选择举债的方式，除非由此导致的财务杠杆比率威胁到财务灵活性和稳健性；⑤ 当上述方法都不可行时，采用增发股票筹资或者减缓增长。

3. 积极筹资战略

积极筹资战略适用于低增长型企业。对于低增长型企业来说，通常没有足够好的投资机会，在这种情况下，企业可以尽可能多地借入资金增加财务杠杆，或者利用这些资金回购自己的股票。

利用负债筹资，增加股东价值的具体做法包括：① 通过负债筹资增加利息支出获取相应的所得税利益，从而增进股东财富；② 通过股票回购向市场传递积极信号，从而推高股价；③ 在财务风险可控的情况下，高财务杠杆比率可以提高管理人员的激励动机，促进其创造足够的利润以支付高额利息。

企业应学会充分利用金融工具创新，在满足基本原则基础上多渠道开拓融资来源；当企业常规融资渠道面临困境时，企业还要考虑特殊的融资方式，如票据贴息、资产证券化、期权式融资等。

（二）投资战略

投资战略是企业为使其长期生存和发展，在充分估计影响企业的内外环境各因素的基础上，根据企业的战略要求，对企业长期投资所作出的根本性谋划和部署。投资战略主要解决战略期内投资的目标、原则、规模和方式等重大问题。

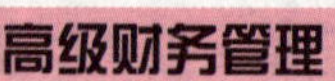

1．投资战略的要素

（1）投资目标

投资目标即投资的方向，包括收益性目标、发展性目标和公益性目标等。收益性目标是企业生存的根本保证；发展性目标是企业投资的现实要求；公益性目标能够树立企业的良好形象，有利于企业的长远发展。

（2）投资原则

投资原则包括集中性原则、适度性原则、权变性原则和整体性原则。

集中性原则要求企业把有限的资金集中投放到最需要的项目上；适度性原则要求企业投资需要认真权衡投资报酬和风险，不要盲目投资，结合企业当时承受风险的能力，适时适量，作出最终有利于企业的决策；权变性原则要求企业投资要机动灵活，要随着环境的变化对投资战略作出及时调整；整体性原则要求企业在进行任何投资决策时，都应当服从企业整体的发展战略，充分考虑到企业财务状况及企业未来的发展形势。

企业在制定投资战略时还要对投资规模和投资方式作出恰当的安排。

2．投资战略的内容

（1）直接投资战略

直接投资是指企业为直接进行生产或者其他经营活动而在土地、固定资产等方面进行的投资。直接战略投资计划的制订需要以企业的生产经营规划和资产需要量预测为基础进行，随后确定企业需要直接投资的时间、规模、类别及相关资产的产出量、盈利能力等。

（2）间接投资战略

间接投资指企业通过购买证券、融出资金或者发放贷款等方式将资本投入到其他企业，其他企业进而再将资本投入生产经营中去的投资。间接投资规划的核心问题是如何在风险可控的情况下确定投资的时机、金额和期限等。

（三）收益分配战略

收益分配战略是指以战略眼光确定企业净利润留存与分配的比例，以保证企业和股东的长远利益。企业的收益应在其利益相关者之间进行分配，包括债权人、企业员工、国家与股东。然而前三者对收益的分配大都比较固定，只有股东对收益的分配富有弹性，所以股利战略也就成为收益分配战略的重点。

股利战略要解决的主要问题是确定股利战略目标、是否发放股利、发放多少股利及何时发放股利等重大问题。从战略角度考虑，股利战略目标为：促进公司长远发展；保障股东权益；稳定股价，保证公司股价在较长时期内基本稳定。公司应根据股利战略目标的要求，通过制定恰当的股利政策来确定其是否发放股利、发放多少股利及何时发放股利等重大方针政策问题。

1．股利战略的内容

（1）股利支付率，也称股息发放率，是指净收益中股利所占的比重，也就是股利与留存收益之间的比例。它反映公司的股利分配政策与股利支付能力。

（2）股利的稳定性，指股利金额的变动程度。

（3）股利的形式，即派发股利的形式。

（4）信息内容，即决定希望通过股利分配给投资者传达的信息。

2．股利战略的目标

（1）保障股东权益、平衡股东间利益关系

公司股利决策必须通过创造高效益来回报投资者。由于现代股份公司股权的分散性和股东的复杂性，股东一般可分为控股股东、关联股东、零星股东。控股股东和关联股东侧重于公司的长远发展，而零星股东倾向于近期收益。企业不能仅仅满足控股股东和关联股东的利益，否则会使零星股东产生不满，抛售股票，使股价下跌，严重时将导致诉讼事件，影响公司声誉。

（2）促进企业长期发展

如前所述，股利战略实质就是探寻股利与留存收益之间的比例关系，它是公司有关权益分配和资金运作方面的重要决策。股利战略的基本任务之一是要通过股利分配这种方式为企业增强发展后劲，为扩大再生产的进行提供足够的资金。

（3）稳定股票价格

一般而言，公司股票在市场股价过高或过低都不利于公司的正常经营和稳定发展。股价过低必然影响公司声誉，不利于今后增资扩股或负债经营，也可能被趁机收购、兼并；股价太高会影响股票的流动性，并留下股价暴跌的隐患；股价时高时低波动剧烈，将影响投资者的信心，成为投机者的投机对象。所以，保证股价稳定势必成为股利战略的目标。所谓股价稳定是指在一个较长时期内公司股价稳定并呈上升态势；在整个股市动荡之时，公司股票市场波动幅度相对较小。

3．可行的股利战略方案

（1）剩余股利战略

该战略指企业在发放股利时，优先考虑投资的需要，如果投资后还有资金剩余则派发股利，如果没有剩余则不派发股利。这种战略的核心思想是以公司的投资为先，发展为重。

剩余股利战略的优点是留存收益优先保证再投资的需要，这有助于降低再投资的资金成本，实现公司价值的长期化和最大化。然而完全遵照执行剩余股利战略，使得股利发放额每年随投资机会和盈利水平的波动而波动，忽视了股利分配的其他因素，如法律、股东意愿等，而且缺少一定的稳定性。

（2）稳定或持续增加的股利战略

稳定的股利战略是指公司的股利分配在一段时间里维持不变；而持续增加的股利战略则是指公司的股利分配每年按一个固定的成长率持续增加。

稳定或持续增加的股利战略使公司经营者对未来发展充满信心，这有助于树立企业形象，增加投资者信心，稳定股价；可以留住投资者，避免股利支付的大幅度、无序性波动，有助于预测现金流出量，便于公司事先进行资金调度和财务安排。

但这种只升不降的股利战略会给公司运行带来压力。若公司遇到困难陷入困境，则高于盈利的股利支付势必影响企业的正常经营。

（3）固定股利支付率战略

这种战略是指公司将每年盈利的某一固定百分比作为股利分配给股东。这种战略与剩余股利战略正好相反，优先考虑的是股利，后考虑保留盈余。在这种战略下，公司各年的股利随经营状况的好坏而波动，盈利高的年份股利高，盈利低的年份股利低。

实行股利支付率固定的战略，使股利与公司盈余紧密配合在一起，以体现多盈多分、少盈少分、不盈不分的原则。但是该战略由于盈利水平不定造成股利波动不定，让市场感觉到公司未来收益不确切、前景不明朗、经营不稳定、投资风险大，而且这种战略缺乏财务弹性，不利于决策者在企业发展的不同阶段采用不同的方法来派发股利。

（4）低正常股利加额外股利战略

该战略是指公司事先设定一个较低的经常性股利额，一般情况下，公司都按此金额发放股利，只有当累积的盈余和资金相对较多时，才支付正常以外的股利给股东。

这种战略吸收了以上股利战略的优点，摒弃了不足，使公司在股利发放上有较大弹性，可充分考虑其他投资理财活动的资金需求。而且也可使股东既有一个最低收益保障，又有可能分享公司盈利的成果。但是由于超常股利时有时无，在一定程度上也会让市场感觉公司经营不稳定。

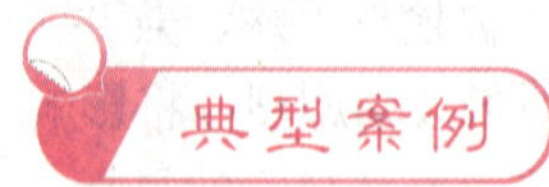

基于企业生命周期的财务战略规划
——以用友股份有限公司为例

一、初创期的财务战略规划

初创期的用友，依据企业生命周期规律和自身特点，采取了积极稳健的财务战略。

（一）筹资战略

创业之初，由于企业产品能否被市场的潜在客户所接受存在很大的不确定性，经营风险大，商业银行出于稳健性考虑，一般不会向处在这一时期的企业提供资金支持，创业资金绝大部分只能来自于个人资产或私人借款。因此，王文京和苏启强用借来的 5 万元成立了用友财务软件服务社，开始了创业历程。显然，此时的用友，采取的是向朋友或亲戚借款的债务性融资策略。在此阶段，为控制企业的总体风险，企业所有经营费用都尽量维持在最低水平。随着产品开发的进一步深入，公司的运营费用开始增加，仅靠公司自身的积累已不能满足发展的需要，需要向外部筹资。所以，到了 1989 年，公司开始向商业银行贷款，向银行借了第一笔贷款 10 万元。1990 年，又向银行贷款 30 万元。可见，用友在初创期采取的筹资策略是在前期用权益资金进行最初的开发，有一定的成绩之后，开始向金融机构借歌，采取的是权益筹资和负债筹资相结合的方法。

（二）投资战略

创业之初，用友采取了集中化的投资战略，将所有精力都放在软件的开发上。1990 年，企业集中所有的资金在苏启强负责开发的UFO财务报表软件上，共投入了50万元。而我们知道，UFO的成功使得用友在财务报表软件上的优势一直保持到现在，证明了企业当时投资战略的正确性。1990年4月，用友财务软件（DOS版）获得国家财政部的评审，成为首批获得财政部资质认证的财务软件；1991年，用友把提高市场占有率作为其首要战略目标，先后设立了20多家分支机构。当年，用友财务软件在国内的市场占有率第一，并一直保持到现在。1994年，王文京提出“立足软件领域，实现产业化”的发展战略。事实也证明，这个决策是正确的。连续三年，用友的营业额都以60%的速度高速增长。

（三）收益分配战略

作为一个高投入、高风险、高效益的企业，想要持续发展，就要不断投入大量资金。此时的用友，资金需求量非常大，而融资渠道比较少，未来预期收益的巨大不确定性又使得一般的权益投资者不愿涉入。因此，内部累积就成为企业扩大再生产的主要来源之一。而且，初创期的企业，收益低且不稳定，实现的税后利润应尽可能多地留存，为企业的进一步发展奠定物质基础。所以，用友采取的是零股利分配政策。

二、成长期的财务战略规划

经过初创期的资金积累，企业进入了成长期。在这一阶段，用友采取了快速扩张的财务战略。

（一）筹资战略

成长期的用友已经驶入正轨，此时，公司增加了多种可供选择的筹资方式，进入了筹资的黄金期。首先，由于经营已初具规模，盈利状况良好，企业具备了取得流动资金贷款及通过担保取得中长期贷款的条件，负债筹资成为筹资方式之一。其次，此时的用友，经营风险已大大降低，作为高新技术产业，其发展前景不可估量，投资价值远远大于传统行业的成熟企业，所以，权益筹资又成为企业的主要筹资方式之一。再次，成长期的用友，创造了可用于扩大再生产的盈利，因此，留存收益也成为企业发展的重要资金来源。另外，这时的用友与供应商和经销商也有了固定的合作关系，相互之间建立了良好的信任关系，企业有条件通过商业信用占用上下游的资金来积聚一笔可观的流动资金，这笔资金无资本成本，是很好的资金来源。

表2-3　历年资产负债率和流动负债占总负债的比例

项目	2001年	2002年	2003年	2004年	2005年	2006年	2007年	2008年	2009年
资产负债率（%）	13.82	14.67	11.88	13.27	17.46	18.47	20.04	31.82	31.58
流动负债占总负债的比例（%）	99.38	98.88	98.84	94.02	93.71	94.97	81.37	95.10	98.85

（二）投资战略

成长期的用友，从投资战略看，采取的是一体化的快速扩张策略。用友利用资本优势，在现有业务的基础上进行了横向和纵向扩张。1997年，用友开始研发第一款ERP软件。1998年，用友公司开始研发面向集团企业的高端管理软件NC，以适应互联网发展的要求。1999年，用友推出中国最早的管理软件应用平台（UAP）。2001年上市募集到资金后，用友开始用短期投资的方式为闲置资金寻找出路。2003 年，继成立主攻电子政务方向的用友安易公司之后，7 月初，用友又耗资 2 000 多万元成立了北京用友工程有限公司。2004 年，用友启动国际化战略，产品开始向海外推广。

表 2-4 历年长期投资占主营业务收入的比例

2001 年	2002 年	2003 年	2004 年	2005 年	2006 年	2007 年	2008 年	2009 年
9.96%	9.95%	23.09%	18.14%	12.78%	11.51%	72.65%	18.01%	2.41%

（三）分配战略

伴随用友的高速增长，公司税后净利也逐年上涨，表 2-5 是公司上市后历年的分配方案。

表 2-5 历年股利分配方案

年度	现金股利额（元）	股利支付率（%）	分红方案
2001	60 000 000	85.23	10 派 6 元（含税）
2002	60 000 000	65.50	10 转增 2 股派 6 元（含税）
2003	45 000 000	60.07	10 转增 2 股派 3.75 元（含税）
2004	46 080 000	66.36	10 转增 2 股派 3.2 元（含税）
2005	114 048 000	115.39	10 转增 3 股派 6.6 元（含税）
2006	152 755 200	89.61	10 派 6.8 元（含税）
2007	231 361 200	64.33	10 转增 10 股派 10 元（含税）
2008	139 998 893	34.33	10 转增 3 股派 3 元（含税）
2009	376 715 310	61.36	10 转增 3 股派 6 元（含税）

从表 2-5 可以看出，用友实行了高股利支付率的分配政策。在良好的业绩之下，用友向投资者推出了高比例现金派息的年度分配方案，2001 年和 2002 年都是每股派现 0.6 元（含税），期末未分配利润分别为 126 947 元和 17 992 033 元。2003 年和 2004 年分别派发现金股利 45 000 000 元和 46 080 000 元。在 2001—2004 年连续四年中，用友公司用于派现的资金高达 211 080 000 元，占四年全部可供分配利润的 66.91%。这都向市场传递了一种积极的信息，有利于支撑和刺激股价，增强投资者的投资信心。

三、成熟期的财务战略规划

成熟期的用友，采取了快速扩张但相对稳健（相对成长期而言）的财务战略，以实现公司经营业绩的稳定增长和资产规模的平稳扩张。

（一）筹资战略

用友在其成熟期仍采取的是权益筹资和负债筹资相结合的筹资战略。在权益资金和负债资金的使用比例上，由表 2-3 可以总结出：企业的筹资策略跟先前相比，变化不大，但资产负债率呈逐年上升趋势，说明筹资策略在慢慢向激进转移，仍采取的是以权益筹资为主负债筹资为辅的筹资战略。

（二）投资战略

在投资方面，成熟期的用友，利用资本和技术上的优势，采取了多元化的投资战略，

以实现新产品和新领域的不断开拓。在投资上，由于现金储备充足，用友实行多元化投资，以获取投资收益，实现资本的保值增值。成熟期的用友，除 2007 年和 2009 年外，每年的长期投资额占主营业务收入的比例变化不是很大。与成长期相比，差别也不大（见表 2-4）。从公司公布的各年募集资金投向情况可以看出，公司坚持多年稳定的投入不变。一方面，产品逐步向核心化、综合化、多样化方向发展；另一方面，国际化战略正在逐步深入。用友采用此种投资战略，同样是由于经营状况良好，现金储备充足的缘故，为实现企业的长远发展奠定了良好的基础。

（三）收益分配战略

从分配战略看，成熟期的用友仍采取的是高股利支付比率的现金股利政策，但分配的规模和稳定性具有成熟期企业收益分配的特点。

从表 2-5 可以看出，用友在进入成熟期之后，虽然仍保持大量投资，但获取现金的能力更强，能够创造大量且稳定的现金流，因此企业向投资者推出了高比例现金派息的年度分配方案。在 2005—2009 年里，用友公司用于派现的资金高达 1 014 878 603 元，占五年全部可供分配利润的 44.70%，跟前四年的占比 66.91%相比，有所下降。在股利支付率上，2005 年高达 115.39%，现金发放额超过了净利润；而在随后的三年里，呈逐渐下降趋势，下降幅度比较大，到 2008 年只有 34.33%，这可能与全球金融危机的到来有关，所以企业加大了留存收益的比例，以备企业未来发展之需。2009 年，随着经济的逐渐回暖，股利支付率又上升到 61.36%。

第三节　财务战略控制

企业财务战略在实施时，有时会出现与预定目标产生偏差的情况。如果不及时采取措施进行纠正，财务战略目标就无法顺利实现。要使企业财务战略能够不断适应内外环境，进行正确的修正、补充和完善，就必须加强对战略实施的控制。

财务战略控制是指在财务战略的实施过程中，检查企业为达到目标所进行的各项活动的进展情况，评价实施企业财务战略后的企业绩效，把它与既定的战略目标与绩效标准相比较，发现战略差距，分析产生偏差的原因并进行纠正，使财务战略的实施更好地与企业当前所处的内外环境、企业目标协调一致。

一、财务战略控制的内容

1. 组织规划控制

组织规划控制主要包括财务治理结构的科学设置、财权和财务控制权的合理分割、明确与财务管理相关的各职能部门间的横向或纵向财务关系、不相容职务的分离等。

2. 业务处理程序控制

财务管理的“业务”是指资金筹集、资金投放、资金耗费、资金收回和资金分配等五个方面。每个方面都必须明确相应的预测决策程序、执行程序和信息反馈程序。

3. 信息控制

这里的信息包括两个方面：一是关于资金筹集、投放、耗费（成本费用）、收回、分配等各项理财业务的运作过程及结果的信息；二是关于各责任中心财务控制方面的信息。这些信息与财务战略管理有关，一部分是内部会计信息，也有一部分是其他经济信息。

4. 资金安全控制

无论是筹资、投资（广义地包括资金投放、耗费、收回等过程），还是利润分配，都有一个风险防范问题。资金安全控制在财务管理中主要是一个风险的评估、预警和防范问题，要做到以下两个方面：一要维持资金收支在数量和时间上的动态平衡；二要保证资金不受无谓的损失和消耗。

5. 人员素质控制

财务控制作为一项风险较大的、复杂的、需要随机应变的管理工作，对从业人员的能力、道德水平等要求都较高。

6. 预算控制

财务预算控制是财务内控的日常工作和使用最为普遍的控制手段，在财务内控中具有十分重要的地位。

7. 内部财务管理审计

财务内控制度和控制业绩的审计评价是公司内部管理审计的重要组成部分。

二、财务战略控制的特征

（一）财务控制是一种动态的控制过程

财务控制作为公司管理控制的一部分，渗透于公司生产经营的每一个过程当中。无论是原材料采购，还是现金的收付；无论是生产研发还是产品销售都能看到财务控制的影子。并且公司的财务控制是实现事前控制（引导员工往哪个方向做）、事中控制（跟踪，防止偏离目标）、事后反馈（监督，考评完成情况，调节员工的行为）一体的全过程控制。并且，它要求公司在治理结构上要理顺关系，在权力分配上要充分考虑分权与制衡，实施的是一种与公司经营过程结合在一起的，自上而下的，融合了管理和控制界限的全方位控制。

（二）财务控制强调“人”的重要性

财务控制受董事会、管理阶层及其他工作人员影响，通过人的活动来完成各项任务。公司的员工不可避免地要与公司的财务活动发生关系，所以，只有人才可能制定公司的财务控制目标，并设置财务控制的机制。反过来，财务控制也影响着人的行动。

三、财务战略控制的实现方式

（一）公司治理结构控制

这是财务控制的基础，通过建立职业化的董事会制度和独立董事制度，明确财权分配关系，突出各利益主体间授权控制方式及职责分工。强调其职业化和专业化特性，明确职责和独立性，并具备一整套的核心能力。从利益相关者理论的角度来说，公司治理结构控制不仅需要内部治理，还需要外部治理，建立健全股东大会的约束机制，防范控股股东滥用权力架空财务控制可能导致的治理风险和财务控制风险。

（二）预算控制

这是财务控制中使用最广泛的一种方法，也是最有效的方法。公司通过计划的形式具体、系统地反映出公司为达到经营目标所拥有的经济资源的配置。而利用预算以控制未来的行动和业绩，则称为预算控制。

（三）财务制度控制

管理当局通过规章、制度的形式规范、约束公司财务行为，处理公司内部财务关系，以保证管理有利于公司战略目标实现。财务制度控制在任何一个公司中都具体存在，且具有最为直观有效，但制度控制系统是一种监督机制，必须与激励控制系统相结合才能发挥有效的作用。

（四）激励控制

激励控制是指企业通过激励的方式控制人的行为，使他们的行为与企业目标相协调。激励控制强调的是人的创造性。从激励方式角度看，包括股票期权激励、员工持股计划激励、年薪激励、工效挂钩激励和奖金激励等。该系统的优点是：管理者可根据变化的环境及时调整目标和战略，保证企业价值最大化目标的实现。

（五）业绩评价控制

业绩评价控制是指企业通过对经营业绩的考核评价来规范企业各级管理者的行为，它强调控制目标而不是控制过程。只要各级管理目标实现，企业战略目标就得以实现。业绩评价控制系统从控制环节看，包括业绩评价指标的制定、业绩评价程序与方法、业绩评价结果与奖惩；从控制层级看，包括企业所有者对高层经理、高层经理对部门经理、部门经理对项目经理的业绩评价控制；从控制内容看，包括财务绩效评价、管理绩效评价、作业绩效评价等；从业绩评价指标看，包括净收益、营业现金流量、销售利润率、资产报酬率、净资产收益率、市场价值、经济增加值等财务指标和产品市场占有率、顾客满意程度、学习与成长能力、敏感性与应变能力等非财务指标。

业绩评价控制系统的作用在于使各级管理者和员工明确自己的工作效果与自身利益的关系。该系统的优点是：既有明确的控制目标，又有相应的灵活性，有利于管理者及员工在实现目标过程中主观能动性的发挥。业绩评价控制系统相对于制度控制和预算控制是一种较高层次的控制，必须建立在制度控制和预算控制的基础上才能发挥有效的作用。

（六）软控制

软控制是指那些属于精神层面的管理事务，如高级管理阶层的管理风格、管理哲学、企业文化、财务控制意识等。

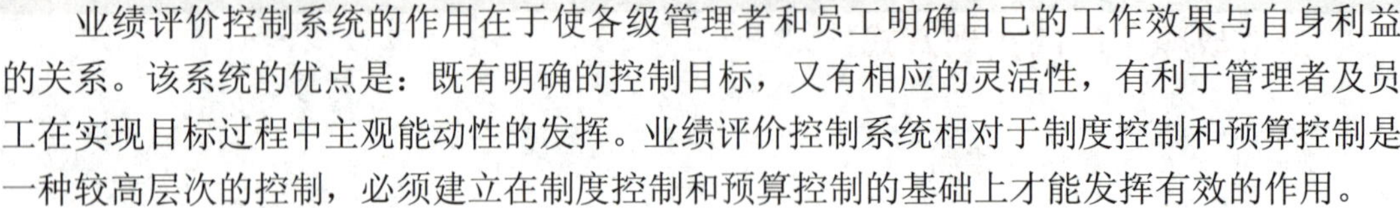

案例研究与分析：万科企业财务战略十年轨迹与启示

财务战略涉及在企业愿景和总体战略引领下，以促进企业财务资源长期均衡有效配置和流转为重点，以资本筹措与风险筹划为依托，以维持和提升公司核心竞争优势和盈利水平为目的的战略议题。本文把财务战略聚焦于以现金配置为主体的投资战略、以运营分析为主体的营运资本战略、以外部融资为主体的筹资战略和以现金分红为主线的股利政策四方面。本文分析数据均来自万科企业股份有限公司（以下简称万科）2000—2009 年的年度财务报告，不考虑会计准则变迁对十年财务数据可比性的影响。分析表明，万科长期以来秉承以现金流操控为核心的财务战略，具有合理规划经营现金、资本投资、风险张弛有度、融资安排领先于投资需要、固定股利分配的战略特色，彰显了万科十年以来财务战略的发展轨迹，并给中国企业财务规划以诸多启迪。

一、万科财务战略轨迹

（一）长期奉行量入为出的投资规划

经营活动现金净流量能够衡量企业核心经营业务产生现金的能力，值得注意的是，房地产企业用于买地和建房的巨额开支列在经营性活动中，划入经营开支；房地产行业的预售制度使得地产企业的收现在先，房屋完工后业主入住才能确认会计收入并结利，所以成长性企业每年的营业现金收入均会大于会计报表营业收入。自由现金流是经营活动现金净流量中扣除投资活动现金流出之后的现金余额，这说明了企业满足投资需要后剩余的可支配的现金，它不仅是现金流折现法进行企业估值的基础数据，更是衡量企业财务能力与健康状况的重要指标。量入为出尤为重要，其中的“入”是指营业收入和经营现金流入，“出”是指经营性现金开支及资本开支。

图 2-4 概览了万科十年间营业收入、营业利润、净利润、经营活动现金流入、经营活动现金净流量和自由现金流的基本态势。从中可以发现在 2000—2005 年万科的营业收入与经营活动现金流入、经营活动现金净流量与自由现金流等指标具有长期的高吻合度，表明万科营业收入的变现能力较高，盈利能力稳定增长、收入的现金流比重较高，不少投资资本支出源于经营性现金，这些都是稳健经营的表现。

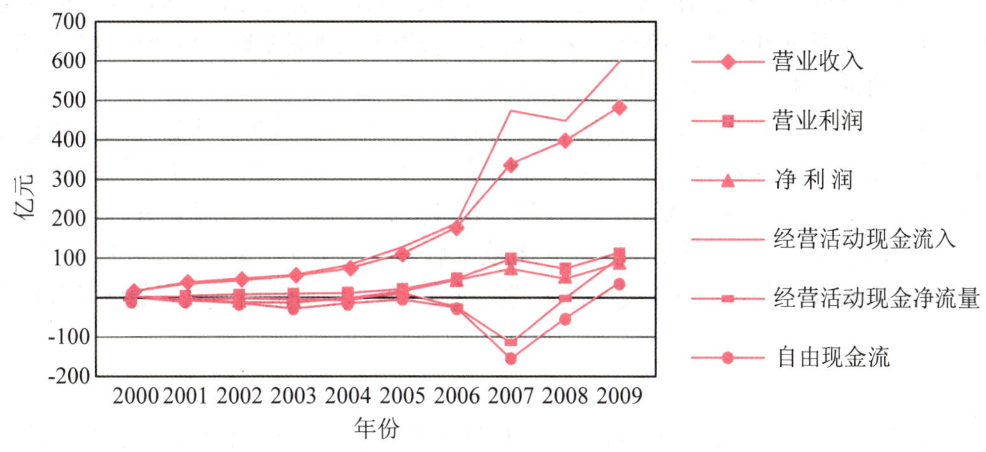

图 2-4　现金与投资

值得注意的是，万科的经营现金净流量 2000—2004 年曾出现在小幅度内正负交替的现象（见图 2-5），这表明万科在营业收入增长较快的年份会同时增加现金支出，经营现金流量呈现负值；但在营业收入增速较缓的年份会相对缩减土地购置与储备，使得经营现金净流量恢复正值，即万科会根据收入的多少来安排相应的土地购置规模与节奏，大体上一直奉行量入为出的投资配置策略和现金净额正负交替、风险张弛有度的动态财务规划。

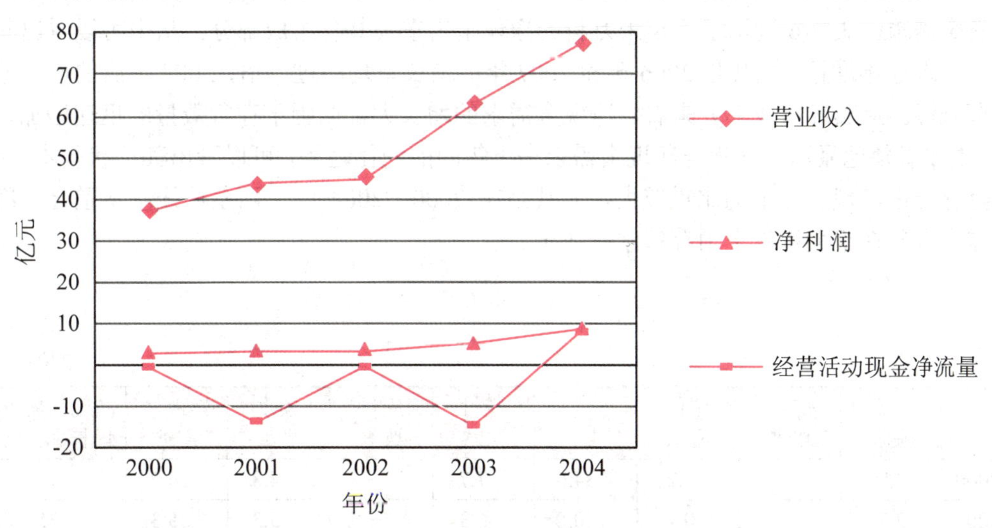

图 2-5　经营活动现金净流量、营业收入与净利润

当然这种正负交替的态势有段时间也曾被“冒进冲动战略”所破坏。从图 2-4 可以看出，从 2006 年开始，在营业收入和经营活动现金流入大幅增长的同时，经营活动现金净流量和自由现金流大幅缩水，2007 年到达低谷，经营活动现金净流量和自由现金流之间的差异（即投资支出）也达到最大，“收入、利润指标”与“净现金指标”呈现巨大的“喇叭口”，超速扩张战略一改以往的稳健经营，一方面在主营的房地产经营上增大项目开发和购买土地，导致经营现金流大幅缩水，同时又在资本投资领域大举扩张，导致自由现金流愈发窘困。需要说明的是，2007 年各家房地产公司无疑都是战略上的“激进分子”，相对而言，万科的“喇叭口”在当时并不算最大。

2008 年年初万科提出了具有杀伤力的“拐点论”，以房屋降价、出售土地、收缩战线缩减开支，促进销售、囤积现金，使现金流状况立即得到改善。即使在房地产行业“地王”频出的 2009 年，万科的经营活动现金净流量和自由现金流都达到正值，并且投资支出减少，经营活动现金净流量和自由现金流回到吻合状态，资本支出仍然维持在低水平，“喇叭口”收窄，收入、净利润与各类现金流重新回归一致，财务战略回复到稳健经营状况。

（二）万科资金营运战略的“短板”

不断扩大的存货现金需求和日益缓慢的运营速度成为万科资金营运战略的“短板”。这个问题聚焦在以存货管理为核心的运营资本战略上。营运资本即流动资产减流动负债的余额，它表明要有多少长期资本来满足流动资产的需求。本文立足于运营管理上的现金需求来讨论万科的流动资金运用，透视万科营运资本战略的特征及其财务绩效。这里先界定一个概念：净现金需求＝应收账款＋应收票据＋预付账款＋存货－应付账款－应付票据－预收账款。

显然，现金净需求是运营管理中企业的流动资金“被客户占用”减去企业占用供应商的流动资金的余额，换言之，它可以衡量企业必须筹措多少外部现金才能满足运营中的流动资金需求。表 2-6 列示了十年来万科的净现金需求及其各组成部分。从中可以看出其净现金需求逐年增长，尤其是 2006 年和 2007 年的增长率均超过一倍，2008 年后的增长速度逐渐减慢。从其各组成部分来看，净现金需求的增长大都归因于存货数量的迅速增加，图 2-6 更加清楚地显示出存货与净现金需求在十年间的变化趋势，可以看出其形状基本一致，并且存货占净现金需求的比重较大，尤其是在 2000—2004 年，两条曲线基本重合，净现金需求水平在很大程度上由存货水平决定。

表 2-6　万科净现金需求及其组成部分

单位：亿元

年份	应收账款	应收票据	预付账款	存货	应付账款	应付票据	预收账款	净现金需求	净现金需求年增长率（%）
2000	3.9	—	0.2	34.6	7.7	—	4.8	26.2	—
2001	3.7	—	0.4	40.8	6.3	—	3.3	35.3	35
2002	3.3	—	1.0	53.4	10.5	0.05	3.6	43.6	24

续表

年份	应收账款	应收票据	预付账款	存货	应付账款	应付票据	预收账款	净现金需求	净现金需求年增长率（%）
2003	2.8	—	1.7	73.2	18.6	0.06	5.1	54.0	24
2004	3.2	—	4.3	96.1	22.6	0.02	13.2	67.8	26
2005	3.7	—	6.7	127.0	28.7	0.02	34.2	74.5	10
2006	3.7	—	15.1	245.1	46.3	0.02	67.5	150.1	101
2007	6.2	—	53.0	503.2	85.3	—	152.3	324.8	116
2008	8.9	—	57.2	761.9	120.0	—	227.8	480.2	48
2009	8.2	—	59.5	879.9	146.0	0.15	278.4	523.1	9

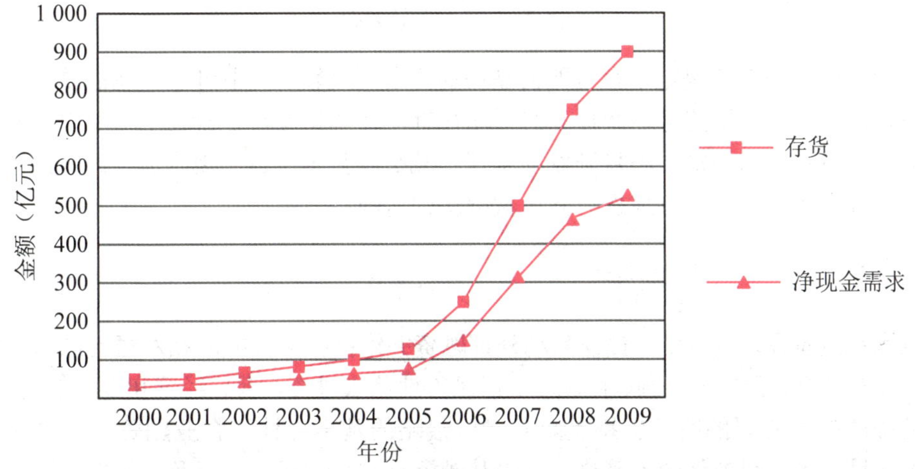

图 2-6 净现金需求与存货

以 2009 年为例，523 亿元的现金净需求意味着万科必须筹集 523 亿元外部现金才能满足巨额的以存货为主的流动资金需要，这一金额几乎与 2009 年的经营活动现金流入总额相等，尽管这两个数据一个是“时点数”，另一个是“时期数”，并不完全具有可比性，但是由于运营管理的问题或盈利模式的微调，导致现金性流动资金需求量快速增加，由此所潜在的现金短缺风险是不可忽视的。

以上是从现金需求绝对值的角度来分析流动资金占用。同时还可以从周转效率的角度来考察万科的流动资金利用策略。首先，笔者将现金周转天数定义为“现金周转天数= 应收及预付账款周转天数＋存货周转天数－应付及预收账款周转天数”，它可以刻画出流动资金上现金周转效率的高低。

图 2-7 描述了万科现金周转天数及其各主要组成部分十年来的变化趋势。从中可以看出，万科的现金周转天数在 2000—2007 年一直呈现波动上升的趋势，在 2008 年达到顶峰，2009 年有所回落。从其各组成部分来看，应收账款及预付账款的周转效率一直很稳定，存货的周转天数在十年间增长最大，并且是决定现金周转天数的主要因素。尤其是在 2008 年

现金周转天数达到历史最高点就是由存货造成的，这表明万科出现了土地储备过量、开发周期延长等问题。

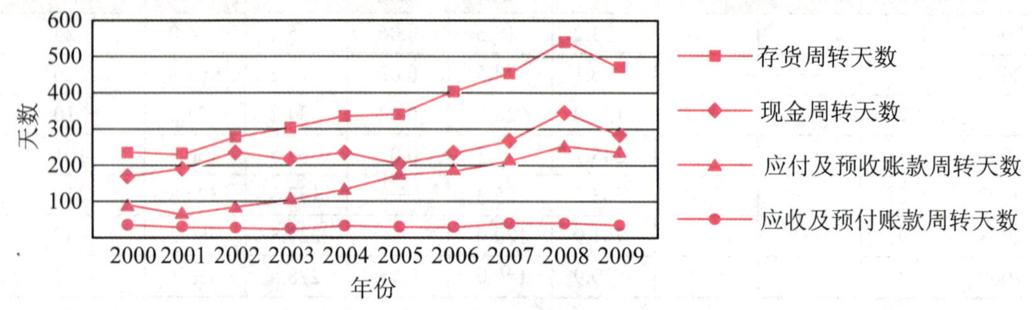

图 2-7 现金周转天数

房地产行业的特点决定了存货即商品房的开发周期较长，不可避免地需要占用大量的流动资金，与过去十年间房地产行业的平均存货周转率相比，万科处于行业中上游水平实属不易，但万科仍需将加强项目开发的管理、减少存货过度占用现金流、改变周转速度、让流动资金真正“滚动”起来作为其运营战略的着眼点。

（三）万科融资战略的显著特征

以满足投资需求为目的，提前启动外部融资并维持财务杠杆的相对稳定成为万科融资战略的显著特征。及时、足额、低成本、低风险地获取融资，满足经营和投资的资金需求，为企业战略提供必要的财务支持是财务融资战略的基本方针。企业融资有内源和外源之分，本文只讨论万科外部融资策略，并将其融资总额与方式、经营及自由现金流和负债杠杆率（即资产负债率）结合起来分析。

从图 2-8 可以看出，万科的融资总额基本上是由经营现金流决定。2000—2005 年，在经营现金流较低的年份融资额较大，经营现金流较高的年份融资额较少，融资额与经营现金流相差不大，体现了前文所述的融资首先应满足经营活动的现金需求，与经营需求相配比。但 2006 年的融资却超过了经营现金流的缺口，这种超额融资体现了良好的战略规划意识。因为 2007 年的投资扩张导致巨额现金需求（从图 2-8 可以看出 2007 年的经营活动现金净流量和自由现金流均达到最低水平），因此，2006 年的巨额融资满足了 2007 年的投资需求。这体现了万科有计划的、前置于投资需要的融资战略轨迹。

在融资方式的选择上，万科财务战略的特点是“经营现金需求由债权融资满足，投资现金需求主要由股权融资满足”。从图 2-8 中可以清楚地看出，在其经营活动现金净流量与自由现金流基本一致时，即在投资支出很少的年份中，万科采用债权融资去满足经营活动资金需求；而在 2007 年自由现金流为最低水平，与经营活动现金净流量的差距也最大，万科于 2006 年和 2007 年以股权和债权融资结合的方式满足了 2007 年较大的投资支出，同时也满足了之后两年的后续投资支出。

这种融资方式的灵活选择不仅充分体现了融资与投资需求的匹配原则，而且综合考虑

了企业未来两三年内的经营和投资资金需求，做到了提前筹划。

图 2-8 提供的另一个重要信息是，万科的杠杆率在十年间一直比较稳定，保持在 70%以下，在我国房地产行业处于较低水平。保持稳定的杠杆率在融资额较大时并不容易，万科巧妙地在融资需求最大的两年中采用股权融资，为防止资产负债率的攀升分别增发了 42 亿元和 100 亿元股票，在满足巨额资金需求的同时将负债风险维持在可控水平。

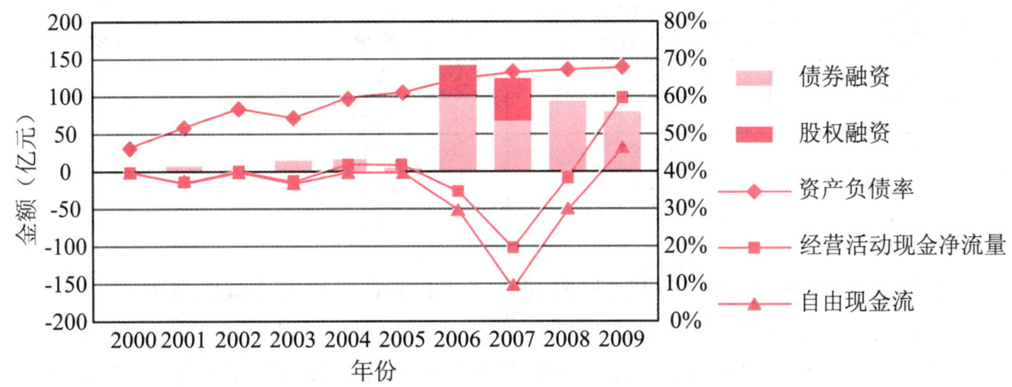

图 2-8　融资、现金流与杠杆

注：自由现金流＝经营活动现金净流量－投资活动现金流出。债权融资包括短期借款、长期借款和应付债券；股权融资为增发股票额。除资产负债率外的其余变量均对应左边纵坐标轴，资产负债率对应右边纵坐标轴。

（四）相对固定的现金股利分配是万科一直坚持的股利政策

公司股利分配可以采用固定的股利政策、固定增长率的股利政策和优先满足投资需求的剩余股利政策等。图 2-9 为万科 2000—2009 年的每股现金股利，可以看出其最大值为每股 0.2 元，最小值为每股 0.05 元，波动幅度不大，基本保持稳定，为股东提供了稳定的分红预期。

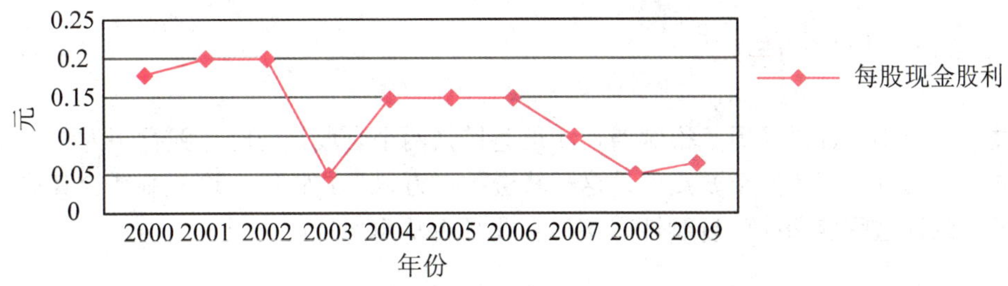

图 2-9　现金股利

现金股利源于企业的盈利，从表 2-7 可以看出，2000—2006 年的现金股利与净利润的关系比较稳定，基本维持在 30%～40%。2006 年之后现金股利和净利润的关系依然稳定，但比例下降至 12%左右。万科这样安排分配政策应是源于现金流的考虑。

表 2-7　万科现金股利与净利润的关系

年份	现金股利（亿元）	净利润（亿元）	现金股利/净利润（%）
2000	1.14	2.97	38.38
2001	1.26	3.74	33.69
2002	1.26	3.98	31.66
2003	0.70	5.42	12.92
2004	3.41	8.78	38.84
2005	5.58	13.50	41.33
2006	6.49	21.55	30.12
2007	6.87	53.18	12.92
2008	5.50	46.40	11.85
2009	7.70	64.30	11.98

图 2-10 清晰地显示了 2006 年之后股利占净利润的稳定比例下降的原因：现金流量不足。2007 年经营活动现金净流量的严重缩减使其捉襟见肘，可以说是有利润而无现金，因此其将分派现金股利的水平调低，以保留更多的现金来满足投资需求。另外，2007 年开始每股现金股利降低的同时，现金股利的总额却有所增加，这是由于 2006 年和 2007 年增发了新股导致流通股股数上升。

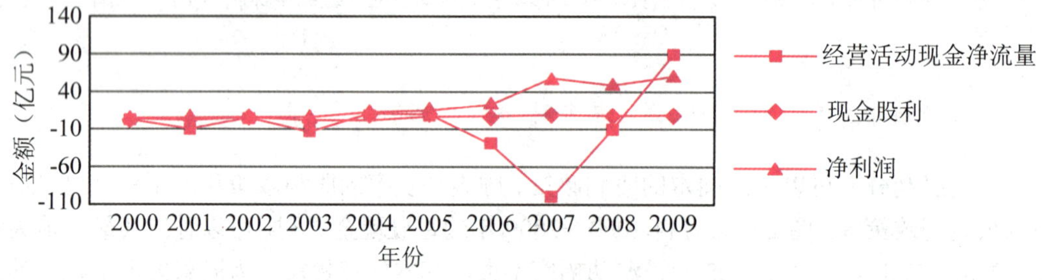

图 2-10　股利、现金流与利润

二、万科财务战略的启示

过去的十年，万科经历了稳健增长和迅速扩张两个阶段，同时也践行了万科自身独到的财务战略轨迹，上述四个要点就是这一轨迹的“万科”式特征。这些特征给其他企业多维启示，而且这些启示的可复制性应该与企业是否从事房地产无关。

（一）以现金流为核心，全面规划企业财务战略，进而设计出公司总体战略

战略决策本质上是对公司“愿景目标”与“资源能力”的平衡分析与把握。资源能力具有广泛的外延，如原材料供应能力、人力资源、技术与创新能力等，而以现金为主体的财务资源无疑是最重要的战略资源。其他企业应像万科一样，将投资、融资和分配决策都紧紧围绕现金流这一核心指标，以企业合理的经营活动现金净流量和自由现金流水平设计

各类战略，以现金流安全、量入为出为战略决策依据和预警线，确保企业整体的稳健和健康。

（二）整合投资规划和融资安排，前置融资策略

要根据产业经营和投资规划、经营现金流入与经营及投资所需开支的差距，适时提前安排融资，以保证未来开支的需要。另外，要学习万科分类匹配投资与融资的方式：经营现金缺口由债权融资满足，长期投资支出主要安排股权融资；在融资方式的交替使用中始终紧盯杠杆率的升降，确保财务风险可控。

（三）坚持量入为出，张弛有度

可以模仿万科以营业收入作为经营及资本开支的基准线，在营业收入快速增长的年份适度增加开支，营业收入增长放缓时应随之缩减开支。万科十年的财务战略就是富有节奏的有进有退，在不过度冒险的前提下保持稳定增长。成功的财务战略必然是张弛有度的，一味强调加速的企业大多会因失控而失败。

（四）财务战略必须关注运营速度和流动资金效率

企业应以“现金净需求”和“现金周转期”分析为突破口，结合行业特点，缩短生产周期或项目开发期，提高存货周转速度，深挖财务潜力、控制财务风险、提高盈利水平和再投资能力，实现快速稳定的现金循环。

思考与练习

1. 简述财务战略的类型。
2. 简述运用波士顿矩阵法进行财务战略分析的步骤。
3. 简述财务战略控制的实现方式。
4. 如何进行财务战略环境分析？

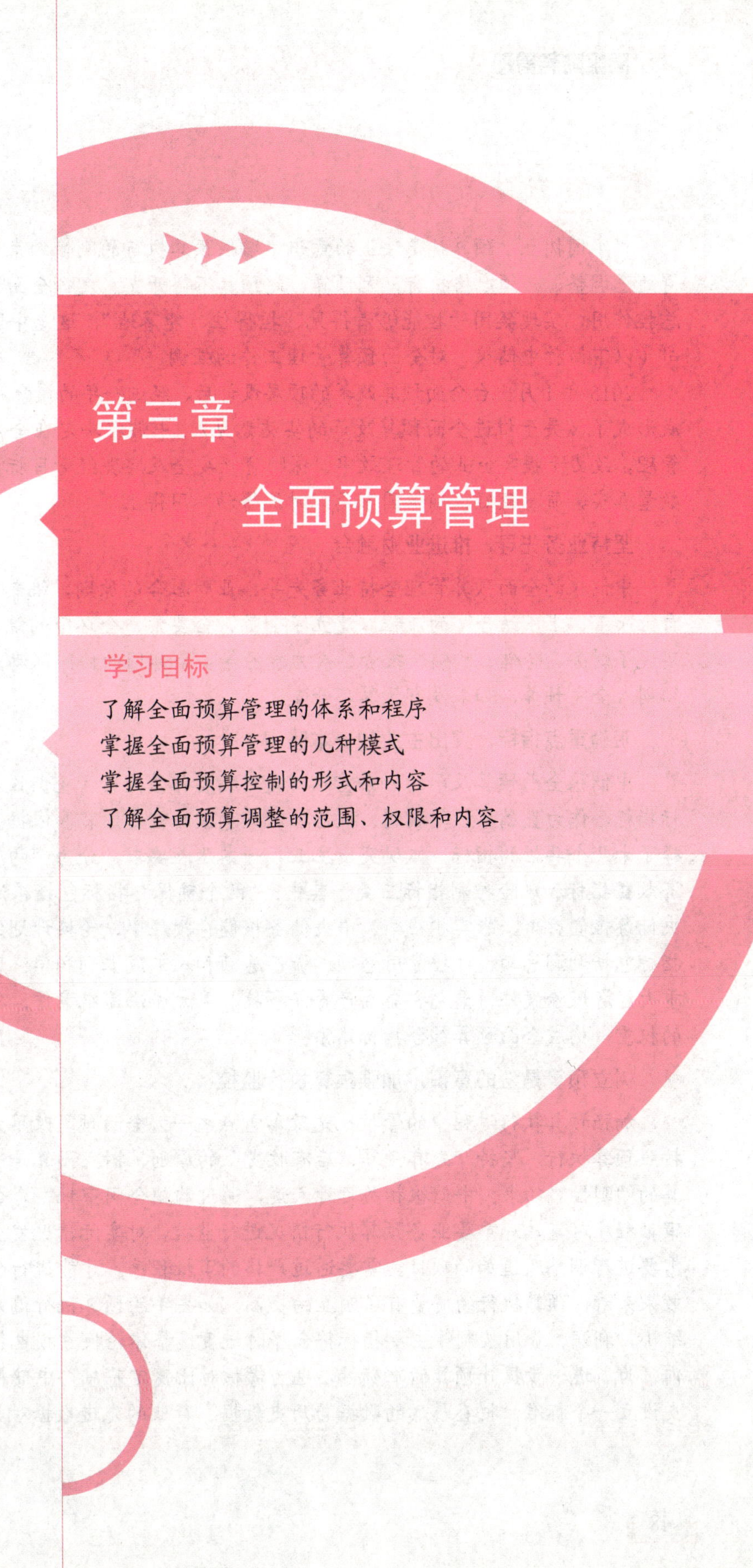

第三章 全面预算管理

学习目标

了解全面预算管理的体系和程序
掌握全面预算管理的几种模式
掌握全面预算控制的形式和内容
了解全面预算调整的范围、权限和内容

案例引导

"牢固树立'预算就是法'的意识，增强预算执行的刚性约束，预算一经批准不得随意调整，必须严格执行，无预算、超预算不得开支。发挥全面预算管理的引领和总控作用，实现集团管控能够看得见、控得住、能落地"，这是中国储备粮管理总公司（以下简称中储粮）对全面预算管理工作的强调。

2015 年 1 月出台全面预算改革的顶层设计后，经过一年的摸索和试点，在 2015 年底形成了《关于推进全面预算改革的实施意见》，中储粮决定在全系统推行全面预算管理，致力于提高企业的管理效率、保障资产安全及实现经营目标，确保中央储备粮数量真实、质量良好，确保国家急需时调得动、用得上。

坚持业务先导，推进业财融合

中储粮的全面预算管理坚持业务先导、业财融合的原则，编制采用"自下而上、自上而下、上下结合"的流程，建立了全员、全要素、全环节的综合预算管理体系，实现了财务、仓储、购销、投资、人力资源等多个部门的协同联动。所有业务开展必须列入全年预算，如果没有预算不开支。

明确重点指标，突出主业和一本账表

中储粮全面预算改革的一个重点就是对指标体系进行了重新设计，建立了预算目标指标，作为直属库预算编制、执行控制及考核的重要内容和依据。目前，中储粮选择了十几个共性的指标，体现突出主业、一本账表要求，分为"两个确保"指标、经济效益指标和风险控制指标三类，其中："两个确保"指标包括粮油质量达标率、中央储备粮宜存率、账实相符率、中央储备粮储存损耗率、轮换计划完成率；经济效益指标包括利润总额、可控费用总额、资产总额和人工成本利润率；风险控制指标包括重大经济风险案件、重大安全生产责任事故、重大违法违纪案件。各个指标设定不同的权重，构成全面预算综合指标体系。

树立预算是法的意识，加强预算执行监控

加强预算执行过程中的管控也是改革重点之一。全面预算改革方案提出，要严格按照预算执行，坚持"先有预算、后有收支"的原则，树立预算是法的概念，确保预算的"刚性"约束。中储粮相关负责人说，通过购销合同审批、资金出口审批等前置审批程序对直属库重要业务预算执行情况进行监控，对实际情况发生重大变化、确实需要进行调整及追加的项目，需要通过严格的审批程序，才能进行合理调整。从执行效果来看，预算执行的质量有了明显的提高，如去年的预算执行偏差和调整幅度同比缩小，利润、费用控制等主要指标符合序时进度，整体轮换亏损也控制在预算范围之内。为了进一步提升预算的准确性，也为考核对比奠定基础，中储粮准备对每一项开支设立一个标准，把直属库的数据与历史数据、行业的先进数据对标。

强化预算考核评价，落实奖惩挂钩

新的改革方案提出，全面预算考核要与业绩考核深度融合，与薪酬分配直接挂钩。考评奖励分月度、季度、年度分别进行，依据预算偏差率的考核结果，总公司对直属库进行整体经营评价。据介绍，中储粮 2015 年实现了部分预算指标执行情况和业绩考核的挂钩，计划在 2016 年全面实现业绩考核和预算考核完全统一起来，使全面预算的引领和总控作用够更好地发挥出来。

第一节　全面预算管理概述

一、全面预算管理的内涵

（一）预算

预算是在预测的基础上，以一定的方式，对企业未来一段时期内全部经营活动的行动计划与相应措施的数量说明。企业预算一般有以下四个显著特点：① 预算是包括经营预算、财务预算和资本支出预算的全面预算体系；② 预算可以用价值形式来反映，也可以用其他数量形式来反映；③ 预算应该有确定的目标；④ 预测是预算的前提，没有预测就没有预算。

（二）预算管理

预算管理是管理者通过对未来期间的详细计划，有效地配置财力、物力和人力等企业资源，以实现企业既定的战略目标的过程。预算管理具有以下几个方面的作用。

1．确立目标

首先，编制预算实质上是根据企业的经营目标与发展规划制定近期各项活动的具体目标。通过目标的确立，来引导企业的各项活动按照既定的目标进行。其次，预算是对未来一段时间内收支情况的预计，预算执行者可以根据预测到的可能存在的问题、环境变化的趋势，采取措施预作准备，控制偏差，保证计划目标的实现。

2．整合资源

预算是企业成员行动的路线，它表明了企业内部各级、各部门、各成员怎样工作才能达成企业的总体目标，不同层次、不同单位之间预算信息的传递、协调可以引导企业的整体活动，能有效地避免无序的部门行为。同时，通过预算编制，可以使企业围绕既定目标有效地整合资金、技术、物资和市场渠道等资源，以取得最大的经济效益。

3．控制风险

预算管理的本质是企业内部管理控制的一项工具，即预算本身不是最终目标，而是为实现企业目标所采用的管理与控制手段，该手段可以有效控制企业风险。预算的制定和实施过程，就是企业不断量化的工具，使自身所处的经营环境与拥有的资源和企业的发展目标保持动态平衡的过程，也是企业在此过程中所面临的各种风险的识别、预测、评估与控制过程。因此，预算管理是企业内部控制的重要方法和手段，有利于防范企业风险。

4．考核业绩

预算管理为企业对各部门的考核提供了依据。企业可以根据预算的完成情况，在分析各部门实际偏离预算的程度和原因的基础上，进行详细的分析，根据实际情况进行总结，在企业范围内统一调整预算；发现经营和管理的薄弱环节，进行改进；划清责任、评定业绩、实行奖惩，从而调动员工的积极性，促使各部门为完成预算目标更加积极的工作。

（三）全面预算管理

全面预算管理是指在企业战略目标的指引下，以对市场的充分研判为前提，对未来的经营活动和相应的经营成果进行全面的预测和筹划，并通过过程监控和分析，落实目标责任，以达到更加有效管理企业，最大程度实现战略目标的目的。本质上，全面预算管理可以看作是一个有效管理企业的工具。其主要可以从全员、全额、全程三个方面来理解。

1．对“全员”的认识

“全员”是指预算过程的全员发动，包括两层含义：一层是指“预算目标”的层层分解，人人肩上有责任，让每一个参与者都学会算账，建立“成本”与“效益”意识。“全员”的另一层含义是企业资源在企业各部门之间的一个协调和科学配置的过程。通过企业各职能管理部门和生产部门对预算过程的参与，把各部门的作业计划和公司资源通过透明的程序进行配比，从而可以分清“轻重缓急”，达到资源的有效配置和利用。

2．对“全额”的认识

“全额”是指预算金额的总体性，不仅包括财务预算，更重要的是包括经营预算和专门决策预算（资本支出预算和一次性专门决策预算）。现代企业经营管理不仅关注日常经营活动，还关注投资和资本运营活动；不仅考虑资金的供给、成本的控制，还要考虑市场需求、生产能力、产量、材料、人工及动力等资源间的协调和配置。只有在经营预算、专门决策预算预算的基础上形成资金预算和预计的财务报表，才能合理预测、统筹安排企业的资源，才能将资源的使用与相关活动结合起来以达到有效控制，保证目标实现。即预算因业务活动而产生，我们称之为作业基础上的预算。

3. 对“全程”的认识

“全程”是指预算管理流程的全程化，即预算管理不能仅停留在预算指标的下达、预算的编制和汇总上，更重要的是要通过预算的执行和控制、预算的分析和调整、预算的考核与评价，真正发挥预算管理的权威性和对经营活动的指导作用。这就要求企业的预算管理和会计核算系统密切配合，会计核算过程同时也就是预算的执行过程，预算执行过程中的任何反常现象都应该通过会计核算系统地体现出来，通过预算的预警制度，及时发现和解决预算执行过程中出现的经营问题或预算目标问题，并通过预算的考核和评价制度，有效地激励经营活动按照预期的计划顺利进行。

全面预算管理的误区

误区一：全面预算就是涵盖所有会计科目的报表

这种认识误区使全面预算仅仅追求财务数据上的严密性，不符合业务实际，经常受到其他业务部门的质疑。最终导致各个部门各行其是，所谓的“预算表格”被束之高阁，无人问津。预算的确涉及大量的数据和表格，但预算管理的本质绝不是数据的罗列，而是一种与公司治理结构相适应，涉及企业内部各个管理层次的权利和责任的安排。而且，预算管理也并不仅仅关注经营结果，而是重视经营过程和经营质量，这也是预算控制的内在要求。

误区二：编制预算属纯财务行为

全面预算是集业务预算、投资预算、资金预算、利润预算、工资性支出预算及管理费用预算等于一体的综合性预算体系，预算内容涉及业务、资金、财务、信息、人力资源、管理等众多方面。尽管各种预算最终可以表现为财务预算，但预算的基础是各种业务、投资、资金、人力资源、科研开发及管理，这些内容并非财务部门所能确定和左右。财务部门在预算编制中的作用主要是从财务角度为各部门、各业务预算提供关于预算编制的原则和方法，并对各种预算进行汇总和分析，而非代替具体的部门去编制预算。

我们应当认识到：首先，预算管理是一种全面管理行为，必须由公司最高管理层进行组织和指挥；其次，预算的执行主体是具体部门，业务、投资、筹资和管理等内容只能由具体部门提出草案。所以，全面预算并非是仅可由财务部门独立完成的。

误区三：管理部门的预算考核只注重费用节约额

企业尽管实施了全面预算管理，但对管理费用的支出仍实行预算控制的办法。由此大多数认为，对管理费用实施预算管理主要目的就是能通过预算控制费用，以使费用支出不超过预算。在这种指导思想下，很多企业都规定了管理费用超支或节约奖惩办法。但导致的结果是，有些管理部门为了节约费用，得到相应的奖励，削减了一些必要的活动。从而产生了减少工作、多得奖励、消极怠工的矛盾现象，这与实施管理费用预算控制的目的相违背。在管理费用预算控制方面，正确的做法是：制定和审批管理费用预算时，宜采用零基预算的做法，根据实施有利于企业管理战略的管理活动，分项制定和审查其费用预算的合理性；进行预算考核时，应首先看其中管理活动是否按质完成，只有在百分之百完成各项管理活动情况下节约费用才可获得适当的奖励。

二、全面预算管理体系

全面预算体系是由一系列预算按其经济内容及相互关系有序排列组成的有机体。一个完整的企业全面预算应该包括经营预算、财务预算和资本支出预算三大部分。

（一）经营预算

经营预算是指与企业日常业务直接相关、具有实质性的基本活动的一系列预算的统称，又叫日常业务预算。它表明了预算期内每个责任中心和企业整体的收入与费用的详细情况。经营预算首先对企业的产品销量进行预测，然后根据“以销定产”的方法，逐步对生产、材料采购、存货和费用等进行预算。

1．销售预算

销售预算是在对企业未来产品销售情况准确预测的基础上，对预算期内产品销售量、销售单价和销售收入进行的推测。销售预算是企业生产经营全面预算的编制起点，生产、材料采购、存货费用等方面的预算，都要以销售预算为基础。因此，其准确程度决定着整个全面预算的合理性和科学性。

销售收入＝销售量×销售单价

2．生产预算

生产预算是企业在预算期内所要达到的生产规模及其产品结构的预算。其主要是在销售预算的基础上，依据各种产品的生产能力、各项材料及人工的消耗定额及物价水平和期末存货等作出预算。

由于在计划期内除必须备有足够的产品供销售外，还要考虑到计划期期初存货和期末存货的预计水平，既要确保满足销售的需要，又不能因产成品存货过多造成资金的占用和成本的提高。因此，在生产预算中的预计生产量和预计销售量之间的关系，可按下式计算：

预计生产量＝预计销售量＋预计期末存货－预计期初存货

3．直接材料预算

直接材料预算是指在预算期内，根据生产预算所确定的材料采购数量和材料采购金额的计划。预计采购量可按下列公式计算：

预计采购量＝生产需要量＋计划期末预计存料量－计划期初存料量

预计采购成本＝预计采购量×材料计划单价

在实际工作中，直接材料预算往往还附有计划期间的“预计现金支出计算表”，用以计算材料方面预期的现金支出（包括上期采购的材料将于本期支付的现金和本期采购直接支付的现金），以便编制现金预算。

4. 直接人工预算

直接人工预算也是在生产预算的基础上编制的。其计算公式为：

直接人工预算额＝预计生产量×单位产品直接人工工时×单位工时工资率

5. 制造费用预算

制造费用预算是一种能反映直接人工预算和直接材料使用和采购预算以外的所有产品成本的预算计划。

为编制预算，制造费用通常可按其与生产量的相关性，分为变动制造费用和固定制造费用。固定制造费用与生产量之间不存在线性关系，可在上年的基础上根据预期变动加以适当修正进行预计；变动制造费用与生产量之间存在线性关系，其计算公式为：

变动制造费用预算额＝预计生产量×单位产品预定分配率

为了全面反映企业资金收支，在制造费用预算中，通常包括费用方面预期的现金支出。需要注意的是，由于固定资产折旧费是非付现项目，在计算时应予扣除。

6. 产品成本预算

产品成本预算，是指为规划一定预算期内每种产品的单位产品成本、生产成本、销售成本等内容而编制的一种日常业务预算。产品成本预算在生产预算、直接材料预算、直接人工预算、制造费用预算的基础上编制。

7. 期末存货预算

期末存货预算，是指为规划一定预算期末的在产品、产成品和原材料预计成本水平而编制的一种日常业务预算。编制期末存货预算是为了综合反映计划期内生产单位产品预计的成本水平，同时也为正确计量预计损益表中的产品销售成本和预计资产负债表中的期末材料存货和期末产成品存货项目提供数据。

8. 销售费用预算

销售费用预算，是指为了实现销售预算所需支付的费用预算。销售费用预算可以分为变动销售费用预算和固定销售费用预算。变动销售费用预算要以预计的销售量为基础分费用项目确定。

9. 管理费用预算

管理费用预算是指企业日常生产经营中为做好一般管理业务所必需的费用预算。其一般以过去的实际开支为基础，按预算期内的可预见的变化进行调整。需要注意的是，管理费用中的固定资产折旧费、低值易耗品摊销、计提坏账准备金、无形资产摊销和递延资产摊销均属不需要现金支出的项目，在预计管理费用现金支出时，应予以扣除。

（二）专门决策预算

专门决策预算是指企业不经常发生的、需要根据特定决策临时编制的一次性预算，又

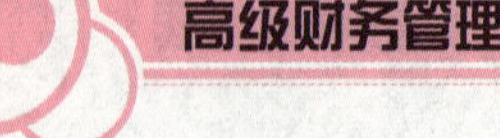
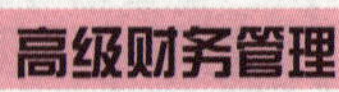

称特种决策预算。其主要包括资本支出预算和一次性专门预算两种类型。

资本支出预算主要涉及企业的长期投资，包括固定资产投资预算、权益性资本投资预算和债券投资预算等。这些投资项目都必须在可行性研究的基础上进行预算编制，要具体反映出投资的时间、规模、收益及资金的筹措方式等。

一次性专门业务预算主要有资金筹措及运用预算、交纳税金与发放股利预算等。

（三）财务预算

财务预算是一系列专门反映企业未来一定预算期内预计财务状况和经营成果，以及现金收支等价值指标的各种预算的总称，具体包括现金预算、预计利润表、预计资产负债表和预计现金流量表等内容。

1. 现金预算

现金预算主要反映计划期期间预计的现金收支的详细情况，由现金收入、现金支出、现金多余或不足、资金的筹集和运用四个部分组成。

- ✧ 现金收入：包括期初的现金余额和预算期的现金收入。现金收入的最主要来源是产品销售收入。
- ✧ 现金支出：即预算期预计的各项现金支出，除上述材料、工资和费用等方面预计的支出外，还包括所得税、设备购置和股利分配等支出。
- ✧ 现金多余或不足：现金收入合计与现金支出合计的差额。差额为正，说明收入大于支出，现金有多余，可用于偿还借款或用于短期投资；差额为负，说明支出大于收入，现金不足，需要向银行取得新的借款。
- ✧ 资金的筹集和运用：提供计划期内预计向银行借款和偿还及有关利息支出的详细资料。

2. 预计利润表

预计利润表，是指以货币形式综合反映预算期内企业经营活动成果（包括利润总额、净利润）计划水平的一种财务预算。该预算需要在销售预算、产品成本预算、制造费用预算、销售与管理费用预算等经营预算的基础上编制。

预计利润表能够揭示企业未来的盈利情况，企业可据此预测其未来的发展状况，并适时调整其经营策略。

3. 预计资产负债表

预计资产负债表是依据当前的实际资产负债表和全面预算中的其他预算所提供的资料编制而成的，反映企业计划期期末各账户的预期余额。预计资产负债表可以为企业管理层提供计划期末企业预期财务状况的信息，它有助于企业预测未来期间的经营状况，并采取适当的改进措施。

4. 预计现金流量表

预计现金流量表是反映企业一定期间现金流入与现金流出情况的一种财务预算。它是从现金的流入和流出两个方面，揭示企业一定期间经营活动、投资活动和筹资活动所产生的现金流量。

预计现金流量表的编制可以弥补编制现金预算的不足，有利于了解计划期内企业的资金流转状况和企业经营能力，而且能突出表现一些长期的资金筹集与使用的方案对计划期内企业的影响。

企业全面预算的各项预算前后衔接，互相勾稽，形成了一个完整的体系，它们之间的关系如图 3-1 所示。

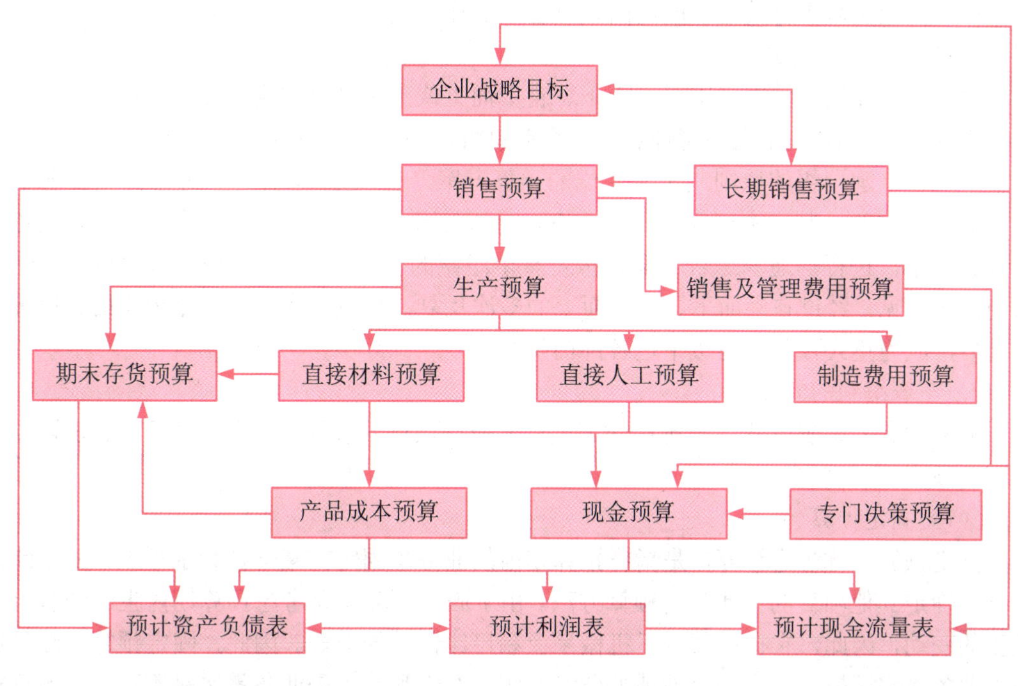

图 3-1 全面预算管理体系

三、全面预算管理程序

（一）建立全面预算的组织

全面预算的组织体系由预算管理组织和预算执行组织组成。

1. 预算管理组织

预算管理组织是企业全面预算管理的主体，是指负责整个企业预算编制、审定、监督、协调、控制与信息反馈、业绩考核的组织机构。为了使整个预算工作有条不紊地进行，一般在企业内部设置预算管理委员会。

预算管理委员会是全面预算管理的领导机构，一般由企业最高层管理者直接领导，由各职能部门主管共同参与。预算管理委员会的主要职能包括：① 制定并颁布有关预算制度的全盘政策；② 审查和协调各部门的预算申报工作；③ 处理有关方面在编制预算时可能发生的矛盾和争执；④ 批准预算，并随时检查预算的执行情况。

2．预算执行组织

预算管理所涉及的销售、生产、供应及其他职能部门都是预算的执行组织。

（二）预算的编制

预算的编制是整个全面预算管理体系的基础和起点，没有精心编制的合理且明确的预算文件，就无法切实有效地开展全面预算管理工作。

1．预算编制的组织

通常，预算编制可以采用自上而下、自下而上或上下结合的主动参与式的组织方法。其整个过程为：① 先由高层管理者提出企业总目标和部门分目标；② 各级责任单位和个人根据一级管理一级的原则制定本单位的预算方案，呈报分部门；③ 分部门根据各下属单位的预算方案，制定本部门的预算草案，呈报给预算委员会；④ 预算委员会审查各分部预算草案，进行沟通和综合平衡，拟定整个组织的预算方案；⑤ 预算方案再反馈回各部门征求意见。经过自上而下、自下而上的多次反复，形成最终预算，经企业最高决策层审批后，成为正式预算，逐级下达各部门执行。

2．预算编制的方法

财务预算的编制方法主要包括固定预算和弹性预算、增量预算和零基预算、定期预算和滚动预算。

（1）固定预算

固定预算又称静态预算，是指将预算期内的业务量固定在某一预计水平上，并以此为基础来确定其他项目的预计数的预算方法。由于固定预算没有考虑预算期内生产经营可能发生的变动，因此，它存在着过于机械呆板和可比性差的缺点。因此，固定预算方法只适用于业务量水平较为稳定的企业或非营利组织。对于那些未来业务量水平不稳定，预算实际执行结果与预期业务活动水平相距甚远的企业，采用固定预算就可能会对企业业绩的考核和评价产生扭曲甚至误导作用。

（2）弹性预算

弹性预算又称变动预算，是指在成本习性分析的基础上，以业务量、成本和利润之间的依存关系为依据，按照预算期可预见的各种业务量水平，编制能够适应多种情况的预算方法。其关键是将所有的成本分为变动成本和固定成本两部分。

弹性预算是为克服固定预算的缺点而设计的预算方法，它会随着业务量的变动而变动，使预算执行情况的评价和考核建立在更加客观可比的基础上，可以充分发挥预算在管理中的控制作用。在实践中，弹性预算主要用于制造费用、销售费用等半变动的成本预算和利润预算。

（3）增量预算

增量预算是指以基期成本费用水平为基础，结合预算期业务量水平及相关的成本费用控制措施，通过调整有关的原有成本费用项目而编制预算的方法。

增量预算存在以下几个假设前提：① 企业现在所有的经营活动都是企业正常生存和发展所必需的；② 原有的各项开支都是合理的；③ 在预算期内，企业至少要保持现有的

费用水平才能维持下去。

在这样的假设前提下，企业往往会不加分析地保留或者接受原来的成本项目，结果可能会导致预算的不合理，造成资金浪费。

（4）零基预算

零基预算又称零底预算，是指在编制成本费用预算时，不考虑以往会计期间所发生的费用项目或费用数额，而是将所有的预算支出均以零为出发点，一切从实际需要与可能出发，逐项审议预算期内各项费用的内容及开支标准是否合理，在综合平衡的基础上编制费用预算的方法。

零基预算的优点是：不受现有费用开支水平的限制，不仅能使预算单位负责人重视预算的编制工作，而且能充分调动预算单位全体职工的工作积极性，挖掘内在潜力，增强预算的应用能力。

零基预算的缺点是：所有项目均需重新审视，工作量大，所需时间较长和所付代价较高。

（5）定期预算

定期预算是指在编制预算时以一个不变的会计期间（通常为一个公历年度）作为预算期的一种预算编制方法。通常，定期预算是在执行年度开始之前 2～3 个月进行编制，执行到最后 2～3 个月再编制下一个年度的预算。

定期预算的优点是：预算期间与会计年度相匹配，便于将预算数和实际数进行对比，有利于考核和评价预算的执行结果。

定期预算的缺点主要有以下几点：① 缺乏远期指导性；② 造成预算滞后性；③ 形成人为的预算中断。

（6）滚动预算

滚动预算又称连续预算或永续预算，是指在编制预算时，将预算期与会计年度脱离，随着预算的执行不断修订并延伸预算，使预算期逐期向后滚动，永远保持为一个固定期间长度的一种预算编制方法。滚动预算按其预算编制和滚动的时间单位不同，可分为逐月滚动、逐季滚动和混合滚动三种方式。

- **逐月滚动：**在编制预算的过程中，以月份为预算的编制和滚动单位，每个月调整一次预算的方法。
- **逐季滚动：**在编制预算的过程中，以季度为预算的编制和滚动单位，每个季度调整一次预算的方法。
- **混合滚动：**在编制预算的过程中，同时使用月份和季度作为预算的编制和滚动单位的方法，是一种长计划、短安排的变通方式。

与传统的定期预算相比，滚动预算具有前瞻性好、及时性强、完整性好的优点。滚动预算的不足之处在于，预算的自动延伸工作比较耗时，并需付出一定的代价。

（三）预算的实施与控制

预算的实施与控制是整个预算管理工作的核心环节，需要企业全体人员的通力配合。在预算实施前，各责任单位预算指标必须横向、纵向分解，落实到内部各部门、各环

节和各岗位，明确责任人。预算开始实施之后，必须以预算为标准进行严格的控制。

（四）预算的差异分析与调整

预算的差异分析贯穿与预算管理的全过程，既为预算的执行与控制明确了工作重点，也为下期进行预测、编制预算提供了可以借鉴的丰富经验。预算的差异分析是指对预算执行中产生的各种预算与预测、实际与预算及有利与不利等差异的分析，并及时总结经验教训。其具体步骤为：① 对比实际业绩和预算目标，找出二者差异；② 分析出现差异的原因；③ 根据分析的结果提出不同的处理措施。

预算指标一经下达，不予调整。但在具体执行中由于市场环境、经营条件、政策法规等发生重大变化，致使预算的编制基础不成立的，或者将导致预算执行结果产生重大偏差的，可以进行预算调整。

（五）预算的考评与激励

考评与奖惩是预算管理工作的生命线。没有预算考评与激励，企业预算就只能停留在纸面上而无法落实，因失去控制力而徒有其表，预算管理将变得毫无意义。

预算考评是对企业内部各级责任单位和个人预算完成情况的考核与评价，其目的是通过预算执行与完成情况的比较，监督预算的执行和落实，加强和完善企业的内部控制。

激励制度与预算考评是互为依托的。一方面，预算考评是激励制度的基础；另一方面，激励制度影响预算考评的重点。明确的激励制度，可以让预算执行者在预算执行之前就明确其业绩与奖励之间的密切关系，使个体目标与企业预算整体目标紧密地结合在一起，从而使人们自觉地调整、约束自己的行为，激励他们努力工作，提高工作效率，全面完成企业预算目标。

知识拓展

互联网环境下的企业全面预算管理

全面预算管理因为其上关乎战略贯彻，下关乎日常运营，中间还需要打通企业内部的管理、研发、采购、生产、销售等诸多环节，因此在实际推广过程中，尤为不易。但是，随着互联网思维的传播和信息技术的迅速发展，现代企业全面预算管理迎来了全新的发展阶段。

一、“互联网+”对企业全面预算管理的影响

随着互联网架构的日趋成熟，云平台、云计算技术的出现，使得企业全面预算高效准确的编制成为可能。企业可以将各预算单位的预算项目变成独立的信息单元，只要信息单元录入准确，就可以迅速整合与调取，实现信息的快速共享。

企业可以借助云平台，搭建符合企业实际需求的实时财务信息系统，每个环节的预算指标的条件变化，均可以由该项业务人员，按照企业所规定的调整程序，对预算目标进行动态调整和修正，形成自下而上的预算反馈机制。

在“互联网＋”背景下，企业可以通过预算管理系统，从预算的编制、执行到分析评价，进行实时监督和控制。如此一来，管理层就能够对各单位在预算执行过程中所遇到的问题及时解决，有利于企业的监督和后续的预算评价工作。

二、“互联网＋”环境下企业全面预算管理的构建

1. 抓住基层终端的核心优势，提升全员预算编制的精确性

“互联网＋”环境下，每个业务端口都是全面预算管理的输入项，每个员工都拥有时空优势。在企业预算管理中，员工既是资源的提供者，也是资源的配置者。培养“员工即是用户”的思维，搭建与本企业发展情况相适应的管理信息系统的云平台，实行云计算，调动全员积极性、主动性、创造性，有利于抓住作业端核心优势，运用信息技术提升企业价值。这样的人力资源和硬件平台，不仅可以大幅提高预算编制效率，还能很好地规避预算松弛等传统预算编制的种种弊端，使得信息采集更为及时、全面、直接、精确，让企业资源配置及时、精确，快速适应市场需要，赢得市场竞争优势，为企业目标的顺利实现奠定基础。

2. 构筑大数据平台，实现预算全过程的精准执行

全面预算管理对日常经营活动的指导意义不言而喻，利用“互联网＋”技术，建立企业数据库，根据职能、等级等条件进行模块划分，并逐级授以权限，将实现资源平台可视化和实时数据可视化，纵向与横向数据对比将更为清晰，同时有利于寻找对比标杆企业数据，运用标杆管理夯实预算管理基础。如此一来，企业在预算执行过程中，每一位管理者都能够根据权限，随时获取信息平台上的即时数据，进行动态监测。此外，在企业提交当期预算执行情况时，对于预算执行过程中出现的偏差，系统能自动对比云端存储的历史向期数据，立即对其合理性展开研究，对超出合理范围从而导致系统无法认同的数据，系统会主动要求用户（企业数据填报者）对其进行解释说明，不仅能够快速修正企业数据录入可能存在的错误，更为重要的是，它将能够迅捷、深入地了解企业经营过程中存在的客观影响因素，并自动归总，作为该企业年度考核的重要依据，利用平台所具备的即时性平台所具备的即时性和全面性，真正实现滚动预算和移动预算，从而大幅度提升企业的管理效力。

3. 资源配置能力迭代，建立标准化考核评价体系

新形势下通过互联网技术的引入和相关专业人才的培养，管理经验和数据容量的不断层积，企业资源配置水平取得了长足的进步，量变催生质变，全面预算管理体系势必将迎来迭代。未来的预算考核评价体系，企业完全可以运用管理成熟度模型对全面预算管理过程进行全方位考评，不仅时间周期进一步缩短，实现“季考”“月考”甚至“周考”，其考核指标也会有更高的要求，将从更大广度、更多维度、更高精度进行更全面考核，对企业全员、全要素、全业务模块都能从预算角度进行客观及时评价与反馈，有利于构建一套系统化、精益化的全面预算管理体系，充分释放企业管理效能。

“互联网＋”环境下的企业全面预算管理，要树立以用户为中心的互联网思维，借助

信息化的工具与手段，提升预算工作的效率，搭建企业资源配置平台，丰富管理数据的维度，打通作业链、价值链、预算链，构建一套基于业务，贯穿作业链、产业链、价值链，体现业务计划向财务经营成果转换的预算模型，实现企业数据管理迭代，以信息流带动人才流、现金流、资源流，切实提高企业资源配置水平，健全预警机制，不断降低预算执行偏差率，服务于企业管理，最终实现企业经济效益和全要素生产率的全面提高。

第二节　全面预算管理模式

在预算具体实施时，不同企业根据自己的实际情况，在预算管理中可以有不同的侧重点，这就形成了不同的全面预算管理模式，主要包括：以销售为核心的全面预算管理模式、以利润为核心的全面预算管理模式、以成本为核心的全面预算管理模式和以现金流量为核心的全面预算管理模式。

各种模式下的预算管理体系并不是相互排斥的，大型企业集团可以以一种模式为主，其他为辅，形成综合的、系统的全面预算管理体系。

一、以销售为核心的全面预算管理模式

（一）预算管理体系

以销售为核心的全面预算管理体系基本上是按“以销定产，再安排供应”的体系编制的。预算的起点是以销售预测为基础的销售预算，然后再根据销售预算考虑期初、期末存货的变动来安排生产，最后是保证生产顺利进行的各项资源的供应和配置。在考核时以销售收入作为主导指标考核。

以销售为核心的预算管理模式的预算体系主要由以下几项组成。

1. 销售预算

销售预算是关于预算期的销售量和销售收入的规划。对销售期销售情况的预测是编制销售预算的关键环节，可采用定性分析或定量分析的基本方法来进行。具体来说，包括判断分析法、调查分析法、趋势预测法、因果预测法和购买力指数法等。

2. 生产预算

生产预算是在销售预算基础上，考虑期初、期末产品存货的需要而编制的生产量预算。多环节生产的产品往往还要编制每一环节的半产品预算。

产品的预测生产力的确定主要有两个关键环节：一是要预测期初和期末产成品的库存量，这就要根据企业的销售渠道和销售能力及相应的管理、技术水平而定；二是要计算预测生产量。

3. 供应预算

为保证上述生产的顺利进行，要进行各项资源供给及配置的预算，并确定相应的预算

成本。具体包括以下几项：

- ✧ **人工预算：** 要根据生产的需要安排适当的各岗位上的工作人员，并确定相应的人工成本。
- ✧ **直接材料采购预算：** 要根据各期预算产量对材料的需求，考虑期初期末存货变化确定材料采购量及相应的采购支出。
- ✧ **制造费用预算：** 确定产品生产过程中相应发生的制造费用，包括变动制造费用和固定制造费用。

4. 成本费用预算

对成本费用进行预算，首先在上述生产、供应基础上确定单位产品生产成本；其次再预计因此发生的其他管理费用、财务费用和销售费用。成本费用的预算要在充分考虑外部市场价格对于企业经营的压力、企业的历史成本情况、内外环境的变动等因素基础上，进行内部挖掘，使预算先进而合理。

5. 利润预算

在上述销售预算、成本费用预算的基础上，可确定预算产品或业务在预算期内可望获取的利润。这一预算利润能否实现除了受外部市场异常变动的影响外，还主要受企业营销策略是否成功、成本控制是否有效等因素的影响。

6. 现金流量预算

在上述销售预算、成本费用预算的基础上，可确定由此引起的现金流入和流出情况，使财务部门能及早进行资金运作，保证生产经营活动的资金需要和提高资金使用效益。这一预算体系中的现金流量预算可以不包括投资与筹资活动所引起的现金流量。

（二）预算编制的程序

在以销售为核心的预算管理模式下，预算编制一般按以下程序进行。

（1）企业根据市场销售预测，参考企业预算期间的预期利润，采用适当方法合理、科学地确定预算期间企业的销售指标。

（2）销售部门以销售预测为基础，根据企业实际情况和预算期间预计可能发生的变动情况编制销售预算，以确保实现企业上级管理部门下达的销售目标。

（3）生产部门在销售预算的基础上，考虑期初、期末存货的需要，编制生产预算，确保预算期间销售的需要。

（4）供应部门围绕生产部门生产所需，认真编制料、工、费等各项预算，协调各项资源供给及配置，保证生产正常有序进行。

（5）相关职能部门根据上述各项预算，分别编制相应的包括管理费用、财务费用和销售费用等在内成本费用预算，以加强企业预算管理和内部控制，确保预算总目标的实现。

（6）财务部门根据这些预算，结合所掌握的各种信息，在上述销售预算、成本费用预算等预算的基础上，编制利润预算，确定企业预算期内可望获取的利润，并据以对各级责任单位和个人进行考评和控制。同时还可编制现金流量预算，以便企业及早进行资金运作，保证生产经营活动所需资金，提高资金使用效益。

（三）该模式的适用范围

1. 以快速成长为目标的企业

这类企业追求的并非短期的利润高低，而是市场占有率的提高。这种情况下可采用以销售为核心的预算管理模式。

2. 处于市场增长期的企业

这类企业的产品逐渐在市场上站稳脚跟，市场占有份额不断上升，其产品的生产技术已经较为成熟。这一时期企业的主要管理工作就是不断开拓新的市场以提高自己的市场占有率，增加企业销售收入。在这种情况下，采用以销售为核心的预算管理模式能够较好适应企业管理和市场营销的需要，促进企业效益的全面提高。

3. 季节性经营的企业

以销售为核心的预算管理模式还适用于产品生产季节性较强或市场需求波动较大的企业。由于从特定的会计年度来看，这种企业所面临的市场不确定性较大，其生产经营活动必须根据市场变化来灵活调整。所以，按特定销售活动所涉及的时期和范围来进行全面预算管理，就能既适应这种管理上的灵活性需求，又有利于整个企业的协调运作。

（四）该模式的优缺点

以销售为核心的全面预算管理模式具有以下优点：① 符合市场需求，能够实现以销定产；② 具有科学、合理的预算指标体系，企业可以采用总预算和部门预算上下同步编制的方法进行预算编制，即在编制总预算的同时，对部门预算的主要指标进行计算和确定；③ 有利于减少资金沉淀，提高资金使用效率；④ 促进健全的成本分解落实的网络体系的形成，对生产经营各个步骤、各个环节能够进行有效控制；⑤ 有利于不断提高市场占有率，使企业能够快速成长。

同时，这种模式也存在不足：① 可能会造成产品过度开发，不利于企业长远发展；② 可能会忽略成本控制，不利于企业提高利润；③ 可能会出现过度赊销，增加企业坏账损失；④ 与公司的财务评价指标体系相分离，仅仅反映销售及相关计划的执行情况，不能运用财务指标进行经常项目的预测、反馈和对比分析，不能为高层管理者提供有关资产运营、财务状况等的时信息；⑤ 没有考虑外部信息使用者对预算信息的要求，既不能通过预算信号向信息使用者发出有关企业现时和未来价值的相关信息，也不能通过外部相关市场对管理者的行为进行约束。

二、以利润为核心的全面预算管理模式

（一）预算管理体系

以利润为核心的全面预算管理是以实现公司整体利润最大化为核心，预算编制的起点和考核的主导指标都是利润。这里的利润主要是指会计利润。以利润作为会计目标不仅有

助于实现企业价值的最大化，而且由于在制定预算时，利润不是作为一个结果提出，而是作为企业预算期内的一个前提提出，预算利润提出的科学性、合理性及现实性会促进企业千方百计地增加收入、降低成本，以保证目标利润的顺利实现。

以利润为核心的全面预算管理模式的预算体系与以销售为核心的预算体系构成基本相同，主要包括利润预算、销售预算、成本预算和现金流量预算等。所不同的是，在利润预算模式下，目标利润的确定是关键。这种预算表现为一个循环过程，其环节如下。

1. 以平均利润为起点确定目标利润

出资人通过平均利润确定市场利率或行业平均利率，或地区相应行业的平均利润，以此为基本依据，经过与经营者的讨价还价最终确定某一企业的预期资本净利润率。以该资本净利润率乘以预算年度的期初所有者权益总额，得到应该实现的目标利润总额。

2. 以市场需求为基础编制销售预算

内部利润的实现只能通过市场销售达成，在确定了目标利润的基础上，应通过市场需求预测，制定销售预算。制订的销售预算应满足以下要求：首先销售计划的制订是以生产或销售成本及相关的费率不变为前提的，因此，这一预算关键是确定业已经营的产品或商品的市场销售和售价。其次，销售预算应该确保在成本和费率不变的情况下，如何扩大销量、争取价格优势，以最大限度地保证目标利润的实现。最后，销售预算一经确定，就应按不变成本和不变费率计算预期可能实现的税后净利或息税前利润，在与目标成本比较后，其差额在扣除税收的影响后就是成本和费用应该降低的最小目标值，它意味着企业要达成目标利润不得不降低的成本费用数额。

3. 以内部管理改善为基础编制成本费用预算

我们知道编制成本预算存在两种可能前提：一是销售预算无法达成目标利润，其差额成为成本费用预算所必须考虑的降低目标，这一目标也称为目标成本费用。二是销售预算已达成目标利润，这时成本费用预算就不存在一个目标降低值即目标成本费用。尽管如此，企业仍然必须通过技术革新和改善管理尽可能降低成本费用。所以，不断降低成本费用是企业管理中的一项经常性工作。

4. 以寻求潜在的获利机会为基础提出投资预算

在销售计划和成本费用预算的基础上提出投资预算，意味着投资预算涉及两个方面：一是企业是否存在因扩大投资而增加销售的潜力，包括在原有经营结构上增加销售和扩大经营范围以增加销售。二是企业是否存在因扩大投资而降低成本费用的潜力，成本费用的降低可能不需要增加投资，也可能需要增加投资，后者必然要提出投资预算。

5. 以寻求现金收支平衡制订筹资预算和现金流量预算

如果企业各项预算编制的结果是预算利润超出目标利润，则现金流量预算是一个把企业的预算利润与筹资预算或投资预算衔接起来的预算。当企业内部有盈余资金而无需对外筹资时，则把现金流量预算与投资预算衔接起来。

（二）预算编制的程序

1．预算编制的步骤

（1）无对外筹资进行投资的财务预算编制步骤

企业无对外筹资进行投资能实现目标利润时，只需编制销售预算、成本费用预算、现金流量预算和预计资产负债表。其编制程序如下：

1）根据出资人或公司提出的资本净利润率计算确定目标利润总额。目标利润总额是以期初资产负债表中的所有者权益总额乘以出资人提出的资本净利率求出的。

2）根据市场预测结果确定销售预算及其可望实现的利润额（假定成本费用不便，即单价不变或比率不变）。

3）根据企业内部管理改善和挖掘结果确定成本费用及其可望实现的利润（该利润称为计划利润，至少不得小于目标利润）。

4）根据资产占用结构改变和加速资金周转的要求确定现金流量预算。

（2）以对外筹资进行投资的财务预算编制程序

企业必须通过对外筹资进行新的投资预算才能实现目标利润时，不仅要编制销售预算、成本费用预算、现金流量预算和预计资产负债表，还要编制投资预算及相应的筹资预算。

1）根据出资人提出的资本净利润率计算确定目标利润总额。目标利润总额先以期初资产负债表中的所有者权益总额乘以出资人提出的资本净利润率求得。如果本期要增加投入资本，则需加上投入资本计算应获得的目标利润额，计算公式如下：

投入资本应获得的目标利润总额＝资本净利润率×当期实际投入资本额×（12－投入资本当月月数）÷12

如果当期要增加负债进行投资时，则无需计算增加大目标利润额。

2）根据市场预测结果确定销售预算、成本费用预算。

3）根据投资可行性分析的结果确定投资预算。

4）根据筹资和投资预算确定现金流量预算。

2．预算编制的组织程序

1）出资人根据本地区同行业平均资本净利润率提出企业年度应该完成的目标资本净利润率。

2）经营者根据出资人的要求，提出企业为达成目标的主要任务指标，包括销售总额、销售成本水平、费用水平、对外投资的收益水平和其他业务净利润水平。

3）中层职能部门按照经营者提出的目标，就其中与自身所管业务相关的指标，进行可行性论证，并就该指标分解到中层生产经营部门。

4）中层生产经营部门根据上级分解的任务指标，结合自身的实际状况，分析各任务指标完成的可行性，同时将指标分解到基本生产经营单位，待其提出可行性报告后，与自身的分析结果结合，提出本部门的可行性分析报告，如有投资可行性，也提出论证方案，并报经营者。

5）基层生产单位接到分解的任务指标，讨论分析各岗位完成任务指标的可行性，提

出自身的可行性分析报告，并报上一层次。

6）经营者接到中层生产经营部门的可行性报告和投资可行性报告后，应召开由有关职能部门主要负责人参加的协调会议，对各有关指标进行适当调整，确保出资人的目标实现。

7）经营者召开中层生产经营部门主要负责人大会，布置任务指标专题会或单独协商。

8）中层生产经营单位最终确定接受任务指标，并将任务指标落实到各基层生产经营单位。

9）经营者对各部门各层次提出的投资可行性方案交由专门机构或有关职能部门组成的论证机构，进行可行性论证，并根据各个论证结果，最终确定拟实施的投资方案。

10）财务部门根据上述各项材料，结合对企业资产、负债及所有者权益的变化，编制利润预算、投资预算、筹资预算、现金流量预算。预计资产负债表，确定并实施筹资方案。

（三）该模式的适用范围

以利润为核心的全面预算管理模式适用于以利润最大化为目标的企业或是大型企业集团的利润中心。

（四）该模式的优缺点

以利润为核心的全面预算管理模式具有以下优点：① 有助于企业的管理方式由直接管理转向间接管理，通过以利润为核心的全面预算管理系统对执行情况的检测，使企业的管理者既能迅速把握全局又能提高效率。② 有利于明确工作目标，激发员工工作的积极性。③ 有利于增强企业集团的综合盈利能力，由于在以利润为核心的全面管理系统中，利润不仅仅是预算的结果，而是预算的起点与前提，这使得追求利润成为企业的主动行为而不是销售行为的被动结果。这大大提高了企业的主观能动性，促使企业扩大销售，增强自身竞争力。

以利润为核心的全面预算管理模式具有以下缺点：① 可能引发短期行为，使企业只关注预算年度利润，忽略企业长远发展。② 可能引发冒险行为，使企业只顾追求高额利润，增加企业的财务和经营风险。③ 可能引发虚假行为，使企业通过一系列手段虚降成本，虚增利润。

三、以成本为核心的全面预算管理模式

（一）以成本为核心的全面预算管理模式含义

企业生产总值和生产成本、劳动成果和劳动消耗之间的比例就是企业的经济效益，由此我们可以看出，如果企业的生产总值的增长比成本总量的增长幅度小，则说明企业的经济效益下降；而如果企业的生产总值的增长比成本总量的增长幅度大，才说明企业的经济效益得到了有效提升。由此可见，企业的生产总值（利润总值）和生产成本决定着企业的经济效益。企业一方面应该追求利润，另一方面更应该追求经济效益。因此，如果企业的

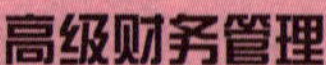

利润总量一定，那么成本就起到了决定企业经济效益的作用。企业要想提高自身的经济效益，就必须促进企业生产成本的有效降低，从而用最少的资源消耗，生产出最多的产品和劳务。

以成本为核心的全面预算管理模式是指以编制成本预算为起点，以目标成本为核心，以控制成本为主轴，以成本控制绩效为主要考评指标的一种预算管理模式。它是在明确企业目前实际情况的前提下，通过市场调查，结合企业潜力和预期利润进行比较，倒挤出企业目标成本，加以适当的量化和分类整理，形成一套系统完善的预算指标，进而将之分解落实到各级责任单位和个人，直至规划出达到每个目标的大致过程，并明确相应的以成本指标完成情况为考评依据的奖惩制度，使相关责任单位和个人权责紧密结合。这种模式要求在企业生产经营过程中跟踪成本流程，按照预算指标进行全过程控制管理。

（二）预算管理体系

以成本为核心的全面预算管理体系决定于成本的要素构成与作业的流程特征，同时也与企业的管理组织结构密切相关。

产品成本的构成要素最终将体现为直接材料、直接人工、变动制造费用、变动推销及管理费用、固定制造费用、固定推销及管理费用等基本方面。如果更进一步地从净利润的角度来看，还应当包括财务费用与税收成本等项目。与此相应，也就形成了直接材料预算、直接人工预算、变动制造费用预算、变动推销及管理费用预算、固定制造费用预算、固定推销及管理费用预算及财务费用预算和纳税成本预算等。

产品的作业流程与组织管理结构，尽管不会改变产品成本的构成要素，但会对各项目成本的数额与比重产生直接影响，同时对产品的产出效率也将产生决定性的作用。毫无疑问，对于成本预算构成体系的研究及预算控制的实施，必须依据成本构成要素，并通过对作业流程与管理组织结构的分析与合理配置来进行。

（三）预算编制的程序

在以成本为核心的全面预算管理模式下，预算编制主要包括以下三个基本环节：目标成本设定、目标成本分解和目标成本达成。

1. 目标成本设定

目标成本亦称成本目标，是指企业及相关各环节、层次为适应市场竞争需要并实现目标利润而预选设定并力求达成的成本的指标值，是基于市场竞争客观强制与保障企业生存与发展对成本的最大容许值。

目标成本的设定是整个以成本为核心的全面预算管理模式的起点。其设定一般有修正方式、扣除方式和综合方式。

（1）修正方式

修正方式是基于一定历史的或现实的基准，结合未来成本挖掘的潜力及相关环境变化，对历史成本指标进行适当修正来设定目标成本的方式。这种基准一般是指根据过去的或现有的技术水平及作业能力有可能达成的成本值。

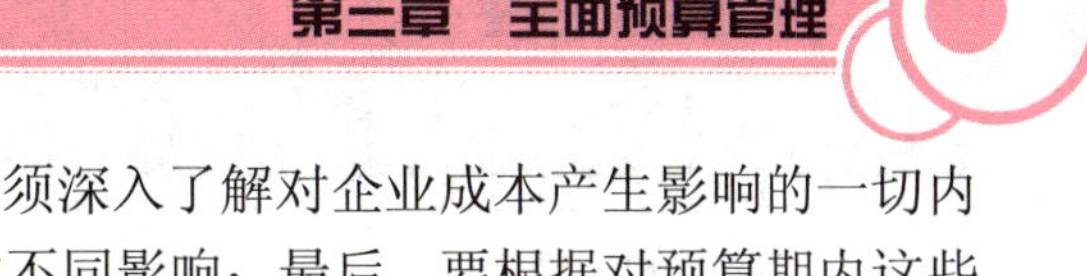

采用这种方式设定企业目标成本时，首先必须深入了解对企业成本产生影响的一切内外部因素；其次，要明确这些因素对成本变动的不同影响；最后，要根据对预算期内这些因素可能的变化趋势来调整历史成本指标，最终求得目标成本。

（2）扣除方式

扣除方式是指企业在进行充分进行市场调查的基础上，参照竞争企业和类似产品的售价来预测本企业产品的可能售价，然后扣除企业必须赚取的利润而求得目标制造成本的方式，用公式表达为

目标成本＝预期收益－预期利润

或 目标单位产品成本＝预期单位产品售价－预期单位产品利润

其中，预期单位产品售价一般可通过与同行业同类产品的比较，并参考其他企业，特别是平均先进企业类似产品目前的市场份额、可能的销量、销售物流系统是否完善及商品战略等因素而得到。

对于预期利润，也必须兼顾多种因素，首先要从出资人的报酬期望、企业的经营理念、经营方针、经营战略出发，同时考虑企业的长期投资计划、研究开发方针、中期利润计划、生产线设置计划及股利政策等。

由预期收益减预期利润得到的差额，通常被称作许容成本，即企业可以允许的最高可能成本值。以此为基础确定的成本便是目标成本。

（3）综合方式

修正方式以现实的技术水平为依托所确定的成本目标，尽管稳妥可靠但较为消极，且往往会与市场竞争需要产生脱节；而扣除方式虽然有以市场为依托的积极态势，但有时脱离现实技术能力太远以致难以有效达成。

为此企业大多采用一种二者结合的方式，即以统合方式对目标成本进行规划与设定。具体就是结合修正方式的加计值与扣除方式的许容值进行综合考虑，使目标成本既具有达成的可能性，又能够激励企业各项资源的潜能，增大产品的市场竞争力与占有率。

2．目标成本分解

目标成本确定之后，企业就要将各成本预算指标按照一定的要求，采用一定的形式和方法，细化为各责任单位和个人的具体目标，并通过对各责任单位和个人的指标落实情况进行考评、控制和奖惩来确保目标成本的实现。

（1）目标成本分解的原则

在目标成本的分解过程中，要坚持以下原则：

- ✧ 因地制宜原则：结合企业产品生产、技术和经营管理的特点来科学地选择目标成本分解的具体依据和方法。
- ✧ 彻底分解原则：根据成本的具体内容，尽量把目标成本细化到最小单元，分解到无法再细分的层次。
- ✧ 一致性原则：目标总成本要等于各子目标成本之和；各子目标之间要协调一致，形成一个有机的目标成本体系。

（2）目标成本分解的方法

1）按物的要素来分

按物的要素来分，即将目标成本按成本控制的对象进行分解。具体分解要素如表 3-1 所示。

表 3-1　对目标成本按物的要素进行分解

分解要素	分解方法
产品结构	适用于装配式、组合式的企业，具体做法为先按产品的结构粗分各构件的成本目标，评估其重要程度，后细分到零配件的成本目标
产品功能	通常用于开发设计期、导入期以及成长期的产品。具体做法为首先将产品的目标成本分解为大的产品功能区域的目标成本，然后再向中功能区域分解，最后细化为各个小的功能区域的目标成本
产品的加工过程	把产品的目标成本按产品设计、物资采购、加工制造、产品销售等过程分别分解、核定成本目标
产品的经济内容	将产品的目标成本按照固定成本和变动成本进行分解
产品的成本项目	一般是在按功能和构造分解之后，再按照料、工、费等成本项目对目标成本进行分解，分解之前必须预先确定成本项目要素，然后根据具体情况确定细化的程度

2）按人的要素分解

按人的要素分解是按照企业的作业结构、责任组织与责任人对预定的目标成本进行分解与落实。按人的要素分解成本目标，能够激发企业全体成员的主观能动性与创造性，使他们能够提高成本意识与责任感，更好地保障目标成本的实现。

为了能够合理有效地将目标成本分解落实到各级、各层级、各环节的责任人头上，有必要先依据产品的作业分割结构对产品作业的流程与层次进行规划并使之明晰，即将最终的作业称为第一层次作业，为完成第一层次作业所需的一些作业称为第二层次作业，以此类推，进而将所有作业系统化，并形成一个紧密的作业链。然后按照这一作业链，由第一层次始向上逆推直至产品的设计开发环节，并分别确立出个层次的必要作业、作业组织与责任者。当这项工作完成后，就可以将前面所讲的按物分解的目标成本一一对应为作业分割结构的目标成本，从而实现人与物的结合，推动目标成本的有效达成。

3）按预算期间进行分解

按预算期间进行分解就是将目标成本按成本控制的时间序列，如日、周、月、季、年等进行分解，分解后形成一个用时间段表示的子目标体系，即年度目标体系、季度目标体系和月度目标体系等。

3．目标成本实现

对设定的目标成本进行分解后，接下来的工作就是如何动员各方面的潜能，以推动目标成本的实现。目标成本的实现过程需要做好以下几方面的工作。

（1）贯彻人本管理的思想，最大限度地激励人力资源的积极性、创造性与责任感

全面预算管理强调全体人员的参与意识与民主决策制度，亦即企业由直接对人的管理转变为通过价值约束与激励人的行为，通过人与物的结合，实现更大的价值增值。在这种预算管理模式下，企业对人的控制不再是以行政命令手段，而是利用价值指标及其奖惩措

施实现间接控制。这样，由于个人目标与企业目标实现了直接结合，必然促使每个人基于自身直接利益的考虑，积极能动地参与企业的预算管理活动，以对自身负责从而对企业负责的高度责任感，通过充分发挥各自的聪明才智，有效地运用企业的积极资源，不断挖掘潜力，使企业的各项经济资源发挥最大的利用效率，进而推动企业成本目标及其他各项目标的实现。

（2）建立健全成本及其他各项规章制度，规范与协调企业各方面的行为秩序

第一，要制定切实的公司政策，明确企业发展的运行轨道。明确而有效的公司政策，包括经营领域、经营方式、质量标准、财务标准等，它们是确立预算体系的基本依据，也是企业在市场竞争中取得成功的重要前提。

第二，要建立责任会计制度，为每个对成本负有经营管理责任的责任中心编制责任预算，作为日常成本控制的依据；定期编制责任中心实绩报告，对比企业预算，发现差异并分析原因，及时提出应对措施；根据各责任中心的评估结果进行奖惩。

第三，健全竞岗制度、上岗培训与人才培养制度，提高企业人力资源素质，鼓励优秀人才脱颖而出。

第四，健全责任奖惩制度，促使各级责任单位和个人自觉主动地去执行成本预算，确保成本目标的顺利完成。

第五，建立健全信息反馈系统，及时反映成本目标控制的偏差，实现企业预算管理与市场供求关系的充分对接。

（四）该模式的适用范围

1. 产品处于市场成熟期的企业

在这一阶段，由于市场增长速度放缓，企业的产品市场份额增长不大且相对稳定，因此，企业经营风险较低，现金流量等各项指标均相对稳定。此时，企业一般采用严格控制成本支出的方法提高效益。

2. 大型企业集团的成本中心

在大型企业集团，一般都设有若干责任中心，其中，成本中心一般选择以成本为核心的预算管理模式。

（五）该模式的优缺点

以成本为核心的全面预算管理模式具有以下优点：① 价格制定合理。这种模式下销售价格的数据来自于市场调研，在调研过程中，企业充分考虑了市场上竞争对手的产品的性能、价格及公司自身产品的性能和价格。② 能够实现成本控制。企业将目标成本从整体分解到部门，再从部门分解到个人，形成了一套完善的成本预算管理指标体系。③ 有利于企业采取低成本扩张战略，扩大市场占有率，提高企业成长速度。

以成本为核心的全面预算管理模式具有以下缺点：① 企业可能只重视对产品成本的控制，而忽视了对新产品的研发和市场的开拓，由此可能会影响产品的质量和企业的长远发展。② 可能会迫使员工为了节约成本而偷工减料，这反而会影响产品的质量或服务水

平，最终导致企业得不偿失。

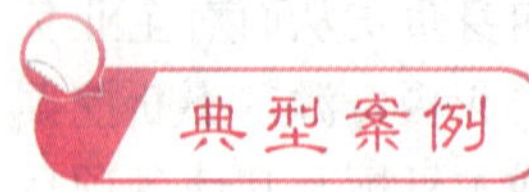
典型案例

广安门医院的全面预算管理

一个处于亏损状态的二级中医院在几年之内竟然脱胎换骨：3 年多时间，业务总收入比托管前增长 3 倍，业务收支结余年均增速达 50%，年末存量资金增长 4 倍，净资产是托管前的 3.2 倍。这其中，财务管理的全面介入和全面预算管理的强力植入起到了重要支撑作用。

“我们建立了‘以成本为中心’的全面预算管理信息系统。依托信息化建设，重点把控成本费用，将预算指标横向分解到各费用项目，纵向分解到各个基层处（科）室，具体落实到每一笔开支上。”近日，广安门医院总会计师樊俊芝表示。

一、从“用了再算”到“算了再用”

广安门医院的全面预算管理始于 2001 年。在接受记者采访期间，樊俊芝反复强调，作为公立医院，不应过于追求业务收入的增长，要更多关注成本，注重效率。“财务管理的主要任务就是要做到不断优化资源配置，以较低的成本消耗提供优质的医疗服务，达到较高的资源利用效率。要通过现代财务管理手段的导向，引导医院收支方向，调整支出结构，确保公益性。”2001 年，广安门医院在新一届院领导班子的带领下启动医院全面变革。在这样一个大背景下，财务管理变革开始引入管理会计理念。“为提升财务管理水平，财务处每年会指定财务人员读两本书，其中一本书就是《管理会计实务入门》。目的就是要让财务人员树立现代财务管理理念。”全面预算管理应用于医院后，受到医院领导班子的高度重视和支持。

广安门医院全面预算管理进程经历了三个阶段。第一阶段，建立医院预算管理体系，包括组织体系、制度体系、流程文本体系。第二阶段，实现业务收支全面全过程管控。第三阶段，建立了“以成本为中心”的全面预算管理系统，预算管控实现精细化。

预算管理以成本为中心，重在管控成本费用。而要想做好预算管理，制度建设很重要。“制度不应该是照抄照搬的文字罗列，而要在国家政策法规框架下结合自己医院实际情况制定，内容一定要具体明确，具有可操作性，定出来的制度一定要作为执行依据和标准。”樊俊芝表示，财务管理工作中要拿制度当尺子，拿预算作标准，实现由“用了再算”的粗放管理变为“算了再用”的精细化管理，提高资金使用的计划性，合理配置资源，最大限度提高资金使用效率、效益。

刚开始实施时，中层干部都觉得编制预算很麻烦，预算执行中花钱又受到限制，很不习惯。财务部门也是动了不少脑筋，花了不少心思，主动为编制科室提供基础数据，做好编制指导。没有信息系统时，设计数据自动计算的电子表、制作编制模板、编制手册，不断改进预算编制方法，不断优化预算管理流程，并积极推进预算管理信息化进程，逐步实现了网上编报。此外，医院的预算管理制度中资金使用审批区分预算内、预算外、超预算

资金，对已经论证审议批复的预算内开支简化财务报销审批流程，反而比未实行预算管理前提高了效率。

实行预算管理后，资金使用的合理性、合规性大大增强，效益逐年增加，国家、医院、职工三方受益。预算管理工作也逐渐得到全院职工的认可。

经过多年的磨合，现在在广安门医院，包括院领导、中层干部和员工都树立了较强的预算意识。重视预算，严格执行预算，已经形成了一种文化。预算列明的，财务处调动资金全力支持，未列入预算的不合理支出严格控制。

二、全员、全面、全过程

“实施预算管理的初期，广安门医院发展仍处于成长期，所以以收定支、统筹兼顾、保证重点是广安门医院遵循的预算编制原则。”樊俊芝介绍，以收定支就是以收入为起点编制预算，再根据收入安排支出，并留有一定结余，以保证医院的可持续发展资金。统筹兼顾、保证重点就是根据医院发展战略目标和现有资源的配置能力，按照有保有压，确保医、科、教重点需要和保证医院正常运转的原则，分轻重缓急，统筹安排资金。医院发展进入成熟期后，逐渐转变为以成本为中心的预算管理。在这一时期，医院业务量稳步增长，财务人员不再关注现金流。收益大小取决于合理的成本控制，而不再是一味节约开支少花钱，更注重投入产出比。

樊俊芝表示，医院实施全面预算管理十几年，取得了良好成效，实现了“三全”：

其一，从医院领导、中层干部到普通员工，全员都树立了较强的预算意识，坚持做到“无预算不开支，有预算不超支”。

其二，建立了较为全面、系统的预算管理制度体系，预算控制全面覆盖医疗、教学、科研所有业务活动收支。

其三，建立了全过程控制的预算管理信息系统，从预算的编制、上报、审核、数据汇总，预算下达、预算查询、执行监控、预算调整、反馈分析整个过程实现了动态网络化管理，保证了全面预算管理的有效实施。

广安门医院的全面预算管理范围包括财政补助收支、医疗业务收支、其他业务收支、资本性支出、科教项目收支和其他预算收支。其中，医疗业务收支是医院预算管理的核心，费用支出是控制的重点。“在编制医疗业务支出明细预算时，应考虑成本习性，注意区分固定成本与变动成本、约束性成本与酌定性成本及人员经费优先保障等因素。”樊俊芝介绍，在预算编制与论证审批环节，对变动（约束性）成本按业务量增长计算，如药品费、卫生材料费、绩效工资等；对固定成本中的约束性成本优先保证，如人员工资、固定资产折旧费、无形资产摊销费、计提医疗风险基金等；对固定成本中的酌定性成本根据管理需要、资金能力适度安排，如会议费、差旅费、培训费等；而对固定成本中的半约束性成本，则通过管理手段适度压缩，如办公费、通信费、招待费、燃料费、水电费等。对费用类支出预算的编制，要始终坚持“零基预算法”。

三、预算管理模式成功复制

广安门医院建立的“以成本为中心”的全面预算管理信息系统不仅全面提升了该院的精细化财务管理水平，还以实例输出验证了该系统的高效性。

2011年，广安门医院托管了处于亏损状态的大兴区中医院，成立了广安门医院（南区）。短短的3年多时间里，南区的医疗水平和财务状况双双改善：2014年末，业务总收入比托管前增长3倍，业务收支结余年均增速为50%，年末存量资金增长4倍，净资产是托管前的3.2倍。完全达到托管协议提出的国有资产保值增值目标，实现了南区跨越式发展。

四、以现金流量为核心的全面预算管理模式

以现金流量为核心的全面预算管理模式是现代企业运用现代管理理论和方法，在科学预测和决策的基础上，根据企业战略目标，以现金或现金等价物为中心，遵循收支实现制的核算原则，围绕经营活动、投资活动和筹资活动，分别从现金流入和现金流出两个方面着手，使企业的生产经营活动按照预定的计划与规划运行，确保企业经营目标实现的有效管理机制。

（一）预算管理体系

以现金流量为核心的预算管理模式的预算体系，主要由以下几项组成：

1. 现金流量预算

在市场经济条件下，企业所有交易活动都必须借助于货币的一收一支才能完成。企业交易活动中客观存在的货币收支，反映着企业经济活动的规模及趋向，对企业经营活动及其结果起着综合反映与控制作用。我们把这种客观存在于企业中、能动态反映企业经济活动并对其起保障与控制作用的货币收支，称为现金流量。

现金流量预算是以现金流量预算为核心的预算管理模式的预算体系中预算编制的起点，也是最为关键的环节。在合理、科学、准确地编制了现金流量预算的基础上，企业还应当据以编制相应的包括资产负债等预算在内的财务预算。

所谓现金流量预算是按照收付实现制的原则来全面反映企业生产经营活动的一种预算，其编制通常包括现金流入和现金流出。现金流量预算有利于企业合理规划现金收支、协调现金收支与经营、投资、筹资活动的关系，保持现金收支平衡和偿债能力，同时也为现金控制提供依据、短期现金预算一般按年分季进行，还可进一步按月或更短的期间进行。现金预算依据的数据资料主要有业务预算、资本预算、利润预测或预计利润表、筹资计划及现金收支的历史资料等。

（1）现金的定义

现金流量预算的第一步就是要划清现金与非现金的界限，根据《企业会计准则—现金流量表》的规定，这里现金流量中的现金不仅企业的库存现金、货币现金，还包括现金等价物即企业持有的期限短、流动性强、易于转换为现金、价值变动风险很小的短期投资，企业编制现金预算时，可以根据需要灵活选择采取何种现金形式。

（2）现金流入预算

现金流入预算主要包括经营活动产生的现金流入、投资活动产生的现金流入和筹资活动产生的现金流入。

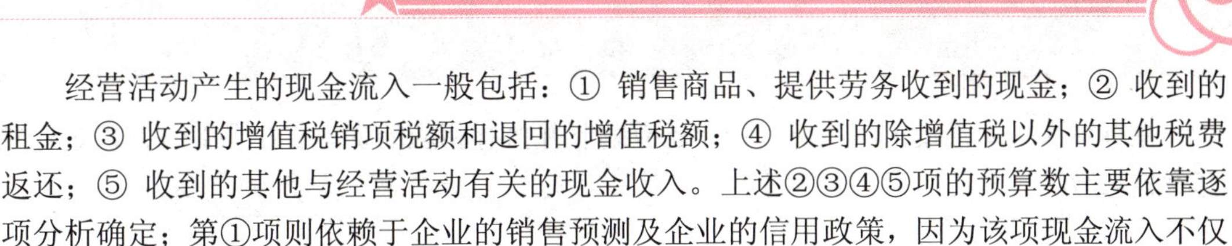

经营活动产生的现金流入一般包括：① 销售商品、提供劳务收到的现金；② 收到的租金；③ 收到的增值税销项税额和退回的增值税额；④ 收到的除增值税以外的其他税费返还；⑤ 收到的其他与经营活动有关的现金收入。上述②③④⑤项的预算数主要依靠逐项分析确定；第①项则依赖于企业的销售预测及企业的信用政策，因为该项现金流入不仅受实际销售情况的影响，还要受销售资金回笼情况的制约。该项目的计算公式为：

销售商品、提供劳务收到的现金＝当期销售商品或提供劳务产生的收入＋当期收到前期的赊销款＋当期收到的预收款－当期的赊销收入－以前各期已预收款的收入

投资活动产生的现金流入一般包括收回投资所收到的现金（包括投资本金和投资收益）；分得股利或利润收到的现金；取得债券利息收入所收到的现金；处置固定资产、无形资产和其他长期资产而收到的现金净额；其他与投资活动有关的现金收入。现金流入预算中投资活动产生的现金流入金额的确定可以根据企业的投资计划、更新改造计划及有关的资本经营规划来确定。

筹资活动产生的现金流入一般包括吸收权益性投资收到的现金；发行债券所收到的现金；借款收到的现金，与筹资活动有关的其他现金收入。现金流入预算中筹资活动产生的现金流入金额的确定主要依据企业的筹资计划。

（3）现金流出预算

与现金流入预算类似，现金流出预算主要包括经营活动产生的现金流出、投资活动产生的现金流出和筹资活动产生的现金流出。

经营活动产生的现金流出主要包括：① 购买商品、接受劳务支付的现金；② 经营租赁所支付的现金；③ 支付给职工及为职工支付的现金；④ 支付的增值税款；⑤ 支付的所得税款；⑥ 支付的除增值税、所得税以外的其他税费；⑦ 支付的其他与经营活动有关的现金。其中，②④⑤⑥⑦项均可以逐项分析确定；第①项则主要依据企业的采购计划及贷款的结算方式；第③项可以根据企业的薪酬计划及上年度实际的薪酬水平加以确定，可用如下的公式表示：

购买商品、接受劳务支付的现金＝当期采购金额＋当期支付的前期的采购货款＋当期预付的采购贷款－当期的赊购金额－以前各期已预付货款的采购金额

投资活动产生的现金流出主要包括购建固定资产、无形资产和其他长期资产所支付的现金；企业购买股票等权益性投资所支付的现金；企业为购买除现金等价物以外的债券而支付的现金；其他与投资活动有关的现金流出。与投资活动有关的现金流出金额的预算数的确定主要是依据企业的投资计划。

筹资活动的现金流出主要包括偿还债务所支付的现金；发生筹资费用所支付的现金；偿付利息所支付的现金；分配股利或利润支付的现金；筹资租赁所支付的现金；减少注册资本所支付的现金及与筹资活动有关的其他现金流出。与筹资活动有关的现金流出金额的预算数的确定主要是依靠企业的资本结构及有关的借款合同和投资契约。

2. 经营预算

在现金预算之外，企业还应当认真编制并执行包括销售预算、生产预算、供应预算、成本预算及利润预算在内的各项经营预算。

3．资本支出预算

在有重大资本活动的情况下，企业还应编制并执行相应的资本支出预算并据以进行预算考评与激励。

（二）预算编制的程序

以现金流量为核心的全面预算管理模式，预算编制程序通常是采用多次自上而下、再自下而上的循环的程序。一般说来，主要包括以下三个步骤：

1．任务下达

首先，资金管理部门根据各责任单位的工作范围，下达现金预算编制的任务。具体应包括现金收支的金额和时间，现金预算的格式等，其详略程度根据各责任单位的具体需要而定。只发生现金流入的责任单位编制现金收入预算；只发生现金流出的责任单位编制现金支出预算；既发生现金流入又发生现金流出的责任单位则要编制现金收入预算和现金支出预算。

2．分别编制预算

各责任单位根据资金管理部门的要求和自身的实际情况编制相应的现金流量预算并向上级报送，逐级汇总。

3．预算汇总

资金管理部门汇总各责任单位编制的现金流量预算，按照“量入为出”的原则对预算加以合理修改，并将调整后的预算数通知各责任单位并与之进行协商，二者协商一致的金额就是最后确定的现金流量预算数。

（三）该模式的适用范围

以现金流量为核心的全面预算管理模式主要适用以下类型或状况的企业。

1．产品处于市场衰退期的企业

根据产品的生命周期理论，任何一种产品都包括开发期、成长期、成熟期及衰退期四个阶段。在衰退期，由于产品已被市场抛弃或出现了更价廉物美的替代产品，产品市场急剧缩小，此时企业财务工作的重点就是做好现金的回流工作及寻找新的投资机会以维持企业的长远生存。因此，在该阶段以必须现金流量预算作为整个预算管理体系的核心。

2．处于财务困境的企业

当企业出现财务困难，现金短缺时，也应该采用以现金流量为核心的预算模式，以便摆脱财务危机。

3．重视现金回收的企业

有些企业虽然不存在财务危机，但理财比较稳健，重视现金流量的增加，这样的企业也应采用以现金流量为核心的预算管理模式。

（四）该模式的优缺点

以现金流量为核心的全面预算管理模式具有以下优点：① 有利于增加现金收入；② 有利于控制现金流出；③ 有利于实现资金收支平衡；④ 有利于尽快摆脱财务危机。

其缺点是：① 预算中安排的资金投入较少，不利于企业的高速发展；② 预算思想比较保守，可能错过企业发展的有利时机。

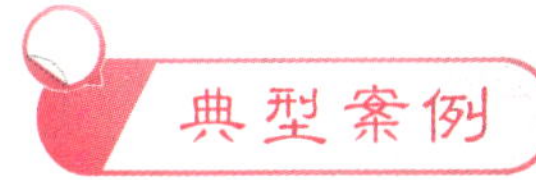

典型案例

基于现金流的全面预算编制研究——以 WH 地铁集团有限公司为例

WH 地铁集团公司是 2007 年 5 月经当地市委、市政府批准成立的大型国有独资企业，注册资金为 10 亿元，经政府授权负责当地轨道交通的建设、运营、管理和融资。随着地铁建设的快速发展，WH 地铁集团公司的项目建设、轨道运营、投融资管理、土地开发、物业管理、广告传媒、商贸开发等业务日趋复杂化，现金流量日益增多，资金筹集与调度的重要性和难度不断加大，管理层面临的资金压力与日俱增。在此背景下，WH 地铁集团公司 2008 年起实施全面预算管理，2010 年 7 月，公司深入讨论并总结了前两年实施全面预算管理的经验和教训，结合《企业内部控制基本规范》《企业内部控制应用指引第 15 号——全面预算》，对公司现有全面预算管理体系进行了升级和改进，转向基于现金流为核心的全面预算管理体系。

一、组织架构

组织领导和运行机制是否健全有效，是以现金流为核心的全面预算管理能否有效实施的关键。WH 地铁集团公司过去由计划财务部编制预算并组织实施，其他职能部门和业务单位参与度低，结果全面预算演变为财务部预算，大大降低了预算管理的权威性和实施效果。为此，WH 地铁集团公司加强了全面预算管理工作的组织领导，设立了预算管理委员会和预算管理办公室两级机构，负责全面预算管理的决策和实施。如图 3-2 所示。

董事会是 WH 地铁集团公司预算管理的决策机构。董事会下设专业委员会——预算管理委员会。预算管理委员会主任由公司总经理兼任，公司分管财会工作的副总经理任副主任；委员由业务单位、职能部门和所属子公司负责人兼任。委员会以预算工作会议的形式对全面预算编制、执行、考核等重大问题进行决策。

预算管理办公室是全面预算管理的日常工作机构，设在计划财务部，履行全面预算管理的日常工作职责，主任由分管财会工作的副总经理兼任，副主任由计划财务部长兼任，成员由计划财务部和各预算责任单位的有关人员组成（可以兼任）。

预算责任单位在预算管理委员会和预算管理办公室的指导下，执行经批准下达的全面预算方案的各职能部门、各业务单位、所属子公司等。各职能部门负责人、各业务单位负责人、所属子公司负责人为本单位预算管理直接责任人。各预算责任单位应配备兼职预算员。

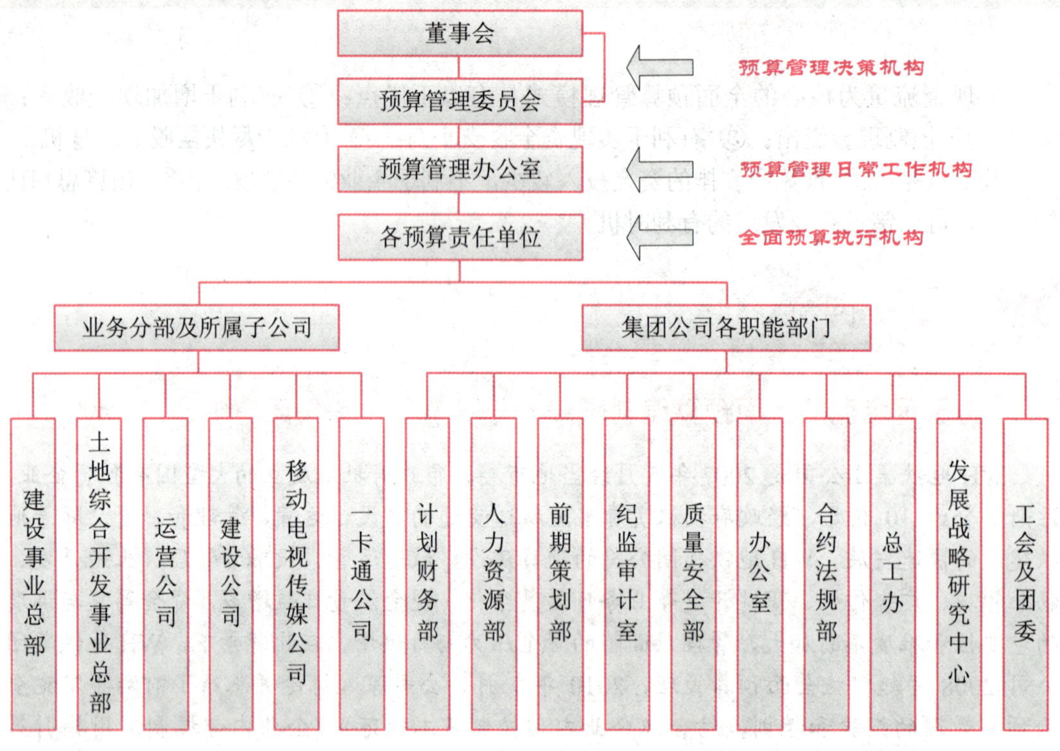

图 3-2　WH 地铁集团公司全面预算管理组织架构

二、全面预算编制框架

城市轨道交通企业属于资金密集型产业，现金流是其发展和生存的关键要素。WH 地铁集团公司在实施全面预算管理过程中，认真贯彻执行《企业财务通则》要求，以现金流为核心构筑全面预算管理框架，其编制思路如图 3-3 所示。

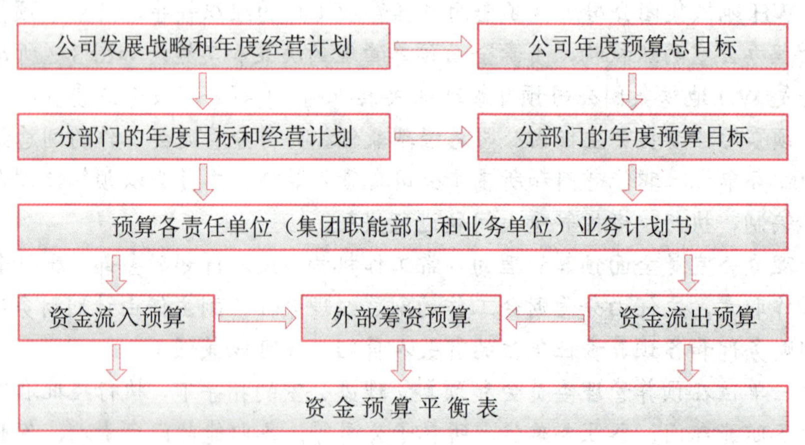

图 3-3　WH 地铁集团公司基于现金流的全面预算编制思路

（1）根据公司发展战略制定年度目标和经营计划，并将年度经营计划分解落实到各职能部门和各业务单位。

（2）根据公司发展战略和年度经营计划，确定年度预算总目标，并将年度预算总目标分解落实到各职能部门和各业务单位。

（3）各预算责任单位（集团职能部门和业务单位）根据分部门经营计划和预算目标编制业务计划书。

（4）根据业务计划书测算资金流入和资金流出，分别编制资金流入预算和资金流出预算。

（5）资金流出和资金流入的缺口通过对外融资予以解决，并据此编制对外筹资预算。

（6）综合考虑资金年初余额、资金流入、资金流出、对外融资等，编制资金平衡表。

三、全面预算编制流程

WH 地铁集团公司按照上下结合、分级编制、逐级汇总的程序，编制年度全面预算，如图 3-4 所示。

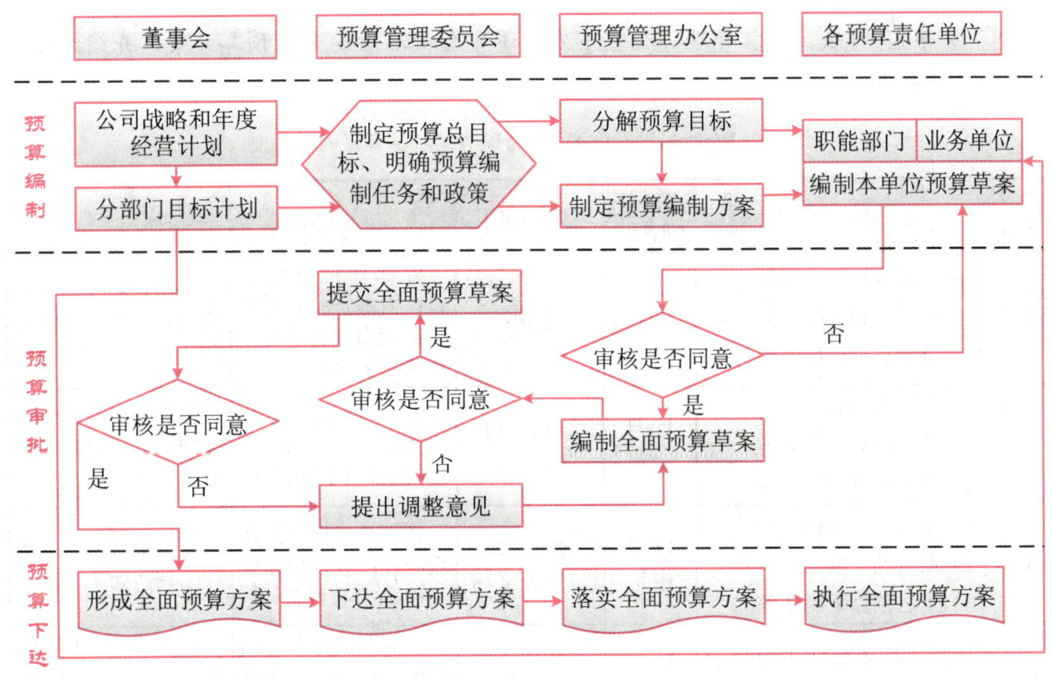

图 3-4　WH 地铁集团公司全面预算编制及控制流程

其基本步骤及其时间控制如表 3-2 所示。

1）每年 11 月上旬，董事会和公司经理层根据公司发展战略规划，讨论并确定下一年度经营计划，明确总体目标，根据总体目标制定部门分目标；

2）每年 11 月中旬，预算管理委员会讨论并确定下一预算年度的预算总体目标，下达预算编制任务，明确相应的预算政策；

3）每年 11 月下旬，预算管理办公室将经营目标分解，建立系统的指标分解体系，并

在与各预算责任单位（各业务单位和职能部门）进行充分沟通的基础上，分解下达初步预算目标，发出预算编制通知；

4）各预算责任单位应于当年 11 月底之前，按照下达的预算目标和预算政策，结合自身特点、业务预测和执行条件等，认真测算并提出本单位的预算草案，填报业务计划表及管理费用预算模板，按归口管理原则，逐级汇总上报预算管理办公室；

5）每年 12 月初，预算管理办公室与各预算责任单位进行充分协调、沟通，审查业务计划表及管理费用预算草案，编制各类预算表格，平衡预算草案，编制并向预算管理委员会上报全面预算草案；

6）每年 12 月上旬，预算管理委员会对预算管理办公室在综合平衡基础上提交的预算方案进行研究论证，结合本年度预算执行情况，从公司发展全局角度提出进一步调整的建议，形成公司下一年度的全面预算草案，提交董事会；

7）每年 12 月中旬前，董事会讨论、审核全面预算草案，确保全面预算与公司发展战略、年度经营计划相协调。如果董事会认为有必要调整全面预算草案，则应重复上述 3～6 步程序；

8）每年 12 月底，预算管理办公室下发经董事会批准后的全面预算方案，并组织预算方案的讲解和学习。

表 3-2　WH 地铁集团公司全面预算编制步骤及时间控制

步骤	主要工作	完成时间	涉及部门	流入文件	流出文件
1	1）制定或调整发展战略 2）制定公司年度经营计划 3）分解分部门的经营目标	11 月初	董事会	外部环境分析报告；内部资源分析报告；能力分析报告、经营预测报告等	公司发展战略、年度经营计划、部门经营计划和目标
2	1）制定预算总目标 2）明确预算编制任务 3）制定预算编制政策	11 月上旬	预算管理委员会	公司发展战略、公司年度经营计划、分部门经营计划和目标	预算总目标、预算编制任务、预算编制政策
3	1）分解预算目标 2）制定预算编制方案 3）下达预算编制任务	11 月中旬	预算管理办公室	预算总目标、预算编制任；务、预算编制政策；年度经营计划	预算编制方案、预算编制通知
4	预算责任单位初步填报业务计划表、部门预算草案	11 月下旬	各预算责任单位	预算编制方案、预算编制通知、部门经营计划	预算责任单位业务计划表和费用预算草案
5	1）审核业务计划表和费用预算草案 2）协调各预算责任单位预算草案的调整 3）汇总编制全面预算草案	11 月底	预算管理办公室	各预算责任单位的业务计划表和费用预算草案	全面预算草案
6	审核全面预算草案，如有必要，提出调整意见	12 月初	预算管理委员会	全面预算草案	全面预算草案审核意见

续表

步骤	主要工作	完成时间	涉及部门	流入文件	流出文件
7	沟通、协调、平衡、调整全面预算草案	12月上旬	预算管理办公室、各预算责任单位	全面预算草案审核意见	调整之后的全面预算草案
8	审核全面预算草案，如果认为有必要，提出调整意见	12月中旬	董事会	调整之后的全面预算草案	董事会的全面预算草案审核意见
9	沟通、协调、平衡、调整全面预算草案	12月上旬	预算管理委员会、预算管理办公室、各预算责任单位	董事会的全面预算草案审核意见	按董事会意见调整之后的全面预算草案
10	审核、批准全面预算草案	12月中旬	董事会	按董事会意见调整之后的全面预算草案	经董事会批准的全面预算方案
11	下达、讲解、学习、分解全面预算方案	12月下旬	预算管理委员会、预算管理办公室、预算责任单位	经董事会批准的全面预算方案	将全面预算指标分解至各预算责任单位

四、WH 地铁集团公司编制基于现金流的全面预算的启示

2010 年 7 月以来，WH 地铁集团公司深入讨论并总结了前两年实施全面预算管理的经验和教训，结合其他轨道交通企业实施全面预算管理的经验，对现有全面预算管理体系进行了升级改进，转向基于现金流为核心的全面预算管理体系。在编制基于现金流的全面预算过程中，有以下几点值得关注：

1. 加强宣传培训，营造良好的全面预算管理环境

行动源于思想，只有让全体员工，特别是各阶层管理者充分认识全面预算管理的重要意义和内控职能，积极参与到全面预算管理中来，才能为全面预算管理的有效实施培育良好的执行环境。针对过去领导不重视，业务部门参与度低的困境，WH 地铁集团公司采取了以下改进措施：

1）编制预算管理手册，明确规定预算管理委员会、预算管理办公室和各预算责任单位，以及相关人员的职责、权限；同时，进一步明确预算编制、执行和考核的流程，授权审批程序等。

2）举办专题会议对各预算责任单位相关人员进行宣传和培训，强调全面预算管理的重要性，培养全面预算意识，学习预算知识，掌握预算操作技能。

3）组织高管团队和预算责任单位负责人到有全面预算管理成功经验的企业进行交流学习。

2. 运用现代信息技术建立科学的全面预算管理体系

WH 地铁集团公司原来的预算管理体系以电子表格为主，基于 Excel 进行预算编制、汇总或合并。在此过程中遇到了一系列问题，如手工汇总或合并烦琐，易出错，难以整合

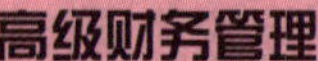

所有的经济活动和业务流程等。实施全面预算管理需要先进的信息技术作支撑，为此，WH 地铁集团公司在升级全面预算管理体系的同时，同步进行了 ERP 建设。

3. 设置台账记录，系统汇集各种基础数据

全面预算管理所需要的各种指标和数据非常庞杂，包括历史记录、定额资料、业务预测、工作量记录和会计数据等。为确保预算编制以可靠、详实、完整的基础资料为依据，WH 地铁集团公司非常重视预算编制的基础工作，要求各职能部门、各业务单位、各岗位要全面设置台账记录，系统汇集各种基础数据。

4. 细化预算项目，加强费用控制

在技术允许的情况下，预算编制应尽可能细化预算项目，贴近经济活动的实际情况。以管理费用预算中的职工薪酬为例，WH 地铁集团公司要求至少按三级明细进行测算。

5. 根据业务特点，科学编制各类预算

以现金流为基础编制全面预算，应突出现金流的重要性，凡不涉及现金流入或流出的项目，一般不应编入预算表。

6. 严格履行审批程序，确保预算严肃性和权威性

为保证全面预算的严肃性和权威性，WH 地铁集团公司在预算编制和调整过程中实行逐层审核批准制度。各预算责任单位根据分部门年度经营计划填报的业务计划表要经过本单位负责人和分管副总经理的审核签章；作为预算编制依据的业务计划表要经过预算管理办公室的审核批准；预算管理办公室汇总各预算责任单位的预算草案编制的全面预算草案要经过预算管理委员会的审核批准；预算管理委员会提交的全面预算草案要经过集团董事会的审议批准，才能变成有效的全面预算方案。

第三节　全面预算的控制与调整

全面预算管理有机结合了事前预测、事中控制及事后分析，在部门之间对公司的整体目标进行了有计划的分解，从而达到全过程控制业务并协作管理部门的目的，促进企业经济效益的显著提高和经营目标的切实实现，是一种行之有效的综合管理方法。但是，在实际的实施过程中会因各种原因使企业的全面预算管理目标无法得到有效的实现。这就需要对全面预算过程进行控制。

一、全面预算控制的概述

全面预算控制是根据预算规定的收入与支出标准，来检查和监督各部门活动，以保证组织经营目标的实现，并使费用支出受到严格有效约束的过程。

（一）全面预算控制的目标

全面预算控制的目标是追求企业价值的最大化，要求实现企业的低成本运营与高收益成果的统一。预算控制的目标主要表现在以下几个方面。

1. 促进企业战略目标的实现

企业所进行的一切财务活动都是为其战略目标服务的，预算控制过程也不例外。因此，预算控制过程必须围绕着企业战略目标的控制、实施而进行，其目标要促进企业战略目标的实现。

2. 降低代理成本

随着现代市场经济的产生和发展，企业规模逐渐扩大，经营一个企业对专业知识的要求越来越高，经营者所需要投入的精力也越来越多。初始的投资者将会选择聘请外部经理管理企业，而将自己从烦琐的日常经营中脱身出来。这种社会分工从总体上来说有利于效率的提高，并在一种良好的机制配合下，实现所有者和经营者双赢的结果。但这种分工即两权分离必然也会带来一定的负面效应，就是代理成本的出现。

代理成本的产生就是所有权和经营权分离之后，所有者即股东希望经理层按股东财富最大化的目标尽力经营管理企业。但由于经理层本身不是股东，或持有股份比例小，往往从自身的利益出发从事企业的日常经营管理，如通过在职消费获取除工资报酬外的额外收益，从而造成所有者利益受损。

代理成本的存在会影响公司经营效率，甚至可能威胁公司的生存。因此，减少代理成本也就成为预算控制的目标。

3. 企业价值最大化

全面预算控制致力于将企业资源加以优化整合，使资源消费最小、资源利用效率最高、企业价值最大。

（二）全面预算控制的原则

1. 适时控制

适时控制是指及时发现企业经营活动与预算的偏差并及时进行纠正。要想及时发现并纠正偏差，就要求管理者能及时掌握反映偏差及其严重程度的信息。而最为理想的方法是在偏差发生前就能对可能出现的问题进行预测。为此，企业可以建立预算预警系统适时实现预算控制。

2. 适度控制

适度控制是指对预算控制的范围、程度和频度要恰到好处。企业在进行预算控制时，应当遵循适度控制的原则，在控制的范围、程度和频度上进行合理的安排。控制的范围过少、程度过低、频度过小，可能会造成活动的失控，不会取得较好的控制效果；反之，控制的范围过多、程度过高、频度过大，会使控制费用大幅度增加，并且可能会引起被控制者的不满情绪，影响其积极性，对实现预算目标也不利。

3. 重点控制

预算管理工作内容极为庞杂，要想对预算管理活动进行完全的控制几乎不可能，也没有必要事无巨细地进行全方位的控制。在实施预算管理时，选择关键控制点进行重点控制非常重要。这样，既可以节约控制费用，又可以将精力用于重要事项的控制，提高控制的效果。

4. 弹性控制

企业在实施预算管理过程中，经常会遇到某种突发的、无力抗拒的事件，这时会使现实的预算背离预定的目标。因此，企业的预算管理控制也不能过于机械，应具有一定的灵活性或者弹性，它可以使预算控制系统在变化了的环境下仍然能够发挥控制作用。例如，可以规定企业在不同情况下的不同预算标准或不同的预定目标，以保证预算控制系统能够有效发挥作用。

（三）全面预算控制模式

1. 紧控制

紧控制是较为传统的预算控制模式，是指预算一经制订，便一丝不苟地执行，并且严格依据预算的实现程度来考评责任人的业绩。预算紧控制具有代表性的理念是：为员工确定具体的短期（通常是一年）目标，使其工作得更有效率。

预算紧控制具有以下一些特点：① 高层管理者重视，强调预算目标的实现。② 预算期内一般不对预算进行修正。③ 关注预算具体项目的细节。④ 不允许偏离预算目标。⑤ 高层管理者重视与预算相关事项的交流。

一般而言，预算紧控制以目标的准确性、先进性和可控性为前提，因而更适合于较为稳定的经营环境和传统的层级组织。但在不稳定、变化较为迅速的经营环境面前表现出以下劣势：① 预算管理使企业过分拘泥于历史数据和已有的计划，使企业缺乏对外部竞争、成本压力等的应变能力。② 花费大量的人力、物力。③ 当外部经济环境恶化时，为了保证实现预算目标，管理人员可能进行盈余管理或欺骗行为进行造假。④ 使企业远离战略，造成经理人员关注的是数据而不是顾客和股东价值。

2. 松控制

为了适应不断变化的经营环境，国外企业逐渐兴起了预算松控制的模式。预算松控制对责任人的考评标准比较灵活，在该模式中，预算主要用作沟通和计划的工具，每年管理人员编制、复查、修订、批准预算，每年或每季会将实际业绩与预算比较，分析和解释差异，但是预算并不被视为是对预算执行者约束和评价的标准，而是对盈利能力的最好预测。随着经营环境和预测前提条件的改变，初始的预测和预算可以修改，预算目标没有达到并不意味着业绩不佳。

预算松控制模式强调控制和激励是相辅相成的，如果激励机制没有与有效的控制机制相配合，机会主义将使激励机制发生扭曲；相反，如果只有控制机制而没有激励机制，经营者将丧失生产的积极性，偷懒行为在所难免。

3．预算松紧模式的选择

对于以上两种预算控制模式，企业应根据自身情况作出选择，将预算管理置于紧控制和松控制之间的适当结合点上，做到灵活性和控制性的有机结合。

二、企业全面预算控制的形式和方式

（一）全面预算控制的形式

全面预算控制的形式可分为外部控制和内部控制。

1．外部控制

外部控制是指企业外部环境对企业预算执行产生的影响。外部控制主要是社会控制，包括经济政策、社会环境、市场状况等宏观因素对企业战略确定、战术推行可能产生的阻力和动力。外部控制是客观存在的，不是企业自身可以回避的。但是，由于企业的外部环境相对来说在一定期间内是稳定的，所以对企业预算控制的作用是有限的，主要还是靠企业内部管理力量进行预算控制。

2．内部控制

内部控制是企业内部的预算管理组织和员工主动进行的对预算执行过程的跟踪反应、即时监控。内部控制主要通过自我控制和管理控制两种手段来实现。

自我控制是预算控制的主要形式之一，是指每一个预算责任单位对自身预算执行过程的控制。自我控制要求每个责任单位对自己权责范围内的预算执行进行监督，观察任务完成情况和预算指标的差异，采取相应措施进行纠正并进行自我分析。

管理控制指的是在预算执行过程中上一层级预算责任单位对下一层级预算责任单位预算执行情况的监控。管理控制包括两个方面：① 规范和条例，即对员工的工作状态和组织行为进行规定并形成文字，要求员工按章程操作；② 产出控制，即对员工提出一定的任务要求，使员工慎重考虑应如何完成任务。

（二）全面预算控制的方式

根据控制的时间不同，可将预算控制分为事前控制和事中控制。

1．事前控制

事前控制是指在实施预算之前，根据选定的切实可行的预算目标，在预算执行之前对受控对象进行的控制。事前控制需要及时、准确的信息，以及对受控对象的了解，才能对未来的情况做出预测，并将预测的结果与预定的目标进行比较，如果发现存在偏差，就应当即时加以控制，或者做好调整工作，防患于未然。

2．事中控制

事中控制是指在预算实施过程中，对受控对象进行的控制。例如，对成本费用、资金、现金流量、资本投资的控制等都可以采用事中控制的方法。事中控制是最常用的预算控制手段。它是在预算实施过程中对预算进行的控制，可以及时发现预算执行情况与预算目标的偏差，将出现的问题消灭在萌芽状态，这样可以提高预算控制系统的控制效果，有利于预算目标的实现。

三、全面预算控制的内容

全面预算控制的内容就是预算编制产生的各级各类预算，即经营预算、资本支出预算和财务预算。

（一）经营预算的控制

1. 销售预算的控制

对销售预算的控制关键在于监控销售价格和销售数量在预算期间的变化。此外，由于在销售预算中还涉及了对产品期初期末存货的考虑，因此，对存货的预算也应进行控制，使存货数量始终保持在安全范围内。

2. 生产预算的控制

（1）产量预算的控制

产量预算控制的步骤为：① 确定每项或每类产品的标准存货周转率；② 根据标准存货周转率和销售预测值来决定存货数量的增减；③ 销售预算中的销售数量加减存货增减数量即为预算期内的增减数量。

（2）直接材料预算的控制

直接材料预算控制包括直接材料存货预算控制和直接材料消耗预算控制两个方面。

直接材料预算控制的目标包括：按时按量供应生产所需的材料，保证生产的连续性；对价格波动进行一定预估，在最合适的时间，以最适当的价格和质量采购充足的直接材料；以最少的处理时间和成本储存材料，尽量减少自然消耗和意外损耗。实现这些目标的主要手段包括定期汇报、定期检查、限定材料最低和最高存货。

直接材料消耗预算控制的目标是通过控制使材料消耗符合预算标准，将损失控制在确定的范围之内，减少不必要的浪费和损失，提高材料利用率。实现控制目标的主要手段包括限额领料制、配比领料制和盘存控制法。

（3）直接人工预算的控制

直接人工预算的控制可以通过控制工资费用总额和监控劳动生产率情况来实现。

1）控制工资费用总额：首先，结合国家、行业的相关规定和企业的实际情况制定出适合本企业的人工支付标准；其次，根据企业自身情况，控制员工人数，减少冗员。

2）监控劳动生产率：通过控制员工的出勤率、工时利用率及工时定额的完成情况来提高劳动生产率，以此实现产品产量的提高，从而降低单位产品成本中的工资费用。但需要注意的是，在提高产品产量的同时，要保证产品的质量。

（4）制造费用预算的控制

制造费用预算控制首先要区分可控因素和不可控因素。

制造费用预算控制中的可控因素是指与材料和人工有关联的部分，其控制方法与直接

材料预算和直接人工预算控制方法相似。

制造费用预算控制中的不可控因素，如分摊折旧和管理费用等，一般由负责计算分摊这些费用的部门实施控制，调控费用总额和分配给相应受益部门的份额。接受这些间接费用的部门无需承担控制责任。

3．成本、费用预算的控制

（1）成本预算的控制

成本预算是对直接材料、直接人工和制造费用预算的总结概括，因此，成本预算控制要站在更高的角度对产品成本进行总的监督，而不是过分追求一分一毫的详细控制。

（2）销售费用预算的控制

销售费用由变动销售费用和固定销售费用两部分组成，应分别采取不同的控制措施。

变动销售费用是指与产品销售数量成线性相关的费用，如销售佣金、包装费用、运输费用等。对于变动销售费用，应在不影响销售的前提下尽量控制其单位消耗。

固定销售费用是指与产品销售数量没有直接关系的销售费用，如广告费、管理费用等。对于固定销售费用，应该控制其总额，如限定广告费用的支出金额等。

（3）管理费用预算的控制

管理费用预算由许多明细项目组成，对于不同项目的费用预算，应采用不同的控制方法，但就费用水平而言，应采用费用预算总额控制的方法。

（二）资本支出预算的控制

对于资本支出预算，不能够仅仅考虑尽量压缩支出，还应该考虑战略成本，即能使企业获得价值创造和核心竞争力的成本。这些成本包括技术研发的成本、开发市场的成本和扩大生产及提高质量的成本等。这些成本着重的是企业的长远利益而非短期利益。技术研发可以使企业获得技术上的领先地位，开发市场可以使企业扩大市场占有率，扩大生产可以使企业生产能力提高从而获得规模效益，提高质量可使企业争创名牌。

因此，资本支出预算控制应根据实际情况的变化，随时调整支出项目与支出额，使资产的取得、维护、重置等能够顺利进行，一旦发生无法预计和解决的问题，应依据谨慎性原则，及时停止资本支出项目，以最大限度地减少损失。

（三）财务预算的控制

财务预算控制的对象是现金预算。良好的现金控制制度是非常重要的，因为现金的多余或是不足，特别是不足给企业带来的潜在影响是很难估计的。

实际现金收支与预算收支的差异是一定存在的，发生差异的原因可能有：现金影响因素的变化；突然和意外情况对生产经营的影响；现金控制不得力等。为了缩小差异，避免出现现金不足，可采取如下几种方法：① 加强应收账款的催收力度；② 减少付现费用；③ 延迟资本支出；④ 推迟待付的款项；⑤ 在不影响生产经营的基础上减少存货数量。

一般来说，对现金预算进行控制的方法有：① 对现金及未来可能的现金状况做出适当和连续的评价。这个程序涉及定期评估和截至报告期止所发生的实际现金流动情况及对下一期间可能发生的现金流量的再预测。② 保存逐日（或更长间隔期间）的现金状况资料。为减少利息费用，确保现金充足，有条件的企业可以对现有现金状况每天进行评估，这个方法特别适用于现金需要量波动幅度较大，分支机构分散且有庞大现金流量的企业。实际经济生活中，有很多企业都编制现金收支日报表来控制现金流量。

四、预算调整

预算调整是指企业内外经济环境或是自然条件发生变化，或是在预算执行过程中发现错误的情况下，原来制定的预算已不再合适，企业所进行的预算修改。

（一）预算调整的原则

在预算执行过程中，由于主、客观条件的变化，要保证预算的科学性、实用性和合理性，必须对预算进行适当的调整。但是这种调整必须遵守一定的原则，否则预算便失去了本身的意义。在预算调整过程中，应遵循以下三项原则：

1）必须在企业发展战略和年度生产经营目标的指导下进行预算调整，预算调整的事项不得与企业发展战略与年度生产经营目标相背离。

2）预算调整方案应当切实可行，且能够在经济上实现最优化。

3）预算调整的重点应放在预算执行中出现的重要的、非正常的、不符合常规的关键性差异方面。

（二）预算调整的范围

为了保证预算管理的权威性，各企业应当结合自身实际情况，严格界定预算调整的范围。预算调整的范围可分为预算目标调整和预算内部调整两类。

1. 预算目标调整

由于预算目标的调整会影响到企业的战略目标，因此，对于这种调整应规定严格的限制条件。例如，在预算执行过程中由于市场环境、国家法规政策发生重大变化，出现不可抗力重大自然灾害、公共紧急事件等导致预算的编制基础不成立或将导致预算执行结果发生重大差异的，经决策机构批准可以调整预算。

此外，还应当规定预算调整的时间或次数，如除了突发的特殊事项需要对预算进行调整外，一般规定每年 7 月份调整一次。

2. 预算内部调整

预算内部调整属于企业内部资源的调整，并不影响企业的经营目标。因此，只要符合预算调整程序即可进行调整。

（三）预算调整的权限

由于预算调整在企业日常经营管理活动中属于非正常事项，而且往往牵一发而动全身，引起企业整个经营系统的一系列变化，因此要对调整权限进行严格的控制。

一般而言，预算管理委员会是企业预算管理的最高权力机构。所以，预算调整审批机构一般应当是预算管理委员会。但是，在现代企业制度中，对企业法人治理结构非常重视，《公司法》明确规定：股东大会是制定公司年度财务预算和投资计划的机构。这里存在一定的矛盾。在实务中，为了解决这一法律上的矛盾，往往采取了变通的做法，即预算内部调整，按照年度预算指标在一定幅度内授权预算管理委员会批准，而对于重大投资计划或影响年度预算指标超过了一定的范围，则应按《公司法》的规定，先由董事会审议，后由股东大会批准。这里的“一定范围”“一定幅度”“重大”等字样，应当根据各个具体企业的生产经营规模、资产规模等实际情况判断而定，企业通常采用 5%～10%作为数量标准。

（四）预算调整的程序

对预算进行调整，必须按一定的程序进行。一般地说，预算调整要经过分析、申请、审议、批准四个主要程序。

1. 预算执行情况的分析

预算执行单位在具体执行预算时，如发现存在预算偏差，必须进行具体的分析，对形成预算偏差的原因进行逐个检查，确定是属于客观原因如预算条件的变化，还是主观上不能严格执行原有预算，如属于后者，则由预算单位自行消化，不得进行预算调整；如属于前者，则应向预算管理委员会申请进行预算调整。

2. 预算调整的申请

预算单位对预算执行和控制进行分析，发现是属于预算条件如内外环境发生了变化或出现了不可抗力等客观原因，应当进行预算调整申请，修改调整预算偏差。预算调整申请，应由预算执行单位向预算委员会或其常设机构提出书面申请。预算申请报告内容应详细说明预算调整的理由、预算调整的初步建议方案、调整前后预算指标的比较，以及与原有预算指标的对比、调整后预算指标可能对企业预算总目标的影响、调整后预算责任人的变化等。

3. 预算调整的审议

预算管理委员会或其常设机构在接到预算单位要求进行预算调整的申请后，应当进入预算调整审议程序。预算审议程序一般包括：① 根据要求确定预算调整的具体内容、范围、领域组织及预算审议人。② 审议人对申请预算调整事项做深入的调查和论证，写出审议意见报告，审议人对审议意见负责。③ 预算管理委员会或其常设机构将预算调整审议意见与预算单位的预算调整申请报告进行分析对比，特别应注意协调拟调整预算与企业预算总目标，并与预算审议人、预算执行责任单位交换意见。

4. 预算调整的批准

经审议后的预算调整申请，预算管理委员会根据预算调整事项性质的不同，根据权限批准预算调整事项或报请批准预算调整事项，并下发预算责任单位执行。

案例研究与分析：东风汽车公司全面预算管理体系建设

一、东风汽车公司实施全面预算管理的背景

国内企业的预算管理开展较欧美一些国家相对较晚。在计划经济时代，我国主要是采用生产技术财务综合计划管理企业，实际上是一种特殊的全面预算管理。真正意义上的企业预算管理，直到开始实施市场经济后才开始出现。

东风汽车公司的预算管理要追溯到20世纪90年代初。当时，随着市场化竞争的日益加剧，公司逐步意识到传统的管理模式难以适应新市场环境下的企业发展。为深化企业管理，加强财务控制和成本管理，公司开始在部分专业厂进行预算管理的试点，由此在预算组织和实施方面取得了一定的经验。但是，当时预算缺少管理体系支撑，全员参与程度较差，预算管理工作的导向和规范性作用未能得到发挥。

进入21世纪，东风汽车公司按照“合作竞争，自主发展”的方略，积极推进一系列与跨国公司的战略合作，组织及管理架构较之以前发生了比较大的变化。为适应新的管理体系，公司在“建设永续发展的百年东风、面向世界的国际化东风、在开放中自主发展的东风”战略指引下，开始着手制定致力于构造、提升核心竞争力的一系列管理创新工作，包括编制滚动的中长期事业计划、开展财务系统信息化建设、实施资金信贷管理、绩效管理、人事管理、财务预算管理，以及一系列的业务流程梳理等，为最终实施全面预算管理提供了良好的外部环境。

但是，随着经济全球化、网络化步伐加快，以及公司产业结构调整和内部资源整合力度不断加大，加上汽车行业单边上行的形势发生了根本性的转变，盈利能力下降十分明显，公司对全面预算管理的要求也更加迫切，希望能够充分发挥预算管理对企业战略和中长期事业计划分解落实的重要作用，强化预算管理与战略规划、绩效管理的有效衔接，形成目标链和路线图，满足精细化、规范化管理的需要，提升盈利能力和水平。

二、东风汽车公司实施全面预算管理的主要做法

（一）多方调研诊断，明确管理现实差距

为充分了解全面预算管理工作的现状，明确与最优管理实践的差距，公司针对总部职能部门、各事业部，以及不同性质的子、分公司分别设计了问卷调查，采用面对面的方式进行了深入的沟通。从结果看，公司全面预算管理体系尚未形成，远未达到最佳实践的要

求，主要表现在以下几个方面：

1）在全面预算的管理组织上，缺少综合统领部门及相应制度流程将预算管理体系有效整合，管理协同力度不足。

2）在全面预算的管理流程上，公司战略目标、事业计划与预算衔接不充分，或处于断层的状态，未能形成闭环管理。

3）在全面预算的管理内容上，集团预算目标管理没有和公司平衡计分卡体系充分融合。

4）在全面预算管理的针对性上，未按照板块特性进行业务划分，没有充分体现业务板块的整体表现与综合贡献。

5）在全面预算的管理工具上，仍多采取手工表单，不利于信息通畅、高效处理和领导迅速决策。

（二）明确管理定位，做好顶层设计

作为一项先进的管理工具，国内外很多大型企业集团都推行过全面预算管理，但在实施的过程中出现了较多的问题，最后效果往往并不理想。分析这些企业集团全面预算管理失败的原因，往往归结于对全面预算管理顶层设计不够、定位不清，缺乏系统性与权威性。

正是认识到这一点，公司在开始推进该项工作时，就明确把全面预算管理作为财务管理体系的核心，在此基础上形成整体规划蓝图，即公司要把全面预算管理打造成一个集战略管控、板块管理与协同、业务专业化运营集成的集团管理平台，培育形成基于核心能力的产业链管理，以及基于特定业务的专业化运营两种管理能力。

具体来看，在战略管控方面，公司全面预算管理要体现“大自主、大协同”战略及管理策略；体现由财务向运营的管控模式转变，实现公司各部门间、上下游业务链的管理协同。另外，通过全面预算管理，建立板块标准，形成业务管控与产业链协同；建立分业务的板块预算管理体系，反映各责任单元运营模式差异化，反映各责任单元预算管理定位差异，体现各二级单位的管理模式特点；统一各个板块的预算管理标准，逐步实现集团内相同业务的对标管理。

（三）突出总部功能，先总后分，总分结合层层推进

推行全面预算管理是强化总部功能地位、提升集团化运作水平的重要措施。同时，全面预算的本质内涵和管理特征也要求必须强化公司总部在战略管理、经营决策、资源配置和风险管控等方面的中心地位。为体现总部的统领和总控作用，公司实施开展全面预算管理工作时，采取“先总后分、总分结合、层层推进，两个层次两个阶段（2+2）”的推进模式。

第一个阶段、第一个层次：主要是优化公司总部层面的全面预算管理，建立集团化的全面预算管理制度、流程，报表编制模型、分析预测模型，对预算工作组织、编制、上报、分析、预测、考核评价等方面的内容规范化、制度化、流程化，理顺公司总部与二级板块之间、总部职能部门之间的工作衔接，明确总部对各所属单位的相关工作要求。

第二个阶段、第二个层次：在完成总部层面的全面预算管理工作后展开。主要是以第

一阶段的成果为指导，在公司所属各级子公司开展全面预算管理专项提升工作，根据各单位具体业务和专业化管理要求，设计个性化推进实施方案，推动全面预算管理标准化体系建立和巩固，提升各级子公司的全面预算管理水平。

（四）建立系统组织，打造一体化管理模式

全面预算管理是一项综合性的管理工作，涉及运营管理的方方面面，其良好运行离不开强大的系统组织支撑与保障。为明晰公司全面预算管理参与各方的责任与权限，公司建立了预算管理决策层、预算工作日常管理层、预算工作执行层的三级预算管理体系。

公司总经理办公会是全面预算管理的最高决策机构，负责审议全面预算管理纲领性制度及办法；审议批准年度预算方案；对预算执行过程中的重大预算外事项、超预算事项履行审批职责；审批二级预算管理单位年度绩效考核方案与结果，以及协调、裁定公司全面预算管理中的重大冲突事项等。

预算日常管理层定位为公司全面预算管理的组织机构，在公司总经理办公会领导下负责全局性组织工作，由总部财务会计部负责牵头、各专业归口管理部门共同参与、履行职责。专业归口管理部门包括战略规划部、经营管理部、人事（干部）部等部门。预算日常管理层的职责主要是建立全面预算管理相关制度、提出年度预算工作方案、组织年度预算工作、分析汇总年度预算案并提交总经理办公会审议；定期汇报年度预算执行情况、提示异常并将管理层的意见向所属预算单位反馈；负责年度预算评价工作；协调预算执行过程中的有关问题等。

预算工作执行层定位为公司各预算责任主体，负责组织本单位全面预算管理工作。

公司全面预算管理组织体系的建立，对各预算组织的责、权、利进行了严格的界定，明晰了权限空间，有效保障了预算决策、预算行为与预算结果的高度协调统一，使得各项工作层层有负责、事事有跟进、时时有监控，确保公司全面预算管理工作落到实处。

（五）梳理管理流程，实现战略、全面预算、绩效考核

三位一体的管理公司战略、全面预算管理、绩效考核管理体系，每一个都是系统性工程，但三者更是一个有机的整体，单独任何一个，都不能发挥对经营管理的全部作用。公司在构建全面预算管理体系时，始终从公司战略的高度出发，以全面预算管理作为战略落地的工具，以绩效考核体系作为全面预算管理实现的保障，确保最优化的管理效益。

战略制定后，如何将战略落实到行动上，落实到具体的经营活动中呢？东风汽车公司以战略为出发点，创造性地引入中期预算的概念。中期预算就是对未来一段时间公司战略的量化，是一个中长期的财务与业务规划，通常采取 5 年滚动的模式编制。中期预算要得到贯彻，还需要具体到每一年度的业务活动，通过年度预算进一步细化。中期预算是一个承接战略、联系年度全面预算的重要工具。

为保证全面预算得到有效贯彻落实，增强预算约束控制作用，促进预算总体目标的实现，公司从纵向、横向两个方面，基于平衡积分卡的理念，建立了以全面预算关键指标为主体的 KPI（Key Performance Indicator，关键绩效指标）考核指标体系。纵向上，对各所

属预算责任主体，按照市场、财务、管理、发展维度设置年度及任期 KPI 考核指标（以 3 年为一任期），其中财务维度重点关注经营质量、盈利性、成长性和对风险的控制。横向上，按照总部各职能部室的职责分工设置关键 KPI 指标，确保发挥专业的管理、服务与支持功能，保证公司整体预算目标的实现。

（六）基于业务特点，建立板块化预算管理模式

公司已经打造了以整车为龙头的产业链一体化运营体系，重点围绕乘用车整车、商用车整车、零部件、物流贸易、金融等五个板块做强做大。但是，公司对下属单位的管理主要是按法人实体进行管理，在总部层面尚未形成较为完善的以板块化视角来审视、分析和管理不同业务的管理体系。

公司在实施全面预算管理时，充分考虑到管理的现实要求，按照各业务板块的特点和管理重点，梳理出业务主干，分别设计了预算管理模型。

在乘用车和商用车板块，重点关注整车生产、销售、制造环节，重点衡量制造环节与销售环节的经营效率，以及对其他业务板块的协同与支持效应。

在零部件业务板块，重点关注核心零部件的生产、销售环节，重点关注发动机、关键零部件的盈利能力、生产成本及库存管理，以及对整车业务板块的支持等。在物流及贸易板块，根据运输业务、仓储业务、贸易业务的不同管理重点，设计相应的预算管理报表。

在金融业务板块，进一步细分为汽车消费信贷业务、委贷业务分别设计预算管理报表，满足内部模块化管理的需要，体现不同业务经营贡献度。

公司在产权管理架构基础上，按业务内容形成的虚拟预算管理架构，贴合管理实际需要，体现各个板块的预算管理重点，并能够反映以业务板块为对象的整体绩效水平，较大提升了全面预算管理的效率。

（七）优化预算编制体系，实现全价值链预算管理

在公司预算管理起步阶段，较多部门，尤其是业务一线部门，认为预算编制就是财务部门的事情，预算编制就是编出三张财务报表，造成了业务与财务脱节严重，预算管理的作用无法体现。为此，公司在实施全面预算管理时，着重对预算编制体系进行了优化。

公司全面预算编制体系的设计思路，遵循“以战略为起点，事业计划为基础，业务预算先行、资金、损益预算为核心、专项预算归口管理”的思路。

在预算前提假设方面，由公司财务会计部牵头，组织经营管理部、战略规划部、人事（干部）部等归口管理部门共同拟定。在预算编制组织方面，财务会计部负责组织总部各相关职能部门，保持各业务预算、财务预算与人工成本等专业归口预算协同推进，做到数据一致、口径一致，相互印证、互为支撑。

在具体的预算编制中，公司采取“两上两下两听证”的方式。每年 8 月，财务部门发布年度预算编制工作方案，启动编制工作。各预算管理单位按照要求，于每年 10 月中旬编制并上报一版预算（“一上”）。财务会计部负责组织公司各归口管理部门对预算方案进行第一次听证，形成整体审核意见。同时，结合一版预算审核情况，以及经营环境的最新

变化，对一版预算假设进行必要的修订，于每年 11 月上旬将预算审核意见及修订后的预算假设下发至各二级预算管理单位（“一下”），作为二版年度预算编制的基础。

各二级预算管理单位按照公司下发的预算审核意见和调整后的预算假设，编制二版年度预算方案，于每年 12 月上旬上报至公司总部（“二上”）。财务会计部负责组织各归口管理部门对二版年度预算方案进行第二次听证，汇总形成整体审核意见，并提交公司总经理办公会审议。

待公司总经理办公会审议后，提报公司董事会进行最终审批。次年 1 月上旬，财务会计部负责将董事会审批的年度预算方案正式下发（“二下”）执行，并反馈至战略规划部及经营管理部，以衔接事业计划体系及绩效管理体系。

（八）创新分析方法和手段，加强对经营活动的跟踪监控

对经营活动的过程分析监控，是全面预算管理的重要环节。公司采用全方位、多元化的分析监控方法和手段，对经营活动的分析管理渗透到各个业务环节，覆盖所有部门和单位，既有事前预测，又有事中监控、事后分析，既有约束手段又有激励安排，既有财务上的指标设定，又有财务关键岗位的人员派驻，形成了有效的立体跟踪监控体系，主要体现在以下几个方面：

1. 坚持执行月度分析，并作为总经理办公会上的常规议题进行专题汇报

分析主要是对照预算执行情况、同期情况，总结经营过程中的重点问题，及其与预算、同比的差距，揭示潜在的风险，布置改善课题，落实责任措施。

各二级单位层面，公司要求每月至少召开一次本单位管理层的经营分析会议，检查本单位经营情况、主要指标完成情况等。公司还对分析模板进行了详细的规范和优化，包括分析方法、分析要点、综合分析的主要内容、问题及建议的方向等。

2. 建立对标分析模型及数据库

公司按照两个层次开展对标工作。一是在公司总部层面，主要是与上汽集团、一汽集团进行综合绩效的对标。二是在具体业务层面，按照乘用车整车业务和商用车整车业务，分别组建了对标课题组，选取国际、国内优秀竞争对手，主要从经营业务、经营能力、盈利能力、发展能力、风险管控能力等多个方面建立对标数据库，开展多维度的对标分析，揭示经营短板。

3. 将月度滚动预测工作常态化

根据管理层和业务的需要，公司从每年的 3 月份开始进行滚动预测工作。其中，“3＋9”预测是对本年度预算的检讨，检查年度预算的各个前提条件是否符合实际经营发展趋势，检讨一季度是否发生对年度预算影响巨大的事项，以便及时应对；“5＋7”预测是编制事业计划的基点；“7＋5”预测是编制下年度预算财务试算的基点，同时对已超过半年的经营做一个小结汇报；“9＋3”预测是编制下年度第一版预算的基点；“10＋2”预测是编制下年度第二版预算的基点；“11＋1”和“12＋a”的预测主要是对本年度的实际经营业绩做一个比较准确的估计，让管理层在年度结束前对本年的经营情况提前把握，同时也为年度的决算做准备。

4. 建立经营风险预警机制

公司将风险预警分为三级，分别为绿灯区（安全）、黄灯区（预警）和红灯区（危险）。预警指标分别选取了反映偿债能力、盈利能力、营运能力、风险管控能力等方面的重点指标。

5. 利用多种方式构建监控体系，确保预算执行全过程可控

包括 KPI 指标动态跟踪与展示、定期公布重点财务课题进展情况、定期召开财务工作会进行情况通报等，促使各单位横向找差距，向先进水平看齐。

（九）科学设置考核指标，提高全面预算考核的有效性、针对性

为更好地落实公司战略，进一步规范对各级单位的绩效考评管理，落实全面预算管理要求，公司对在 KPI 考核指标体系设置上，按不同的业务板块实施差异化考核，增强考核的针对性和有效性。在指标设置上，主要是根据不同业务板块、子公司的定位、功能、作用和特点，及其所处的发展阶段不同，对考核指标、考核权重实施差异化设置。在计分规则上，公司鼓励挑战更高的指标，高目标值得考核高分，低目标值得考核低分。各单位可以自主选择考核目标值，减少指标设定谈判空间，以及指标设定的随意性和目标值的保守，确保考核压力的层层传递，保证公司全面预算管理目标的实现。

（十）细化操作指南，推动全面预算纵深发展

为推进全面预算管理向所属二级单位、三级单位纵深发展，提高各单位的全面预算管理水平，并实现第一阶段课题成果的落地，公司从可衡量、可操作、可评价的角度出发，编制了《东风汽车公司全面预算管理指南》，希望成为指导各单位进行全面预算管理改善提升的规范化工作指引。

《东风汽车公司全面预算管理指南》将全面预算管理分为十个环节，包括全面预算体系建设、中期财务预算、全面预算编制、月度分解、分析、预测、预警、对标管理、预算评价及全面预算信息化系统建设。对每一个环节，均按照“点、线、面”结合的形式进行了具体的阐述。“点”是指全面预算管理指南的业务评价点，也是各个业务环节的关键控制点；“线”是指全面预算管理指南的业务流程图，是具体业务的操作流程；“面”是指全面预算管理指南的业务指导书，是对具体业务操作的进一步阐述及细化。同时，针对事业部、子（分）公司的管理侧重点、业务处理流程和模式的差异，指南内容在一些具体的业务环节也分别进行了设计与阐述。

目前，公司全面预算管理指南已经成为指导各级子公司开展全面预算管理改善提升的有效工具，有效支撑了全面预算管理向纵深发展。

三、东风汽车公司实施全面预算管理的主要特点

东风公司的全面预算管理体系建设，从最初级的预算管理概念提出、经过摸索发展、专项提升后，在理念上、内容上、方法上已经焕然一新。总体来看，有以下几个比较突出的特点。

（一）充分吸收国际先进的管理理念与方法工具，从应用策略、组织架构、业务流程、评价标准等方面，做好全面预算管理体系的顶层设计

在实施策略方面，公司充分利用企业价值管理图（Enterprise Value Map）工具，梳理出全面预算管理中需要解决的课题、需要完善的方面，并根据重要性排序，改进举措与公司价值提升紧密联系，发挥管理价值。

公司预算管理体系建设，还采用综合绩效管理循环的管理理念，从整体管理需要和运用实效性出发，选择最合适的组织、体系、流程、要求和工具。管控流程衔接上，保证年度经营计划与集团战略目标的衔接；经营计划目标、预算目标和考核目标的匹配与衔接。信息技术支持上，充分考虑企业经营管理信息的管理及信息技术应用。组织保障上，明确了预算管理体系的定位、职责划分，对相关职能管理部门及预算责任主体的主要职责进行明确的定位，奠定体系的基础。

（二）广泛收集各层级代表性意见，重点关注需求差异和理念差异，力求打造适应现实需求的全面预算管理体系

为做好全面预算管理体系优化工作建设，公司设计了专门的调查问卷，聘请第三方组成项目组，对总部各职能部门、公司所属乘用车板块、商用车板块、零部件板块、物流贸易板块、金融板块的近 20 家重要单位进行了专门的访谈，访谈对象包括高层领导、中层管理人员、业务主管及关键岗位人员。参加访谈人员结合实际工作情况，针对集团全面预算管理的现状、存在的主要问题、优化思路，提出了大量合理的意见和建议。

公司通过本次调研活动，掌握大量第一手材料，并对所收集的材料分门别类的整理分析，掌握了公司内对全面预算管理主流的认识，了解了各单位关注的重点及期望，明确了管理现状及与最佳实践的差距，为后期工作的开展做足了准备。

（三）构建矩阵式管理体系，实现全员、全过程、全价值链的全面预算管理

公司通过全面预算管理体系建设，在纵向上形成了公司总部—二级事业单元—事业单元所属子公司—具体经营业务的经营链条管理。公司总部及各级经营单位总部也建立了公司总体目标—高管人员目标—部门目标—班组目标—员工目标横向到边的责任体系。在预算管控内容上，除了常规预算外，还涵盖投资预算、项目管理、安全生产、科技支出、人力资源等专项预算，以及定量与定性相结合的年度预算目标管理。在预算管理流程上，实现了预算主管部门和业务归口管理部门对下属预算单位的双重管理。

在矩阵式预算管理体系下，公司每一个员工、部门、企业均全面参与到预算管理的各个环节，切实把战略、事业计划要求通过预算管理层次落实到基层单位，渗透到生产经营的各个环节，实现全员、全过程、全价值链的全面预算管理。

（四）实现战略规划、事业计划、全面预算、业绩考核、薪酬兑现紧密衔接的联动机制及闭环管理

公司全面预算以战略规划为引领，充分发挥引导、服务和监督功能，整合财务资源，突出发展重点，为战略规划实施提供有力支撑、为业务经营提供服务与支持，以价值尺度衡量业务实施效果，成为落实事业计划的关键路径和基础。同时，全面预算、绩效考核、薪酬兑现实现良性互动，谁的业绩指标完成得好，谁的业绩评价就好，谁就能得到更多的薪酬。全面预算与绩效考核已经成为公司巩固和增强核心竞争力、培育向上氛围的主要举措。

（五）将全面预算管理体系作为加强集团管控的重要工具，坚持目标管理与过程管理兼顾、产业协同与资源配置并举

公司通过基于各产业发展的差异化管理模式选择与落实，在坚持目标管理的同时，根据不同的业务特点、不同的战略定位，丰富了过程管理手段，提升了过程管理效率。通过基于全价值链板块化预算管理手段的建立，打破按法人架构管理之下的传统预算管理模式，能够更好地推进业务优化、资源整合和价值链上下游单位的战略协同，优化各业务单元结构，加大了集团管控力度。

（六）强化全面预算管理理念的普及，以及全面预算

管理文化的培育，注重提升管理软实力预算管理本质上可以看作是一种文化，是一种体现诚信与承诺的文化，是各级管理者、内部各部门对目标的相互承诺与共识。

公司全面预算管理体系建设中，始终贯穿着预算文化、预算理念的建设。通过“一把手工程”强化工作定位。

每年的预算启动会，公司主要领导有批示、分管领导亲自部署；各级子公司的总经理亲自参与预算听证汇报，保证了从一把手到一线员工对全面预算的统一认识，提升权威性和覆盖面。开展多种形式的预算沟通会，作为上下级单位、兄弟单位相互了解、传递信息、协调矛盾、解决困难的主要途径，也是进行公司全面预算管理文化传承的过程。通过预算培训交流学习，输出公司全面预算管理文化，强化理念普及与文化渲染，培养全面预算自觉管理意识，形成先进的预算管理文化氛围。

四、对东风汽车公司实施全面预算管理的分析

（一）公司领导层高度重视，是全面预算管理体系建设的首要前提

全面预算管理涉及多个部门，是一项系统工程，既涉及公司战略，又影响日常运营。在实施全面预算管理的过程中，公司领导在课题成立、前期调研、具体实施阶段一直高度重视，积极支持，并以不同形式引导公司上下理解、全面配合，倡导全面预算管理的文化

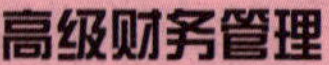

和理念。当前，公司各部门、各成员单位基本形成了领导严格按照预算办事、带头维护预算权威、自觉执行预算的良好氛围。

（二）财务管理团队的专业组织、推动，是全面预算管理建设的关键

全面预算管理不是财务部门一个部门的工作，但一定是财务部门的重要工作。要想全面预算管理做得好，除了一把手重视外，一定要有一个强有力的预算管理组织者、推动者和关键控制者，公司财务部门在推进过程中，正确理解全面预算管理、主动组织全面预算、专业实施全面预算，成了公司全面预算管理体系成功的关键。

（三）部门协同、业务协同，是全面预算管理有效运行的必然要求

全面预算管理的重点在“全面”，财务部门、与各专业归口部门、各事业单元需要有良好的协作意识，按照职责分工共同承担预算管理职责。公司总部职能部门充分沟通协调，在预算决策机构的领导下共同提出假设前提，共同审核预算方案，共同参与预算听证，共同反馈预算意见；各预算单位财务部门、经营管理部门、生产、制造、销售、人力资源协同作战，步调一致，使业务预算与财务预算、专项预算紧密结合，避免了矛盾和冲突。

（四）制度和流程的健全，是全面预算管理有效运行的坚实基础

全面预算管理不仅仅是一种工具，更是一种制度和流程。公司通过实施全面预算管理，持续推动制度和流程优化，使内部责任主体间的关系得以界定，主动性和积极性得到充分发挥，保证各预算主体与预算管理部门之间的“讨价还价”是在制度和流程范围内，是一种正常的双向沟通与协商，避免出现下级单位“漫天要价”、上级单位“随意砍价”，做到预算管理有理可依、有据可行。

五、东风汽车公司全面预算管理下一步工作方向

下一步，东风汽车公司在全面预算管理运行有效、体系成熟的基础上，将主要推动两个方向的工作。

（一）建设全面预算管理系统信息平台，增强信息收集分析和处理能力

公司应主要是以成熟的预算模型为核心，以固定的业务流程为支撑，以分析控制为目标，对全面预算的编制、分解、执行、控制、分析、评价等进行闭环的信息系统管理，形成贯穿一线的畅通垂直体系，并与已有的管理信息系统进行集成应用，形成具有自身管理特色的信息系统模式和快速反应机制，真正实现全面预算管控的信息化、规范化、科学化，更好地支撑价值创造型的财务管理体系建设。

（二）以全面预算管理体系为切入点，推动其他财务管理子体系建设与提高

公司在财务分析决策、财务风险监管、资金资产管理、成本控制、财务资源支撑服务及财务共享体系建设上，可借鉴全面预算管理的思路，细化对价值与动因的分析管理，落实管理责任，强化基于业务的动态管理，形成价值链与业务链有机融合的管理机制。

思考与练习

1. 简述全面预算管理的程序。
2. 简述以销售为核心的预算管理模式的预算体系构成。
3. 简述不同全面预算管理模式的优缺点。
4. 简述全面预算控制的内容。
5. 简述全面预算调整的程序。

第四章 业绩评价

学习目标

掌握业绩评价的概念和分类
熟悉业绩评价系统
了解业绩评价模式分类
掌握成本、利润、投资中心的业绩评价
掌握业绩评价的财务模式、价值模式和平衡模式

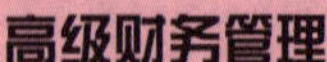

案例引导

宝钢钢管公司的价值管理

宝钢钢管公司从 2002 年开始尝试全面引入价值管理（Value Management，VM）的概念，并初步购建了 VM 体系。公司将制造环节的分厂和市场营销室分为不同的价值中心形成主价值链，着重关注其影响整体价值贡献的程度；将辅助车间（部门）视为服务提供单位形成基础保障链，着重关注其影响作业线的关键指标；将职能管理部门作为管理部门链，着重关注其如何发挥管理部门的专业技能使其他部门价值贡献增加。关于价值贡献指标的选择，一是借鉴 EVA 的思想选取综合的财务指标；二是选取战略性的非财务指标；三是选取相互挂钩的业绩指标。然后借鉴平衡计分卡（Balanced Score Card，BSC）的思路将财务因素和非财务因素融合成价值贡献模型。公司形成了以创造价值为核心的理念，全体员工都以公司创造价值为工作的根本出发点，进行系统思考，以价值创造为一切工作的评判标准，大家在做每一件事时都会问这是创造价值还是损害价值。由于体系的健全运作，真正实现了以最小的成本实现客户所需的功能，从而提高企业运营的整体价值。

宝钢钢管公司运用经济增加值和平衡计分卡等价值管理基本概念构建价值贡献模型，不仅使财务指标得到有效的衡量与评价，而且关键的非财务指标也得以量化。

究竟什么是业绩评价？业绩评价的方法有哪些？本章将会对这些问题进行阐述。

第一节　业绩评价概述

一、业绩评价的相关概念

（一）业绩与评价

业绩，也称绩效或效绩，是指组织或个人在一定时期内投入产出的效率与效能。其中，投入是指人、财、物、时间、信息等资源，产出是指工作任务和工作目标在数量与质量方面的完成情况。企业业绩主要表现为盈利能力、资产营运水平、偿债能力和后续发展能力；经营者业绩主要通过经营者在经营管理企业的过程中对企业经营、成长、发展所取得的成果和所做出的贡献来体现。

评价是为达到一定的目的，运用特定的指标，按照统一的标准，采取规定的方法，对事物做出判断的一种认识活动。

（二）业绩评价

业绩评价，是指评价主体运用数理统计和运筹学等方法，通过建立综合评价指标体系，对照设定的评价标准，按照一定的程序，将定量分析与定性分析相结合，对评价客体在一定期间内的业绩做出客观、公正和准确的综合评判。

业绩评价的最终目的是提升企业的管理水平、管理质量和持续发展能力。业绩评价的过程是寻找差距的过程，把每项差距进行分解，努力寻找差距的原因，并对可能的改进提出方案；再权衡各方案的可行性，制订改进方案，在下一个环节加以执行。所以，业绩评价既是对过往的总结，也是对未来的展望，通过认真分析、评价业绩，有利于企业、各部门和个人明确下一步的目标和方向，并为下一个节点进行业绩评价提供坚实基础。

科学地评价企业业绩，可以为出资人行使经营者的选择权提供重要依据；可以有效地加强对企业经营者的监督和约束；可以为有效激励企业经营者提供可靠依据；还可以为政府有关部门、债权人、企业职工等利益相关方提供有效的信息支持。

二、业绩评价层次

业绩包括企业业绩、部门业绩和个人业绩三个层面。业绩的三个层面之间是决定与制约的关系：个人业绩水平决定部门业绩水平，部门业绩水平又决定企业业绩水平；反过来，企业业绩水平制约着部门业绩水平，部门业绩水平也制约着个人业绩水平。与此相对应，业绩评价层次包括企业层面、部门层面和个人层面三个层面。

（一）企业层面

企业往往是以集团的形式存在的，除母公司或总部外，还有分部或战略业务单元等，分部可以是子公司的形式，也可以是非独立的法人机构，如分公司、责任中心等，甚至是一个虚拟主体。企业层面的业绩评价，是指对包括母公司在内的企业集团的业绩评价。企业层面的业绩评价是评价范围最广、评价内容最多、评价指标最全、评价边界相对清晰的业绩评价层面。无论是利益相关者，如外部的股东、债权人、顾客、政府，还是企业的上层控制者，如母公司、集团公司总部，业绩评价主要是以企业整体为对象。

（二）部门层面

部门层面的业绩评价，是指在公司内部按照业务单元、地域分布等标准将企业整体划分成多个子业绩评价对象，并对其业绩进行评价的过程。部门层面的评价是对企业整体业绩评价的分解和细化。部门业绩要根据企业自身的特点进行划分，没有固定的模式，但其目的都是为了更清晰、更准确地判断企业整体业绩的情况，寻找企业业绩贡献的来源和企业管理需要提升的方向和目标。

（三）个人层面

个人层面的业绩评价与企业层面业绩评价、部门层面业绩评价存在较大的差异。个人层面的业绩评价可以按领导层次和一般员工层次划分。领导层次的业绩评价与企业层面的业绩评价分不开，对领导层次的业绩评价通过对企业层面业绩的评价进行，对企业层面业绩的评价同时也是对企业领导的业绩评价。

三、业绩评价系统

业绩评价系统是企业管理控制系统中一个相对独立的子系统，它与各种行为控制系统、人事控制系统共同构成企业管理控制体系，是企业战略目标实现的重要保证。一个有效的业绩评价系统一般包括评价主体、评价客体、评价指标、评价标准、评价方法和评价报告。

在整个业绩评价体系中，评价指标、评价标准和评价方法是核心要素，它们分别解决了“什么”“多少”和“如何”的问题，即评价什么、多少是好及如何评价。

（一）评价主体

企业业绩评价的主体是企业业绩评价的实施者，即谁要对企业业绩进行评价。通常情况下，企业的利益相关者是企业业绩评价的主体，包括股东、债权人、管理者、客户、员工和政府部门等。

但是，不同的评价主体有着不同的评价目的，对企业业绩评价的侧重点也不相同：所有者评价的目的是为了选聘合格的经营者，并制定相应的激励和报酬；投资者评价的目的是对企业的价值做出合理的估计，从而做出是否继续投资的决策；债权人评价的目的是为了了解企业的偿债能力和信誉，从而做出是否借贷的决策；企业员工评价的目的是对企业及其经营者进行全面了解，从而做出是否在企业继续工作的决策；顾客评价的目的是为了了解企业的产品和服务的质量，从而做出是否购买的决策；供应商评价的目的是为了了解企业经营状况、发展能力和信誉，从而了解企业对社会的贡献，进一步制定相关的政策。

（二）评价客体

企业业绩评价的客体是指业绩评价的对象，即对谁进行业绩评价。业绩评价客体的选择是由评价主体来确定的，不同的评价主体选择的评价对象不同，进而评价指标和标准也有差异，对评价对象的影响也不尽相同。一般来说，业绩评价系统有两个评价对象：一是企业，对企业的业绩评价结果关系到企业是扩张、维持、收缩、转向（转产）还是退出；二是企业管理者，对企业管理者的评价结果关系到管理者的选聘、职务的升降和报酬等问题。

（三）评价指标

业绩评价指标是指根据业绩评价目标和评价主体的需要而设计的、以指标形式体现的、能反映评价对象特征的因素。这些关键成功因素既有财务方面的，如投资报酬率、销售利润率、成本费用率、每股收益率等，也有非财务方面的，如产品市场占有率、顾客满意程度、售后服务、创新能力等。

提　示

评价主体需要决定对评价客体的哪些方面进行评价，从而设计合适的指标体系，评价指标体系是业绩评价的依据。作为战略管理的有效工具，业绩评价体系关心的不应仅限于评价客体的全部内容，而是与战略目标紧密相关的方面。关键成功因素（Key Success Factors，KSF）是企业达成战略目标、实现战略成功的关键因素，而用来衡量关键成功因素的指标就是关键业绩指标（KPI）。不同行业、不同性质的企业及企业发展的不同阶段，评价指标的设置及各指标的重要程度也不相同。如何将反映企业生产经营状况的关键因素准确地体现在各具体指标上，是业绩评价系统设计的重要问题。

业绩评价指标是企业业绩评价内容的载体，也是企业业绩评价内容的外在表现，它围绕着企业业绩的主要组成部分，建立逻辑严密、相互联系、互为补充的体系结构。按照不同的分类标准，业绩评价指标可以划分为不同的种类。

1. 财务指标与非财务指标

根据指标是否可以用货币来计量分为财务指标和非财务指标。

（1）财务指标

财务指标是企业评价财务状况和经营成果的指标，是用货币形式来计量的。但是，财务指标的质量取决于财务报告的质量，而财务报告的质量又受到会计准则和会计师技能、职业道德等因素的影响。但是，即使财务指标是令人满意的，它也只能反映企业过去的财务状况和经营成果，过去的财务成功并不能保证未来的财务成功，因此需要引入非财务指标进行补充。

（2）非财务指标

非财务指标是无法用货币来衡量的，包括反映企业在经营过程、员工管理、市场能力和顾客服务等方面表现的各种指标。非财务指标被认为能反映企业未来业绩的指标，良好的非财务指标的设计和应用有利于促进企业实现未来的财务成功。

提　示

以财务指标为主的传统经营业绩评价体系，对于指导和评价信息时代下公司如何通过投资于客户、供应商、员工、生产程序、技术和创新等来创造未来的价值是远远不够的，而非财务指标弥补了这一缺点。经营管理者可以计量和控制公司及其内部各单位如何为现在和未来的客户进行创新和创造价值，如何建立和提高内部生产能力，以及如何为提高未来经营业绩而对员工、系统和程序进行投资。

2. 定性指标与定量指标

根据指标是否可以用数字来计量分为定性指标和定量指标。

非财务指标可以是定量的，直接用数字计量，如消费者投诉数量；也可以是定性的，难以用数字计量，如销售代表所反馈的客户意见。但是，从管理角度看，业绩指标应当尽可能量化，目标不量化就会难以操作，可能会形同虚设。实务中通常采用量化的指标来替代定性指标，如用客户投诉数量作为衡量产品质量或客户满意度的替代指标，用保修单数量作为衡量产品可信度的替代指标。

3. 绝对指标与相对指标

根据指标是使用比率还是总量形式来表达分为绝对指标和相对指标。

绝对指标能够反映评价客体业绩的总量大小，如某销售部门的年销售收入预算目标。相对指标是两个绝对指标的比率结果，如该市场销售部门的销售费用率，是年销售费用预算目标与年销售收入预算目标的比率。绝对指标与相对指标在企业的业绩评价中相互补充，可以更好地发挥作用。

（四）评价标准

企业在进行业绩评价时，会对收集的实际业绩信息与预先设定好的目标值进行比较，从而判断实际业绩的优劣。评价标准是业绩评价的参照物，也就是评价客体的业绩指标需要与什么相比较。如果没有比较，就无法判断优劣。评价标准是判断评价对象业绩优劣的基准，是对企业经营业绩进行价值判断的尺度。

评价标准在一定时期内应该具有相对的稳定性，但是评价标准的选择取决于评价的目的，因此其选定后也并非一成不变，随着社会的进步、经济和技术环境的不断变化，业绩评价的目的、评价的范围和出发点都会发生改变，评价标准也应相应地做出调整。

企业通常使用的业绩评价标准包括历史标准、预算标准、外部标准等。评价标准的制定，直接影响业绩评价的结果，间接影响企业的决策判断和士气动力。因此，业绩标准的设定至关重要。

（五）评价方法

评价方法是根据评价指标，对照评价标准，形成最终评价结果的一系列手段。业绩评价方法的选择是企业业绩评价指标体系构建模式的核心，是将评价指标与评价标准联系在

一起的纽带，是形成客观公正的评价结果的必要条件。没有科学、合理的评价方法，评价指标和评价标准就成了孤立的评价要素，评价结果就会出现偏差，误导评价主体，无法实现评价目标，对评价客体也是不公平的。

企业业绩评价方法的发展

企业业绩评价方法的发展始终是与企业管理实践、所处的时代特征紧密结合在一起的。随着企业管理理论、管理实践的发展和新时代特征的涌现，当今业绩评价活动的目的、内容、重点乃至整个评价思想都在经历着深刻的历史变革。不同时期的企业业绩评价类型也随之发生变化，分别经历了以成本、财务、价值和平衡为基础的四个阶段。

一、成本阶段

19 世纪末至 20 世纪初，科学技术迅猛发展并被广泛应用于工业生产，极大地促进了经济发展，企业竞争意识不断加强。业绩评价的需求主要来自于企业内部，当时的管理者认为利润的取得主要是通过扩大经营规模、提高产量和控制成本来实现的。在这一阶段，成本会计与管理会计学科体系迅速发展，成本指标就成为当时评价企业业绩的主要计量指标，标准成本法和差异分析法被企业广泛应用。

二、财务阶段

19 世纪 40 年代，出现了股份公司经营形式，所有权与经营权实现分离，作为企业主要利益相关者的债权人和股东成为业绩评价的主体，他们迫切需要了解企业的财务状况和经营成果，从而做出正确的投资决策。业绩评价的主体扩大到企业外部，业绩评价方法从传统的基于成本数据扩展到基于财务指标。在这一转变过程中出现了沃尔评分法和杜邦分析体系。

三、价值阶段

20 世纪 90 年代，企业的经营目标经历了从利润最大化向股东财富最大化、企业价值最大化的转变。业绩评价也从以短期利润为核心的财务指标考核过渡到以股东价值最大化为导向的价值模式考核。在对股东价值进行评估的时候，最受推崇的两种方法是自由现金流折现法和经济增加值法。自由现金流折现法是基于对企业加权平均资本成本的估算，将其作为折现率，对所预测的企业未来自由现金流进行折现求出净现值作为企业的估值，然后从中扣除负债的价值，得出股东权益的价值。经济增加值法是对会计利润进行相应的调整，将其调整为经济利润。

四、平衡阶段

价值模式虽然弥补了利润类财务指标的不足，但毕竟价值估算还是部分基于会计数据。而且财务指标无法涵盖和衡量影响组合业绩的全部因素，尤其是那些具有重大影响又无法量化的因素，如产品质量、交货速度、可信度、售后服务及顾客满意度等，这些因素

是传统的管理会计业绩评价体系无法衡量的。于是越来越多的非财务业绩指标被纳入管理报告体系，财务业绩评价和非财务业绩评价相结合的需要及关键业绩指标的确定促成了平衡计分卡的出现。

（六）评价报告

业绩评价报告是企业评价系统的输出信息，也是评价系统的结论性文件。评价主体以业绩评价对象为单位，通过会计信息系统及其他信息系统，获取与评价对象有关的信息，经过加工整理后得出业绩评价对象的评价指标数值或状况，将该评价对象的评价指标数值或状况与预先确定的评价标准进行对比，找出差异，分析产生差异的原因、责任及影响，得出评价对象业绩优劣的结论，形成业绩评价报告，并将评价结果反馈给业绩评价主体和客体。

四、业绩评价的分类

按照不同的分类标准，业绩评价可以划分为不同的内容和层次。

（一）根据业绩评价主体不同的分类

根据业绩评价主体的不同，可将业绩评价划分为外部评价和内部评价两大类。

外部评价是由企业的外部有关评价主体对企业业绩做出评价，内部评价是由企业内部的有关评价主体对企业业绩做出的评价。

根据利益相关者理论，企业除了股东以外还有其他利益相关者。由于利益相关者是通过契约与企业形成特定经济关系，期望从企业经营中获取回报，或者尽管没有契约关系，但其利益受企业经营影响，因此利益相关者需要通过各种机制对企业经营和管理施加影响，业绩评价系统就是其中之一，因此不同利益相关者都可能成为企业业绩评价的主体。具体到一个企业而言，其外部评价主体包括中小股东、潜在的投资者、现有的和潜在的债权人、政府有关部门、供应商和客户、社会公众等；内部评价主体包括大股东、各级管理者和基层职员等。

内部评价的依据是企业的战略规划和战略计划，利用的是企业内部所产生的各种管理信息，包括财务信息和非财务信息；而外部评价则受信息获取方式的限制，主要以企业披露的财务信息和市场信息为主，因此内部评价通常比外部评价更为精确。

（二）根据业绩评价客体不同的分类

根据业绩评价客体的不同，可将业绩评价分为整体评价、部门评价和个人评价三个层次。

整体评价是对企业整体业绩进行评价；部门评价是对企业中的各个部门的业绩进行评价，包括对业务部门和管理部门的评价；个人评价则是对个体业绩进行评价。从管理学角度看，业绩即组织期望的结果，是组织为实现其战略目标而展现在不同层面的有效输出，一个组织要实现其战略目标，需要将其目标进行分解，落实到部门和个人，只有部门和个

人的目标实现了，组织的业绩目标才有可能得以实现。

（三）根据业绩评价内容不同的分类

根据业绩评价内容的不同，可将业绩评价分为财务评价和非财务评价。

财务评价主要是利用财务指标对企业的财务状况进行评价，评价内容具体分为盈利能力状况、偿债能力状况、营运能力状况和增长能力状况等方面。

非财务评价主要是对企业的非财务表现进行评价，其评价的内容主要包括客户、内部业务流程、员工和创新等。

（四）根据业绩评价范围不同的分类

根据业绩评价范围的不同，可将业绩评价分为综合评价和单项评价。

综合评价是对企业在一定时期的生产经营各方面的情况进行系统全面的评价。综合评价的目的是找出企业生产经营中带有普遍性的问题，全面总结企业在这一时期的成就与问题，为协调各部门关系、做好下期生产经营安排奠定基础或提供依据。

单项评价是根据评价主体或评价目的的不同，对企业生产经营过程中某一方面的问题进行比较深入的评价。单项评价能及时、深入地揭示企业在某方面的财务状况，为评价主体提供详细的资料信息，对解决企业关键性问题有重要作用。

（五）根据业绩评价时点不同的分类

根据业绩评价时点的不同，可将业绩评价分为定期评价和不定期评价。

定期评价是按年、季度、月份进行的评价，是较为系统全面的评价。不定期评价主要是就某些专门时间而进行的评价，如经营者任期经营业绩评价。

五、业绩评价的功能

企业业绩评价有利于企业利益相关者全面了解企业经营状况和未来发展趋势，有利于企业建立和健全激励与约束机制，改进企业经营管理、促进经营者和员工的共同努力，达到提高企业综合竞争能力和经营业绩的目的。究其原因在于企业业绩评价具有价值判断、预测、战略传达与管理、行为导向等四大功能。

（一）价值判断功能

价值判断功能是企业业绩评价的基本功能，也是业绩评价概念的核心内容。它通过设计各项业绩评价指标，记录和测算各项评价指标的实际值，并将指标实际值与目标值、历史水平、行业先进或平均水平等进行比较后对企业的盈利能力、偿债能力、资产营运能力、发展能力和综合竞争能力等做出价值判断，从而准确、全面、客观、公正地衡量、了解和判断企业的经营业绩、经营管理水平和努力程度。

（二）预测功能

企业业绩评价有助于企业利益相关者了解企业过去和当前经营结果的实际情况，经营管理水平和努力程度，企业资源和能力优势、劣势及经营过程各方面存在的问题，在此基础上预测和判断企业经营活动与业绩的未来发展趋势，从而使利益相关各方更好地进行决策和控制。

（三）战略传达和管理功能

企业为了实现其远景目标和长期发展战略，必须制定近期的、具体的经营战略并确定相应的关键业绩驱动因素，在此基础上设置反映多方面、多层次经营管理活动的过程及其成果的业绩评价指标体系，并为这些指标设置相应的目标值。通过这一途径，企业将战略目标层层分解和落实到各个管理层次和部门，实际上是向所有部门的员工传达了企业的战略目标，以及企业期望他们采取的行动。在这些活动实施的事中和事后，企业各级管理层及时记录和分析各项指标的实际值，判断和了解所取得的成绩和差距，总结存在的优势和不足，并有针对性地采取措施提高经营管理水平，保证企业战略的有效实施。

（四）行为导向功能

企业业绩评价体系在事前根据企业战略目标及行为主体的职责和权限，设计相应的业绩评价指标和必须达到的目标，使行为主体明确应采取的行为和应完成的任务；在事中适时提供关于生产经营过程的各个环节和方面的效率和效果信息，帮助行为主体及时发现问题与不足并采取改进措施；在事后全面、综合地评价行为主体的经营业绩，并将评价结果与薪酬制度、奖励计划及其他激励措施结合起来，引导行为主体积极、主动地采取与企业利益和战略目标相一致的行为，并努力改进经营管理水平，提高企业经营绩效和竞争优势。

六、业绩评价的程序

业绩评价的程序是企业业绩评价的重中之重，对于整个业绩评价的有效性起着至关重要的作用，是企业业绩评价主体和客体共同关注的问题。

（一）制定业绩目标

业绩目标是评价客体未来业绩所要达到的界限，它可以帮助评价客体关注那些对于企业更为重要的项目，鼓励较好地计划以分配关键资源（时间、资本），并且激发为达到目标而付出行动。员工个人、部门绩效目标来

源于企业目标的分解和传承，通过一种专门设计的过程使目标具有可操作性，这种过程一级接一级地将企业目标分解到各部门；然后基于部门目标，明确员工个人的岗位职责使命，将部门业绩目标落实给员工个人，即从整体企业目标到经营单位目标，再到部门目标，最后到个人目标。

（二）确定业绩标准

设定了业绩目标之后，就要确定评价业绩目标达成的标准，没有明确标准的目标不是真正意义上的业绩目标。业绩标准的制定通常遵循 SMART 原则，即业绩目标必须是具体的（Specific）、可衡量的（Measurable）、可达到的（Attainable）、相关的（Relevant）、有时限的（Time-based）。SMART 原则反映了所确定的业绩评价目标必须是可衡量的或是可计算的。同时，制定业绩标准时还应注意，标准的设定应分出层次，如将业绩标准划分为优秀、良好、合格、需改进和不合格五个水平。

（三）进行业绩辅导

业绩辅导在整个业绩评价过程中处于中间环节，也是耗时最长、最关键的一个环节，这个过程的好坏直接影响业绩管理的成败。具体来讲，业绩辅导阶段的主要工作就是持续不断地进行业绩沟通，并收集业绩指标数据形成考核依据。

对于业绩评价主体而言，及时有效地沟通有助于全面了解评价客体的工作情况，掌握工作的进展信息，并有针对性地提供相应的辅导和资源，有助于提升评价客体的工作能力，同时，评价主体可以掌握业绩评价的依据，以便对评价客体做出公正、客观的评价。对于业绩评价客体而言，业绩辅导可以得到关于自己工作业绩的反馈信息，以便尽快改进业绩，还可以及时得到评价主体相应的资源和帮助，以便更好地达成业绩目标。

（四）业绩考核与评价

在进行业绩考核与评价时，很多企业首先要求员工、部门对其业绩的完成状况进行自评，员工、部门自评后由企业对照期初与员工、部门共同确定的业绩目标和标准对员工、部门进行评价。应注意的一点是，业绩考核评价时首先应该汇总检查相关业绩数据是否准确、完整，如发现有不符的数据还应加以证实，或将其与另一种渠道收集的数据进行对比，以判断原始信息的可信度。在确认数据充分且没有错误后，才可以依据这些数据对员工、部门业绩完成情况进行评价。

（五）反馈业绩评价结果

业绩评价主体应该就业绩评价结果与评价客体进行沟通，将评价结果反馈给评价客体，评价客体如果对评价结果持有异议，可以提出自己的理由。评价主体应该分析评价客体的理由是否合理、充分，以确定是否需要修改评价结果，最终评价主体与客体就业绩评

价结果达成共识。

七、业绩评价模式

模式是对客观事物的内外部机制的直观而简洁的描述，它是理论的简化形式，可以向人们提供客观事物的整体内容。任何模式都代表具体的、客观的、实在的事物，业绩评价模式也不例外。但是，模式也有其抽象的一面，即它所反映的不是事物所有组成部分的集合，而是按照一定的目的和要求选择事物的一定属性和特定组成部分，而忽略了事物的其他属性和组成部分。业绩评价模式按评价指标可划分为财务模式、价值模式和平衡模式三种模式。

（一）财务模式

财务模式产生于 20 世纪初的生产管理阶段，当时巨大的市场空间使规模经济成为企业制胜的“法宝”，企业的目标主要是通过提高生产效率来追求利润最大化。由于不断地通过外部融资扩大生产规模，所以庞大的投资使企业最为关心以投资报酬率为核心的财务指标。

根据责权利一致的原则，企业通常划分了三种典型的责任中心，即成本中心、利润中心和投资中心。这种划分最大的好处是可以将企业的总目标层层分解为每个责任中心的子目标。这些子目标常常直接用财务报表中的数据或根据财务报表计算的财务指标来表示，如成本、利润、投资报酬率等，并且与总目标共同构成一个具有量化关系的逻辑分析体系。这些子目标一旦被分解后，企业总部常给予各子部门充分的自由以保证各部门目标的实现，进而保证企业总目标的实现。这个过程通常以年度预算的形式来实现。

财务模式中所使用的业绩指标主要是从会计报表中直接获取数据或根据其中的数据计算的有关财务比率。这些数据的获取严格遵循会计准则，最大限度地减少数据的人为调整，具有较高的可比性。但是，由于会计准则从谨慎的角度反映了外部利益相关者要求，并且按照历史成本原则进行计量，是一种保守的评价模式，所以财务模式无法从战略角度反映企业决策的要求，即无法反映出财务指标和非财务指标之间的因果关系。另外，在预算执行过程中，如果某个部门的财务指标被修改，则企业整体目标分解的逻辑性和系统性也将丧失。因而，在现实中，除了预算中的财务指标外，还需要一些非财务指标来判断企业的得失成败。同时，为保证企业目标的实现，企业还需要建立健全完善的投资决策制度、资金管理制度等相关的财务管理制度。

（二）价值模式

财务指标虽具有可操作性的优点，但也存在被操纵的可能，因而未必能够真实地反映出企业的经济现实与未来价值。基于此，价值模式以股东财富最大化为导向，它所使用的

评价指标主要是经过调整的财务指标，或根据未来现金流量得到的贴现类指标。价值模式中最有代表性的是经济增加值。

经济增加值是站在经济学的角度对财务数据进行了一系列调整，通过对传统财务指标的调整，使经济增加值比会计利润更加接近企业的经济现实。企业经济增加值的持续增长意味着企业市场价值的不断增加和股东财富的增长，从而实现股东财富最大化的财务目标。在进行调整时，特别需要考虑企业的战略、组织结构、业务组合和会计政策，以便在简单和精确之间实现最佳的平衡。

价值模式是站在股东的角度来评价企业的业绩，能够有效地将企业战略与日常业务决策与激励机制有机地联系在一起，最终为股东创造财富。但是，我们也不能忽视其不足的一面。尽管价值模式试图建立一种优于财务模式的业绩评价指标，但是它的评价指标主要还是通过对财务数据的调整计算出来的货币量指标。由于对非财务指标的考虑不足，价值模式无法控制企业的日常业务流程。同时，价值模式也没有充分考虑企业的其他利益相关者。

（三）平衡模式

对于财务模式和价值模式，平衡模式最大的突破就是引入了非财务指标。但这只是表面，从深层来看，平衡模式以战略目标为导向，通过指标间的各种平衡关系，以及战略指标或关键指标的选取来体现出企业不同利益相关者的期望，从而实现企业价值最大化的目标。许多研究者认为，非财务指标能够有效地解释企业实际运行结果与预算之间的偏差。例如，市场占有率和产品质量等非财务指标长期以来被企业用于战略管理，因为它们可以有效地解释企业利润或销售收入的变动。此外，非财务指标能够更为清晰地解释企业的战略规划及对战略实施进行过程控制。

非财务指标主要是企业业绩创造的动因指标，它是企业业绩评价体系纵向延伸的结果，强调了操作者在业绩控制体系中的作用，同时，非财务指标也是最能被操作者理解的评价指标。因而，由财务指标与非财务指标组成的评价指标体系就犹如企业的“神经系统”一样：适时地“感触”企业的“健康”状况；精确地“定位”企业的“病处”；正确地“预示”企业的发展趋势。平衡模式中，比较有代表性并引起广泛关注是平衡计分卡。

平衡计分卡被视为一套能使高层经理快速而全面地考察企业的业绩评价系统。平衡计分卡通过说明远景、沟通与联系、业务规划、反馈与学习四个环节把企业的长期战略目标与短期行动联系起来发挥作用。平衡模式建立了财务指标与非财务指标相结合的业绩评价指标体系，它强调企业从整体上来考虑营销、生产、研发、人力资源等部门之间的协调统一，而不再将它们割裂开来；它以实现企业的整体目标为导向，强调整体最优而非局部最优；它全面地考虑了各利益相关者；它强调企业从长期和短期、结果和过程等多个视野来思考问题。平衡模式采用竞争评价标准，有效地解决了各部门之间争抢资源进而导致资源配置效率低下的不足，提高了企业的整体业绩。在战略规划阶段，通过对战略目标的量化与分解，将企业目标转化为部门及个人行动目标，极大地增强了企业内部之间沟通的有效性，使各个部门及全体员工对企业整体目标达成共识；在战略实施阶段，业绩评价反馈的信息有助于管理者及时发现问题，采取措施以保证既定战略的顺利实现。

每种业绩评价模式的产生都有着深刻的背景，反映了企业管理面对环境挑战而涌现出来的与时俱进的创新精神。需要强调的是，业绩评价模式的划分只是出于理论研究的方便，现实中并不存在完全泾渭分明的业绩评价模式。每种业绩评价模式都有各自的优缺点，不同的业绩评价模式之间不是互斥的关系，它们完全是可以相互补充的。企业业绩评价系统包括若干基本的组成要素，但由于每个企业所处的行业、竞争环境、限制因素、生命周期等内外环境的不同，企业业绩评价系统的评价目的、评价指标、评价标准等都会有所不同。也就是说，业绩评价系统不可能脱离其服务的对象——企业。从这个角度来看，并不存在适合于所有企业的标准业绩评价系统。

第二节　责任中心业绩评价

在管理会计中，为明确各分部的管理责任，促进企业整体价值的增长，一般通过划分责任中心来进行业绩的计量、分析和评价。

责任中心是指承担一定经济责任，并享有一定权利，反映其经济责任履行情况的企业内部（责任）单位。责任中心的划分并不以成本、利润或投资的发生额大小为依据，而是依据发生与否和是否能分清责任来划分。凡是管理上可分、责任可以辨认、业绩可以单独考核的单位，都可以划分为责任中心，大到分公司、地区或产品分部，小到车间、班组或某一个机台、一个员工。

根据不同责任中心的控制范围和责任对象的特点，可将其分为成本中心、利润中心和投资中心三种不同类型。由于不同责任中心职权范围不同，责任预算的内容、考核的具体指标和方法也有所不同。

一、成本中心的业绩评价

（一）成本中心

成本中心（Cost center），是指只发生成本（费用）而不取得收入的责任中心。任何只发生成本的责任领域都可以确定为成本中心。对这类责任中心只考核成本，而不考核其他内容。成本中心的范围最广，只要有成本费用发生的地方，都可以建立成本中心，从而在企业形成逐级控制、层层负责的成本中心体系。

成本中心所发生的各项成本，对成本中心来说，有些是可以控制的，即可控成本；有些是无法控制的，即不可控成本，成本中心只能对其可控成本负责。一般来讲，可控成本应同时符合以下三个条件：① 责任中心能通过一定的方式了解将要发生的成本；② 责任中心能够对成本进行计量；③ 责任中心能够通过自己的行为对成本加以调节和控制。凡

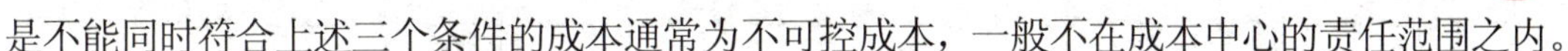

是不能同时符合上述三个条件的成本通常为不可控成本，一般不在成本中心的责任范围之内。

（二）成本中心的业绩评价指标

成本中心的业绩评价指标是责任成本。责任成本是以具体的责任单位为对象，以其承担的责任为范围所归集的成本，也就是特定责任中心的可控成本。广义的成本中心有两种类型，即标准成本中心和费用中心。

1. 标准成本中心的业绩评价指标

由于标准成本中心的产品稳定而明确，投入产出关系明确，因此对其进行业绩评价时往往采用的是既定产品质量与数量条件下的标准成本。标准成本中心不需要做出价格决策、产量决策或产品结构决策，生产中使用的设备及技术也往往由相关的职能管理部门做出决策。所以，标准成本中心也不对生产能力的利用程度负责，而只对既定产量的投入量承担责任。

提　示

如果标准成本中心的产品没有达到规定的质量，或没有按计划生产，则会对其他单位产生不利的影响。因此，标准成本中心必须按规定的质量、时间标准和计划产量进行生产。这个要求是硬性的，很少有伸缩余地。完不成上述要求，成本中心要受到批评甚至惩罚；过高的产量提前产出造成积压，超产以后销售不出去，同样会给企业带来损失，也应视为未按计划进行生产。所以，标准成本中心必须按照规定的质量、时间标准和计划产量进行生产。

成本差异是产品（服务）实际成本和标准成本之间的差额，包括有利差异（节约差异）和不利差异（超支差异），可以归结为价格脱离标准形成的价格差异和数量脱离标准形成的数量差异两类。其计算公式为：

成本差异＝实际成本－标准成本
＝实际数量×实际价格－标准数量×标准价格
＝实际数量×实际价格－实际数量×标准价格＋实际数量×标准价格－标准数量×标准价格
＝实际数量×（实际价格－标准价格）＋（实际数量－标准数量）×标准价格
＝价格差异＋数量差异

例题解析

【例 4-1】　某标准成本中心采用标准成本核算产品成本，本月生产产品 4 000 件，领用原材料 25 000 千克，材料实际单价为 55 元/千克；消耗实际工时 8 900 小时，支付工资 453 900 元；实际发生变动性制造费用 195 800 元；实际发生固定性制造费用 142 400 元，固定性制造费用预算为每月 120 000 元。其产品标准成本资料如表 4-1 所示。

表 4-1 产品标准成本资料

成本项目	标准单价	标准耗用量	标准成本
直接材料	50 元/千克	6 千克/件	300 元
直接人工	50 元/小时	2 小时/件	100 元
变动性制造费用	20 元/小时	2 小时/件	40 元
单位标准变动成本			440 元

实际成本＝25 000×55＋453 900＋195 800＋142 400＝2 167 100（元）

标准成本＝4 000×440＋120 000＝1 880 000（元）

成本差异＝2 167 100－1 880 000＝287 100（元）

成本差异分析如下：

直接材料价格差异＝25 000×（55－50）＝125 000（元）

直接材料数量差异＝（25 000－4 000×6）×50＝50 000（元）

直接人工工资率差异＝8 900×（453 900÷8 900－50）＝8 900（元）

直接人工效率差异＝（8 900－4 000×2）×50＝45 000（元）

变动性制造费用耗费差异＝8 900×（195 800÷8 900－20）＝17 800（元）

变动性制造费用效率差异＝（8 900－4 000×2）×20＝18 000（元）

固定性费用成本差异＝142 400－120 000＝22 400（元）

由上述计算过程，分析如下：

1）材料价格差异是在采购过程中形成的，应由采购部门对其做出说明，如供应商价格变动、未按经济订货批量订货、不必要的快速运输方式、紧急订货等。材料数量差异是在耗用过程中形成的，应该由生产部门负责，如操作失误造成废品废料增加、操作技术改进等，反映了生产部门的业绩控制标准。

2）直接人工工资率差异由加班或使用临时工、出勤率变化、工资率调整等原因形成，一般来说应该由劳动人事部门负责。直接人工效率差异由工作环境、工人经验、劳动情绪、作业计划等原因形成，主要是生产部门的责任。

3）生产部门有责任将变动性制造费用控制在弹性预算限额之内，变动制造费用耗费差异一般应该由生产部门负责。实际工时脱离了标准造成变动性制造费用效率差异，其原因与人工效率差异相同，一般应该由生产部门负责。

2．费用中心的业绩评价指标

由于费用中心没有明确的产品（服务），或者产品（服务）虽然明确，但是投入产出关系不密切，并且费用中心的工作质量和服务水平也难以量化。所以，确定费用中心的考核指标是一件困难的工作，通常使用费用预算来评价费用中心的成本控制业绩。由于很难依据一个费用中心的工作质量和服务水平来确定费用预算数，经常采用的解决办法就是考察同行业类似职能的支出水平，或者根据本企业历史费用水平确定预算标准。也可以采用零基预算法，即通过分析支出的必要性及其取得的效果来确定预算标准。

（三）成本中心的业绩报告

成本中心的评价重点是可控成本之和，即责任成本；评价指标为成本差异，即实际成本和预算成本之间的差异，包括不利差异和有利差异，它们是评价成本中心业绩好坏的重要标志。

成本中心责任报告的项目包括预算数、实际数、差异数三项内容，其中预算数根据责任预算填列，实际数从产品成本的计算资料中取得，或从成本中心设立的账户记录、归集的可控成本中取得，两者之间的差额即为成本差异。成本中心的责任报告格式和内容如表4-2所示。

表 4-2　成本中心责任报告

单位：××成本中心　　　　　　××年××月

项　目		本期预算	本期实际	差异额	差异产生原因	备　注
可控成本						
变动成本	直接材料					
	直接人工					
	变动制造费用					
	其他变动成本					
固定成本	固定制造费用					
	其他固定成本					
责任成本合计						
不可控成本						
成本合计						

采用不同成本计算方法的成本中心，其责任报告的成本和费用项目列示不完全相同。例如，采用变动成本法的成本中心，其责任报告中应按变动责任成本和固定成本分别列示。变动责任成本预算额根据各种产品实际产量和单位产品变动成本预算计算；变动责任成本实际发生数额根据产生各种产品实际耗费的变动成本计算；根据变动责任成本预算数额和实际数额计算责任成本差异额。固定成本预算额可以根据上级责任中心分解下达的固定成本责任预算确定；固定责任成本实际发生额可以直接根据成本中心当期发生的可控固定成本确定；根据固定责任成本的预算数、实际发生数计算固定责任成本差异额。最后，根据变动责任成本和固定责任成本的预算数、实际发生数和差异数计算全部责任成本预算额、实际额和差异额。

二、利润中心的业绩评价

（一）利润中心

利润中心（Profit center），是指对利润负责的责任单位。由于利润中心既要对收入负

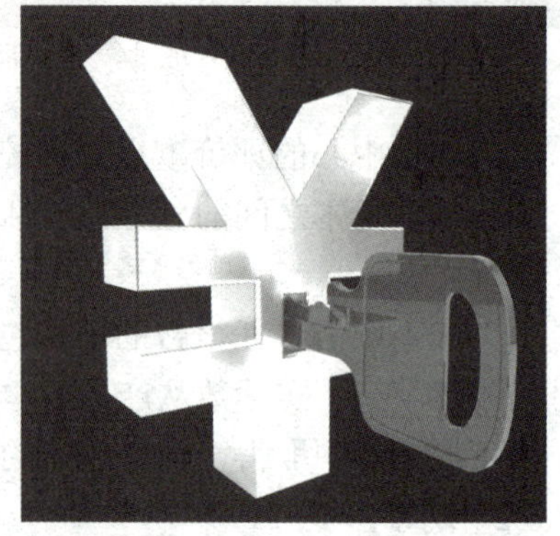

责，又要对成本费用负责，因此，利润中心将被赋予较大的经营自主权，包括对“生产什么产品、生产多少、生产资源在不同产品之间如何分配、产品如何定价、如何制定销售政策”等短期经营决策所涉及的决策权。

一般情况下，子公司、分部等战略经营单位都可被认定为利润中心。能否成为利润中心的衡量标准是该责任单位有无收益与利润，凡是能够获取收益，形成利润的责任单位均可作为利润中心。所以，理论上，利润中心通常适用于企业组织中具有独立收入来源的较高阶层，如分厂、分公司等。现实运用中有些企业往往把条件成熟的生产车间或部门建成利润中心，其目的在于通过授予必要的经营权，推动各责任中心开拓市场、扩大销售、节约成本，以充分调动各责任中心节约使用资源、挖掘生产潜力、扩大盈利范围、提高经济效益的积极性，或者促使企业的经营范围不断扩大，朝着分散经营、跨业经营的方向发展。

（二）利润中心的业绩评价指标与内部转移价格

完全独立的利润中心极其罕见，因为大多数利润中心都与其他经营单元有一些共同的成本（或收入），如共享经营设施、共享总部人员的服务等。另外，利润中心与企业其他经营单元之间经常会发生商品转让。这种商品的定价必须激励利润中心的管理者在符合企业整体利益最大化的目标下与其他经营单元交易。商品内部转移价格的确定，往往不是利润中心可控的。因此，在计量一个利润中心的利润时，需要解决两个问题：一是选择一个利润指标，包括如何分配成本到该中心；二是为在利润中心之间转移的产品（服务）确定一个内部转移价格。

1. 利润中心的业绩评价指标

对于利润中心进行考核的指标主要是利润，但是，也应当看到，任何一个单独的业绩衡量指标都不能反映某个组织单位的所有经济效果，利润指标也是如此。因此，尽管利润指标具有综合性，利润计算具有强制性和较好的规范化程度，仍然需要一些非货币的衡量方法作为补充，包括生产率、市场地位、产品质量、职工态度、社会责任、短期目标和长期目标的平衡等。

在评价利润中心的业绩指标时，至少应选择贡献毛益、可控贡献毛益、部门贡献毛益和税前部门利润等利润指标。利润中心各指标的计算公式如下：

贡献毛益＝销售净收入－变动成本

可控贡献毛益＝贡献毛益－可控固定成本

部门税前营业利润＝可控贡献毛益－不可控固定成本

部门税前利润＝部门税前营业利润－总部分摊的管理费用

例题解析

【例 4-2】 某企业总部及下属 A、B 两个利润中心各项利润指标的计算过程如表 4-3 所示。

表 4-3 利润中心的利润层次

项 目	企业总部	企业按利润中心分解	
		利润中心 A	利润中心 B
销售净收入	8 000 000	6 000 000	2 000 000
减：变动成本	5 000 000	4 000 000	1 000 000
贡献毛益	3 000 000	2 000 000	1 000 000
减：可控固定成本	500 000	400 000	100 000
可控贡献毛益	2 500 000	1 600 000	900 000
减：不可控固定成本	400 000	280 000	1 20 000
利润中心税前营业利润	2 1 00 000	1 320 000	780 000
减：分摊的总部管理费用	200 000	160 000	40 000
利润中心税前利润	1 900 000	1 160 000	740 000

对 A、B 两个利润中心业绩进行评价时，对上述 4 个指标中选择哪个指标更为适合的分析如下：

1）以产品的贡献毛益作为业绩评价依据不够全面，至少某些固定成本是在利润中心经理可以控制的范围内，而且在固定成本和变动成本的划分上部门经理有一定的选择权。若以贡献毛益作为评价依据，可能导致部门经理为了提高自己的业绩而人为调整变动成本和固定成本的划分标准。

2）以利润中心可控贡献毛益作为评价依据可能是最好的，它反映了利润中心经理在权限和控制范围内有效使用资源的能力。收入、变动成本及部分固定成本在利润中心经理权限控制范围内，因而也可以对可控利润承担责任。这一衡量标准的问题使可控固定成本和不可控固定成本的区分比较困难。

3）以利润中心税前营业利润作为评价指标，可能更适合评价该部门对企业利润的贡献，因为有一部分固定成本不在其可控范围内而不适合对利润中心经理的业绩评价。如果要决定该部门的取舍，利润中心分部利润指标则更有意义。

4）以利润中心税前营业利润作为业绩评价依据，通常是不适合的，公司总部的管理费用是利润中心经理无法控制的成本。企业把所有总部管理费用分配给下属部门可能是提醒下属部门经理们注意：各部门提供的贡献毛益或分部利润必须抵补总部管理费用，否则企业作为一个整体就不会盈利。

2. 内部转移价格

分散经营的组织单位之间相互提供产品（服务）时，需要制定一个内部转移价格。转移价格对于提供产品（服务）的生产部门来说是收入，对于使用这些产品（服务）的购买部门来说则是成本。因此，内部转移价格会影响到企业内部各部门的获利水平。合理的内部转移价格可以防止成本转移带来的部门间责任转嫁，使得每个利润中心都能作为单独的组织单位进行业绩评价。同时，合理的内部转移价格作为一种价格信号，可以引导下级部门采取明智的决策，生产部门据此确定提供产品（服务）的数量，购买部门据此确定所需要的产品（服务）数量。

（1）内部转移价格的分类

内部转移价格通常包括以下几种。

1）市场价格。在中间产品存在完全竞争市场的情况下，市场价格减去对外的销售费用是理想的内部转移价格。以市场价格为基础的内部转移价格，最能体现客观性、公平性，从而被相关的责任中心各方所认可、接受。以市场价格作为内部转移价格这一方法广泛应用于企业内部的利润中心、投资中心之间。

2）以市场为基础的协商价格。如果中间产品存在非完全竞争的外部市场，可以采用协商的办法确定内部转移价格，即内部购销部门管理层通过协商程序所确定的价格。一般情况下，协商价格应以变动成本为下限，以市场价格为上限。协商价格以市场价格作为上限的原因，可能在于：

- 内部结算价格中不含营销、管理费用等；
- 用于交易的中间品数量大，其单位成本相应较低；
- 供应方可能拥有剩余生产能力。

协商价格往往浪费时间和精力，也可能会导致部门之间的矛盾，部门获利能力的大小与该部门谈判人员的谈判技巧有很大关系。

3）变动成本加固定费用转移价格。变动成本加固定费用转移价格要求中间产品的转移用单位变动成本来定价，与此同时，还应向购买部门收取固定费用，作为长期以低价获得中间产品的一种补偿。这样做，生产部门有机会通过每期收取固定费用来补偿其固定成本并获得利润，购买部门每期支付特定数额的固定费用之后，对于购入的产品只需要支付变动成本。

当企业有剩余生产能力，且转移定价的目标是满足产品的内部需求时，通常使用变动成本法。由于变动成本相对较低（低于完全成本或市场价格），因此以变动成本作为转移定价基础，有利于促进产品的内部销售（或内部购买）。

4）全部成本转移价格。全部成本转移价格是以全部成本或者全部成本加上一定利润作为内部转移价格。这一方法的优点是简单且易从会计记录中直接取数，但由于完全成本中包含了固定成本，从而可能产生成本转嫁、决策不当等问题。以完全成本作为内部转移价格可能是最差的选择，一般只用在无法采用其他形式的转移定价时，才考虑使用全部成本法来制定内部转移价格。

除上述四种单一定价方式外，企业还可能会采用两种或更多的定价方法确定内部转移价格，如以标准完全成本作为购买方的

转入价格，而销售方则采用市价法定价，即双重定价法。

（2）转移定价方法的选择因素

在责任会计体系中，内部转移价格的选择并不是随意的，它需要考虑企业内部的资源利用效率，同时也要考虑外部市场环境等各种因素。从价值链、内部资源高效利用等战略角度看，转移定价方法的选择取决于对以下因素的判断：

1）有没有外部供应商。如果没有外部供应商，且产品没有市场价格作参考，则转移价格以成本或协商价格为基础确定。如果有外部供应商，则需要就内部供应商的变动成本与外部市场价格进行比较。

2）内部供应商的变动成本是否低于市场价格。如果内部供应商的变动成本高于市场价格，应考虑从市场上进行外购（从价值链角度考虑）；反之，则需要考虑内部供应商的生产能力及资源利用效率。

3）内部供应商的生产能力是否充分利用。内部供应商的生产能力是否充分利用主要涉及来自内部购买者的订单是否会使内部供应者放弃其他销售机会。如果不是，则内部生产单位应当为内部购买者提供产品，且转移价格介于变动成本与市场价格之间（如协商定价法）；如果生产单位的生产能力已充分利用，则需要考虑内部销售的成本节约和生产单位失去销售机会的机会成本。也就是说，如果内部购买者获得的成本节约大于内部生产者的销售损失，则应当内部购买。

（3）制定内部转移价格的遵循策略

转移定价问题是一个非常复杂的问题。合理确定转移定价，既能公正、公平地评价责任中心的业绩，也有助于从战略层面推进企业的整体发展。在内部转移价格的制定上，一般遵循以下策略：

1）对于成本中心之间因产品生产或服务提供，以事先商定的标准成本或预计分配率作为内部转移价格。这一策略的优点是简单、有效，能避免成本中心之间的成本转嫁。

2）对于利润中心或投资中心之间的产品生产或服务提供，则应以公允的市场价格为基础，没有市场价格的（如中间品），则采用协商定价或成本加成等内部转移价格策略。

（三）利润中心的业绩报告

利润中心的业绩可以通过编制利润中心责任报告体现。通过将一定期间实现的责任利润同预算进行比较，分析差异产生的原因并理清责任。利润中心编制的责任报告通常应该包括利润中心的销售收入、变动成本、贡献毛益、部门可控边际贡献、部门税前利润等指标的预算数、实际数、差异数，以及差异产生原因四栏。利润中心的责任报告格式和内容如表 4-4 所示。

表 4-4　利润中心责任报告

单位：××利润中心　　　　××年××月

项　目	实际数	预算数	差　异	差异产生原因	备　注
销售净收入					
减：变动成本					
变动生产成本					
变动销售及管理费用					
小计					
贡献毛利					
减：可控固定成本					
部门可控边际贡献					
减：不可控固定成本					
部门税前经营利润					

三、投资中心的业绩评价

（一）投资中心

投资中心（Investment center），是指既对成本、收入和利润负责，又对投资效果负责的责任中心。投资中心是最高层次的责任中心，是需要对其投资效果负责的责任中心，适用于资产具有经营决策权和投资决策权的独立经营责任单位，它拥有最大的决策权，也承担最大的责任。

提　示

投资中心必然是利润中心，但利润中心并不都是投资中心。利润中心没有投资决策权，而且在考核利润时也不考虑所占用的资产。投资中心与利润中心的最大差别就在于：

1）投资决策权。利润中心经理人不拥有投资决策权，只对投资后形成的资产的经营效率负责，而投资中心经理人则拥有投资决策权。

2）评价重点、评价指标。利润中心业绩只限于“可控经营活动范围内”所创造的经营利润，不涉及投资决策及其后果，而投资中心业绩评价则侧重于投资决策与投资效果。

从组织形式上看，投资中心通常都是独立的法人。大型企业集团具有投资决策权的事业部、子公司、分公司等，只要被赋予经营决策权、投资决策权，都可能成为投资中心。

（二）投资中心的业绩评价指标

投资中心不仅拥有制定产品（服务）价格、确定产品（服务）和生产方法等短期经营决策权，而且还拥有投资规模和投资类型等投资决策权。投资中心能控制除公司总部分摊

管理费用外的全部成本和收入，还能控制占用的资产。因此，对投资中心的业绩进行评价时，不仅要衡量其利润，而且要衡量其资产占用和利润的关系。

投资中心的业绩评价指标通常有投资报酬率、剩余收益、现金回收率和剩余现金流量四种。

1. 投资报酬率

投资报酬率，又称投资利润率，是指投资中心所获得的利润与投资额之间的比率，是企业经常采用的考核投资中心的业绩评价指标。其计算公式为：

$$投资报酬率=\frac{息税前利润}{投资占用的资产}\times 100\%=\frac{息税前利润}{非流动资产+营运资本}\times 100\%$$

假定某企业A事业部年利润为100万元，B事业部年利润为200万元，此时不能仅凭利润绝对值来判断A、B事业部的业绩好坏，而是应该考虑哪个事业部享有更高的投资报酬率。假设A事业部占用的资产为400万元，而B事业部占用的资产为2 000万元，则A事业部的投资报酬率为25%（100÷400），高于B事业部的10%（200÷2 000）。管理者可以判断部门的投资回报是否超过部门的机会成本，假设与B事业部相类似的投资报酬率为15%，那么B事业部的经济可行性就值得怀疑，而A事业部营利性良好。投资报酬率对企业过去的投资政策的成功与否提供了一个粗略的判断。管理者会更加关注营运资本，特别是应收账款和存货。

投资报酬率可以用于在经营业务不同的部门之间或者竞争对手之间进行比较。尽管投资报酬率被广泛应用，但也存在相应问题。如在项目投资决策时，可能造成的结果是某个部门的投资报酬率提高了，而整个公司的投资报酬率却下降了。

例题解析

【例4-3】 某公司A、B事业部（投资中心）正在考虑各自部门的项目投资，相关数据如表4-5所示。

表4-5 A、B事业部拟投资项目的财务数据

项 目	A事业部	B事业部
投资项目所获利润	200万元	130万元
投资项目投资额	1 000万元	1 000万元
项目投资报酬率	200÷1 000=20%	130÷1 000=13%
当前部门投资报酬率	25%	9%

本例中，一方面，A事业部的经理不愿意投资新项目，因为新项目的投资报酬率20%低于该部门现有的投资报酬率25%，拖了该部门的后腿；另一方面，B事业部的经理会愿意投资新项目，因为新项目的投资报酬率13%高于现有的投资报酬率9%，投资新项目会拉高整个部门的投资报酬率。事实上，两个部门经理在决策时都不是出于该公司的整体利益。假定该公司的资本成本率是15%，那么任何投资回报率高于15%的项目都应该接受，

反之则应被放弃。因此，本例中，A 部门应该投资新项目，而 B 部门应该放弃投资新项目。由此可见，使用投资回报率作为业绩评价指标导致了公司内部缺乏目标的一致性。

在资产处置时，使用投资报酬率也会误导管理者做出错误决策。假定本例中，A 事业部有一项投资回报率为 19%的资产，而 B 事业部有一项投资回报率为 12%的资产。A 事业部的经理会通过处置该资产来提高本事业部的整体投资回报率，而 B 事业部的经理如果处理该资产，那么整个部门的投资报酬率会下降。事实上，资产的投资报酬率只要低于资本成本 15%就应该被处置。因此，A 事业部的资产应该保留，而 B 事业部的资产应处置掉。两个部门的经理在做决策时都不是出于该公司的整体利益，造成次优化决策。

此外，投资报酬率的计算基于资产的账面价值，非流动资产的账面价值会因为折旧而逐渐减少，因此所计算的投资报酬率会逐渐升高，这样就会产生一个错觉，越旧的资产反而投资回报率越高，所以部门经理会倾向于保留旧资产，而在投资新资产时非常谨慎。

2. 剩余收益

为了使各投资中心的局部目标与企业的总体目标保持一致，克服投资报酬率考核投资中心业绩的局限性，还可以采用剩余收益作为考核指标。剩余收益等于部门的息税前利润减去部门投资所占用的资本成本，可以用来衡量该投资中心为企业带来的经济增加值。作为业绩评价指标，剩余收益的主要优点就是与增加股东财富的目标一致。其计算公式为：

剩余收益＝息税前利润－投资占用资本的成本

＝息税前利润－投资占用的资本×平均资本成本率

如果使用剩余收益评价投资中心的管理者业绩，管理者很可能在决策时既考虑了自己的最佳利益，也考虑了整个公司的利益。

例题解析

【例 4-4】 资料沿用【例 4-3】，假定该企业的资本成本率为 15%（见表 4-6），则 A、B 事业部投资项目的剩余收益分别为：

A 事业部投资项目剩余收益＝200－1 000×15%＝50（万元）

B 事业部投资项目剩余收益＝130－1 000×15%＝-20（万元）

表 4-6　A、B 事业部剩余收益计算

项　目	A 事业部	B 事业部
潜在投资项目所获利润	200 万元	130 万元
潜在投资项目投资额	1 000 万元	1 000 万元
平均资本成本率	15%	15%
资本成本	150 万元	150 万元
剩余收益	50 万元	-20 万元

本例中，投资项目使得 A 事业部剩余收益增加 50 万元，B 事业部剩余收益减少 20 万

元。所以若采用剩余收益进行业绩评价，A事业部会选择投资该项目，B事业部则会选择放弃该项目。同理，在资产处置时，A事业部不会处置资产而B事业部会处置资产。通过采用剩余收益进行投资决策，避免了投资中心经理的次优化决策，有利于提高公司的价值。

使用剩余收益的另一个好处在于，不同的资本成本率可以用在不同的风险投资上。不同的投资项目，风险是不同的，风险调整的资本成本也是不同的，而投资报酬率并没有考虑这些差异。

剩余收益作为业绩评价指标也有一定缺点。因为剩余收益使用的是绝对数指标，所以很难在规模不同的投资中心之间进行比较。例如，大的投资中心的剩余收益明显高于小的投资中心。

正是由于剩余收益的不可比较性限制了它的应用，投资报酬率反而更加受到企业欢迎。因为，投资报酬率一方面可以用于公司内部投资中心之间的比较，另一方面可以将投资中心的营利性与其他财务指标相比较，例如通货膨胀率和利率。

3. 现金回收率

现金回收率是以现金流量为基础的业绩评价指标。其计算公式为：

$$现金回收率=\frac{营业现金流量}{总资产}$$

其中，营业现金流量是年现金收入与现金支出的差额，总资产是部门资产的历史成本平均值。

假设某部门的营业现金流量为5 000元，资产的历史成本平均值为20 000元，则现金回收率为：

$$现金回收率=5\,000\div 20\,000=25\%$$

如果各年的现金流量相同，则现金回收率为回收期的倒数。对于长期资产来说，如寿命在15年以上的资产，现金回收率近似于内含报酬率，即接近实际的投资报酬率。因此，这个指标可以检验投资评估指标的实际执行结果，减少为争取投资而夸大项目获利水平的现象。

尽管在计算现金回收率时未遵循权责发生制，但经验表明，企业的现金回收率时稳定的，并且从长期来看净现值与现金流入总量相等，因而可以作为业绩评价的标准。

4. 剩余现金流量

由于现金回收率是一个比率指标，也会引起部门经理投资决策的次优化现象，其情况与投资报酬率类似，即当现金回收率高于资金成本而低于部门现在的现金回收率时，他会拒绝该项投资。为了克服这个缺点，可以使用剩余现金流量指标来评价部门业绩。其计算公式为：

$$剩余现金流量=营业现金流量-部门资产\times 资金成本率$$

假设前述企业的资金成本率为15%，则剩余现金流量为：

$$剩余现金流量=5\,000-20\,000\times 15\%=2\,000（元）$$

使用剩余现金流量评价部门业绩，可以使部门经理在决策时和企业目标保持一致。

（三）投资中心的业绩报告

投资中心业绩评价也是通过编制责任报告进行的，其结构与成本中心和利润中心责任报告类似。通过编制投资中心责任报告，可以反映该投资中心业绩的具体情况。投资中心的责任报告格式和内容如表 4-7 所示。

表 4-7　投资中心责任报告

单位：××投资中心　　　　　　　　　　××年××月

项　目	实际数	预算数	差　异	差异产生原因	备　注
部门税前经营利润					
部门投资资本					
企业资本成本率					
投资报酬率（ROI）					
部门剩余收益（RI）					
贡献毛利					
调整后的税前经营利润					
调整后的投资资本					
经济增加值					

第三节　综合业绩评价体系

综合业绩评价体系是指设计一套全面、完整的指标体系用于企业业绩评价，从理论研究和业绩评价实践看，现有的综合业绩评价体系主要有财务模式、价值模式和平衡模式。

一、业绩评价的财务模式

（一）综合评分法

综合评分法，是按照各项评价指标符合评价标准的程度，计算各项指标的评价分数，然后计算评价总分，据以综合评价的方法。其具体步骤为：① 选择具有代表性的评价指标；② 确定各项评价指标的标准值与标准评分值；③ 计算单项评价指标的得分；④ 综合计算评价总分；⑤ 得出评价结论。下面重点介绍第三步骤和第四步骤所涉及的评分方法。

1. 单项指标的评分方法

单项指标的评分方法包括分等评分、分等系数评分和比率评分三种。

（1）分等评分

分等评分是将各项评价指标的实际数值同评价标准数值相比较，按其实现程度划分等

级，根据每等级规定的分数评定各项评价指标的分数。例如，根据实际数值比标准数值升降的情况，划分为进步、持平和退步三个等级。如评价指标实际数值好于评价标准为进步，规定评 10 分；评价指标实际数值和评价标准持平的评 5 分；评价指标实际数值劣于评价标准的为退步，评 0 分。

（2）分等系数评分

分等系数评分是按各项评价指标实际标准数值的程度分等后，依据实现各等标准程度的系数评定各项评价指标的分数。

为了公平、合理地对企业经营业绩进行评价，除了按照各项评价指标实际标准数值的程度分等级评分外，还应考虑实现各等级标准程度的大小，如改善多的应比改善少的评分多；退步的也应同样处理。因此，要对各等级评分规定一个变动的幅度，即规定上限和下限数值，按实际数值达到的程度计算系数，据以评分。例如，规定达到或超过标准数值的评为 100 分或 100 分以上；等于或低于不允许数值的评为 60 分或 60 分以下；低于标准数值，高于不允许数值的在 100 分与 60 分之间评分。据以评分的系数按下列公式计算：

$$评分系数=\frac{实际数值-不允许数值}{标准数值-不允许数值}$$

$$某项评价指标分数=评分系数\times40+60$$

其中，标准值与不允许数值之差为整数。

如果实际数值和标准数值相等，评分系数为 1，评价指标分数为 100；实际数值超过标准数值，评价指标分数超过 100，超过程度决定于评价系数的多少；如果实际数值未超过标准值，但大于不允许数值，评分系数为正数，其得分小于 100 大于 60；若实际数值低于不允许数值，则评分系数为负数，其得分小于 60。目前财政部对国有企业实行的业绩评价就是采用了该方法。

（3）比率评分

比率评分是按各项评价指标分别规定标准分数，根据评价指标实际数值实现标准数值的程度计算实现比率，平定各项评价指标应得分数。其计算公式为：

$$某项评价指标分数=某项评价指标标准分数\times\frac{某项评价指标实际数值}{某项评价指标标准数值}$$

按比率评分，也可按评价指标实际值脱离标准数值的差距大小依一定比率扣分，例如，规定差距在 10%以内，给标准分数的 60%～90%；差距大于 10%的，给标准分数 60%以下的分数；或按比标准数值降低 1 个百分点扣 1 分等评分方法。

2．评价总分的计算

在计算出各项评价指标得分基础之上，对各项指标得分进行综合，得到评价总分。评价总分越高，评价结果越好。评价总分的计算方法主要有以下几种。

（1）加法评分法

加法评分法是将各项评价指标所得分数累计相加，根据总得分的多少综合评价，其计算公式为：

$$S=\sum_{i=1}^{n}S_i$$

其中，S 表示评价总分；S_i 表示某项指标的评价分数；n 表示评价指标项目数。

（2）连乘评分法

连乘评分法是将各项评价指标所得分数相乘，根据乘积的多少综合评价，其计算公式为：

$$S=\prod_{i=1}^{n}S_i$$

（3）简单平均评分法

简单平均评分法是将各项评价指标所得分数，应用简单算术平均法计算平均分数，根据平均分数的多少综合评价。其计算公式为：

$$S=\frac{1}{n}\sum_{i=1}^{n}S_i$$

（4）加权平均评分法

加权平均评分法是按照各项评价指标在评价总体中的重要程度给予权数，应用加权算术平均法计算平均分数，根据加权平均分数的多少综合评价。其计算公式为：

$$S=\frac{\sum_{i=1}^{n}S_iW_i}{\sum_{i=1}^{n}W_i}$$

其中，S 表示综合评价指数；S_i 表示某项评价指标的指数；W_i 表示某项评价指标的权数；n 表示评价指标项目数。

加权平均法突出评价重点，考虑各项评价指标对评价总体优劣的影响程度，有利于对企业经营业绩进行评价，因而应用比较广泛。

（二）综合指数法

综合指数法是根据指数分析的基本原理，计算各项经济指标的单项评价指数和加权评价指数，据以进行综合评价的方法。应用综合指数法进行企业业绩评价的具体步骤是：

1. 确定标准值

根据评价目的的要求不同，选择各项经济效益指标对比的标准数值。一般可选用各目标数、计划数、上期数或同行业先进值作为评价标准值。

2. 计算指数

将各项经济指标的实际数值与标准数值进行对比，计算各项指标的评价指数。在计算指数时，要区分指标的类型。评价指标可以分为正指标、逆指标和适度指标。正指标是越大越好，如资产报酬率；逆指标是越小越好，如存货周转天数；适度指标是适度最好，过大或过小都不好，如资产负债率。对于正指标和逆指标，可分别按下列公式计算：

$$\text{正指标评价指数}=\frac{\text{某项评价指标实际数值}}{\text{某项评价指标标准数值}}\times100\%$$

$$\text{逆指标评价指数}=\frac{\text{某项评价指标标准数值}}{\text{某项评价指标实际数值}}\times100\%$$

3．确定权数

根据各项评价指标在企业经营业绩评价中的重要程度确定相应的权数。各项指标的权数不是固定不变的，可以根据不同时期的评价目的适当调整。

4．计算综合评价指数

用加权算术平均数指数公式计算综合评价指数，依据数值大小综合评价企业经营业绩的高低。其计算公式如下：

$$S=\frac{\sum_{i=1}^{n}S_iW_i}{\sum_{i=1}^{n}W_i}$$

其中，S 表示综合评价指数；S_i 表示某项评价指标的指数；W_i 表示某项评价指标的权数；n 表示评价指标项目数。当 $\sum_{i=1}^{n}W_i=1$ 时，有 $S=\sum_{i=1}^{n}S_iW_i$ 。

（三）杜邦分析系统

1．杜邦分析方法

美国著名的化学制品生产商杜邦公司为了考核集团下属企业的业绩，于 1910 年制定了一个以自由资金利润率为核心的财务比率考核系统。这一系统出现后，迅速在全球范围传播，从最初的管理层用于企业内部业绩考核逐渐发展到投资者、债权人用于分析企业的经济效益。因其是杜邦公司创造并最先成功应用的，因而称为杜邦财务分析体系，又称杜邦分析法。20 世纪后半叶被介绍到中国，同时被广泛应用于企业财务综合分析实践。

企业的各项财务活动、各项财务指标是相互联系，并且相互影响的，这便要求财务分析人员将企业的财务活动看作一个大系统，对系统内相互依存、相互作用的各种因素进行综合分析。杜邦分析法就是利用几个主要财务比率指标之间的内在联系，建立财务分析指标体系，综合分析企业财务状况的方法。

2．杜邦分析原理

杜邦财务分析体系最显著的特点是将若干个用以评价企业经营效率和财务状况的比率按其内在的联系有机地结合起来，从而形成一个完整的指标体系，并最终通过净资产收益率来综合反映。采用这一方法，可使财务比率分析的层次更清晰、条理更突出，为报表分析者全面仔细地了解企业的经营和盈利状况提供方便。

杜邦财务分析体系的核心指标是净资产收益率，因为它反映了企业净资产的获利能力。杜邦财务分析体系中的指标关系如图 4-1 所示。

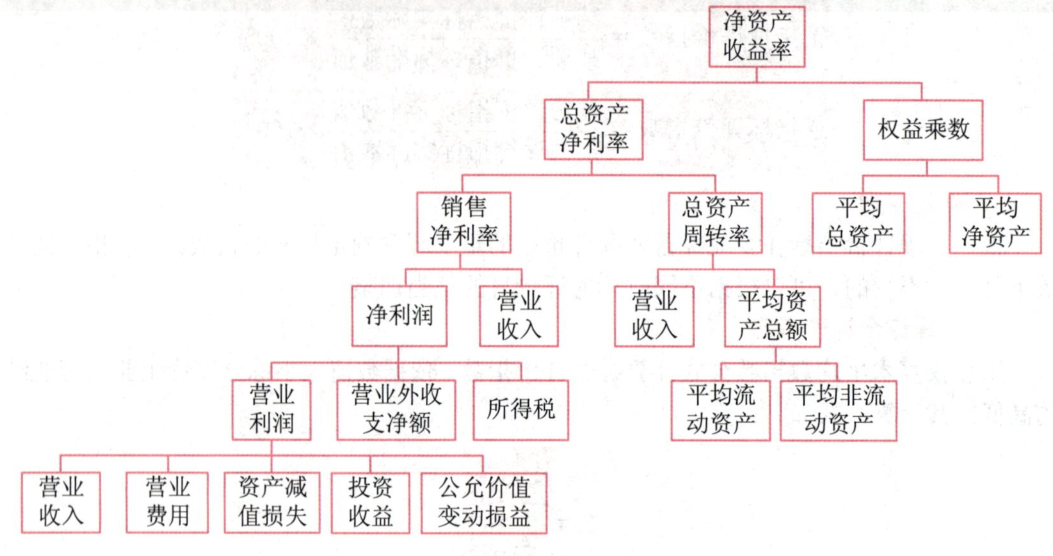

图 4-1 杜邦分析原理图

从图 4-1 可以了解如下财务信息：

1）净资产收益率是一个综合性极强、最具代表性的财务指标，是杜邦分析体系的核心。这一指标反映投资者投入资本获利能力的高低，体现了企业经营的目标。净资产收益率的高低取决于反映盈利能力的总资产净利率和销售净利率，反映营运能力的总资产周转率，以及反映资本结构和偿债能力的权益乘数。通过这样的关系，我们可以找到净资产收益率水平高低的形成原因以及发生升降的具体环节，从而提供比单一指标丰富得多的信息。

2）销售净利率是反映企业盈利能力的重要指标，是企业净资产收益率最大化的保证。提高销售净利率的途径：第一是扩大营业收入；第二是降低成本费用。通过对该指标的进一步分析，可以了解企业的收入和费用情况，深入挖掘影响企业盈利能力的具体原因，对症下药。

3）总资产周转率是反映企业营运能力的重要指标，是企业资产管理水平的重要体现。企业总资产由流动资产和非流动资产组成，流动资产体现企业的偿债能力和变现能力，非流动资产体现企业的经营规模、发展潜力和盈利能力。各类资产的收益性有较大区别，现金和应收账款几乎没有收益，非流动资产的收益性较高，所以企业的流动资产和非流动资产应保持合理的结构。

4）权益乘数是反映企业偿债能力的重要指标，也是企业筹资活动的结果。它对提高净资产收益率起到杠杆作用，权益乘数越高，说明企业运用外部资金为所有者赚取额外利润的能力越强。总之，适度开展负债经营，合理安排融资结构，可以提高企业净资产收益率。

3. 杜邦分析的不足之处

尽管杜邦财务分析体系是一种有效的财务综合分析方法，能够全面、系统、综合地反映企业的财务状况。但是，随着信息使用者对财务信息质量要求的不断提高，该体系逐渐显现出一些不足和需要改进之处。

1）没有进行企业发展能力的分析，不利于企业的可持续发展。一般而言，对企业财务能力的分析应该包括企业的偿债能力、营运能力、盈利能力和发展能力。而传统的杜邦分析体系只包括了前三者，随着市场竞争的日益激烈，企业越来越重视自身发展潜力及可持续发展。因此，传统杜邦财务分析体系作为一个综合财务分析体系，却没有包含反映企业发展能力的指标及其分解指标，显得不合时宜。

2）用净利润衡量企业收益不够科学，不能完全反映企业真实的盈利状况。由于净利润容易受到资本结构和所得税政策的影响，因此在进行经营绩效评价时不能据此准确衡量企业经营决策效果，同时，净利润既包括企业经营业务产生的收益，也包括财务决策的收益，从管理的角度出发，有时必须对收益的性质进行区分，否则会降低据此计算的销售净利率的质量。

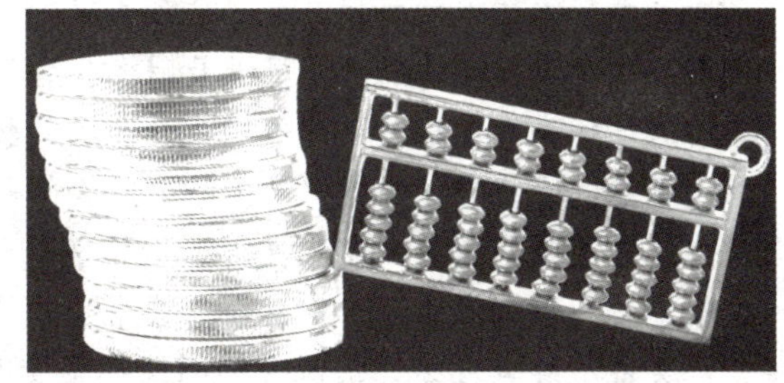

3）忽视了对现金流量的分析，财务分析结果的可信度降低。众所周知，资产负债表、利润表和现金流量表是企业进行财务分析的三张重要报表，它们从不同的角度反映企业财务状况、经营成果和现金流量。因此在一个完善的财务分析体系中，三者缺一不可。传统的杜邦分析体系所用的财务指标主要来自于资产负债表和利润表，而没有考虑现金流量表，前两个报表属于静态表，仅从静态的角度分析企业的经营业绩，具有一定的局限性，特别是如今利润表粉饰现象日益严重，这样很容易造成信息使用者做出错误的决策，而现金流量表是根据收付实现制编制的，可以减少人为控制数据的可能性，增强财务分析结果的可信度，据此可以对企业经营资产的效率和创造现金利润的真正能力做出评价。

二、业绩评价的价值模式

（一）EVA 的概念

在 20 世纪 80 年代，一些财务咨询公司的实证研究表明，公司剩余收益变化与其股票市值变化存在高度相关性，而且剩余收益变化与股票价格变化的相关性显著高于投资报酬率变化与股票价格变化的相关性，因此，剩余收益作为业绩评价指标开始逐渐普及。

EVA 是美国 Stern Steward 咨询公司提出并实施的一套以经济增加值理念为基础的财务管理系统、决策机制及激励报酬制度，它是基于税后利润和产生这些利润所需资本投入总成本的一种企业绩效财务评价方法。

EVA 是指从税后净利润中剔除股东和债务的资金成本后的经济利润，它作为公司业绩评价指标衡量的是企业为股东创造财富的多少。与其他评价指标不同，EVA 考虑了带来企业利润的所有资金的成本，在数值上等于企业净营业利润扣除所有投入资本（包括债务和股本成本）后的余额，其计算公式为：

$$EVA=税后净营业利润-资本投资额\times加权平均资本成本率$$

当 EVA＞0 时，表示企业净利润大于全部的资本成本，股东财务增加；当 EVA＝0 时，表示企业净利润仅能满足债权人和投资人预期获得的最低回报，股东资本保值；当EVA<0时，表示企业净利润小于所消耗的资本成本，股东财富减少。企业管理者的目标就是在EVA为正值的情况下不断增大，即实现股东财富的最大化。

提　示

EVA指标之所以出现，主要原因在于传统的会计基础指标存在以下内在缺陷：

第一，会计收益的计算未考虑所有资本的成本，仅仅解释了债务资本的成本，忽略了对权益资本成本的补偿。

第二，会计方法的可选择性及财务报表的编制具有很大的弹性，使得会计收益存在某种程度的失真，往往不能准确反映企业的经营业绩。

第三，传统会计指标评价体系的最大问题，是它们偏离了企业的根本目标——价值最大化。不论是利润、资产收益率还是净资产收益率，指标的增长并不一定代表企业价值的增长，以它们为评价指标会造成企业非价值最大化的经营导向。

第四，综合业绩评价体系的问题在于"多指标和多目标"，斯特恩·斯图尔特公司引用詹森（Michael C. Jensen）的话，认为"多重目标即是无目标"，"在没有一个整体的目标时，决策者无法做出合理的选择。面对十几个、二十几个指标，不知道如何在其间进行权衡，一个典型的管理者将无法有目标地行动，其结果也将是混乱的。"

（二）EVA的相关计算

尽管经济增加值的定义很简单，但它的实际计算却比较复杂。为了计算经济增加值，需要解决经营收益、资本成本和所使用资本数额的计量问题。不同的解决办法形成了含义不同的经济增加值。

1. 基本的经济增加值

基本的经济增加值是根据未经调整的经营收益和总资产计算的经济增加值。用公式表示为：

基本经济增加值＝息前税后经营收益－报表总资产×资本成本率

基本经济增加值的计算很容易，但是由于经营收益和总资产是按照会计准则计算的，它歪曲了企业的真实业绩。不过相对于会计利润来说是个进步，因为它承认了股权资本的成本。

2. 披露的经济增加值

披露的经济增加值是利用公开会计数据对经营收益和总资产进行调整计算出来的经济增加值。这些调整是根据公布的财务报表及其附注中的数据进行的。概括起来，典型的调整如下所述：

（1）资本化费用

会计准则对资本化费用的处理方法是全部计入当期损益。但是，这类对企业未来和长期发展有贡献的支出发挥效应的期限并非只是这些支出发生的会计期间；另外，为了保证

对这类费用的支出有合理的回报，需要在一定的收益期间收回这些投入。调整的方法是将这些费用资本化，并按一定的收益期限摊销。

（2）营业外收支

经济增加值衡量的是经营收益，因此所有与经营无关的收支及非经常性发生的收支均应剔除在经济增加值的核算之外，以保证最终核算结果能够真正反映企业的经营状况。调整的方法是将当期发生的营业外收支从税后经营收益中扣除并予以资本化，并考虑以前年度资本化的累计影响及对所得税的影响。

（3）财务费用

非责任性的、不可控的汇兑损益属于正常经营以外发生的损失或收益，企业不能将其作为考核的一部分；债务利息支出属于资本成本的一部分，应统一在资本成本中核算。调整的方法是：将当期发生的汇兑损益和债务利息支出从税后经营收益中扣除并予以资本化，并考虑以前年度资本化的累计影响及对所得税的影响。

（4）会计准备

会计准备的计提是根据会计的保守和谨慎性原则，将未发生、今后有可能发生的一部分费用提前计入损益。经济增加倡导者认为，准备的提取扩大了会计利润和现金流量的差距，提取准备金往往是企业管理者操纵会计利润的常用手段。因此，计算资本时，各项资产应按账面价值计量。调整方法是税后经营收益计算时把会计准备冲回，按发生额计入相应的会计期间。

（5）无报酬要求资产、非经营性资产

在建工程转为固定资产前不产生收益，对其计算资本成本会导致无相关的收益匹配；非经营现金为企业经营中的现金溢余，不参加企业价值创造。将这些无报酬要求资产、非经营性资产剔除，可以鼓励管理层对在建工程的投资，剔除非经营现金对管理层业绩的影响。

（6）无息流动负债

无息流动负债并不担负资金占用费，计算资本时应扣除这些“免费融资项目”。将无息流动负债从资本总额中扣除可以鼓励管理层合理管理净营运资产，避免占用过多的营运资金。

（7）经济增加值营业所得税

经济增加值营业所得税是指按税前净经营收益或息税前利润乘以企业现行税率计算出来的所得税，它与利润表中的所得税费用的差异进行调整。这些差异主要来源于税前净经营收益的收支调整项所带来的税收影响。调整方法是从利润的所得税出发，考虑各项税前收支调整对所得税的影响。

（8）经营租赁

经营租赁也是一种融资行为，也应按融资租赁的核算方式对其进行处理。调整方法是按照融资租赁的处理方式确定租赁资产和负债及每期还款中经营成本费用和利息支出，分别计入经营成本和资本成本。该项调整可以鼓励管理层合理安排经营租赁活动，在满足经营活动的同时尽量减少融资的成本。

（9）商誉

商誉是指在企业并购时，支付的价款高于并购企业可辨认净资产公允价值的差额。根据经济增加值的观点，商誉的摊销使得资产负债表上减去了收购方对目标项目的一部分投资，因此也就相应地减轻了管理者的负担。在经济增加值指标体系中，商誉被认为是股东权益性质的资本，它发挥作用的时期为未来会计年度，需要企业未来的盈利与之匹配，因此，不应将其摊销或计入费用。也就是说，任何当期及前期摊销的商誉都应加回到投入资本，而当期摊销商誉所产生的费用则加回到经营收益中去。

3．特殊的经济增加值

为了使经济增加值适合特定企业内部的业绩管理，还需要进行特殊的调整。这种调整要使用企业内部的有关数据，它是特定企业根据自身情况定义的经济增加值。特殊的经济增加值涉及企业的组织结构、业务组合、经营战略和会计政策，以便在简单和精确之间实现最佳的平衡，比较容易计算和理解，能够准确反映真正的经济利润。这是一种量身定做的经济增加值的计算方法，项目的调整都是可控的，即通过自身努力可以改变项目的数额，调整的结果使得经济增加值更接近企业的市场价值。

4．真实的经济增加值

真实的经济增加值是企业经济利润最正确和最准确的度量指标。它要对会计数据做出所必要的调整，并对企业每一个经营单位都使用不同的更准确的资本成本。计算披露的经济增加值和特殊的经济增加值时，通常对企业内部所有经营单位使用统一的资本成本，这样可以避免什么是正确的资本成本的争论。但当各经营单位的资本成本大相径庭的时候，需要使用不同的资本成本，以便更准确地计算部门的经济增加值。

（三）EVA 的特点

经济增加值反映了信息时代对财务业绩衡量的新要求，是一种可以在企业内部和外部广泛使用的业绩评价指标。EVA 作为一个全新业绩评价的指标有其自身的特点。

1．体现“股东财富最大化”和企业创造价值的现金管理理念

EVA 指标最核心的理念是股东投资在会计利润基础上将资本机会成本剔除，从而使 EVA 从股东的角度重新定义了企业利润——经济利润。EVA 先将费用资本化，并在其可预期的有效生命期内摊销，并在计算 EVA 时将营业利润和权益资本进行调整以纠正会计惯例造成的失真。这样 EVA 能更准确、全面地反映企业的获利能力。经济利润超过了全部股东的资本成本才能说明经营者为企业创造了价值，为股东创造了财富；反之，则企业没有创造价值，EVA 真实反映了企业的盈利能力，是直接地与股东财富的创造联系了起来。

2．将业绩评价与企业决策联系起来

由于 EVA 指标更加关注企业的长期发展，而不像会计利润那样是一种短视指标，因此，应用该指标能够鼓励经营者进行能为企业带来长期利益的投资决策，如新产品的研发、信息化建设、人力资源的开发等。这样也促使企业经营者不仅要注意所创造的实际收益的

大小，而且还要考虑所运用资产的规模及使用该资产的成本大小，有助于企业控制财务风险、合理进行资源配置和提高资本的使用效率。同时，EVA 还可以作为一种财务管理模式，用以指导企业管理者做出决策，包括经营预算、资本预算、企业确立目标的分析、收购兼并或出售的决策等。

3．建立有效的激励系统

由于 EVA 是站在股东的立场上重新定义企业的利润，因此将管理者的报酬与 EVA 指标相挂钩，可以使经营者和股东的利益更好地结合起来，正确地引导经营者的努力方向，促使经营者充分关注企业的资本增值和长期经济效益，维护股东利益，这也正是 EVA 的精髓所在。

4．引导企业更加关注主业，专注于做大做强主业

在 EVA 调整项中，有三项鼓励性政策的调整：一是将研发投入视为利润；二是符合国家战略资源要求的风险投入可根据情况视为利润；三是对符合业主的在建工程，可从资本成本中扣除。同时，配有一条限制性政策：非经常性收益要从利润中扣除，第一类是通过变卖优质资产取得的收益，全部扣除；第二类是不符合主业方向的非经常性收益，包括股权收益、产权收益（出售所属上市公司股权）、转让所属非上市公司主业股权、转让固定资产的收益、转让土地的收益，减半扣除。通过以上调整，引导企业关注主业成长，努力做大做强主业，而不是片面追求规模效益，避免企业盲目扩张，同时鼓励企业增加研发投入，通过科技创新增强企业的竞争力。

5．EVA 适用于不同风险企业的比较

由于资本市场及宏观经济环境的影响，市场上每个企业的债券成本相差不大，而单个企业的股权资本成本确受该企业特定的经营风险和财务风险影响。EVA 与传统业绩指标相比，提出了股权资本成本，相当于剔除了不同企业之间的经营风险和财务风险差别，便于不同行业、不同资本结构的企业之间的比较。但是，运用 EVA 时还应注意以下几个问题：

（1）存在会计信息失真问题

会计信息失真问题在我国企业中普遍存在，尤其是如今国有企业面临业绩考核的压力，上市公司面临信息公开披露配股、增发新股的业绩要求的时候，企业往往采用调整会计政策、资产重组、债务重整、获得政府税收优惠、利润补贴等手段来粉饰会计报表。由于 EVA 对企业未来成长的估算是建立在既有的产品、技术和市场的基础上，而资本成本的确定又依赖于历史数据分析，因此会计失真问题是在我国企业运用 EVA 时要重点注意并竭力避免的。

（2）可操作性有待解决

例如，加权平均资本成本还难以精确估计，不同企业着重点不同，难以做出一个适合所有企业的 EVA 调整表，到目前为止，计算 EVA 可做的调整已达到 200 多种。而对公认财务会计准则的调整也不是一般的外部财务信息使用者可以完成的，这在一定程度上限制了企业的外部信息使用者。这些问题都大大增加了计算的复杂性和难度，妨碍了 EVA 的广泛应用。

（3）无法解释企业内在的成长性机会

一家企业的股票价格反映的是社会公众对企业的客观评价，反映的是市场对这些成长性机会价值的预期。但是由于在 EVA 计算过程中对会计信息进行了调整，这些调整可能删掉了经营者向市场传递有关企业未来发展机会的相关信息。因此，这些调整虽然使 EVA 更加接近企业真正创造的财富，但同时也降低了 EVA 指标与股票市场的相关性。

（4）忽略了非财务信息在企业价值创造的作用

EVA 关注企业的有形资产，并以现金流的形式综合运用了价值创造相关的风险和市场预期，但是在很大程度上忽略了企业产品、客户、员工、科技创新等无形资产、非财务信息在企业价值创造中的巨大作用。

典型案例

青岛啤酒 EVA 体系的实施

青岛啤酒到 2001 年底已经成为一个覆盖 17 个省市、拥有 40 多家啤酒生产企业和 3 家麦芽厂的全国龙头啤酒集团企业。但是，2001 年的年报却显示，青岛啤酒当年的净利润为 10 289 万元，与预计实现净利润 17 051 万元尚有一段不小的差距。在庞大的集团组织体系与利润趋薄的双重压力之下，整合现有资源，重组青岛啤酒管理模式迫在眉睫。2001 年底，青岛啤酒决定采纳思腾思特提出的以 EVA 为核心的管理重组方案，建立一个更加合理、科学的激励与约束机制。2002 年 8 月，历时 8 个多月，管理方案最终出台。该方案大体上包括三个部分:

第一，以 EVA 为中心的目标管理体系。青岛啤酒建立了以 EVA 为中心的目标管理体系，改变了公司用于表达财务目标的方法多而混乱的局面，同时，EVA 也为各个运营部门的员工提供了相互交流的统一标准，使得所有管理决策变得更加有效。

第二，EVA 与年薪制挂钩。建立了以 EVA 为中心的激励制度，弥补了青岛啤酒现有年薪制的漏洞，使经理层更加注重资本利用率，并避免了企业总部和内部单位之间目标不调和现象。同时，由于资本成本的问题，管理者将更为精明审慎地利用资本，因为资本成本直接和他们的收入挂钩，这对管理者每次决策都会产生影响。

第三，组织结构改革。根据思腾思特的方案，青岛啤酒将撤销原直属青岛啤酒集团总部的生产部，成立青岛啤酒集团第九个事业部——“青岛事业部”，这意味着青岛本地几个企业的直接经营权将从青岛啤酒总部职能体系中完全剥离，使青岛啤酒“总部—事业部—子公司”三层管理架构显得更为清晰和条理化，改变了机构过于庞大臃肿的情况。

经过一年的 EVA 体系的实施，青岛啤酒公司 2002 年和 2003 年盈利水平有了大幅提升，分别达到了 124%和 84%，而在 2004 年至 2008 年利润总额的增长态势每年基本保持 12%增长率，与营业收入的增长态势每年基本保持 16%增长率比较匹配。公司实施 EVA 业绩评价体系以来，企业的盈利能力大大增强，企业的发展也逐步趋向健康。

从青岛啤酒的管理中可以看出，EVA 不仅是一种有效的公司业绩度量指标，还是一个全面财务管理的架构。

三、业绩评价的平衡模式

（一）非财务指标

业绩评价对企业的经营起着导向性的作用，直接关系到企业核心竞争力的形成与保持，影响着企业的生存与发展。近年来，企业业绩评价的一个显著趋势就是引入非财务指标。研究显示，面临竞争压力越大的企业越注重非财务指标的评价，越是经营环境不确定，越应该采用非财务指标评价。非财务指标的设计应考虑经营战略、与财务指标和股东价值最大化的联系、行业特性、企业生命周期等因素，通常有客户、经营与员工三类主要的非财务指标。

1. 客户评价指标

（1）市场份额

市场份额代表一个企业在特定市场上所获取的销售比率，可以通过销售收入、销售量和顾客数量等指标来衡量。其计算公式为：

市场份额＝本企业某商品销售量（额）÷该种商品市场总销售量（额）×100%

市场份额直接反映企业所提供的商品和劳务对消费者和用户的满足程度，表明企业的商品在市场上所处的地位。市场份额越高，表明企业经营、竞争的能力越强。

市场份额具有十分重要的宣传与指示作用，对企业的市场分析及进一步提高销售有指导意义，也是企业向外宣传并在业内定位的主要依据之一。一般情况下，占领某市场或品类领域30%以上份额，即可形成强势或垄断地位，具有行业内优先发言权，进一步发展即可轻易获得趋势性作用。当然，在市场和品类领域内有同等市场份额的产品或企业，则形成强势竞争。

（2）客户保有和忠诚度

保持现有客户是企业保持一定市场份额的理想方法。客户保有可以通过客户关系平均维持期间和客户保有率来衡量；客户的忠诚度可以通过老客户所介绍的新客户的数量来衡量，表明现有客户对企业产品和服务相当满意才会推荐给新客户。其计算公式为：

客户保有率＝（企业期末客户量－企业本期新增客户）÷企业期初客户量×100%

企业期末客户量＝企业期初客户量＋本期新增客户量－本期流失客户量

（3）客户获得率

企业要扩大市场份额，就需要争取新客户。新客户开发可以通过新客户数量或收入占总客户数量或收入的比率来衡量。其计算公式为：

客户获得率＝企业本期新增客户÷企业期初客户量×100%

（4）顾客满意度

顾客满意度是顾客满足情况的反馈。顾客满意度是对产品或者服务性能以及产品或者服务本身的评价；给出了（或者正在给出）一个与消费的满足感有关的快乐水平，包括低于或者超过满足感的水平，是一种心理体验。为了能定量地评价顾客满意程度，可对顾客满意划分级度，给出每个级度得分值，并根据每项指标对顾客满意度影响的重要程度确定不同的加权值，这样即可对顾客满意度进行综合的评价。

（5）客户盈利性

企业不仅需要满意的客户，还需要盈利的客户。客户的盈利性可以按盈利客户群和非盈利客户群来分析。新开发的客户在最初可能是不盈利的，需要通过生命周期盈利分析来决定到底是要留住客户还是放弃客户。对于不盈利的现有客户，需要采取措施去改变他们的购买行为。客户盈利性反映了为不同客户提供产品或服务获得利润的能力，一般用客户利润率来衡量，其计算公式为：

某客户利润率＝某客户的净利润÷该客户的服务成本×100%

净利润是指扣除支持某一客户所需的服务成本后的净利润。客户服务成本是指运用作业成本法分配给客户承担的研发、制造、营销、售后服务等方面的成本。

2. 经营评价指标

（1）战略目标

战略目标是对企业战略经营活动预期取得的主要成果的期望值。战略目标的设定，同时也是企业宗旨的展开和具体化，是企业宗旨中确认的企业经营目的、社会使命的进一步阐明和界定，也是企业在既定的战略经营领域展开战略经营活动所要达到的水平的具体规定。企业的战略目标是多元化的，既包括经济目标，也包括非经济目标；既包括定性目标，也包括定量目标。BSC 战略地图或者 KPI 鱼刺图是分析企业战略的好方法：明确实现战略目标的各种成功的关键方面，通过关键方面来分析出关键能力，通过关键能力来找出核心能力。

（2）创新

一个企业的盈利能力要靠不断创新来维持，不论是成本优势还是产品奇异性的优势，都会由于竞争对手的创新和自己的停滞而丧失，因此关键技术和成本改进方面的创新能力以及适应技术变革的能力，是企业业绩的一个重要方面。近几年，企业都以技术创新寻求企业的发展。创新技术这一目标将导致新的生产方式的引入，既包括原材料、能源、设备、产品等有形目标，也包括工艺程序的设计、操作方法的改进等无形目标。制定技术创新目标将推动企业乃至整个经济广泛而深入的发展。评价一个企业是否有创新能力，主要是评价企业有无在关键技术上进行变革的可能性，这些评价包括：有无技术开发和创新技术的能力；有无率先从行业外引进新技术的能力；有无在别人引进新技术后紧紧跟上的能力；企业在技术创新和引进人才方面的投入量多少；利用收购、合资、购买专利等手段引进技术的情况。

（3）产品和服务的品质

产品和服务的品质是指产品和服务的质量水平，具体表现在两个方面：一是产品在生

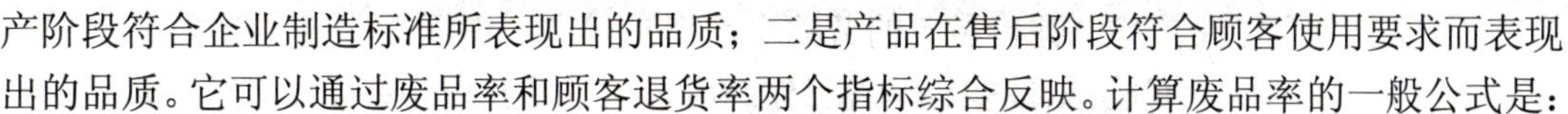

产阶段符合企业制造标准所表现出的品质；二是产品在售后阶段符合顾客使用要求而表现出的品质。它可以通过废品率和顾客退货率两个指标综合反映。计算废品率的一般公式是：

$$废品率=\frac{废品数量}{合格品数量+废品数量}\times 100\%$$

退货率一般有两种计算方法：

$$退货率=\frac{退货批次}{出货总批次}\times 100\%$$

或

$$退货率=\frac{退货总数量}{出货总数量}\times 100\%$$

如果一个企业的废品率和退货率过高，会导致企业利润空间下降，更有可能造成企业没有利润可言，甚至有可能造成企业的破产。

（4）生产力

生产力是指企业的生产技术水平。技术竞争的重要性并不取决于这种技术的科学价值或它在物质产品中的显著程度，只有某种技术显著地影响了企业的竞争优势，或对企业的相对成本地位或产品奇异化方面作用显著，它对竞争才是举足轻重的。技术并不是越新越好，从广义角度看，根本不存在“低技术产业”的概念，任何产业都有技术创新问题。高科技企业未必赚钱，许多竞争优势的创新并不涉及科学上突破，而是一些成熟技术的新的组合方式。

评价一种技术是否有利于形成竞争优势的标志是：这种技术能使企业降低成本或提高产品独特性，并可以使企业长期居于技术领导地位；该技术的进一步发展应当对本企业有利，即使它被别人效仿也会扩大自己的市场份额；该技术能使企业形成行业的率先行动者优势，而不是为别人“做嫁衣”。如果一种技术不能为企业带来利益，即使是巨大的技术成就，仍不能认为企业具有良好的技术优势。

3. 员工评价指标

（1）员工能力

绝大多数企业采取对员工业绩进行评估的三种手段是：员工是否对工作感到满意、员工是否愿意留在本职工作和员工的劳动生产力。在这三项标准中，第一项往往对第二项和第三项起决定作用。

1）员工满意程度。员工感到满意是提高劳动生产率和服务质量的重要前提，对本职工作感到满意的员工同时能使企业的客户最满意。员工感到满意的因素包括：① 参与决策；② 认为本职工作不错；③ 在做好本职工作时得到肯定；④ 主观能动性得到鼓励；⑤ 后勤部门提供积极支持；⑥ 对企业整体上感到满意。

2）员工保留率。保留员工是指企业保留那些企业在他们身上有长期利益的员工。企业对员工进行长期投资，这些员工不辞而别将给企业造成知识资本的损失。长期雇用的、忠诚的员工代表着企业的价值观念。

3）员工的劳动生产率。评价员工的劳动生产率是对员工进行总体培训效果进行评价，这种总体培训包括：加强员工技能、改善工作态度、改进经营程序并使顾客感到满意，培训的目的是使员工的劳动生产率同投入的员工数量成正比。评价员工劳动生产率最简单的标准是每位员工给企业带来的收入。提高劳动生产率的方式有：提高现有员工的产出而不增加员工数量；削减员工数量，这可在短期内提高劳动生产率，但从长期来看可能对企业的潜力造成损害。

（2）学习与团队

企业在选定对员工的满意程度、劳动生产率和保留员工的计划进行评估的手段之后，就应继续确定推动企业学习成长计划的具体因素，分别从员工掌握新的技能、加强信息系统的能力和启发员工的积极性等三个方面推动企业的学习与成长过程。

1）员工的技能培训。员工必须重新培训，他们的工作必须从对顾客的需要做出被动反应转变为对顾客的需要进行积极预测，向顾客提供全方位的产品和服务。可以从两个方面看待对员工重新培训的问题：一是重新培训的程度，二是需要重新培训的员工所占的比例。当员工所需的再培训的程度较低时，一般性的培训和教育就可以维持员工现有的能力。企业在实行大规模的再培训计划的同时，必须缩短再培训的周期。

2）员工的信息沟通能力。要想员工在今后的竞争环境中有效地发挥作用，就必须使他们获得足够的信息，即有关顾客、过程程序及财务决策的后果等方面的信息。第一线的员工需要及时、准确、全面了解每一位客户同企业的关系。这些信息可能包括成本分析和每位客户可能给企业带来的利润、在多大程度上满足现有客户的现有需要、所生产的产品和提供的服务的信息反馈等。良好的信息系统可以帮助员工不断改进生产和服务过程。

3）启发员工的积极性。可以通过多种手段评价企业是否已激发员工的积极性并向员工授予一定权力。一种广泛采取的简单方式是测定每个员工提出建议的数量，这一手段可评价出员工对改善企业业绩的参与程度。

4. 非财务指标的评价

非财务指标与严格定量的财务指标相比主要的优势有以下五个方面。

1）可以直接计量创造财富活动的业绩。财务指标不能直接计量创造财富的活动，只能计量这些活动的结果，不能说明财富是如何创造的。非财务指标，包括扩大市场份额、提高质量和服务、创新和提高生产力等，都可以直接计量企业在创造财富的活动中所取得的业绩。企业要实现不断为股东创造财富的目的，从财务指标上满足股东要求，就必须提出独特的顾客价值主张，为顾客创造价值；而组织内部的业务流程必须依据顾客的价值主张来设计；业务流程的高效运作是靠知识丰富、技能熟练的员工来实现的，非财务指标描述了组织内部的运营过程以及如何为顾客创造价值。

2）可以计量企业的长期业绩。财务计量是短期的计量，具有诱使经理人员追求短期利润而伤害企业长期发展的弊端。非财务指标关系到企业的长期盈利能力，可以引导经理人员关注企业长期发展。

3）非财务指标相对于财务指标包含了更多的经营决策信息。许多研究者发现了全面质量管理、精益生产、柔性生产系统和次品率、供货的及时性、设备的利用率之间的联系。

非财务指标评价能给管理层提供更多市场、顾客满意度、产品品质、内部运作效率等方面的信息，使他们能及时地发现企业经营管理中出现的问题，以便及时作出对策。

4）以非财务指标为评价依据激励管理层，更能反映他们的实际贡献。研究表明，当业绩指标能够提供有关代理人努力程度方面的额外信息时，那么将该业绩指标包含在激励合约之中更能提高对代理人努力程度估计的准确性，进而提高激励合约的有效性。非财务指标一般能揭示经理人努力程度上的额外信息，它能有效地引导经理人努力的方向，使经理人目标和股东的目标趋于一致。

当然，非财务指标也有其本身的局限性。这表现在以下五个方面：

1）与利润的相关性小。非财务指标与利润和成本的相关性不容易测量，这就使得这两个重要的数值很难相互挂钩。另外，从管理者方面来看，运用这些指标很难在短期内有明显的成果，因此影响了管理者的积极性。

2）各部门之间不容易协调。由于非财务评价系统所运用的各个指标之间缺乏一个好的协调机制，所以在实际的运用中，对于各个指标之间的不协调甚至相互矛盾很难取得平衡。

3）指标评价方法不一致，缺乏共同的尺度。

4）缺乏可靠性。非财务指标评价系统对于指标的评价缺乏整体的可靠性。如对于客户满意度等指标的调查只能局限于部分的人群而无法涉及全部，这种统计的可靠性相对较差，从而削弱的业绩评价的正确性及对未来的预测。

5）由于过分地注重非财务指标，企业有可能由于财务指标缺乏弹性而导致财务失败。

（二）平衡计分卡

企业一定时期的业绩不仅表现为财务和经济指标，还是企业整个规划管理过程的结果，平衡计分卡是对传统的以财务指标为基础的评价体系的改进，是对企业业绩进行综合规划管理和考核的评价系统。

平衡计分卡认为传统的财务指标属于滞后性指标，对于指导和评价企业如何通过投资与客户、供应商、雇员、生产程序、技术和创新等来创造未来的价值是不够的，因而需要在传统财务指标的基础上，增加用于评估企业未来投资价值好坏具有前瞻性的先行指标。

平衡计分卡是由哈佛大学教授 Robert Kaplan 与诺朗诺顿研究院的执行长 David Norton 于 1990 年所从事的《未来组织绩效衡量方法》研究计划，他们在《平衡计分法，良好绩效评价体系》一文中提出一种新的绩效评价体系。该计划的目的在于找出超越传统以财务会计量度为主的绩效衡量模式，已使组织的“策略”能够转变为“行动”。该研究的结论《平衡计分卡：驱动绩效的量度》发表在 1992 年《哈佛企业评论》1 月与 2 月号上。

1．平衡计分卡的主要内容

平衡计分卡以企业战略为导向，通过财务、客户、内部业务流程和学习与成长四个方面全面管理和评价企业综合业绩。财务、客户、内部业务和学习与成长四个视角均由愿景与战略转化而来，每个视角下所列示的目的、指标、指标值和措施，则是愿景与战略转化的四个阶段。平衡计分卡的模型如图 4-2 所示。

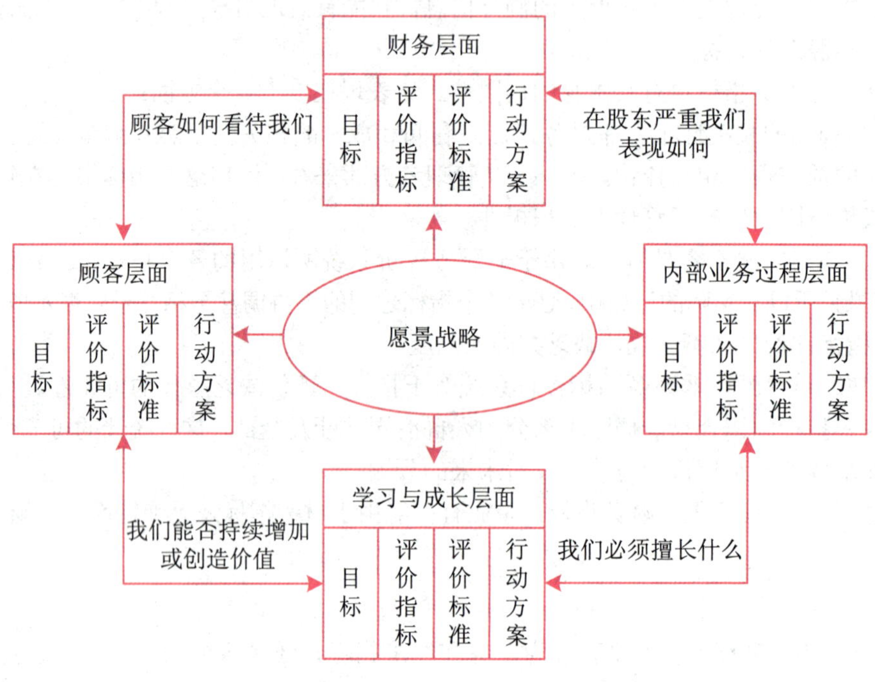

图 4-2　平衡计分卡模型

在明确了目标与行动的因果关系，并将总目标分解为各层次的子目标以后，可以按照平衡计分卡提供的 4 个层次寻找关键成功因素和相应的关键业绩指标，最终形成平衡计分卡的指标体系，以衡量和监控目标的完成情况，并及时根据环境的变化对目标进行适当的调整。

（1）财务方面

财务衡量在平衡计分卡中占有一席之地，而且是其他衡量方面的出发点和落脚点。一套平衡计分卡应该反映企业战略的全貌。从长远的财务目标开始，然后将它们同一系列行动相联系（这些行动包括财务、客户、内部作业、创新与学习），最终实现长期经营目标。对于处在生命周期不同阶段的企业而言，其财务衡量的重点也有所不同。在成长阶段，企业要进行数额较大的投资，因此现金流量可以是负数，投资回报率也很低，财务衡量应着重于销售额总体增长百分比和特定顾客群体、特定地区销售额增长率；处在维持阶段的企业应着重衡量获利能力，如营业收入和毛利、投资回报率、经济增加值；在收获阶段的财务衡量指标主要是现金流量，企业必须力争现金流量最大化，并减少营运资金占用。

平衡计分卡中财务指标的意义在于：其他几个方面的指标是基于企业对竞争环境和关

键成功要素的认识，但这种认识可能是错误的，只有当这些指标的改善能够转化为销售额和市场份额的上升、经营费用的降低或资产周转率的提高时对企业才是有益的。所以弄清其他指标与财务指标间的联系很关键。

（2）客户方面

客户方面回答的是“客户如何看待我们”的问题。客户是企业之本，是企业的利润来源，客户感受理应成为企业关注的焦点。一般来说，客户关注的不外乎时间、质量、性能、成本四个方面，与之对应，企业就应该在自身的反应速度、产品质量、生产成本上下功夫，并妥善经营客户关系、增强自身为客户创利的能力。体现在具体指标方面时，常见的指标包括：按时交货率、新产品销售所占百分比、重要客户的购买份额、客户满意度指数和客户排名顺序等。

客户方面衡量指标可分为过程指标和结果指标。过程指标是指如果成功地实现就会支持其他行动指标的指标；结果指标是指对于一个组织的战略目标而言最关键的指标体系。对于财务人员来讲，关键是要找到两者之间的关系，以便找到一个合适的过程组合来实现最优的结果指标。

（3）内部业务方面

内部业务方面主要着眼于企业的核心竞争力。内部经营过程可以按内部价值链划分为研究与开发、生产、售后服务三个过程。平衡计分卡通过指标设计反映内部经营程序三个过程的业绩，为改善内部业务流程提供信息支持。研究与开发阶段的业绩指标主要有新产品开发所用时间、新产品销售收入占总收入的比例、损益平衡时间等；生产过程的衡量指标主要有时间准备、质量指标和成本指标；售后服务的主要指标有退货率、产品保修期限和产品维修天数等。

内部经营过程业绩指标最能说明平衡计分卡与财务业绩衡量方法之间的区别。财务业绩衡量方法强调的是对已有责任中心和部门的控制和改进，而平衡计分卡把对内部经营过程的考核定位在创新、经营和售后路上，而这正是形成和提高企业核心竞争力的关键。

（4）学习与成长方面

企业的学习与成长反映企业获得持续发展能力的情况。平衡计分卡所强调的调整重点是未来的调整项目，诸如新产品和新设备的研究和开发。这就要求企业的管理人员和职员应不断地进行新技术、新知识的培训和学习，以适应时代发展需要；建立有效的信息系统以及时获取信息；建立良好的激励机制，以激发全体员工的积极性。该指标体系一般包括职员能力、信息系统能力和激励、权力和协作三个主要方面。职员能力指标主要包括员工满意程度、职员保持率和职员的工作效率。信息系统能力主要通过企业当前可获得的信息与期望所需要的信息之比等指标进行衡量。激励和权力指标可以用每个职员所提建议的数量来衡量。

平衡计分卡从财务、客户、内部流程和学习成长四个独立的角度，系统地对企业经营业绩进行评价。这四个方面是紧密联系、不可分割的，在逻辑上紧密相承，具有一定的因果关系，组织战略则依据该关系逐渐得到传递和落实。

2. 平衡计分卡的实施

（1）运用平衡计分卡的前提

通过理论探索和实践检验，要运用平衡计分卡，首先应正确认识计分卡的本质。平衡计分卡的核心思想是通过四个维度之间的指标实现绩效考核、绩效改进，最终实现目标。在此基础上还应具备以下四个前提条件：

- ✧ 组织的战略目标需要能够层层分解，并能够与组织内部的部门、工作组、个人的目标达成一致，其中个人利益能够服从组织的整体利益。
- ✧ 计分卡所揭示的四个方面指标——包括财务、客户、内部经营过程、学习与成长之间存在明确的因果驱动关系。但是，这种严密的因果关系链在一个战略业务单位内部针对不同类别的职位系列却不容易找到，或者说针对不同职位类别的个人，计分卡所涵盖的四个方面指标并不是必需的。
- ✧ 与实施平衡计分卡相配套的其他制度是健全的，包括财务核算体系的运作、内部信息平台的建设、岗位权责划分\业务流程管理及与绩效考核相配套的人力资源管理的其他环节等。
- ✧ 假设组织内部每个岗位的员工都是胜任各自工作的，在此基础上研究一个战略业务单位的组织绩效才有意义。

（2）平衡计分卡的制定过程

每个组织应该根据自身特点制定平衡计分卡。一般制定过程如下所述：

1）准备。企业应首先明确界定适于建立平衡计分卡的业务单位。一般来说，有自己的顾客、销售渠道、生产设施和财务绩效评估指标的业务单位，适合建立平衡计分卡。

2）首轮访谈。业务单位的多名高级经理（通常是 6～12 名）收到关于平衡计分卡的背景材料，以及描述企业的愿景、使命和战略的内部文件。平衡计分卡的推进者（外部的顾问，或者是企业中组织这一行动的经理）对每位高级经理进行访谈，以掌握他们对企业战略目标的了解情况。

3）首轮经理讨论会。高级经理团队与推进者一起设计平衡计分卡。在这一过程中，小组讨论中提出对企业使命和战略的各种说法，最终应达成一致。在确定了关键的成功因素后，由小组制定初步的平衡计分卡，其中应包括对战略目标的绩效评估指标。

4）第二轮访谈。推进者对经理讨论会得出的结果进行考察、巩固和证明，并就这一暂定的平衡计分卡与每位高级经理举行会谈。

5）第二轮经理讨论会。高层管理人员和其直接下属及为数众多的中层经理集中到一起，对企业的愿景、战略陈述和暂定的平衡计分卡进行讨论，并开始构思实施计划。

6）第三轮经理讨论会。高级经理人员聚会，就前两次讨论会所制定的愿景、目标和评估方法达成最终的一致意见，为平衡计分卡中的每一指标确定弹性目标，并确认实现这些目标的初步行动方案。

7）实施。由一个新组建的团队为平衡计分卡设计出实施计划，包括在评估指标与数据库和信息系统之间建立联系、在整个组织内宣传平衡计分卡，以及为分散经营的各单位开发出二级指标。

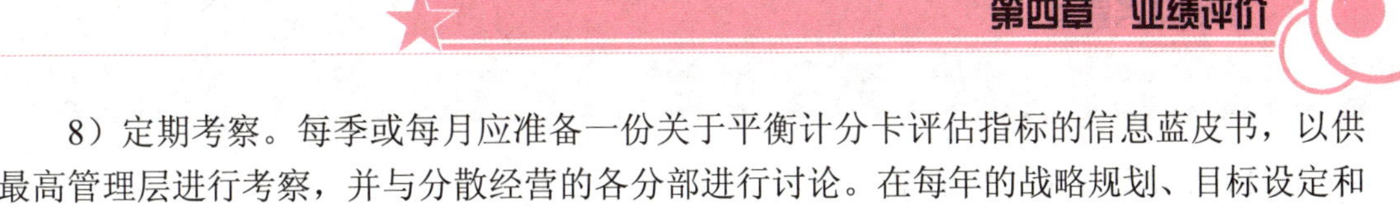

8）定期考察。每季或每月应准备一份关于平衡计分卡评估指标的信息蓝皮书，以供最高管理层进行考察，并与分散经营的各分部进行讨论。在每年的战略规划、目标设定和资源分配程序中，都应包括重新检查平衡计分卡指标。

（3）成功运用平衡计分卡的要素

平衡计分卡作为企业的一种战略管理模式，是一个十分复杂的系统。在实施过程中，可能存在沟通和共识、组织和系统管理、信息交流、对业绩考核认识等诸多方面的障碍，遇到指标的创建和量化、结果与驱动因素的关系、实施成本等方面的困难。成功运用平衡计分卡的要素包括以下几点。

1）高级管理层的承诺和支持。高级管理层的承诺和支持是成功实施平衡计分卡的必要条件。高级管理层（最高层经理或是企业、集团总部的最高执行官）必须完全投入制定战略并推动战略在基层的贯彻。通过面对面的沟通，中层管理者和员工可以目睹高层的决心，这将大大提高大家的积极性。如果没有管理层这样的承诺和参与，高层的支持不够，平衡计分卡项目的实施往往会失败。

2）管理层克服困难的决心。平衡计分卡的设计和实施还必须注重另外一个关键问题——找出与企业战略和平衡计分卡不一致的系统和流程，具体包括目前各级管理人员的薪酬体系，目前的绩效评估、绩效管理和岗位描述，人力资源政策和执行情况。这些系统和流程的不匹配会给平衡计分卡的实施造成相当大的困难，这就需要管理层具备克服困难的决心。事实上，经理人每天都要处理财务、客户、流程和人员方面的问题，平衡计分卡为他们完成这些职责提供了清晰的架构及有效的方法。

3）运用平衡计分卡消除职能壁垒。战略执行的一个主要障碍是不同职能部门之间的目标失衡，导致“组织壁垒”。为了克服这些障碍，管理层必须在设计各层面的计分卡时考虑消除部门壁垒这个目标。如果目标或指标选择不当，则很难成功执行企业的战略目标，就会局限在自己的职能范围内。平衡计分卡的一个主要益处就是能够在观念上消除这种障碍，并改善组织内部的联合。

4）链接能力发展和浮动薪酬。浮动薪酬对激励战略执行和改进绩效非常重要，而能力发展对推动战略执行和改进绩效十分关键。把平衡计分卡与浮动薪酬体系相联系，可以激励全体员工把重点放在平衡计分卡的目标和目标值上。通过平衡计分卡，把浮动薪酬与各个层面的绩效和能力发展相链接，从而整个组织在战略、能力和培训上都达到协调。

5）提升人力资源成为企业管理者的战略伙伴。平衡计分卡是实现将人力资源提升到战略这一层次这一目标的有力工具。它可以帮助人力资源部门摆脱烦琐的行政事务。如果在确定战略之前先做岗位说明和重新设计绩效管理体系，则在一定程度上会阻碍战略的实施。这些事务应该在战略形成以后，作为战略执行过程的一部分来完成。运用这样的流程，平衡计分卡方法可以为人力资源管理者提供一个工作的流程，帮助他们学习如何把他们的工作与企业战略挂钩起来，并且为战略的实施提供了一个重要的框架。

3．平衡计分卡的评价

（1）平衡计分卡的优越性

1）平衡计分卡以企业的经营战略和愿景为基础，根据自身的战略和经营需要设计各具体指标，因此具有充分的战略指导性，并能把战略开发和财务控制两者紧密联系在一起，充当了企业经营业绩桥梁。同时，企业还可以借平衡计分卡对外界环境进行持续检查，保证自身的快速适应性。

2）平衡计分卡赋予了企业以整体意识，包括了能够影响企业业绩的几乎所有主要指标，从而预防了管理人员可能出现的牺牲某些方面以实现另一些方面的短期和次优化行为。它不仅仅是一种测评体系，也是有助于企业取得突破性竞争业绩的全面管理体系。

3）在沟通反馈方面，平衡计分卡可以作为企业各种努力的聚焦点，向管理人员、员工、客户和投资者做出明确通报，更容易在个人目标、部门目标和权益战略之间实现一致。

4）由于平衡积分卡在企业内部建立了战略学习、知识网络，那些距离客户最近的员工就有机会在客户服务和流程改进方面取得突破性进行，同时，企业上下也能在平衡计分卡的制定、计量、评价及奖励过程中，达到相互交流和学习的目的，并形成有关企业战略目标的共识。

（2）平衡计分卡的局限性

由于本身发展的不成熟和企业现有管理支持的局限，平衡计分卡在使用过程中还面临着若干瓶颈：

1）平衡计分卡必须以完善的信息系统为基础，如果无法实现，就会出现业绩信息不及时、管理时效性差、上下级指示无法对接等问题。

2）设计平衡计分卡、确认业绩驱动因素、在财务指标与非财务指标之间建立联系等都需要耗费大量的时间，并增加员工的工作量，如果沟通不力，就会给企业带来沉重压力，甚至把企业变革扼杀在摇篮中。

3）一些非财务指标难以量化，如在学习与成长方面，业绩指标体系常常前后矛盾，缺乏明确的分界线，应用难度大。事实上，学习、成长与创新都是很宽泛的概念，涉及企业生产经营的方方面面，单独界定一方面似乎比较困难。

4）指标体系的非财务层面未直接体现出以财务业绩为落脚点的逻辑关系。平衡计分卡四个层面的评价指标，最终均应指向财务评价指标，因为财务目标是企业追求的最终目标。无论是客户层面的业绩，内部经营过程层面的业绩，还是学习与增长层面的研究，最终都是为了追求财务业绩，尽管四个层面之间由一条因果关系链联系起来，但都没有在具体指标项目上体现出来。

5）在财务指标的改进和完善方面，平衡计分卡并未有太多的实质性突破，采用的财务业绩指标依旧是传统的财务以及评价指标，未能很好地体现只是经济时代企业战略经营业绩评价对财务指标设置的要求。

四、成功的企业业绩评价特征

企业业绩评价工作开展得好还是不好，需要从以下几个方面来判断：① 业绩评价体

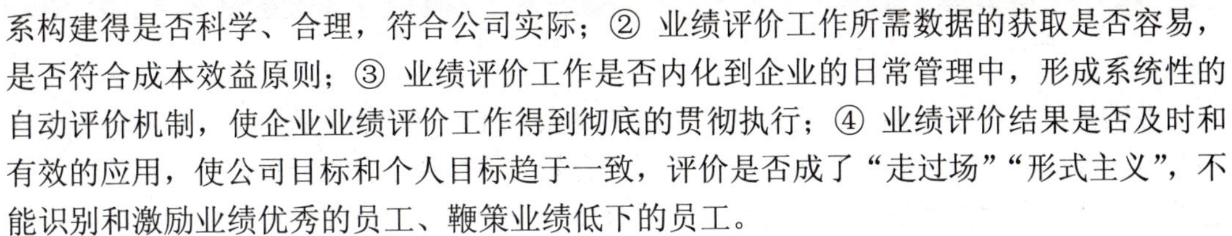

系构建得是否科学、合理，符合公司实际；② 业绩评价工作所需数据的获取是否容易，是否符合成本效益原则；③ 业绩评价工作是否内化到企业的日常管理中，形成系统性的自动评价机制，使企业业绩评价工作得到彻底的贯彻执行；④ 业绩评价结果是否及时和有效的应用，使公司目标和个人目标趋于一致，评价是否成了“走过场”“形式主义”，不能识别和激励业绩优秀的员工、鞭策业绩低下的员工。

（一）业绩评价指标体系科学、合理、系统

一套成功的业绩评价体系，指标的构建非常重要，指标体系是业绩评价体系中的关键内容，指标体系要科学、合理、系统，符合公司实际。一般来说成功的业绩评价体系有如下特点：

1. 指标体系有战略高度

指标体系以顾客为导向，通过学习和成长、内部运营维度的有效运作，以实现企业的财务目标。环境维度则是从宏观、立体的维度对企业经营业绩与社会责任履行情况进行评价。

2. 指标体系以财务业绩为评价落脚点

除财务维度的评价指标外，其他几个维度均设置与财务指标相关联的具体指标，如顾客利润率、成本费用降低率、全员劳动生产率、知识与智力资产贡献价值增长率和社会贡献率等。

3. 财务指标与非财务指标的有机结合

总体而言，指标体系是财务与非财务、定量与定性、静态与动态指标的一个有机集合。经济增加值等财务指标揭示了企业取得的经营业绩及今后发展的基础；而顾客满意度、新产品开发能力等非财务指标则预示着企业的长远发展能力和竞争潜力。

4. 突出知识创新对企业长期发展的影响

知识与智力资产贡献价值增长率、研究开发费用增长率等指标的设置有助于反映知识创新对企业经营业绩的影响，体现了时代发展对业绩评价指标体系改进的主客观要求。

5. 强化企业内部部门间的合作关系

指标涉及企业的供应、生产、营销、人力资源管理、研究开发、财务管理等部门，可以有效地协调各个部门之间的工作目标，避免滋生本位主义和资源浪费，使企业的整体运营达到优化。

（二）业绩评价的信息容易取得，符合成本效益原则

业绩评价需要信息支撑，与财务相关的数据可以由财务系统自动生成或对财务系统产生的数据进行加工。这类数据的获取不需要单独花费额外的成本，因为任何一个公司都需要有自己的一套财务系统，产生各类报表。非财务数据需要单独获取，需要额外地花费一些成本，甚至需要去购买相应的信息。在设计评价体系时要考虑成本效益原则，一些信息如果获取非常困难，或者成本过高而对业绩评价不是不可或缺的，可以考虑用其他指标取代，或者在公司发展壮大后，承担成本的能力提升后再完善有关指标。

（三）业绩评价工作内化到企业日常管理工作，自动贯彻执行

业绩评价工作不是到了年终，或者考核的终点才开始进行的，而是企业日常管理工作的重要组成部分，应该在企业日常运营过程中自始至终循环往复地开展，它是动态的、过程的，甚至是自动贯彻执行的，而不是到了时点才开始的。业绩评价工作的大多数数据和信息来自公司内部，是公司内部产生的、可以时刻监测的。

业绩评价与考核绝不是最终的"秋后算账"。通过过程考核对业绩计划执行环节进行有效监督控制，及时发现存在的问题，避免更大损失的发生，是业绩评价和考核的重要方面。

（四）业绩评价结果得到正确和及时应用，促进个人目标和公司战略目标趋于一致

业绩评价的最终目的是促进企业发展，但是要促进企业发展，评价结果的及时正确运用至关重要。业绩评价工作做得好的企业都非常重视业绩评价结果的运用，将个人的奖惩与对企业的业绩评价结合起来。有些企业业绩评价完成后很长时间都不进行相应奖惩，严重影响了业绩评价的效果，也就失去了业绩评价的导向作用。

案例研究与分析：万科的平衡计分卡

一、万科公司背景介绍

（一）万科公司简介

万科企业股份有限公司成立于1984年，1988年进入房地产行业，是目前中国最大的专业住宅开发企业。一直以来，万科以其绝对领先的销售业绩稳居中国房地产行业龙头老大地位。

万科在制度和流程管理上拥有健全和成熟的企业系统，并善于不断创新，在企业内部形成了"忠实于制度""忠实于流程"的价值观和企业文化，在众多房地产开发商中，万科以品牌、服务和规模获取高价值。在发展过程中，公司凭借治理和道德准则上的优秀表现，连续六次获得"中国最受尊敬企业"称号，并先后登上《福布斯》"全球200家最佳中小企业""亚洲最佳小企业200强""亚洲最优50大上市公司"排行榜。

多年来，万科以其稳健的经营、良好的业绩和规范透明的管理赢得了投资者和社会各

界的好评。

（二）万科公司的企业文化

万科的企业文化主要有四点：① 客户是我们永远的伙伴；② 人才是万科的资本；③ “阳光照亮的体制”；④ 持续的增长和领跑。从万科的企业文化中可以看出，强烈的客户意识贯穿于万科的企业价值观中，而这四点正好可以与平衡计分卡的客户、内部流程管理、成长与创新等理念相呼应，可见万科的企业文化为引进平衡计分卡奠定了基础。

（三）万科运用平衡积分卡的历程

对企业利润过度关注，对于利润无节制的攫取，单纯依靠阅读财务报表来把握企业，这是大多数企业的传统做法。但万科在这个过程中感受到自身业务和管理上的发展遇到了瓶颈。在关注企业可持续发展能力的基础上，万科在2000年进行了人力资源部的新定位，开始接触并实践平衡计分卡，平衡计分卡的引入正是奠定在人力资源部门新定位的基础之上。

平衡计分卡在万科的运用是逐年推动，循序渐进的。公司从2001年引进平衡计分卡概念，并主动在管理层推进，一线经理们在这个过程中开始意识到平衡计分卡的好处；2002年平衡计分卡初具规模；2003年，平衡计分卡在万科基本上扎下了根。在应用平衡计分卡的过程中，万科用文字明确总结了公司的宗旨远景价值观，形成了滚动的中期战略制定与检讨系统，开展了每年一度的集团战略全国宣讲活动，发展并完善了对公司的评价指标库并用来考核所有一线公司。

万科引进平衡卡的原因主要有两点：

一是万科很早就投入大量精力进行企业制度建设，而平衡积分卡所倡导的管理思想正好弥补了万科自身业务和管理上的缺陷，为万科积极引进并应用提供了可能；

二是平衡计分卡作为一种管理工具，必须要与企业本身的价值与理念互相契合，才能够被平稳地嵌入，平衡计分卡在强调可持续性发展方面，非常适合万科。

二、万科公司的企业战略

从四个层面目标分析万科的企业战略。

（一）财务层面

万科以股东利益最大化为财务目标。

在短期维度方面，万科提出“住宅产业化”以缩短研发周期、降低研发成本及研发导致的其他成本、提升所研发产品的品质感。提高资产利用率、降低成本，增加收入机会——这两个即分别从生产率战略和收入增长战略对财务层面的总目标进行分拆。

在长期维度方面，万科广州副总付凯的文章《用平衡计分卡透视万科》中关于财务层面曾着重强调了可持续发展问题。万科提出了“以客户为中心”的概念，兼顾客户心理与实质质量的需求，强调其服务质量以提高客户忠诚度。

其在财务层面的战略制定中充分考量了长短期战略平衡的问题，从 2002 年深圳万科金色家园、2003 年天津万科花园新城、2004 年武汉万科四季花城遭遇客户群诉的事件中财务指标之外的价值负增值的例子中，吸取教训，看重长久的效应与持续的增长，为此可以放弃短期效应，注重保持客户群体及品牌价值。

为体现这样的产期指标，万科对“营业收入”进行了细致的分解，提出“万科的定位是客户的终身锁定，从他大学毕业刚刚进入职场时的小户型公寓，到他娶妻生子的三居室，再到他事业有成时身份象征的独立别墅，一直到他退休后入住的老年住宅，万科都要做。万科已经不再将自己定位于只做城乡结合部中高档房的公司了，而是为客户提供终身所需要的地产产品”。

（二）客户层面

万科从“未来业主、准业主和业主的视角”进行分析。在万科的价值观里，“客户是我们永远的伙伴”被列在第一条，这也是对万科平衡计分卡客户维度的总结性阐释。强调客户至上、以客户为中心的概念，并将这种主张与绩效评价挂钩，贯彻到每个万科职工的价值观中。

客户的满意来自于产品，更来自于服务。为此，万科成立了万客会会员俱乐部，借以联系万科与客户之间的情感，该俱乐部被誉为万科第五专业的客户关系中心，承载着防止客户满意度受损、修复已经受损的客户关系、创造性提升客户满意度和客户价值的职责。

万科客户层面的描述，同样可以用上述第一方面中万科的定位来阐释，其强调了针对不同阶段的人士的需要提供不同的住宅，“为客户提供终身所需要的地产产品”。

在这一层面，万科的重视表现在其核心企业价值观的第一条：客户是我们永远的伙伴。

- 客户是最稀缺的资源，是万科存在的全部理由；
- 尊重客户，理解客户，持续提供超越客户期望的产品和服务，引导积极、健康的现代生活方式，这是万科一直坚持和倡导的理念；
- 在客户眼中，我们每一位员工都代表万科；
- 我们 1%的失误，对于客户而言，就是 100%的损失；
- 衡量我们成功与否的最重要的标准，是我们让客户满意的程度；
- 与客户一起成长，让万科在投诉中完美。

（三）内部业务流程

在关键流程的选择定位上，万科提出“抓大放小”。在剖析价值链后，万科提出了“住房产业化”的概念。为此，关于产品研发周期，万科内部有个说法叫“三五二”——三个月做定位与规划设计、五个月做实施方案、两个月做施工图。

王石说：“房地产是存在技术层面优势的，其中重要的就是产业化的程度，整体上看，中国住宅产业化的程度不过是 5%，而万科已经做到 8%，明显高于同行业的平均水平。这个数字是不是就表明万科做得很好了呢？让我们看看日本，它的住宅产业化程度已经达到了 64%，一比你就看出来，万科的差距有多大。未来五年，万科的目标是将住宅产业化程度提高到 50%。”

（四）学习与成长层面

在这一层面上，万科关注的是“核心竞争力”，其运作与管理系统、职业经理人、企业文化构成了万科平衡计分卡的第四维度。在这一维度中着重体现了万科的企业文化及其团队协作。

经过多年的积累，万科已经积累了一系列业务与管理方面的规范与流程，经过多年的使用和完善，这套系统已经成为万科核心竞争力的重要组成部分，对公司的健康、持续、高速发展起到了决定作用。

在这套制度基础上，万科的总经理郁亮提出：制度不是万能的，因为制度的执行是有成本的。而以“七个尊重”为核心的人文精神和企业价值观的形成和认可，是万科这套系统正常运转、制度真正执行、指引充分使用的基石，这才是万科最珍贵的。郁亮所说的“七个尊重”，源自《万科周刊》的一篇文章：用心尊重人。所谓用心，指平等、理解、信任、公平的回报、发展空间、严格的要求和宽容。

三、万科公司平衡计分卡实用

为了避免企业一味追求短期利润而忽略可持续发展，万科从 2001 年引进平衡记分卡，两年后该体系逐渐成熟。下面从平衡计分卡的四个层面对万科进行分析。

（一）财务层面

财务报表是公司经营的结果，但平衡计分卡的财务维度不仅如此，万科用净利润、集团资源回报率考核各一线公司，只是一个方面；同时，各一线公司还要证明在上述财务指标之外，公司实现了价值的增值，这些价值不以实际利润的形式存在，但能影响一段时期的收益。如土地储备周转期，周转期越短，该资产带来利润的能力就越强。

（二）客户层面

有研究表明：如果客户忠诚度提升 5%，公司利润将提升 25%～85%。万科集团 2002 年开始聘请独立第三方进行客户满意度和忠诚度调查，2003 年开始，集团总部设立总额为 100 万元的客户忠诚度大奖，用于奖励在客户忠诚度建设方面成果最突出的一线公司，2004 年开始，客户忠诚度下降的一线公司遭到总部通报批评……这一系列动作，都表明万科对客户层面的重视程度在同行业中处于领先地位。市场占有增长率则反映了公司在新市场的扩张程度。这两个指标相辅相成，既能衡量客户对公司的满意度和忠诚度，也能及时掌握竞争市场中公司的市场占有状况。

（三）内部流程层面

内部流程维度，需要回答的问题是：为支持客户维度和财务维度，万科需塑造产品与服务的哪些独特属性。以项目经营计划关键节点完成率为例，万科共分了 14 个节点：① 取得国土使用权证；② 交地；③ 完成方案设计；④ 完成初步设计；⑤ 完成施工图设计；⑥ 取得施工许可证；⑦ 项目开工；⑧ 售楼处、样板区开放；⑨ 取得预售许可证；⑩ 开盘；⑪ 景观施工进场；⑫ 竣工备案；⑬ 交房；⑭ 交房完成率 95%。不影响上述 14 个关键节点的，各职能部门可自行调整计划，只需将结果抄送公司；影响上述 14 个节点中①⑦⑩⑫⑬节点的，各职能部门必须上报公司，由公司严格考核项目关键节点的按时达成率。专业工作满意度和员工综合满意度由公司内部问卷调查完成，旨在了解员工总体满意度和改善后的情况，进而提高产品质量。

（四）学习与成长层面

万科的运作与管理系统、职业经理人和企业文化构成了万科平衡计分卡的这一层面。人力投入产出是指单位人力成本带来的净利润，表示了人力投入产生的回报，可以衡量组织部门效率；骨干人员价值流失率则从相反的角度，表现骨干人员离职造成的人员培养损失，从造成损失的大小衡量公司骨干人员的保有能力。

四、关于万科实例的思考

（一）平衡计分卡为何在万科公司顺利引进

1. 全球化竞争与“以人为本”的公司理念

随着中国加入世贸组织，全球化竞争在中国显得越来越激烈，作为中国房地产业的一面旗帜，不论是从提升企业外部竞争能力、拓宽企业发展渠道层面，还是提高企业本身内部管理水平方面，万科公司都需要做一次全面的管理改革。作为中国房地产业的龙头老大，万科公司秉承“以人为本”的公司理念，这样的理念使得公司拥有一批肯干事、肯动脑的员工，在传统的管理体制不适应企业发展需要的时候，万科公司人力资源部门能够自我反思、推陈出新，推动公司战略变革，加强企业文化建设，使得平衡计分卡拥有了在万科推广的基础。

2. 公司的制度基础使得平衡计分卡的运用成为可能

平衡计分卡自 1992 年提出以来，已经为许多公司所应用并证明了其在企业管理中的有效性。但作为现代企业新的战略管理体系，平衡计分卡有它的应用前提。平衡计分卡的实施，需要企业有完善的战略管理体系、人力资源管理体系及全面的质量管理体系，这使得许多尚未建立完善的现代企业制度、基础管理水平薄弱的中国中小企业望尘莫及，而万科公司很早就投入了大量的精力进行企业制度建设，公司的内部管理水平本来就优于同业，运用更高层次的战略管理系统也是顺其自然的。

3．平衡计分卡与公司的发展理念相契合

平衡计分卡作为一种管理工具，必须要与企业本身的价值与理念互相契合，才能够被平稳地嵌入。平衡计分卡在强调可持续性发展方面，确实非常应合万科的心思，它体现的正是万科在前20年发展历程中所总结的“均好”的特质。“正是当时的万科感受到自身业务和管理上的发展遇到瓶颈之时接触到了平衡计分卡。而平衡计分卡所倡导的管理思想与我们当时的想法比较吻合，所以我们才会对平衡计分卡如此倾心。”

（二）万科引用平衡计分卡的逻辑路径

在充分了解了平衡计分卡理论之后，结合自身发展实际，万科公司首先进行了自我定位，通过各个层次的沟通，确定了企业的使命、远景与战略，在此基础上绘制了企业战略地图，从财务、客户、内部业务流程和学习与成长四个维度出发，对公司全面进行战略定位。之后以战略地图为基础，建立了平衡计分卡的各项考核指标，将战略转化为行动，使得平衡计分卡能够真正在公司中得到推广运行。在运行过程中，不断对各个维度的战略进行发展与深化，对各个层面的指标进行完善与改进，使之适应公司不断发展与创新的需要，从而使得平衡计分卡始终以一种全新的状态在公司运行。

（三）万科成功运用平衡计分卡的原因

1．业绩评价与企业战略结合

平衡计分卡把企业战略与业绩评价系统联系起来，通过各项细化指标达到微观与宏观的结合，作为以房地产为主的万科公司，其在运用过程中，在宏观层面，将平衡计分卡与企业的最终发展目标结合，走自主发展与创新发展的道路，从而达到了战略的率先性；在微观层面，将平衡计分卡与员工的绩效评价相结合，将每一项指标细化到每一位员工身上，责任到人。这种运用方式使得企业的业绩考核与长期发展相吻合，必然促进企业的不断进步。

2．循序渐进，逐步引入，逐层改进

万科公司在引入平衡计分卡的时候，并不是大刀阔斧地全面变革，在最初引入时由于对该体系的理解不透彻，公司也遇到了一些挫折，之后公司吸取教训，放缓脚步，逐年推动，循序渐进。从2001年开始，管理层在每一年的述职中必须包括平衡计分卡的推进情况，一线经理们在这个过程中开始意识到平衡计分卡的好处。2002年平衡计分卡初具规模。2003年，平衡计分卡在万科基本上扎下了根，这一年万科用平衡计分卡考核集团下16家一线公司的销售业绩，考核结果直接和一线公司管理层的奖金挂钩，同时一线公司将平衡计分卡指标体系分解到自己的部门，最后在一些关键部门里将一些部门指标分解到关键的具体员工。这才促成了平衡计分卡的成功。

（四）与平衡计分卡相配合的激励机制

设立与平衡计分卡业绩评价系统相配合的员工激励机制，有助于提高公司整体工作层面的进取心，提高企业效益。赋予平衡计分卡四个维度的各项指标以一定的权重，最终加

权平均以确定员工的奖惩程度，可以使得平衡计分卡贯穿公司各项作业的始终，如合理运用，将会收到意想不到的结果。

综上所述，在企业新的时代发展眼光下，平衡计分卡正以一种蓬勃的势头发展与完善，我们相信，在今后中国进一步全球化的进程中，平衡计分卡一定会作为一种新型的管理与绩效评价体系，得到进一步的推广与完善。

思考与练习

1．什么叫企业业绩评价？有哪些层次？有哪些功能？

2．企业业绩评价系统由哪些要素构成？

3．业绩评价有哪些分类方法？

4．业绩评价有哪些模式？

5．如何结合各责任中心的不同特点合理地对其进行业绩评价？

6．杜邦分析系统的优点是什么？不足之处有哪些？

7．企业业绩评价的财务指标有哪些？财务指标有什么优缺点？

8．企业业绩评价的非财务指标包括哪些方面？与财务指标相比有哪些优点和局限性？

9．平衡计分卡业绩评价模式的特点是什么？

10．成功的企业业绩评价特征包括哪些内容？

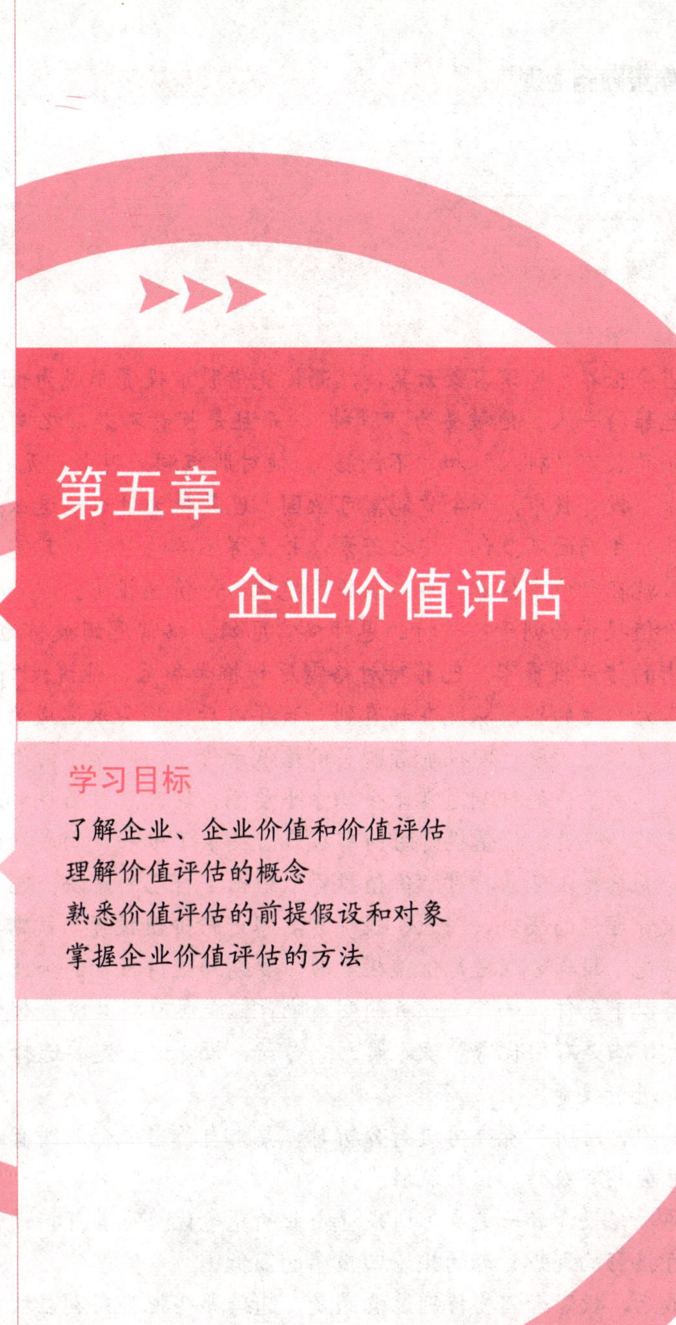

第五章 企业价值评估

学习目标

了解企业、企业价值和价值评估
理解价值评估的概念
熟悉价值评估的前提假设和对象
掌握企业价值评估的方法

案例引导

价值评估在投资中的重要性

当今世界，可谓富豪云集，然而，凭借股市投资而成为世界顶级富豪的，唯有沃伦·巴菲特一人。他被誉为“股神”，而且是长青不老，叱咤股市半个多世纪，是一位真正的股市“神人”和“不倒翁”。他对股市洞若观火，无往而不胜；他以 100 美元起家，投资股市，如今竟能富可敌国。巴菲特为什么能这么“牛”？为什么能独步股海几十年而面不改色、安之若素，并赢得不尽的财富？其实，他之所以能如此牛气冲天，就在于他掌握着一种市场投资绝活——价值投资。

价值投资始创于巴菲特的恩师格雷厄姆。格雷厄姆被誉为“价值投资之父”，是华尔街的传奇投资家。巴菲特对格雷厄姆推崇备至，他说：“格雷厄姆的思想对我影响非常大，他的思想从现在起直到一百年以后，将会永远成为理性投资的基石。”

所谓价值投资，即投资者购买价格低于价值的股票。由于买价低廉，价值投资者买入股票所获得的红利通常比平均水平要高，因此总收益也相对较高。

巴菲特认为，价值投资给所有投资者提供了唯一走向成功的机会。通过对多年投资经验的总结，巴菲特对“价值投资”给出了自己的看法。巴菲特认为，价值投资是众多投资理论的集合，因此，投资者要想进行价值投资，就需要做许多方面的功课。

首先，投资者在进行价值投资时，要选择值得投资的企业。值得投资的企业一般要具备以下条件：一是要业务简明清晰，二是具有持续竞争优势，三是具有明确的发展规划，四是有用优秀管理人员。一句话，投资者一定要选择在各个行业中出类拔萃的企业进行投资。

其次，对所投资公司进行分析时，要把自己当成企业所有者。由此对所做的投资决策才会胸有成竹，出奇制胜。

再次，投资者一定要对所投资企业的竞争优势及其可持续性做出准确判断。因为这将直接影响到投资者的投资回报率的高低。

最后，投资者需要特别注意的是，选择那些把股东利益放在第一位，具有较高股权回报率的企业是最明智的。

当投资目标确定后，就要对企业的价值进行评估，然后决定投入的资金额。那么应如何确定其价值？本章将会对企业价值评估的相关内容进行阐述。

第一节 企业价值评估概述

在现代经济条件下，企业投资的最终目标是实现其价值的最大化，企业资金运动的各个环节，诸如资金筹集、投资运用和收益分配等都与企业价值息息相关。

为了了解企业资金运动对企业价值的影响，有必要对企业的真实价值做出正确评价。同时，随着经济体制改革的进一步深入和经济增长方式的转变，国有企业改制、公司购并和跨国公司经营等经济活动频繁发生，企业价值评估的需求也越来越多。然而，由于受到会计程序与方法选择等因素的影响，企业的账面价值无法反映企业资产的时间价值和机会成本等，因而企业的账面价值也就不能反映出企业其实的价值。为此，这就需要借助企业价值评估的方法和程序，来了解企业真实的经济价值，这不仅是投资者做出科学投资决策的前提，而且对于企业自身的融资决策，不断提升企业价值，增加股东财富也是非常重要的。

一、价值评估的概念

（一）企业

1. 企业的概念

企业是为了满足社会需求并获取盈利而从事生产、流通、服务等经济活动，独立核算、自主经营、自负盈亏、具有法人资格的经济组织。

2. 企业的特征

企业是市场经济的基本元素，具有独立性、社会性、持续经营性、营利性、整体性等特征。

1）独立性。独立性是指企业根据市场变化自主地组织生产和经营活动，而不受某种组织或机构的约束，具体表现为实行自主经营和独立核算。

2）社会性。社会性是指企业作为社会经济力量的基础，不仅要生产满足社会需求的产品，还要承担劳动就业、环境保护、社会公益等社会责任乃至政治责任。

3）持续经营性。持续经营性是指企业在可以预见的将来按照适当的经营规模和经营类型继续经营。

4）营利性。营利性是指企业的生产经营活动是以营利为目的的。

5）整体性。整体性是指企业以其生产经营范围为依据，以生产经营活动为主线，将若干要素资产有机组合而形成的功能完整、配置有效的有机整体。

（二）企业价值

一个企业的价值，是该企业所有的投资人所拥有的对于企业资产索取权价值的总和。投资人包括债权人、股权人，债权人是指有固定索取权的借款人和债券持有人，股权人是指有剩余索取权的股权投资者。投资人索取权的账面价值包括债务、优先股、普通股等资产的价值。

（三）价值评估

企业价值的评估在企业经营决策中极其重要。企业财务管理的目标是企业价值最大化，企业的各项经营决策是否可行，必须看这一决策是否有利于增加企业价值。在现实经济生活中，往往出现把企业作为一个整体进行转让、合并等情况，如企业兼并、购买、出售、重组联营、股份经营、合资合作经营、担保等，都涉及企业整体价值的评估问题。在这种情况下，要对整个企业的价值进行评估、以便确定合资或转卖的价格。然而，企业的价值，或者说购买价格，绝不是简单地由各单项经公允评估后的资产价值和债务的代数和。因为人们买卖企业或兼并的目的是为了通过经营这个企业来获取收益，决定企业价格大小的因素相当多，其中最基本的是企业利用自有的资产去获取利润能力的大小。

所以，企业价值评估并不是对企业各项资产的评估，而是一种对企业资产综合体的整体性、动态的价值评估，它是一种经济评估方法，目的是分析和衡量企业的公平市场价值并提供有关信息，以帮助投资人和管理当局改善决策。

二、价值评估的分类

按照不同的分类标准，价值评估可以分为不同类型。

（一）根据评估主体不同的分类

根据评估主体的不同，可将价值评估分为内部评估和外部评估。

内部评估是指由资产的占用者自己或者聘请中介机构进行的评估，其评估结果主要是为企业内部的经营管理服务；外部评估是指企业外部的专业评估机构独立进行的评估，其评估结果是为外部投资者和研究人员服务。

（二）根据评估客体不同的分类

根据评估客体的不同，可将价值评估分为企业价值评估、股票价值评估、债券价值评估、不动产价值评估、自然资源价值评估及无形资产价值评估等多种。由于各种资产均具有不同的特点和运行机理，因而对它们进行估价的假设及它们的适用模型、方法也有较大的不同。

（三）根据评估范围不同的分类

根据评估范围的不同，可将价值评估分为整体资产评估与单项资产评估。

整体资产评估是指对某一企业或企业集团的全部资产（包括企业整体、股票、债券等）进行的评估；单项资产评估是指对某企业的某一项或若干项资产（如专利、自然资源、不动产等）进行的评估。

（四）根据评估方法不同的分类

根据评估方法的不同，可将价值评估分为现金流量折现估价法、经济利润估计法、相对价值比较估价法等。这些方法应用的原理和估价的模型各不相同，因而它们适用的场合和范围各不相同，如现金流量折现估价法主要应用与现金流入的资产；经济利润估价法与现金流量折现估计法原理相同，但主要是从股东的价值增加值角度来考察的；相对价值比较估价法主要适用于能找到多个价值已知的相似资产的资产。

三、价值评估的前提假设

由于同一资产的价格在不同的用途和经营环境条件下会有所不同，因此在评估时，评估人员就必须对资产的未来用途和经营环境做出合理的判断，即价值评估的前提假设，一般包括持续经营假设、公开市场假设和破产清算假设。

（一）持续经营假设

持续经营假设是指按照当初的设计、建造或改造后的资产，仍按当前正在使用的方式和目的继续使用下去。在这一前提假设下，资产的未来用途和经营环境不变，投资者仍采取原来的资产利用方式并从中获利。适用这一前提假设的价值评估，要求待评估的资产具备三个条件：① 待评估资产按原来用途使用下去，资产的性能仍能发挥作用，资产所提供的服务正在而且可以继续满足某种经济需求；② 改变资产的用途从经济上看不可行，从法律上看不允许；③ 市场对这种资产的需求，由现有的和类似的用户继续使用该资产比较切实可行。

（二）公开市场假设

公开市场是指充分发达与完善的市场条件。公开市场假设，是假定在市场上交易的资产，或拟在市场上交易的资产，资产交易双方彼此地位平等，彼此都有获取足够市场信息的机会和时间，以便对资产的功能、用途及其交易价格等做出理智的判断。

公开市场假设是基于市场客观存在的现实，公开市场如果没有一个客观存在的市场，那么公开市场假设是不能存在的。不论资产的购买者还是出售者，都希望得到资产的最大最佳效用。最大最佳效用是在评价资产时，资产的价值应该是它的最大最佳效用得到发挥的价值，假设资产的效用没有得到很好的发挥，那么在评价时就不能在它现在的功能发挥的价值情况下评价。资产的最大最佳效用，由资产所在地区、具体特定条件及市场供求规律所决定。公开市场假设旨在说明一种充分竞争的市场条件或市场环境，以及在充分竞争的市场条件下，资产交换价值受市场机制的制约，由市场行情决定，而不是由个别交易决定。

公开市场假设是价值评估中的一个最基本假设，其他假设都是以公开市场假设为基本参照。公开市场假设也是价值评估中使用频率较高的一种假设，凡是能在公开市场上交易、用途较为广泛或通用性较好的资产，都可以考虑按公开市场假设前提进行评估。

（三）破产清算假设

破产清算假设是指资产在某种压力下，被强制进行整合或拆零，经协商或拍卖在公开市场上出售（强制出售）。这种情况下，资产交易双方的地位不平等，交易时间短，资产价格大大低于继续使用或公开市场假设条件下的价格。

评估人员在评估前必须全面了解和把握资产交易变动的背景，以及评估结果使用者准备如何使用价值评估报告，在评估的前提假设被确定之后，才能确定用什么方法来进行评估。

四、企业价值评估的对象

企业价值评估的首要问题就是要明确“要评估的是什么”，也就是价值评估的对象是什么。价值评估的一般对象是企业整体的经济价值。

（一）企业的整体价值观念

企业的整体价值是指企业作为一个整体的公平市场价值。企业的整体价值观念主要体现在以下四个方面。

1．整体不是各部分的简单相加

企业作为整体虽然是由部分组成的，但是它不是各部分的简单相加，而是有机的结合。这种有机结合，使得企业总体具有其各部分所没有的整体性功能，所以整体价值不同于各部分的价值。就如同手机是各种零件的有序结合，使得手机具有整体功能，这种功能是任何一个零件都不具备的，所以手机的价值不同于零件的价值。企业的整体性功能，表现为它可以通过特定的生产经营活动为股东增加财富，这是任何单项资产所不具有的。企业是有组织的资源，资源的结合方式不同，就可以产生不同效率的企业。

企业单项资产价值的总和不等于企业整体价值，而会计报表反映的资产价值，都是

单项资产的价值，资产负债表的“资产总计”是单项资产价值的合计，而不是企业作为整体的价值。

企业整体能够具有价值，在于它可以为投资人带来现金流量。这些现金流量是所有资产联合起来运用的结果，而不是资产分别出售获得的现金流量。

2. 整体价值来源于要素的结合方式

企业的整体价值来源于各部分之间的联系。只有整体内各部分之间建立有机联系时，才能使企业成为一个有机整体。各部分之间的有机联系，是企业形成整体的关键。例如，一堆建筑材料不能成为房子，厂房、机器和人简单地加在一起也不能称之为企业，只有将它们按一定的要求有机地结合起来才能成为房子或企业。因此，企业资源的重组，即改变各要素之间的结合方式，可以改变企业的功能和效率。

3. 部分只有在整体中才能体现出其价值

企业是整体和部分的统一，部分依赖整体，整体支配部分，部分只有在整体中才能体现出它的价值。企业的一个部分在企业整体中发挥它的特定作用，一旦将其从整体中剥离出来，这个部分就具有了另外的意义。企业的有些部分是可以剥离出来单独存在的，如一台设备；有些部分是不能单独存在的，如商誉。可以单独存在的部分，其单独价值不同于作为整体一部分的价值。因此，一个部门被剥离出来，其功能会有别于它原来作为企业一部分的功能和价值，剥离后的企业也会不同于原来的企业。

4. 整体价值只有在运行中才能体现出来

企业的整体功能，只有在运行中才能得以体现。企业是一个运行着的有机体，一旦成立就有了独立的“生命”和特征，并维持它的整体功能。如果企业停止运营，整体功能随之丧失，不再具有整体价值，它就只剩一堆机器、存货和厂房，此时企业的价值是这些财产的变现价值，即清算价值。

（二）企业的经济价值

经济价值是经济学家所持有的价值观念，是指一项资产的公平市场价值。所谓“公平市场价值”是指在公平的交易中，熟悉情况的双方，自愿进行资产交换或债务清偿的金额。经济价值通常用该资产所产生的未来现金流量的现值来计量。

在企业价值评估中，要注意区分会计价值与市场价值、现时市场价值与公平市场价值的关系。

1. 会计价值与市场价值

会计价值是指资产、负债和所有者权益的账面价值，与市场价值是两个不同的概念。例如，某股份有限公司 2015 年的资产负债表显示，股东权益的账面价值为 26.6 亿元，总股份数为 4.85 亿股，该股票全年平均市价为 19.69 元/股，则市场价值约为 95 亿元，说明该公司股权的市场价值与会计价值相差悬殊。

会计计量大多以历史成本为基础，即不管是由于技术进步、更新使一项资产的市场价值远远低于交易价格，或者由于通货膨胀使其价值远远高于交易价格，账面上的价值仍然以最初交易价格记录，不受现时市场价值的影响。只有在资产需要折旧或者摊销时，才会修改资产的账面价值。选择历史成本而放弃现行市场价值的原因有：

1）历史成本具有客观性，可以重复验证，而这正是现行市场价值所缺乏的，选择历史成本充分体现了会计要求的客观性原则。

2）如果说历史成本与投资人的决策不相关，那么现行市场价值也同样与投资人决策不相关。投资人购买股票的目的是获取未来收益，而不是企业资产的价值。企业的资产不是被出售，而是被使用并在产生未来收益的过程中消耗。与投资人决策相关的信息，是资产在使用中可以带来的未来收益，而不是其现行市场价值。由于财务报告采用历史成本计量资产价值，否认了资产收益和股权成本，只承认已实现收益和已发生费用。

历史成本计价也有很多不足之处：

1）制定经营或投资决策必须以现时的和未来的信息为依据，历史成本提供的信息是面向过去的，与管理人员、投资人和债权人的决策缺乏相关性。

2）历史成本不能反映企业真实的财务状况，资产的报告价值是未分配利润的历史成本（或剩余部分），并不是可以支配的资产或可以抵偿债务的资产。

3）现实中的历史成本计价在方法上缺乏一致性，其货币性资产不按历史成本反映，非货币性资产在使用历史成本计价时也有很多例外，所以历史成本计价是各种计价方法的混合，不能为经营和投资决策提供有用的信息。

4）历史成本计价在时间上缺乏一致性。资产负债表把不同会计期间的资产购置价格混合在一起，使之缺乏明确的经济意义。

由于历史成本计价存在上述缺点，各国会计准则的制定机构陆续引入公允价值、可变现净值、重置成本等多种计量方法，以改善财务报告信息与报告使用人决策的相关性。

所以，资产的公平市场价值就是未来现金流量的现值。按照未来售价计价，也称未来现金流量计价。从交易属性上来看，未来售价计价属于产出计价类型（成本属于投入计价类型）；从时间属性上来看，未来售价属于未来价格（成本属于历史价格）。

未来现金流量现值面向的是未来，而不是历史或现在，符合决策面向未来的时间属性。经济学家认为，未开现金流量的现值是资产的一项最基本的属性，是资产的经济价值。只有未来售价计价符合企业价值评估的目的。因此，除非特别指明，企业价值评估的“价值”是指未来现金流量现值。

2．现时市场价值与公平市场价值

现时市场价值是指按现行市场价格计量的资产价格，它可能是公平的，也可能是不公平的。要区分现时市场价值与公平市场价值时需要做到以下几点：

首先，作为交易对象的企业，通常没有完善的市场，也没有现成的市场价格。非上市企业或者它的一个部门，由于没有在市场上出售，其价格也就不得而知。对于上市企业来说，每天参加交易的只是少数股权，多数股权不参加日常交易。因此，市价只是少数股东认可的价格，未必代表公平价值。

其次，以企业为对象的交易双方，存在比较严重的信息不对称，人们对于企业的预期会有很大的差距，成交的价格也不一定是公平的。

再次，股票的价格是经常变动的，没有规定哪一个价格是公平的。

最后，评估的目的之一是寻找被低估的企业，也就是价格低于价值的企业。如果投标方现时市价作为企业的估值，则企业的价值与价格相等，我们也得不到有意义的信息。

（三）企业整体价值的类别

明确价值评估的对象是企业整体价值之后，还需要进一步明确是“哪一种”整体价值。企业整体价值可以分为实体价值和股权价值、持续经营价值和清算价值、少数股权价值和控股权价值等类别。

1. 实体价值和股权价值

当一家企业收购另一家企业的时候，可以收购卖方的资产，而不承担其债务，或者购买其股份并同时承担其债务。例如，A 企业以 10 亿元的价格买下了 B 企业的全部股份，并承担了 B 企业原有的 4 亿元的债务，收购的经济成本是 14 亿元。对于 A 企业的股东来说，他们不仅需要支付 10 亿元现金（或印制价值 10 亿元的股票换取乙企业的股票），而且还要以书面契约形式承担其 4 亿元的债务。实际上他们需要支付 14 亿元来购买 B 企业的全部资产，其中 10 亿元现在支付，另外 4 亿元将来支付。因此，企业的资产价值与股权价值是不同的。

企业全部资产的总体价值，称为企业实体价值。企业实体价值是股权价值与净债务价值之和。股权价值在这里不是指所有者权益的会计价值（账面价值），而是股权的公平市场价值。净债务价值也不是指它们的会计价值（账面价值），而是净债务的公平市场价值。

大多数企业购并是以购买股份的形式进行的。因此，评估的最终目标和双方谈判的焦点是卖方的股权价值。但是，买方的实际收购成本等于股权成本加上所承接的债务。

2. 持续经营价值和清算价值

企业能够给所有者提供价值的方式有两种，一种是由营业所产生的未来现金流量的现值，称为持续经营价值；另一种是停止经营，出售资产产生的现金流，称为清算价值。因为持续经营价值和清算价值的评估方法和评价结果有明显的区别，人们必须明确拟评估的企业是一个持续经营的企业还是一个准备清算的企业，评估的价值是持续经营价值还是清算价值。一般情况下，评估的是企业的持续经营价值。

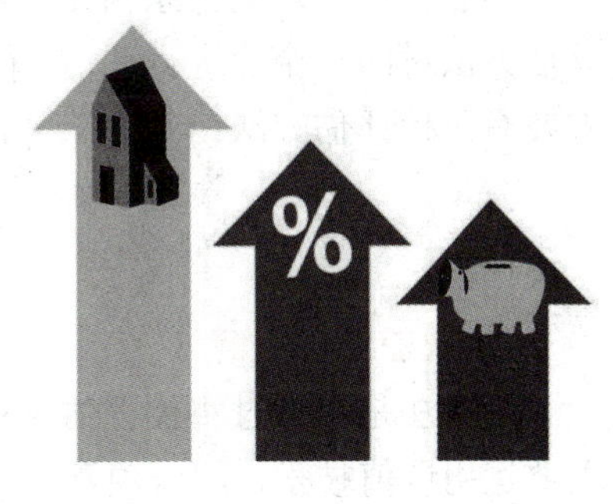

一个企业持续经营的基本条件，是其持续经营价值超过清算价值。依据理财的“自利原则”，当未来现金流量的现值大于清算价值时，投资人会选择持续经营。如果现金流量下降，或者资本成本提高，使得未来现金流量低于清算价值时，则投资人会选择清算。

提　示

如果一个企业的持续经营价值已经低于其清算价值，企业应当进行清算。但是，也有例外，那就是控制企业的人拒绝清算，企业得以持续经营。这种持续经营，摧毁了股东本来可以通过清算得到的价值。

3．少数股权价值和控股权价值

企业的所有权和控制权是两个不同的概念，在评估企业价值时，必须明确拟评估的对象是少数股权价值，还是控股权价值。买入企业的少数股权和买入企业的控股权，是完全不同的两回事。买人企业的少数股权，是承认企业现有的管理和经营战略，买入者只是一个旁观者。买入企业的控股权，投资者获得改变企业生产经营方式的充分自由，或许还能增加企业的价值。

同一企业的股票在两个分割开来的市场上交易。一个是少数股权市场，它交易的是少数股权代表的未来现金流量。另一个是控股权市场，它交易的是企业控股权代表的现金流量。获得控股权，不仅意味着取得了未来现金流量的索取权，而且同时获得了该组企业的特权。在两个不同市场里交易的，两者实际上是不同的资产。

第二节　企业价值评估的方法

一、企业价值评估方法的分类

与企业价值理论体系相比，实践中价值评估的方法多种多样，利用不同的评估程序及评估方法对同一企业进行评估，往往会得出不同的结果。目前，在实际的价值评估实务中，主要有三种评估方法：收益法、市场法、成本法。

（一）收益法

1．收益法的概念

收益法是指通过将被评估企业预期收益资本化或折现来确定被评估企业价值。收益法主要运用现值技术，即一项资产的价值是利用其所能获取的未来收益的现值，其折现率反映了投资该项资产并获得收益的风险回报率。收益法是目前较成熟、使用较多的估值技术。

提　示

企业收益的具体形式可以是股息、企业现金流、股权现金流等，但一般不采用利润

这一收益形式，其原因主要有两个方面：

第一，有关利润、现金流与企业价值关系的大量研究结果表明，企业的价值基础是现金流而不是利润，当现金流与利润不一致时，企业价值的变化与现金流的变化更为一致，而与利润的变化关系不大。

第二，因为现金流存在实际收支差额，它不容易被操纵，根据现金流作有关的计算和分析更为方便；而会计利润受到会计政策和会计估计的影响较大，在某些情况下，企业经理人员从自身利益考虑，可能会利用会计计量和会计核算的自主权，来对利润水平进行操纵。

采用收益法评估企业价值时涉及三个重要参数：预期收益、折现率或资本化率、预期收益期限，要确定这三个参数，评估人员必须充分、全面、系统地考虑与企业价值有关的各方面关键因素。这些关键性因素可分为三个层次：

- 宏观经济环境，包括 GDP 增长率、利率、税率等，未来宏观经济的走势和被评估企业对经济周期不同阶段的敏感性。
- 行业状况、预期的行业发展水平、技术发展水平和行业中与被评估企业相竞争的其他企业的情况。当被评估企业跨行业经营时，评估人员还应当对不同的行业进行分析，并了解不同行业之间的相互影响。
- 企业自身状况，如企业的经营管理状况、企业历史的经营业绩及财务状况、企业未来的发展规划和盈利能力等。

通过上述对宏观经济环境、行业状况并结合对企业自身状况的分析，可以对决定企业价值的成长因素，盈利性因素和资本成本（风险因素）等有一个较为全面的理解。

2. 收益法的分类

收益法有各种具体的方法，根据企业未来收益变化特征，可以将收益法分为未来收益折现法和收益资本化法。

（1）未来收益折现法

未来收益折现法通过估算被评估企业未来的预期收益，并以一定的折现率得出其价值。这种方法在企业价值评估中广泛运用，通常需要对预测期间（从评估基准日到企业达到相对稳定经营状况的这段期间）企业的发展计划、盈利能力、财务状况等进行详细的分析。未来收益折现法用公式表示为：

$$V=\sum_{i=1}^{n}\frac{R_i}{(1+r)^i}+\frac{R_{n+1}}{(r-g)(1+r)^n}$$

其中，V——评估基准日企业价值的评估值；R_i——未来第 i 年的收益；g——从第 $n+1$ 年开始，企业收益的稳定增长率，当 $g=0$ 时表示从第 $n+1$ 年开始，企业收益保持不变；n——企业收益非稳定期间。

（2）收益资本化法

收益资本化法是将企业未来预期的具有代表性的相对稳定收益，以资本化率转换为企业价值的一种计算方法。通常直接以单一年度的预测收益为基础进行价值估算，即通过将预测收益与一个合适的比率相除获得，用公式表示为：

$$V=\frac{A}{r}$$

其中：A——企业每年的年金收益；r——资本化率。

收益资本化法通常适用于企业的经营进入稳定状态，企业收益达到稳定水平的情况。在这种情况下，企业的当期收益等于年金，用一个资本化率计算这一年金的现值，以获得企业的价值。虽然这种方法较为简单，但需要满足的假设条件较为严格，因此，评估人员不能简单将预期收益除以资本化率就得到企业价值，而不具体分析被评估企业是否满足使用收益资本化法的条件。

另外，根据评估对象和收益流的不同，收益法也可以分为股息折现模型、股权现金流折现模型、公司现金流折现模型和经济利润折现模型等。

（二）市场法

市场法是将被评估企业与参考企业、在市场上已有交易案例的企业、股东权益、证券等权益性资产进行比较，以确定被评估企业价值。市场法中常用的两种方法是可比企业分析法和可比交易分析法。

1．可比企业分析法

可比企业分析法是以交易活跃的同类企业的股价和财务数据为依据，计算出一些主要的财务比率，然后用这些比率作为乘数计算得到非上市企业和交易不活跃上市企业的价值。可比企业分析法的技术性要求较低，与现金流量折现法相比理论色彩较淡。

运用可比企业分析法的关键是选出一组在业务和财务方面与被评估企业相似的企业，通过对这些企业的经营历史、财务情况、股票行情及其发展前景的分析，确定估价指标和比率系数，然后用它们来计算被评估企业的价值。如果被评估企业是经营多业务的综合性企业，则可针对它的几个主要业务，分别挑选出相应的几组相似的企业，分别确定估价指标和比率系数，得出各业务部门的价值，再将它们汇总，得出该综合性被评估企业的价值。

将被评估企业和同行业中其他上市企业进行比较时，通常分析的财务指标有销售利润率、销售毛利率、流动比率、存货周转率、应收账款周转率、产权比率和年销售收入的增长率等。

2．可比交易分析法

相似的标的应该有相似的交易价格，基于这一原理，可比交易分析法主张从类似的并购交易中获取有用的财务数据，据以计算被评估企业价值。它不对市场价值进行分析，而只是统计同类企业在被并购时并购企业支付价格的平均溢价水平，再用这个溢价水平计算出被评估企业的价值。该方法需要找出与被评估企业经营业绩相似的企业的最近平均实际交易价格，将其作为计算被评估企业价值的参照物。

（三）成本法

成本法也称资产基础法，是在合理评估被评估企业各项资产价值和负债的基础上确定被评估企业的价值，其关键是选择合适的资产价值标准。应用成本法需要考虑各项损耗因素，具体包括有形损耗、功能性损耗和经济性损耗等。成本法主要有账面价值法、重置成本法和清算价格法。

1. 账面价值法

账面价值法是基于会计的历史成本原则，以企业账面净资产为计算依据来确认被评估企业价值的一种估值方法。

账面价值法是按通用会计原则计算得出的，比较客观，而且取值方便。但是，账面价值法是一种静态估值方法，既不考虑资产的市价，也不考虑资产的收益。而实际中，有三个方面的原因使账面价值往往与市场价值存在较大的偏离：一是通货膨胀的存在使一项资产的价值不等于它的历史价值减折旧；二是技术进步使某些资产在寿命终结前已经过时和贬值；三是由于组织资本的存在使得多种资产的组合会超过相应各单项资产价值之和。因此，这种方法主要适用于简单的并购中，主要针对账面价值与市场价值偏离不大的非上市企业。

2. 重置成本法

重置成本法是以被评估企业各单项资产的重置成本为计算依据来确认被评估企业价值的一种估值方法。

重置成本法和账面价值法有相似之处，也是基于企业的资产为基础的。但它不是用历史上购买资产的成本，而是根据现在的价格水平购买同样的资产或重建一个同样的企业所需要的资金来估算该企业的价值。

运用重置成本法，需要对资产账面价值进行适当的调整。在实际运用中，有两种调整方法：一是价格指数法，即选用一种价格指数，将资产购置年份的价值换算成当前的价值。价格指数法存在的最大问题是没有反映技术贬值等因素对某些重要资产价值带来的影响。二是逐项调整法，即按通货膨胀和技术贬值两个因素对资产价值影响的大小，逐项对每一资产的账面价值进行调整，以确定各项资产的当前重置成本。

3. 清算价格法

清算价格法是通过计算被评估企业的净清算收入来确认被评估企业价值的一种估值方法。企业的净清算收入是出售企业所有的部门和全部固定资产所得到的收入，再扣除企业的应付债务。这一估算的基础是对企业的不动产价值（包括工厂、厂场和设备、各种自然资源或储备等）进行估算。

清算价格法是在被评估企业作为一个整体已经丧失增值能力情况下的估值方法，估算所得到的是被评估企业的可变现价格。此方法主要适用于陷入困境的企业价值评估。

二、现金流量折现法

（一）现金流量折现法的评估思路

现金流量折现法是通过估测被评估企业未来预期现金流量的现值来判断企业价值的一种估值方法。现金流量折现法从现金流量和风险角度考察企业的价值。在风险一定的情况下，被评估企业未来能产生的现金流量越多，企业的价值就越大，即企业内在价值与其未来产生的现金流量成正比；在现金流量一定的情况下，被评估企业的风险越大，企业的价值就越低，即企业内在价值与风险成反比。

（二）现金流量折现法的基本步骤

1．分析历史绩效

对企业历史绩效进行分析，其主要目的是彻底了解企业过去的绩效，为今后绩效的预测提供一个视角，为预测未来的现金流量做准备。历史绩效分析主要是对企业的历史会计报表进行分析，重点在于企业的关键价值驱动因素。

2．确定预测期间

在预测企业未来的现金流量时，通常会人为确定一个预测期间，在预测期后的现金流量就不再估计。预测期间的长短取决于企业的行业背景、管理部门的政策、并购的环境等，通常为 5～10 年。

3．预测未来的现金流量

在企业价值评估中使用的现金流量是指企业所产生的现金流量在扣除库存、厂房设备等资产所需的投入及缴纳税金后的部分，即自由现金流量。用公式可表示为：

自由现金流量＝（税后净营业利润＋折旧及摊销）－（资本支出＋营运资金增加额）

利息费用尽管作为费用从收入中扣除，但它是属于债权人的自由现金流量。因此，只有在计算股权自由现金流量时才扣除利息费用，而在计算企业自由现金流量时则不能扣除。

4．选择合适的折现率

折现率是指将未来预测期内的预期收益换算成现值的比率，有时也称资本成本率。通常，折现率可以通过加权平均资本成本模型确定。

根据加权平均资本成本模型，由于并购企业用于投资被并购企业的资本一般既有自有资本也有负债，所以这种投资的资本成本是两者的加权平均，用公式可表示为：

$$r_{WACC}=\frac{E}{(E+D)}\times r_e+\frac{D}{(E+D)}\times r_d$$

其中，r_{WACC} 为企业的加权平均资本成本；D 为企业负债的市场价值；E 为企业权益的市场价值；r_e 为股权资本成本；r_d 为债务资本成本。式中的 r_e 可采用如下两种方式计算。

（1）资本资产定价模型

资本资产定价模型（Capital Asset Pricing Model，CAPM）下，股权资本成本的计算公式为：

$$r_e=r_f+(r_m-r_f)\times\beta$$

其中，r_f 为无风险报酬率，是指无任何拖欠风险的证券或者有价证券组合的报酬率，而且与经济中其余任何报酬率完全无关。通常使用 5 年期或 10 年期国债利率作为无风险报酬率；r_m 为市场投资组合的预期报酬率；(r_m-r_f) 为市场风险溢价，是市场投资组合的预期报酬率与无风险报酬率之间的差额；β 为市场风险系数，是反映个别股票相对于平均风险股票的变动程度的指标，它可以衡量出个别股票的市场风险，而不是企业的特有风险。

因为并购活动通常会引起企业负债率的变化，进而影响 β 系数，所以需要对 β 系数做必要的修正。可利用哈马达方程对 β 系数进行调整，其计算公式为：

$$\beta_1=\beta_0[1+(1-T)\times(D/E)]$$

其中，β_1 为负债经营的 β 系数；β_0 为无负债经营的 β 系数；T 为企业所得税税率。

（2）股利折现模型

股利折现模型下，股权资本成本的计算公式为：

$$P_0=\sum_{t=1}^{\infty}D_t/(1+r_e)^t$$

① 假定每年股利不变时，其计算公式为：

$$r_e=D_0/P_0$$

其中，D_0 为当年股利额；P_0 为普通股市价。

② 假定股利以不变的增长速度增长时，其计算公式为：

$$r_e=D_1/P_0+g$$

其中，D_1 为预计的年股利额；P_0 为普通股市价；g 为普通股股利年增长率。

因为利息支出可以税前抵扣，所以债务资本成本 r_d 应该在税后的基础上进行计算，其计算公式为：

$$r_d=r\times(1-T)$$

其中，r 为借款利率或者债券票面利率。

5. 预测终值（企业连续价值）

估计企业未来的现金流量不可能无限制地预测下去，因此要对未来某一时点的企业价值进行评估，即计算企业的终值。

企业终值一般可采用永久增长模型（固定增长模型）计算。这种方法假定从计算终值的那一年起，自由现金流量是以固定的年复利率增长的。预测终值（TV）的计算公式为：

$$TV=FCF_{n+1}/(r_{WACC}-g)=FCF_n\times(1+g)/(r_{WACC}-g)$$

其中，FCF_{n+1} 为计算终值那一年的自由现金流量；FCF_n 为预测期最后一年的自由现金流量；g 为计算终值那一年以后的自由现金流量年复利增长率。

6. 预测企业价值

企业价值等于确定预测期内现金流量的折现值之和，加上终值的现值，其计算公式为：

$$V=\sum_{t=1}^{n}FCF_t/(1+r_{WACC})^t+TV/(1+r_{WACC})^n$$

其中，V 为企业价值；FCF_t 为确定预测期内第 t 年的自由现金流量；n 为确定的预测期。

例题解析

【例 5-1】 A 公司是一家大型国有移动新媒体运营商，主营业务是利用移动多媒体广播电视覆盖网络，面向手机、GPS、PDA、MP4、笔记本电脑及各类手持终端，提供高质量的广播电视节目、综合信息和应急广播服务。B 公司在上海，与 A 公司经营同类业务。A 公司总部在北京，在全国除 B 公司所在地外，已在其他 30 个省市区成立了子公司。为形成全国统一完整的市场体系，2016 年 1 月，A 公司开始积极筹备并购 B 公司。

A 公司聘请资产评估机构对 B 公司进行估值。资产评估机构以 2016—2020 年为预测期，对 B 公司的财务预测数据如表 5-1 所示。

表 5-1 B 公司财务预测数据

金额单位：万元

项目	2016 年	2017 年	2018 年	2019 年	2020 年
税后净营业利润	1 300	1 690	1 920	2 230	2 730
折旧和摊销	500	650	800	950	1 050
资本支出	1 200	1 200	1 200	800	800
营运资金增加额	200	300	600	1 200	1 000

资产评估机构确定的公司估值基准日为 2015 年 12 月 31 日，在该基准日，B 公司资本结构为：债务/权益（D/E）=0.55。

假定选取到期日距离该基准日 5 年以上的国债作为标准，计算出无风险报酬率为 3.55%。选取上证综合指数和深证成指，计算从 2006 年 1 月 1 日至 2015 年 12 月 31 日 10 年间年均股票市场报酬率为 10.62%，减去 2006—2015 年年平均无风险报酬率为 3.65%，计算出市场风险溢价为 6.97%。选取同行业 4 家上市公司剔除财务杠杆的 β 系数，其平均值为 1.28，以此作为计算 B 公司 β 系数的基础。目前 5 年以上贷款利率为 6.55%，以此为基础计算 B 公司的债务资本成本。B 公司为高科技企业，企业所得税税率为 15%。假定从 2021 年起，B 公司自由现金流量以 5%的年复利增长率固定增长。

本例中，运用现金流量折现法对 B 公司进行的价值评估过程如下：

1）根据财务预测数据，计算B公司预测期各年自由现金流量，如表5-2所示。

表5-2 B公司预测期各年自由现金流量

单位：万元

项目	2016年	2017年	2018年	2019年	2020年
自由现金流量	400	840	920	1 180	1 980

2）计算加权平均资本成本。

β=1.28×［1+（1−15%）×0.55］=1.88

r_e=3.55%+1.88×6.97%=16.65%

r_d=6.55%×（1−15%）=5.57%

$r_{wacc}=E/(E+D)\times r_e+D/(E+D)\times r_d$=1/1.55×16.65%+0.55/1.55×5.57%=12.72%

3）计算B公司预测期末价值。

TV=1 980×1.05/（12.72%−5%）=26 930（万元）

4）计算B公司价值。

V=400/（1+12.72%）+840/（1+12.72）^{2}+920/（1+12.72%）^{3}+
1 180/（1+12.72%）^{4}+1 980/（1+12.72%）^{5}+26 930/（1+12.72%）^{5}
=18 260（万元）

三、经济利润模型

与传统的会计利润指标不同，经济利润不仅对债务资本计算成本，而且对权益资本也计算成本（机会成本）。如果*EVA*的值为正，则表示企业获得的收益高于为获得此项收益而投入的资本成本，即企业为股东创造了财富；相反，如果*EVA*的值为负，则表示企业在毁灭股东的财富。

根据现金流量折现原理可知，如果某一年的投资资本回报率等于加权平均资本成本，则企业现金流量的净现值为零。此时，息前税后营业利润等于投资各方的期望报酬，经济利润也必然为零，企业的价值与期初相同，既没有增加也没有减少。如果某一年的投资资本回报率超过加权平均资本成本，则企业现金流量有正的净现值。此时，息前税后营业利润大于投资各方期望的报酬，也就是经济利润大于零，企业的价值将增加，如果某一年的投资资本回报率小于加权平均资本成本，则企业现金流量有负的净现值。此时，息前税后营业利润不能满足投资各方的期望报酬，也就是经济利润小于零，企业的价值将减少。

因此，企业价值等于期初投资资本加上经济利润的现值，其计算公式为：

企业实体价值=期初投资资本+经济利润现值

公式中的期初投资资本是指企业在经营中投入的现金，其计算公式为：

全部投资资本=所有者权益+净债务

例题解析

【例 5-2】 甲企业 2015 年的部分财务数据和 2016 年的部分计划财务数据如表 5-3 所示。

表 5-3 甲企业 2015—2016 年财务数据表

单位：万元

项 目	2015 年	2016 年
营业收入	572	570
营业成本	507	506
销售及管理费用	17	15
财务费用	12	12
其中：借款利息（平均利率 8%）	6.48	6.4
利润总额	36	37
所得税（30%）	10.8	11.1
净利润	25.2	25.9
短期借款	29	30
长期借款	52	50
股东权益	200	200

甲企业的加权平均资本成本 10%。企业预计在其他条件不变的情况下，今后较长一段时间内会保持 2016 的收益水平。根据上述资料，使用经济利润法计算企业价值过程如下：

2015 年投资成本＝所有者权益＋有息债务＝200＋52＋29＝281（元）

2016 年息前税后利润＝息税前利润×（1－所得税率）＝（37＋6.4）×（1－30%）＝30.38（万元）

2016 年投资成本＝200＋50＋30＝280（万元）

2016 年经济利润＝息前税后利润－投资成本×加权平均资本成本＝30.38－280×10%＝2.38（万元）

企业价值＝期初投资成本＋经济利润现值＝281＋2.38÷10%＝304.8（万元）

经济利润模型与现金流量模型在本质上是一致的，但是经济利润具有可以计量单一年份价值增加的优点，而现金流量法却做不到。因为，任何一年的现金流量都受到净投资的影响，加大投资会减少当年的现金流量，推迟投资可以增加当年的现金流量。投资不是业绩不良的表现，而找不到投资机会反而是不好的征兆。因此，某个年度的现金流量不能成为计量业绩的依据。管理层可以为了改善某一年的现金流量而推迟投资，而使企业的长期价值创造受到损失。

经济利润之所以受到重视，关键是它把投资决策必需的现金流量法与业绩考核必备的权责发生制统一起来了。它的出现，结束了投资决策用现金流量的净现值评价，而业绩考核用权责发生制的利润评价，决策与业绩考核的标准分离，甚至是冲突、混乱的局面。

四、相对价值法

现金流量法和经济利润法在概念上很健全，但是在应用时会碰到较多的技术问题。有一种相对容易的估价方法，就是相对价值法，也称价格乘数法或可比交易价值法等。

相对价值法是利用类似企业的市场定价来估计目标企业价值的一种方法。它的假设前提是存在一个支配企业市场价值的主要变量，市场价值与该变量的比值，各企业是类似的、可以比较的，如净利等。

首先，寻找一个影响企业价值的关键变量（如净利）；其次，确定一组可以比较的类似企业，计算可比企业的市价 / 关键变量的平均值（如平均市盈率）；然后，根据目标企业的关键变量（如净利）乘以得到的平均值（平均市盈率），计算目标企业的评估价值。

相对价值法是将目标企业与可比企业对比，用可比企业的价值衡量目标企业的价值。如果可比企业的价值被高估了，则目标企业的价值也会被高估。实际上，所得结论是相对于可比企业来说的，以可比企业价值为基准，是一种相对价值，而非目标企业的内在价值。

（一）相对价值模型

1．市盈率模型

（1）基本模型

$$PE=\frac{P}{EPS}$$

其中，PE（Price Earning）为市盈率，P 为每股市价；EPS（Earnings Per Share）为每股净利。

运用市盈率估计的模型如下：

目标企业每股价值＝可比企业平均市盈率×目标企业的每股净利

相应地用字母表示为：

$$EV=PEV\times EPS$$

该模型假设股票市价是每股净利的一定倍数。每股净利越大，则股票价值越大。同类企业有类似的市盈率，所以目标企业的股权价值可以用每股净利乘以可比企业的平均市盈率计算。

（2）模型原理

根据股利折现模型，处于稳定状态企业的股权价值为：

$$股权价值=\frac{每股股利_1}{股本成本-增长率}$$

两边同时除以“每股收益$_0$”：

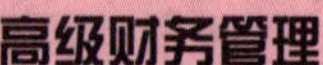

$$\frac{股权价值}{每股收益_0}=\frac{每股股利_1/每股收益_0}{股本成本-增长率}$$

$$=\frac{[每股收益_0\times(1+增长率)\times股利支付率]/每股收益_0}{股本成本-增长率}$$

$$=\frac{股利支付率\times(1+增长率)}{股本成本-增长率}$$

$$=本期市盈率$$

上述根据当前市价和同期净利计算的市盈率，称为本期市盈率，简称市盈率。

这个公式表明，市盈率的驱动因素是企业的增长潜力、股利支付率和风险（股权资本成本）。这三个因素类似的企业．才会具有类似的市盈率。可比企业实际上应当是这三个比率类似的企业，同业企业不一定都具有这种类似性质。

如果把公式两边同除的当前“每股收益 $_0$”，换为预期下期“每股收益 $_1$”，其结果称为“内在市盈率”或“预期市盈率”，用公式表示为：

$$\frac{股权价值}{每股收益_1}=\frac{每股股利_1/每股收益_1}{股本成本-增长率}$$

$$内在市盈率=\frac{股利支付率}{股本成本-增长率}$$

提　　示

如果用内在市盈率为股票定价，其结果应与现金流量模型一致。如果知道了这三个比率就可以直接根据现金流量模型估价了，为何还要再计算市盈率用价格乘数模型定价？我们这样分析问题，不是为了重复演示现金流量模型，而是为了关注影响市盈率可比性的因素，以便合理选择可比企业，防止误用市盈率估价模型。

市盈率估价模型被误用是很常见的事情。例如，有人认为市盈率低的股票更便宜，其实不一定。一个企业的市盈率比同行业高，可能是因为它有更高的增长率或者风险较低，而不是被市场高估了。又如，不管企业的这三个比率高低，用行业平均的市盈率为新股定价，也是很不科学的。这些误用都与不理解市盈率的原理有关。

在影响市盈率的三个因素中，关键是增长潜力。所谓“增长潜力”类似，不仅指具有相同的增长率，还包括增长模式的类似性，如同为永续增长，还是同为由高增长转为永续低增长。

上述内在市盈率模型是根据永续增长模型推导的。如果企业符合两阶段模型的条件，也可以通过类似的方法推导出两阶段情况下的内在市盈率模型。它比永续增长的内在市盈率模型形式复杂，但是仍然由这三个因素驱动。

（3）模型的适用性

市盈率模型的优点：首先，计算市盈率的数据容易取得，并从计算简单；其次，市盈率把价格和收益联系起来，直观地反映投入和产出的关系；再次，市盈率涵盖了风险补偿率、增长率、股利支付率的影响，具有很高的综合性。

市盈率模型的局限性：如果收益是负值，市盈率就失去了意义。此外，市盈率除了受企业本身基本面的影响以外，还受到整个经济景气程度的影响。在整个经济繁荣时市盈率上升，整个经济衰退时市盈率下降。如果目标企业的 β 值为 1，则评估价值正确反映了对未来的预期。如果企业的 β 值显著大于 1，经济繁荣时评估价值被夸大，经济衰退时评估价值被缩小。如果 β 值明显小于 1，经济繁荣时评估价值偏低，经济衰退时评估价值偏高。如果是一个周期性的企业，则企业价值可能被歪曲。

因此，市盈率模型最适合连续盈利，并且 β 值接近于 1 的企业。

例题解析

【例 5-3】　2016 年，假设甲企业的每股净利是 0.5 元，分配股利 0.35 元/股，该企业净利润和股利的增长率都是 6%，β 值为 0.75。政府长期债券利率为 7%，股票的风险附加率为 5.5%。则该企业的本期净利市盈率和预期净利市盈率各是多少？

假设乙企业与甲企业是类似企业，今年实际净利为 1 元，根据甲企业的本期净利市盈率对乙企业估价，其股票价值是多少？乙企业预期明年净利是 1.06 元，根据甲企业的预期净利市盈率对乙企业估价，其股票价值是多少？

甲企业股利支付率＝每股股利÷每股净利＝0.35÷0.5＝70%

甲企业股权资本成本＝无风险利率＋β×风险附加率＝7%＋0.75×5.5%＝11.125%

甲企业本期市盈率＝[股利支付率×（1＋增长率）]÷（资本成本－增长率）＝[70%×（1＋6%）]÷（11.125%－6%）＝14.48

甲企业预期市盈率＝股利支付率÷(资本成本－增长率)＝70%÷(11.125%－6%)＝13.66

根据甲企业的本期净利市盈率对乙企业估价，其股票价值为:

乙企业股票价值＝目标企业本期每股净利×可比企业本期市盈率＝1×14.48＝14.48（元/股）

根据甲企业的预期净利市盈率对乙企业估价，其股票价值为:

乙企业股票价值＝目标企业预期每股净利×可比企业预期市盈率＝1.06×13.66＝14.48（元/股）

通过上述例题可知，如果目标企业的预期每股净利变动与可比企业相同，则根据本期市盈率和预期市盈率进行估价的结果相同。

提　示

在估价时，目标企业本期净利必须要乘以可比本期净利市盈率，目标企业预期净利必须要乘以可比企业预期市盈率，两者必须匹配。这一原则不仅适用于市盈率，也适用于市净率和收入乘数；不仅适用于未修正价格乘数，也适用于后面所讲的各种修正的价格乘数。

2. 市净率模型

（1）基本模型

$$PB=\frac{P}{B}$$

其中，PB（Price to Book）为市净率，P 为每股市价；B 为每股净资产。

这种方法假设股权价值是净资产的函数，类似企业有相同的市净率，净资产越大则股权价值越大。因此，股权价值是净资产的一定倍数，目标企业的价值可以用每股净资产乘以平均市净率计算：

$$\text{股权价值}=\text{可比企业平均市净率}\times\text{目标企业净资产}$$

用字母表示为：

$$E=PBV\times NAV$$

（2）市净率的驱动因素

如果把股利折现模型的两边同时除以同期股权账面价值，就可以得到市净率，公式推导过程如下：

$$\begin{aligned}\frac{\text{股权价值}}{\text{股权账面价值}_0}&=\frac{[\text{每股股利}_0\times(1+\text{增长率})]/\text{股权账面价值}_0}{\text{股本成本}-\text{增长率}}\\&=\frac{\dfrac{\text{每股股利}_0}{\text{每股收益}_0}\times\dfrac{\text{每股收益}_0}{\text{股权账面价值}_0}\times(1+\text{增长率})}{\text{股本成本}-\text{增长率}}\\&=\frac{\text{股东权益收益率}_0\times\text{股利支付率}\times(1+\text{增长率})}{\text{股本成本}-\text{增长率}}\\&=\text{本期市净率}\end{aligned}$$

该公式表明，驱动市净率的因素有权益报酬率、股利支付率、增长率和风险。其中，权益报酬率是关键因素。这四个比率类似的企业，会有类似的市净率。不同企业市净率的差别，也是由这四个比率的不同引起的。

如果把公式中的“股权账面价值 $_0$”换成预期下期的“股权账面价值 $_1$”，则可以得出内在市净率，或称预期市净率。公式推导过程如下：

$$\begin{aligned}\frac{\text{股权价值}}{\text{股权账面价值}_1}&=\frac{[\text{每股股利}_0\times(1+\text{增长率})]/\text{股权账面价值}_1}{\text{股本成本}-\text{增长率}}\\&=\frac{\dfrac{\text{每股股利}_0}{\text{每股收益}_0}\times\dfrac{\text{每股收益}_1}{\text{股权账面价值}_1}\times(1+\text{增长率})}{\text{股本成本}-\text{增长率}}\\&=\frac{\text{股东权益收益率}_1\times\text{股利支付率}\times(1+\text{增长率})}{\text{股本成本}-\text{增长率}}\\&=\text{内在市净率}\end{aligned}$$

使用内在市净率作为价格乘数计算企业价值，所得结果与现金流量模型的结果应当一致。

（3）模型的适用性

市净率估价模型的优点：首先，净利为负值的企业不能用市盈率进行估价，而市净率极少为负值，可用于大多数企业；其次，净资产账面价值的数据容易取得，并且容易理解；再次，净资产账面价值比净利稳定，也不像利润那样经常被人为操纵；最后，如果会计标准合理并且各企业会计政策一致，市净率的变化可以反映企业价值的变化。

市净率的局限性：首先，账面价值受会计政策选择的影响，如果各企业执行不同的会计标准或会计政策，市净率会失去可比性；其次，固定资产很少的服务性企业和高科技企业，净资产与企业价值的关系不大，其市净率比较没有什么实际意义。最后，少数企业的净资产是负值，市净率没有意义，无法用于比较。

因此，这种方法主要适用于需要拥有大量资本、净资产为正值的企业。

例题解析

【例 5-4】 201×年，钢铁制造业 6 家上市企业的平均市盈率和市净率，以及全年平均实际股价如表 5-4 所示。如果用这 6 家企业的平均市盈率和市净率评价 G 钢铁企业的股价，哪一个更接近实际价格？为什么？

表 5-4 G 钢铁企业的股价评估

公司名称	每股收益	每股净资产	平均价格	市盈率	市净率
A	0.53	3.43	11.98	22.60	3.49
B	0.37	2.69	6.26	16.92	2.33
C	0.52	4.75	15.40	29.62	3.24
D	0.23	2.34	6.10	26.52	2.61
E	0.19	2.54	6.80	38.79	2.68
F	0.12	2.01	5.99	49.92	2.98
平均				30.23	2.89
G 钢铁企业	0.06	1.92	6.03		

按市盈率估价＝0.06×30.23＝1.81（元/每股）

按市净率估价＝1.92×2.89＝5.55（元/每股）

根据上述计算可知，市净率的评价更接近实际价格，因为钢铁制造业是一个需要大量资本的行业。由此可见，合理选择模型的种类对于正确估价是十分重要的。

3．市销率模型

（1）基本模型

市销率是股权价格与销售收入的比率。这种方法是假设影响企业价值的关键变量是销售收入，企业价值是销售收入的函数，销售收入越大则企业价值越大。既然企业价值是销售收入的一定倍数，那么目标企业的价值可以用销售收入乘以平均收入乘数估计。

提　示

由于市价／收入比率的使用历史不长，不像市盈率和市净率应用得广泛和悠久，还没有一个公认的比率名称，这里暂且称之为“收入乘数”，为了与前面的几个名称对应，收入乘数现在通常被称为市销率。

$$\text{市销率}=\text{股权市价}\div\text{销售收入}=\text{每股市价}\div\text{每股销售收入}$$

$$\text{目标企业股权价值}=\text{可比企业平均市销率}\times\text{目标企业的销售收入}$$

用每股价格与每股销售额计算出来的市销率可以明显反映出新兴市场公司的潜在价值，因为在竞争日益激烈的环境中，公司的市场份额在决定公司生存能力和盈利水平方面的作用越来越大，市销率是评价公司股票价值的一个重要指标。

（2）模型原理

如果将股利折现模型的两边同时除以每股销售收入，则可以得出收入乘数，推导过程如下所述：

$$\begin{aligned}\frac{\text{股权价值}}{\text{每股收入}_0}&=\frac{[\text{每股股利}_0\times(1+\text{增长率})]/\text{每股收入}_0}{\text{股本成本}-\text{增长率}}\\&=\frac{\dfrac{\text{每股股利}_0}{\text{每股收益}_0}\times\dfrac{\text{每股收益}_0}{\text{每股收入}_0}\times(1+\text{增长率})}{\text{股本成本}-\text{增长率}}\\&=\frac{\text{销售净利率}_0\times\text{股利支付率}\times(1+\text{增长率})}{\text{股本成本}-\text{增长率}}\\&=\text{本期收入乘数}\end{aligned}$$

根据上述公式可以看出，收入乘数的驱动因素是销售净利率、股利支付率、增长率和服权成本。其中，销售净利率是关键因素。这四个比率相同的企业，会有类似的收入乘数。

如果把公式中的“每股收入 $_0$”换成预期下期的“每股收入 $_1$”，则可以得出内在收入乘数的计算公式：

$$\begin{aligned}\frac{\text{股权价值}}{\text{每股收入}_1}&=\frac{[\text{每股股利}_0\times(1+\text{增长率})]/\text{每股收入}_1}{\text{股本成本}-\text{增长率}}\\&=\frac{\dfrac{\text{每股股利}_0}{\text{每股收益}_0}\times\dfrac{\text{每股收益}_0}{\text{每股收入}_1}\times(1+\text{增长率})}{\text{股本成本}-\text{增长率}}\\&=\frac{\text{销售净利率}_1\times\text{股利支付率}\times(1+\text{增长率})}{\text{股本成本}-\text{增长率}}\\&=\text{内在收入乘数}\end{aligned}$$

根据内在收入乘数计算的企业价值，应当与现金流量计算的结果一致。

（3）模型的适用性

收入乘数指标具有以下优点：① 可比性。虽然公司盈利可能很低或尚未盈利，但任何公司的销售收入都是正值，市售率指标不可能为负值，因而具有可比性；② 真实性，销售收入不受折旧、存货和非经常性支出所采用的会计方法的影响，因而难以被人为扩大；③ 持续性。一些上市公司面对季节性因素的不利影响，可以通过降价来保持一定数量的销售额，销售收入的波动幅度较小；④ 预测性。有助于识别那些虽然面临短期运营困难、但有很强生命力和适应力的公司。对于一些处于成长期并且有良好发展前景的高科技公司，虽然盈利很低，甚至为负数，但销售额增长很快，用市销率指标可以准确地预测其未来发展前景。

因此，这种方法主要适用于销售成本效率低的服务类企业，或者销售成本率趋同的传统行业的企业。例如，2000 年以后出现的一些网络型企业，如当当网、京东商城等，在成立后的前些年，收入虽然较高，但年年是亏损的，由于是网络型企业，净资产也很少，如果采用市盈率和市净率指标对这些企业进行估价，显然不妥，而采用收入乘数模型对其进行估价，则可能更为准确。

例题解析

【例 5-5】 2015 年，假设甲公司每股销售收入为 83.06 元，每股净利润 3.91 元。公司采用固定股利支付率政策，股利支付率为 74%。预期利润和股利的长期增长率为 6%。该公司的 β 值为 0.75，该时期的无风险利率为 7%，市场平均报酬率为 12.5%。则：

销售净利率＝3.91÷83.06＝4.6%

股权资本成本＝7%＋0.75×（12.5%－7%）＝11.125%

收入乘数＝[4.6%×74%×（1＋6%）]÷（12.125%－6%）＝0.704

按收入乘数估价＝83.06×0.704＝58.47（元）

4. 市现率模型

市现率是股票价格与每股现金流量的比率。这种方法是假设影响企业价值的关键变量是现金流量，企业价值是现金流量的函数，现金流量越大则企业价值越大。既然企业价值是现金流量的一定倍数，那么目标企业的价值可以用现金流量乘以平均现金流乘数估计。

市现率＝股权市价÷现金流量＝每股市价÷每股现金流量

目标企业股权价值＝可比企业平均市现率×目标企业的现金流量

市现率可用于评价股票的价格水平和风险水平。市现率越小，表明上市公司的每股现金增加额越多，经营压力越小。对于参与资本运作的投资机构，市现率还意味着其运作资本的增加效率。不过，在对上市公司的经营成果进行分析时，每股的经营现金流量数据更具参考价值。

（二）相对价值模型的应用

1. 可比企业的选择

相对价值法应用的主要困难是选择可比企业，所选取的可比企业应在营运上和财务上与被评估企业具有相似的特征。当在实务中很难寻找到符合条件的可比企业时，则可以采取变通的方法，即选出一组参照企业，其中一部分企业在财务上与被评估企业相似，另一部分企业在营运上与被评估企业具有可比性，这种变通的方法具有很强的实用性。

在基于行业的初步搜索得出足够多的潜在可比企业总体后，还应该用进一步的标准来决定哪个可比企业与被评估企业最为相近。常用的标准如规模、企业提供的产品或服务范围、所服务的市场及财务表现等。所选取的可比企业与被评估企业越接近，评估结果的可靠性就越好。

根据前面的分析可知，市盈率取决于增长潜力、股利支付率和风险（股权资本成本）。选择可比企业时，需要先估计目标企业的这三个比率，然后按此条件选择可比企业。在三个因素中，最重要的驱动因素是增长率，应给予格外重视。处在生命周期同一阶段的同业企业，大体上有类似的增长率，可以作为判断增长率类似的主要依据。如果符合条件的企业较多，可以根据规模的类似性进一步筛选，以提高可比性的质量。

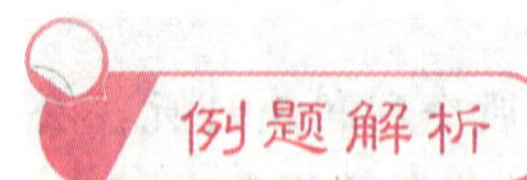

【例 5-6】 甲企业是一个制造业企业，其每股收益为 0.6 元/股，股票价格为 18 元。假设制造业上市企业中，增长率、股利支付率和风险与甲企业类似的有 6 家，它们的市盈率如表 5-5 所示。

表 5-5 根据可比企业对甲公司进行估价

企业名称	价格/收益
A	14.4
B	24.3
C	15.2
D	49.3
E	32.1
F	33.3
平均数	28.1

“价格/收益”的平均数通常采用简单算术平均。由于股票价值为 16.86 元/每股（0.6×28.1），实际股票价格是 18 元，所以乙企业的股票被市场高估了。

在使用市净率、收入乘数等模型时，选择可比企业的方法与市盈率类似，只是它们的驱动因素有区别。

2．修正的市价比率

选择可比企业的时候，往往没有像上述举例那么简单，如果要求的可比条件较严格，或者同行业的上市企业很少的时候，经常找不到足够的可比企业。在有些情形下，如果不考虑关键驱动因素而进行直接比较，得出的结论常常是不准确。解决问题的办法之一是采用修正的市价比率。例如，如果要比较一位身高 2.3 米和一位身高 1.6 米的男子谁长得更胖，直接进行体重的比较显然是不合适的，因为此时影响体重的关键驱动因素是身高，所以比较合理的处理方法应该是将身高对体重的影响剔除后进行比较，即将每个人的体重除以身高之后进行比较，也就是比较单位身高的体重（或称为体重密度），这样才更具有可比性。

（1）修正市盈率

增长率的差异是市盈率差异的主要驱动因素。因此，可以用增长率修正实际市盈率，把增长率不同的同业企纳入可比范围，计算公式为：

修正市盈率＝实际市盈率÷（预期增长率×100）

此处乘以 100 的作用仅仅在于将预期增长率转化为整数，便于比较。修正的市效率，排除了增长率对市盈率的影响，剩下的部分是由股利支付率和股权成本决定的市盈率，可以称为“排除增长率影响的市盈率”。

例题解析

【例 5-7】 根据【例 5-6】中的数据，各可比企业的预期增长率如表 5-6 所示。甲企业的每股净利是 0.5 元/股，假设预期增长率是 15.5%。

表 5-6 可比企业的市盈率和预期增长率

企业名称	实际市盈率	预期增长率（%）
A	14.4	7
B	24.3	11
C	15.2	12
D	49.3	22
E	32.1	17
F	33.3	18
平均数	28.1	14.5

（1）修正平均市盈率法

修正平均市盈率＝可比企业平均市盈率÷（平均预期增长率×100）＝28.1÷14.5＝1.94

甲企业每股价值＝修正平均市盈率×目标企业增长率×100＝1.94×15.5%×100＝30.07

目标企业每股净利＝30.07×0.5＝15.04（元/每股）

实际市盈率和预期增长率的“平均数”通常采用简单算术平均，修正市盈率的“平均数”根据平均市盈率和平均预期增长率计算。

（2）估价平均法

这种方法是根据各可比企业的修正市盈率估计乙企业的价值，计算公式为：

目标企业每股价值＝可比企业修正市盈率×目标企业预期增长率×100×目标企业每股净利

将得出股票估价进行算术平均，计算过程如表5-7所示。

表5-7　估价平均法

企业名称	实际市盈率	预期增长率（%）	修正市盈率	甲企业每股净利（元）	甲企业预期增长率（%）	甲企业每股价值（元）
A	14.4	7	2.06	0.5	15.5	15.965 0
B	24.3	11	2.21			17.127 5
C	15.2	12	1.27			9.842 5
D	49.3	22	2.24			17.360 0
E	32.1	17	1.89			14.647 5
F	33.3	18	1.85			14.337 5
平均数						14.880 0

（2）修正市净率

市净率的修正方法与市盈率类似。市净率的驱动因素有增长率、股利支付率、风险和股东权益净利率。其中，关键因素是股东权益净利率。则：

修正的市净率＝实际市净率÷（预期股东权益净利率×100）

目标企业每股价值＝修正平均市净率×目标企业股东权益净利率×100×目标企业每股净资产

（3）修正收入乘数

收入乘数的修正方法与市盈率类似。收入乘数的驱动因素是增长率、股利支付率、销售净利率和风险。其中，关键因素是销售净利率。则：

修正收入乘数＝实际收入乘数÷（预期销售净利率×100）

目标企业每股价值＝修正平均收入乘数×目标企业销售净利率×100×目标企业每股收入

如果候选的可比企业在非关键变量方面也存在较大差异，就需要进行多个差异因素的修正。修正的方法是使用多元回归技术，包括线性回归或其他回归技术。首先，使用整个行业全部上市公司甚至跨行业上市公司的数据，把市价比率作为因变量，把驱动因素作为自变量，求解回归方程。然后，利用该方程计算所需要的乘数。通常，多因素修正的数据处理量较大，需要借助计算机才能完成。

此外，在得出评估价值后还需要全面检查评估的合理性。例如，公开交易企业的股票流动性高于非上市企业。因此，非上市企业的评估价值要减掉一部分。一种简便的办法是按上市成本的比例减少其评估价值。当然，如果是为新发行的原始股定价，该股票将很快具有流动性，则无须折扣。又如，对于非上市企业的评估往往涉及控股权的评估，而可比企业大多选择上市企业，上市企业的价格与少数股权价值相联系，不含控股权价值。因此，非上市目标企业的评估值需要加上一笔额外的费用，以反映控股权的价值。

总之，由于认识价值是一切经济和管理决策的前提，增加企业价值是企业的根本目的，所以价值评估是财务管理的核心问题。价值评估是一个认识企业价值的过程，由于企业充满了个性化的差异，因此每一次评估都带有挑战性。不能把价值评估（或资产评估）看成是履行某种规定的程序性工作，而应始终关注企业的真实价值到底是多少，它受哪些因素驱动，尽可能进行深入的分析。

案例研究与分析：青岛啤酒市场价值评估

青岛啤酒股份有限公司（以下简称青岛啤酒）成立于 1903 年，是中国最为知名的啤酒品牌之一。截至 2013 年公司的营业收入已经达到 282 亿元，市盈率接近 26 倍，排名行业第一，远超其他啤酒品牌，在整个啤酒市场上形成一枝独秀的态势。可以简单地讲，啤酒作为国内一个较为普遍的消费品，整个市场基本呈现稳步增长的态势，而青岛啤酒作为其中的佼佼者，其价值可见一斑。在这种情况下，青岛啤酒的市场价值就值得仔细推敲。根据巨潮网统计，啤酒行业平均市盈率接近 45 倍，而青岛啤酒的静态市盈率为 26 倍，低于行业平均水平。下面主要使用现金流折现的方法计算青岛啤酒评估价值，以评估其股价的合理性。

一、青岛啤酒简介

青岛啤酒始建于 1903 年，前身为英、德商人合资创建的日耳曼啤酒公司，于新中国成立后转为为国有企业，为中国历史最悠久的啤酒生产厂家。根据全球啤酒行业权威报告 Barth Report 依据产量排名，青岛啤酒为世界第六大啤酒厂商。随着经济的发展和人民生活水平的提高，酒类消费大幅度提高，其中啤酒的消费增幅最大。虽然近几年啤酒产量的增速有所放缓，但由于啤酒具有酒精度低、饮用面广、营养价值高等特点，消费者对啤酒的认知和认同度不断提高，具有较大的市场拓展潜力。目前世界啤酒消费的年人均消费量为 30 升，而中国年人均啤酒消费量仅为 17.5 升，约占世界年人均消费水平的 2/3。1995 年起中国已成为世界啤酒产销量第二大国，1999 年啤酒产销量首次突破 2 000 万吨，2004 年超过美国居世界第一位。目前中国啤酒产销量已占到整个酒精类饮料的 70%左右。中国啤酒业发展的真正出路在于迅速地超常规发展，组建超大型的企业集团增强抗风险能力、盈利能力和市场竞争能力。因此，未来 5 年内中国啤酒企业的整合并购活动将更频繁，啤酒企业向规模更大、效益更高、产品更精的方向发展。从以上两方面说明中国啤酒行业仍具有很大的发展潜力。

二、对青岛啤酒市场价值的分析与评估

由于啤酒行业具有地域性等特点，青岛啤酒明确预测期定为5年，即自2014年到2019年。本案例将运用比率分析法，分析各种资产、费用在主营业务收入中的比例，结合公司的主业收入增长，预测出未来的各种比例变化趋势。假定自2018年后，公司新投资能取得稳定的收益率、投入资本能取得稳定的收益率、能保持稳定的增长率、每年有一定比例的收益进行再投资，公司进入了稳定的成熟经营期。青岛啤酒未来主营业务收入增长将来自于以下几个方面：

（一）啤酒产品销售量的增长预测

公司近几年通过兼并收购等手段，规模不断扩大，根据同花顺统计的行业平均发展水平，预测2014—2018年这几年销售量增长率为12%，下一阶段公司销售量增长率有所减少，将进入稳定增长阶段，预测增长11%。由于啤酒行业竞争激烈，现有的价格已经是激烈竞争的结果，因此我们预计未来价格基本保持稳定，预计2014—2019年公司销售的现有产品保持价格不变。综合上述假设，公司从2014—2019年主营业务收入增长率预测如表5-8所示。

表5-8　2014—2019年公司主营业务收入增长率预测表

项　目	2014年	2015年	2016年	2017年	2018年	2019年
主营业务收入增长率	12%	12%	12%	11%	11%	10%
主营业务收入（元）	3 168 589.58	3 548 820.33	3 974 678.77	4 411 893.43	4 897 201.71	5 386 921.88

（二）主营业务成本和主营业务税金及附加预测

分析1999—2013年青岛啤酒主营业务成本和主营业务税金在主营业务收入中的比例，采用历史数据与公司战略结合，预测2014年到2019年公司主营业务成本和主营业务税金在主营收入中的比率，从而预测出公司主营成本及税金。具体如表5-9所示。

表5-9　2014—2019年公司主营成本及税金预测表

项　目	2014年	2015年	2016年	2017年	2018年	2019年
主营业务成本占收入比率	0.6	0.6	0.6	0.6	0.6	0.6
主营业务税金及附加占收入比率	0.09	0.09	0.09	0.08	0.09	0.09

续表

项　目	2014 年	2015 年	2016 年	2017 年	2018 年	2019 年
主营业务成本	1 901 153.75	2 129 292.20	2 384 807.26	2 647 136.06	2 938 321.03	3 232 153.13
主营业务税金及附加	285 173.06	283 905.63	357 721.09	352 951.47	440 748.15	484 822.97

青岛啤酒主营业务成本和主营业务税金及附加来源于：1999—2013 年公司的主营业务成本占公司主营业收入稳定在 0.6 的水平，青岛啤酒在啤酒行业经营多年，其生产模式、业务模式已经相对稳定，因此青岛啤酒主营业务成本（原材料、人工成本、折旧等）在整体原材料市场不产生剧烈波动的情况下，我们预计将会保持相对稳定。主营业务成本保持在主营业务收入的 60%，毛利率保证在 40%，因此预计 2014—2019 年主营业务成本在主营业务收入中的比例保持 0.6，2018 年后也保持在 0.6。1999—2013 年主营业务税金及附加保持在历史比例，在主营业务收入中占 8%～9%比例。根据以上预测比例，计算出青岛啤酒的主营业务成本及主营业务税金，并计算主营业务利润，如表 5-10 所示。

表 5-10　2014—2019 年公司主营业务利润计算表

项　目	2014 年	2015 年	2016 年	2017 年	2018 年	2019 年
主营业务收入	3 168 589.58	3 548 820.33	3 974 678.77	4 411 893.43	4 897 201.71	5 386 921.88
主营业务成本	1 901 153.75	2 129 292.20	2 384 807.26	2 647 136.06	2 938 321.03	3 232 153.13
主营业务税金及附加	285 173.06	283 905.63	357 721.09	352 951.47	440 748.15	484 822.97
主营业务利润	982 262.77	1 135 622.51	1 232 150.42	1 411 805.90	1 518 132.53	1 669 945.78

（三）期间费用预测

根据 1999—2013 年青岛啤酒历史数据得出期间费用占收入比例，管理费用平均占收入比为 0.06，销售费用占收入比为 0.19，财务费用占比接近于 0，因此我们预计青岛啤酒 2014—2019 年期间费用预测如表 5-11 所示。

表 5-11　2014—2019 年公司期间费用预测表

项　目	2014 年	2015 年	2016 年	2017 年	2018 年	2019 年
主营业务收入	3 168 589.58	3 548 820.33	3 974 678.77	4 411 893.43	4 897 201.71	5 386 921.88
管理费用	190115.37	212929.22	238480.73	264713.61	293832.10	323215.31
销售费用	602032.02	674275.86	755188.97	838259.75	930468.33	1023515.16
财务费用	0	0	0	0	0	0

1999—2013 年公司营业费用在主营业务收入中的比例较为稳定。营业费用主要来源于销售过程中各种费用，如销售人员工资、市场投入费用、物流费用等，营业费用与公司营业收入相关，由于公司的产品品牌在国内市场上接受度已经很高，因此我们认为未来公司将会将会把营业费用控制在一定程度上，营业费用控制在占公司主业收入 19%左右，随着公司主业收入增长而增长，但未来随着行业竞争的加剧，营业费用也存在上升的可能，预计 2014—2019 年公司营业费用占公司主业收入的比例为 19%。管理费用在主营业务收入的历史比例较为稳定，占 6%，预计 2005—2019 年公司管理费用占公司主业收入的比例为 6%。公司整体资金管理情况较好，财务费用占收入比例极低，因此我们简单计算，不考虑财务费用的影响，预计 2014—2018 年均为 0。

根据公司年报，企业所得税税率 15%。根据以上预测结果，我们得到青岛啤酒未来 5 年期间的损益表如表 5-12 所示。

表 5-12 2014—2019 年期间的损益表

项　目	2014 年	2015 年	2016 年	2017 年	2018 年	2019 年
主营业务收入	3 168 589.58	3 548 820.33	3 974 678.77	4 411 893.43	4 897 201.71	5 386 921.88
管理费用	190115.37	212929.22	238480.73	264713.61	293832.10	323215.31
销售费用	602032.02	674275.86	755188.97	838259.75	930468.33	1023515.16
财务费用	0	0	0	0	0	0
营业利润	190 115.37	248 417.42	238 480.73	308 832.54	293 832.10	323 215.31
所得税	47 528.84	62 104.36	59 620.18	77 208.14	73 458.03	80 803.83
净利润	142 586.53	186 313.07	178 860.54	231 624.54	220 374.08	242 411.48

根据假设预测出了公司 2014—2019 年的经营成果，同时要反映公司投入资本状况。因此，要预测公司同期资产负债表。对资产负债表的各项资产进行分类，并按每类资产总计与公司主营业务收入进行比较得出历史比例数据，如表 5-13 所示。

表 5-13　各类资产与主营业务收入比较历史状况

项　目	2013 年	2012 年	2011 年	2010 年	2009 年
货币资金/主营业务收入	0.302	0.252	0.216	0.269	0.189
应收账款/主营业务收入	0.005	0.003	0.003	0.003	0.003
预付账款/主营业务收入	0.005	0.003	0.010	0.002	0.005
其他应收款/主营业务收入	0.006	0.003	0.004	0.007	0.005
存货/主营业务收入	0.090	0.083	0.096	0.069	0.066
其他流动资产/主营业务收入	0.017	0.010	0.006	0.000	0.000
流动资产合计/主营业务收入	0.434	0.358	0.339	0.350	0.269
长期应收款/主营业务收入	0.000	0.000	0.000	0.000	0.000
长期股权投资/主营业务收入	0.045	0.006	0.005	0.005	0.005
固定资产/主营业务收入	0.309	0.295	0.255	0.195	0.195

续表

项　目	2013 年	2012 年	2011 年	2010 年	2009 年
在建工程/主营业务收入	0.018	0.024	0.022	0.010	0.004
无形资产/主营业务收入	0.090	0.090	0.084	0.047	0.038
商誉/主营业务收入	0.038	0.038	0.038	0.004	0.004
递延所得税资产/主营业务收入	0.025	0.018	0.014	0.012	0.009
非流动资产合计/主营业务收入	0.533	0.478	0.426	0.279	0.256
资产总计/主营业务收入	0.967	0.836	0.765	0.628	0.526

（四）各类资产与主营业务收入预测数

根据历史比例数据，结合公司各类资产的消耗和资产类型的转化，预测出公司在2014—2019 年资产负债表中资产方各类资产占公司主营业务收入的比例及数据，如表 5-14 所示。

表 5-14　各类资产占公司主营业务收入的比例及数据

项　目	2014 年	2015 年	2016 年	2017 年	2018 年	2019 年
流动资产合计	1 267 435.83	1 419 528.13	1 589 871.51	1 764 757.37	1 958 880.69	2 154 768.75
非流动资产合计	1 647 666.58	1 845 386.57	2 066 832.96	2 294 184.59	2 546 544.89	280 1199.38
资产总计	2 915 102.41	3 264 914.70	3 656 704.96	4 058 941.96	4 505 425.58	4 955 968.13
流动负债合计	1 147 029.43	1 178 208.35	1 319 593.35	1 464 748.62	1 625 870.97	1 788 458.07
非流动负债合计	278 835.88	321 296.19	349 771.73	388 246.62	430 953.75	474 049.13
负债合计	1 425 865.31	1 596 969.15	1 788 605.45	1 985 352.05	2 203 740.77	2 424 114.85

（五）短期自有现金流预测计算

利用预测的资产负债表中资产和负债相关科目的变动，以及利润表中反映的预测期间经营成果，可以计算出青岛啤酒 2014—2019 年的自有现金流量，如表 5-15 所示。

表 5-15　自有现金流量计算表

项　目	2014 年	2015 年	2016 年	2017 年	2018 年	2019 年
净利润	142 586.53	186 313.07	178 860.54	231 624.41	220 374.08	242 411.48
本期折旧	79 699.47	89 263.41	99 975.01	110 972.27	123 179.22	135 497.14
总现金流量	222 286.00	275 576.41	278 835.56	342 596.67	343 553.29	377 908.62
营业流动资金投资	4 342.70	120 913.38	28 958.37	29 730.60	33 000.96	33 300.97

续表

项 目	2014 年	2015 年	2016 年	2017 年	2018 年	2019 年
固定资产投资	95 592.39	122 434.30	137 126.42	140 783.12	156 269.27	157 689.90
无形资产投资	31 870.32	34 220.77	38 327.26	39 349.32	43 677.75	44 074.82
自由现金流量	90 480.59	−1 991.97	74 423.51	132 733.63	110 605.32	142 842.94

（六）青岛啤酒资本成本估算

青岛啤酒 2014—2019 年的资本结构状况如表 5-16 所示。

表 5-16　2014—2019 年公司的资本结构状况表

项 目	2014 年	2015 年	2016 年	2017 年	2018 年	2019 年
资产负债率	0.49	0.49	0.49	0.49	0.49	0.49
负债权数	0.49	0.49	0.49	0.49	0.49	0.49
权益权数	0.51	0.51	0.51	0.51	0.51	0.51

出于评估简单计算的需要，不论公司采用何种类型的融资方式及融资工具，均按同一债务成本估算，青岛啤酒的债务成本 $R_b=4.5\%$。

通过资本资产定价模型估算青岛啤酒的资本成本：

$$R=R_f+\beta\times(R_m-R_f)$$

其中，无风险利率 $R_f=3.6\%$（国债一年期利率）

权益资本系统风险 $\beta=0.72$

行业平均风险报酬率 $R_m=7.13\%$

所以，

权益资本成本＝3.6%＋0.72×（7.13%－3.6%）＝6.14%

利用加权资本成本计算公式：

加权平均资本成本＝（债务/总资本）×债务成本×（1－企业所得税税率）＋（资产净值/总资本）×股权成本

计算得出加权平均资本成本＝7.27%

（七）青岛啤酒的公司价值计算结果

青岛啤酒连续价值从 2019 年开始计算，采用价值驱动因素公式估算连续价值。青岛啤酒价值驱动因素公式中的各项指标计算如表 5-17 所示。

表 5-17　永续增长第一年利润计算表

项目	2019 年
主营业务收入	5 386 921.88
主营业务成本	3 232 153.13
主营业务税金及附加	484 822.97
主营业务利润	1 669 945.78
管理费用	323 215.31
销售费用	1 023 515.16
财务费用	0.00
营业利润	323 215.31
所得税	80 803.83
净利润	242 411.48

连续价值=242 411.48×（1+0.03）/（7.27%−3%）=5 847 396.36（万元）

明确期间价值如表 5-18 所示。

表 5-18　明确期间价值计算表

项　目	2014 年	2015 年	2016 年	2017 年	2018 年	2019 年
自由现金流量		-1 991.97	74 423.51	132 733.63	110 605.32	142 842.94
WACC		7.27%	7.27%	7.27%	7.27%	7.27%
折现系数		0.934	0.873	0.816	0.763	0.713
自由现金流现值		-1 860.50	64 971.72	108 350.46	84 380.80	101 832.73
明确期间现值	357 675.21					

公司的总评估价值=明确价值+连续价值=357 675.21+5 847 396.36=6 205 071.57（万元）

三、总结

根据同花顺统计，公司现有市值约为 520.81 亿元，与我们预测的价值 620.51 亿元之间仍存在一定空间。而青岛啤酒作为啤酒行业第一品牌，其在啤酒行业市场份额接近了 50%，因此其对整个市场还是有相对强的应对能力。未来随着其不断的经营发展，投资并购更多的企业，其市场竞争能力将进一步扩大，因此我们认为该股未来的股价仍然存在上升空间。总体来讲青岛啤酒目前的价值接近于市场价值但略微低估，未来随着其经营业务的发展，其股价将进一步上扬。

思考与练习

1. 企业价值评估的概念是什么？
2. 企业价值评估的分类有哪些？
3. 价值评估的前提假设有哪些？
4. 简述企业价值评估的对象。
5. 企业价值评估方法的分类有哪些？
6. 成本法有哪些？
7. 简述现金流量折现法。
8. 相对价值模型有哪些？各有什么适用性？

第六章

公司并购运作

学习目标

了解并购的形式、动因和作用
熟悉公司并购的类型
熟悉公司并购的一般程序
熟悉并购融资渠道、方式与对价支付
理解并掌握杠杆收购和管理层收购
掌握并购防御与整合

案例引导

快的打车与滴滴打车的“联姻”

2014 年年初，“红包补贴大战”让更多的中国人认识了快的和滴滴两家打车软件公司，在人们惊叹两家财大气粗的企业“任性烧钱”的同时，两家企业也先后从众多的打车软件公司中脱颖而出，成为中国移动出行的领导企业。

而在 2014 年下半年，快的和滴滴先后推出的中国移动商务专车业务，再次让这个行业成为人们关注的焦点。双方同时指出，专车领域面临着各种新的变化及更多新的力量，在包括代驾、拼车、公交、地铁等更广泛的移动出行领域，双方均面临着各种挑战与风险。作为行业的先行者，更需聚集移动互联网精英人才，独立地顺应市场与用户需求来发展。同时，移动出行不仅深刻地改变了中国人的出行方式与习惯，更在许多方面对中国传统的交通出行领域提出了新的话题。面对如此富有挑战与机遇的时代，双方公司管理层经过反复沟通与交流，最终达成共识，为不辜负时代赋予的历史使命，以更好地完成国人移动出行的完美理想，两家公司决定进行战略合并。

在 2015 年情人节这一天，快的打车与滴滴打车联合发布声明，宣布“联姻”，实现战略合并。这意味着，合并后的新公司将成为全球重要的移动出行平台。

两强联合后的新公司将实施 Co-CEO 制度，滴滴打车 CEO 程维及快的打车 CEO 吕传伟将同时担任联合 CEO。两家公司在人员架构上保持不变，业务继续平行发展，并将保留各自的品牌和业务独立性，两位联合 CEO 也特别感谢双方股东都继续支持新公司独立自主的治理模式。

滴滴打车 CEO 程维表示，中国移动出行的快速发展仅仅不到 3 年时间，但它所呈现的社会价值，表现于通过移动出行平台来实现公用、个体的交通资源的复合性整合利用，这是移动互联网时代的共享经济特征，其不仅可以最大限度地节约能源，节约地面交通资源，并从根本上解决城市交通拥堵困境。更重要的是，通过移动出行平台，人们开始建立起人与人之间的信任关系，并在最广泛的意义上，实现社会信用体系的建立。

快的打车 CEO 吕传伟表示，移动出行在全球都是全新的领域，通过聚合人才，快速发展，不仅可以在中国完成大业，更有机会走向全球，如果说，有什么互联网领域更有可能走向世界，移动出行是最有希望的。双方合并后，将集中两家公司的优势技术、产品人才，不断推出更为完美的出行服务产品，进一步加速市场拓展速度，产生更多的协同效应，提升整体竞争力，更积极有效地推动整个移动出行行业的发展。

从快的和滴滴的合并这一案例可以看出，企业并购并不是像大家看到这么简单，其中涉及一系列问题，本章将会对企业并购中出现的问题进行阐述。

第一节　公司并购理论

企业并购活动始于 19 世纪末。20 世纪 80 年代，西方国家兴起了新一轮企业并购浪潮，特别是进入 90 年代以后，企业并购更是愈演愈烈，规模之大、时间之长、影响之广是前所未有的，2000 年的全球并购交易额已占当年世界经济总量的 1/10，目前全球跨国直接投资中，并购占到了八成以上。事实上，企业并购成为市场经济发展的产物，已成为西方发达国家一个十分重要的经济现象。在当今市场经济发达的国家，企业越来越重视利用并购这一手段拓展经营，实现生产和资本的集中，达到企业外部增长的目的。

“并购”有广义和狭义之分。狭义的并购，即传统意义上的并购，是“兼并（Merger）”和“收购（Acquisition）”的合称，其中，“兼并”包括吸收合并和新设合并。广义的并购除了包括上述活动外，还包括分立（Spin-offs）、分拆（Carve-out）和资产分离（Divestiture）等形式。事实上，并购是一个动态的概念，实践中并购形式的创新在不断地丰富着并购的内涵和外延，本章主要介绍狭义的并购。

一、并购的形式

从并购的概念可以看出，并购包括吸收合并、新设合并和收购三种形式。

（一）吸收合并

吸收合并（Merger），也称兼并，是指由一家企业吸收另一家或多家企业加入本企业，吸收方存续，被吸收方解散并取消原法人资格的合并方式。

吸收合并的结果是只存在一个单一的经济主体和法律主体。例如，假设 A 企业吸收合并 B 企业，则 A 企业继续合法存在，并且吸收 B 企业的全部资产和负债，B 企业被解散。

（二）新设合并

新设合并（Consolidation），是指两家或多家企业合并成一家新的企业，原合并各方解散，取消原法人资格的合并方式。

新成立的企业将接受已解散的各企业的资产、债务，新设合并的结果仍然只有一个单一的经济主体和法律主体。例如，假设 A、B 两个企业新设合并，则 A、B 企业将不复存在，并在 A、B 企业的基础上组成新的 C 企业。

（三）收购

收购（Acquisition），是指一家企业为了对另一家企业进行控制或实施重大影响，用现金、非现金资产或股权购买另一家企业的股权或资产的并购活动。

通常情况下，我们把主兼并或主收购的企业成为并购企业、兼并企业、进攻企业、出价企业、标购企业或接管企业等；把被兼并或被收购的企业成为被并购企业、目标企业、被兼并企业、被收购企业、标的企业、被出价企业或被接管企业等。

提　示

接管（Takeover）是一个比较宽泛的概念，通常指一家公司的控制权的变更。这种变更可能是由于股权的改变如收购，也可能是托管或委托投票权的原因而发生接管。接管可以通过并购、委托投票权争夺和转为非上市企业来实现。所以，接管和并购有重合，而前者的范围比后者更大。接管和并购的关系如图 6-1 所示。

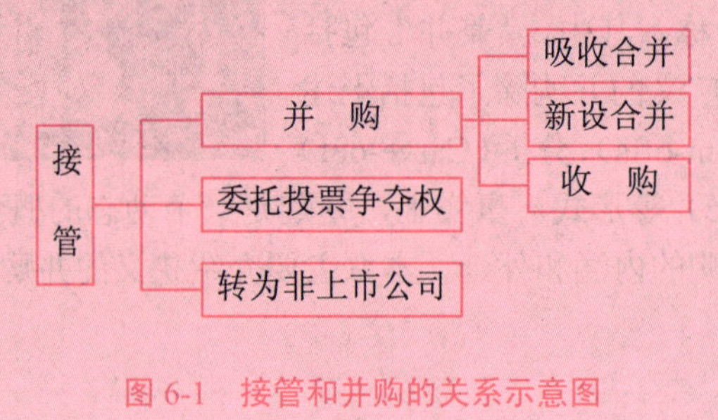

图 6-1　接管和并购的关系示意图

二、并购的动因

企业从事并购交易，可能出于各种不同的动机，主要包括以下几个方面。

（一）企业发展动机

在激烈的市场竞争中，企业只有不断地发展才能生存下去。一般常情况下，企业既可以通过内部投资获得发展，也可以通过并购获得发展，两者相比，并购方式的效率更高。

并购往往是进入新业务领域最通行的一种做法。在很多行业中，选择内部创业的道路并试图发展为有效率的竞争者所必需的知识、资金、运作规模和市场声誉可能要花费数年的时间，而并购一个已建好的相关企业则可以使进入者直接进入到目标行业。

1. 并购可以迅速实现规模扩张

企业的经营与发展处于动态的环境之中，在企业发展的同时，竞争对手也在谋求发展，因此在发展过程中必须把握好时机，尽可能抢在竞争对手之前获取有利的地位。通过并购的方式，企业可以克服内部投资方式下项目建设周期、资源获取及配置等因素对企业发展速度的制约，在极短的时间内将规模做大，实现规模扩张，提高竞争能力，击败竞争对手。

尤其是在进入新行业的情况下，通过并购可以取得原材料、销售渠道、声誉等方面的优势，在行业内迅速处于领先地位。

例如，阿里巴巴收购雅虎中国全部资产，包括雅虎中国门户网站、搜索技术、通信与广告业务等，快速扩大了阿里巴巴的业务和资源范围，增强了阿里巴巴的行业领先地位。

2. 并购可以突破进入壁垒和规模的限制，迅速实现发展

企业进入一个新的行业会遇到各种各样的壁垒，包括资金、技术、渠道、顾客、经验、行业规模等，这些壁垒不仅增加了企业进入某一行业的难度，而且提高了进入的成本和风险。如果企业采用并购的方式，先控制某行业的原有企业，则可以绕开这一系列的壁垒，使企业以较低的成本和风险迅速进入该行业。

另外，有些行业具有规模限制，企业进入这一行业必须到达一定的规模。这必将导致新的企业进入后产生生产能力过剩，加剧行业竞争，产品价格也可能会迅速降低。如果需求不能相应提高，企业的进入将会破坏这一行业原有的盈利能力，而通过并购的方式进入某一行业，不会导致生产能力的大幅度扩张，从而使企业进入后有利可图。

例如，可口可乐以生产碳酸饮料为主，其试图通过收购汇源果汁进入果汁市场，利用汇源果汁已有的人力资源、渠道、客户、技术、经验等，将快速地增加可口可乐在果汁行业的市场份额。

3. 并购可以主动应对外部环境变化

随着经济全球化进程的加快，更多企业有机会进入国际市场，为应对国际市场的竞争压力，企业往往也要考虑并购这一特殊途径。

通过并购，企业可以进一步发展多元化经营，开发新市场或者利用生产要素优势建立新的生产网，在市场需求下降、生产能力过剩的情况下，抢占市场份额，有效应对外部环境的变化。

例如，国际汽车市场竞争异常激烈，并购活动也非常活跃，企业都在通过并购增强自身实力，提高在激烈竞争环境下的竞争力。中国吉利汽车并购沃尔沃汽车、印度塔塔收购捷豹路虎、德国大众收购保时捷等案例让我们感受到汽车行业的激烈竞争。

4. 并购可以加强市场控制能力

通过并购，企业可以获取竞争对手的市场份额，迅速扩大市场占有率，增强企业在市场上的竞争能力。另外，由于减少了竞争对手，尤其是在市场竞争者不多的情况下，可以增加讨价还价的能力，企业可以以更低的价格获取原材料，以更高的价格向市场出售产品，从而扩大盈利水平。

加强市场控制力也使并购容易导致垄断，并形成并购阻力的主要因素之一。由于市场控制力太强，容易形成垄断优势和垄断利润。可口可乐并购汇源果汁失败就是因为这个原因而被中国商务部否决。

5. 并购可以降低经营风险

企业在追求效益的同时还需要控制风险，控制风险的一种有效方式就是多元化经营。多元化经营既可以通过公司并购来实现，也可以通过内部的成长而达成。通过并购，企业可以迅速实现多元化经营，从而达到降低投资组合风险、实现综合收益的目的。

6. 并购可以获取价值被低估的公司

证券市场中，公司股票的市价总额应当等于公司的实际价值，但是由于环境的影响，信息的不对称和未来的不确定性等方面的影响，上市公司的价值可能被低估。如果企业认为，并购后可以比被并购企业原来的经营者管理得更好，则并购价值被低估的公司并通过改善其经营管理后重新出售，可以在短期内获得巨额收益。

当然，不排除并购了价值被高估的公司从而导致并购失败的例子。因此，并购过程中价值评估和讨价还价至关重要。

（二）发挥协同效应

并购后两个企业的协同效应主要体现在经营协同、管理协同和财务协同。

1. 经营协同

经营协同是指并购给企业生产经营活动在效率方面带来的变化及效率提高所产生的效益。其实质是协同改善了公司的经营，从而提高了公司效益，包括产生的规模经济、优势互补、成本降低、市场份额扩大、更全面的服务等。经营协同主要表现在以下几个方面。

（1）规模经济

规模经济是指随着生产规模的扩大，单位产品所负担的固定费用下降从而导致收益率的提高。显然，规模经济效应的获取主要是针对横向并购而言的，两家生产经营相同（或相似）产品的企业合并后，有可能在生产经营过程的任何一个环节（供、产、销）和任何一个方面（人、财、物）获取规模经济效应。

（2）纵向一体化

纵向一体化主要是针对纵向并购而言的，在纵向并购中，被并购企业要么是并购企业的原材料或零部件供应商，要么是并购企业产品的买主或顾客。

纵向一体化主要表现在：第一，可以减少商品流转的中间环节，节约交易成本；第二，可以加强生产经营过程各环节的配合，有利于协作化生产；第三，可以通过企业规模的扩大及营销手段的更为有效，极大地节约营销费用。

（3）获取市场力或垄断权

获取市场力或垄断权主要是针对横向并购而言的（某些纵向并购和混合并购也可能会增加企业的市场力或垄断权，但不明显），两家生产经营相同（或相似）产品的企业相合并，有可能导致该行业的自由竞争程度降低，并购后的企业可以借机提高产品价格，获取垄断利润。因此，以获取市场力或垄断权为目的的并购往往对社会公众无益，也可能降低整个社会经济的运行效率。所以，对横向并购的管制历来都是各国反托拉斯法的重点。

（4）资源互补

并购可以达到资源互补从而优化资源配置的目的。例如，有这样两家企业，第一家企业在研究与开发方面有很强的实力，但是在市场营销方面十分薄弱，而第二家企业在市场营销方面实力很强，但在研究与开发方面能力不足，如果将这两家企业合并，就会把整个组织机构好的部分同本企业各部门结合与协调起来，而去除那些不需要的部分，使两家企业的能力得到协调有效的利用。

联想收购 IBM 的经营协同

2004 年 12 月 8 日，联想集团有限公司和 IBM 在历经 13 个月的谈判之后签署了一项重要协议。根据此项协议，联想集团通过现金、股票支付及偿债的方式收购了 IBM 个人电脑事业部，其中包括 IBM 在全球范围的笔记本及台式机业务，并获得 ThinkPad 系列品牌，从而诞生了世界 PC 行业第三大企业。中方股东联想控股将拥有新联想集团 45%左右的股份，IBM 公司将拥有 18.5%左右的股份。新联想集团将会成为一家拥有强大品牌、丰富产品组合和领先研发能力的国际化大型企业。

联想公司购买 IBM 个人电脑业务，一方面增强了联想集团的技术实力和国际影响力，另一方面也可以充分利用 ThinkPad 的品牌优势、人员技术优势、群岛优势等，让联想迅速成为世界知名的个人电脑生产企业。

2. 管理协同

管理协同是指并购给企业管理活动在效率方面带来的变化，以及效率提高所产生的效益，主要表现在以下几个方面。

（1）节省管理费用

通过并购将许多企业置于同一企业领导之下，企业一般管理费用在更多数量的产品中分摊，单位产品的管理费用可以大大减少。

（2）提高企业的运营效率

根据差别效率理论，如果甲企业的管理层比乙企业更有效率，在甲企业并购了乙企业后，乙企业的效率便被提高到甲企业的水平，效率通过并购得到了提高，致使整个经济的效率水平将由于此类并购活动而提高。

（3）充分利用过剩的管理资源

在并购活动中，如果并购企业具有高效的管理资源并且过剩的时候，通过并购那些资产状况良好但因为管理不善造成低绩效的企业，并购企业高效的管理资源得以有效利用，被并购企业的绩效得以改善，双方效率均得到提高。

3. 财务协同

财务协同是指并购在财务方面给企业带来的收益，主要表现在以下几个方面。

（1）企业内部现金流入更为充足，在时间分布上更为合理

企业并购发生后，规模得以扩大，资金来源更为多样化。被并购企业可以从并购企业得到闲置的资金，投向具有良好回报的项目；而良好的投资回报又可以为企业带来更多的资金收益。这种良性循环可以增加企业内部资金的创造机能，使现金流入更为充足。就企业内部资金而言，由于混合并购使企业涵盖了多种不同行业，而不同行业的投资回报速度、

时间存在差别，从而使内部资金收回的时间分布相对平均，即当一个行业投资收到报酬时，可以用于其他行业的投资项目，待到该行业需要再投资时，又可以使用其他行业的投资回报。通过财务预算在企业中始终保持一定数量的可调动的自由现金流量，从而达到优化内部资金时间分布的目的。

（2）企业内部资金流向更有效益的投资机会

混合并购使得企业经营所涉及的行业不断增加，经营多样化为企业提供了丰富的投资选择方案，企业可以从中选取最为有利的项目。同时并购后的企业相当于拥有一个小型资本市场，将原本属于外部资本市场的资金供给职能内部化，使企业内部资金流向更有效益的投资机会，其最直接的结果就是提高企业投资报酬率并明显提高企业资金利用效率。

（3）企业资本扩大，破产风险降低，偿债能力和取得外部借款的能力提高

企业并购扩大了自有资本的数量，自有资本越大，由于企业破产而给债权人带来的损失的风险就越小。并购后企业内部的债务负担能力会从一家企业转移到另一家企业。因为一旦并购成功，对企业负债能力的评价就不再是以单个企业为基础，而是以整个并购后的企业为基础，这就使得原本属于高偿债能力企业的负债能力转移到低偿债能力的企业中，解决了偿债能力对企业融资带来的限制问题。另外那些信用等级较低的被并购企业，通过并购，可以使其信用等级提高到并购企业的水平，为外部融资减少了障碍。

（4）企业的筹集费用降低

并购后企业可以根据整个企业的需要筹集资金，避免了各自为政的融资方式。整体性融资的费用要明显小于各企业单独多次融资的费用之和。

（5）实现合理避税

如果被并购企业存在未抵补亏损，而并购企业每年生产经营过程中产生大量的利润，并购企业就可以低价获取亏损企业的控制权，利用其亏损抵减未来期间应纳税所得额，从而取得一定的税收利益。

典型案例

山西通宝能源并购山西阳光发电后的财务协同效应

山西通宝能源公司从事原煤开采、煤炭加工、销售火力发电等业务，但随着市场供需关系的变化，煤炭行业相对走入低谷。同时，通宝能源公司属于小机组规模火力发电企业，面对电力行业的产业大整合，通宝能源也不可避免地面临市场疲软和经管风险。为了迅速扩大主业平台，快速启动增长引擎，提高公司核心竞争力，通宝能源收购了山西阳光发电，从而提高了企业的融资

能力和偿债能力，减少了企业的成本，达到了企业并购的规模效应。

并购后，企业通过一系列的内部活动对资金进行统一调度，并真正做到了将被并购一方低资本效益的内部资金投资于另一方的高效益项目上，从而使并购后的企业资金整体使用效率得以提高。内部的资金和资源都得到了充分的利用，产生了应有的预期效果，企业的价值也得到了提升。因此，这一成功的并购使资金流向了更高回报的投资机会，在合并后的企业中形成了显著的财务协同效应。

三、并购的作用

（一）实现经济结构战略性调整

通过企业兼并，优势企业并购劣势企业，朝阳产业并购夕阳产业，淘汰一些效益差、管理落后、产能过剩的企业，发展一些效益好、管理先进、有技术、有市场前景的企业；促使资金从衰退的行业流入新兴的行业，使生产要素得到了充分流动，加快了资本退出传统产业的步伐，加速了资本的积累过程，增强了优势企业的实力，促进了规模经济的形成，同时，在客观上促进了行业结构和产业结构的优化和升级。

（二）促进资产流动，扩大生产规模，提高经济效益

公司并购是将企业作为物资资本、人力资本、文化资本的综合体推向市场，这些资源基本属于存量资产的范围，这些存量资产一旦推向市场，在全社会乃至世界范围内优化组合，沉淀的资本就会焕发活力。

通常情况下，两家企业经过并购后的总体效益大于两家独立企业的经济效益之和。同一行业的两家公司并购可以实现规模经济效益，因为可以减少管理人员从而减少单位产品的成本；一家企业可以利用另一家企业的研究成果，以节省研究费用；在市场营销上，还可以节省广告和摊销费用；可以大宗采购，节省采购费用；另外，还可以降低资本成本，降低发行股票的成本等。

不同行业的两家公司并购能够增加企业生产的产品种类，实现经营多样化，从而有可能减少企业的风险。另外，小企业常常资金短缺，容易破产，但公司并购后，由于两家企业的资金可以互相支援，产生财务困难的风险就大大降低了。

（三）实现资本和生产的集中，增强企业竞争力

公司并购的过程就是生产要素及经济资源的重组过程，一方面能够促进经济资源向更高效益的领域转移，实现生产和资本的集中，另一方面能够使并购后的企业实现优势互补，增强企业的资金、技术、人才、市场优势，提高经济资源的利用效率和获利力能力，取得规模经济效益，从而成倍地壮大企业实力，快速发展成为大型企业集团，提高在行业产值、销售额中所占的比重。

从宏观上来说，有利于提高产业集中度，发挥大企业在行业中的先导地位，集中优势

开发新产品，从而促进产品的升级换代。

提　示

国有企业大规模并购重组，将进一步提高市场控制力和垄断的可能性，从而可能会影响自由竞争，阻碍民营经济的发展。

（四）推动国有企业改革

国有经济是我国经济的主体，占据了国民经济的大多数领域。我国的国有经济存在分布广，以及行业、地域分布不合理的特点，造成了国有资产存量不合理、使用效率低、大量闲置及流转不畅等问题。

在国有企业改革过程中，利用并购完成部分国有企业的退出和重新进入的过程，促进民营经济发展，提高经济活力，实现传统产业收缩与新兴产业扩张，以及国有经济有目的的进入与退出同步，加速国有企业改革。

并购涉及生产要素的流转及产权改革等，有效的并购重组能够改善国企存量资产的利用，进而使国有企业焕发出新的活力。

（五）促进文化融合与管理理念的提升

公司并购要想获得成功，就必须对并购企业和被并购企业的生产要素、管理要素和文化要素进行一体化改革。具体包括：将并购以后的资产实行统一决策、统一调度、统一使用，将被并购企业的文化传统加以转型改组，使之纳入并购企业的文化传统中，将并购以后企业的管理方式、组织结构按照精简高效的原则重新组合，对并购企业实行统一的监督、控制、激励、约束，使并购后的企业成为一个运作协调、利益相关的共同体。

比较明显的是在跨国并购中，公司并购极大地促进了文化融合，改变了管理方式与经营理念，如联想集团并购 IBM 公司个人电脑业务，就涉及跨国文化整合与管理理念、经验和技术的提升与融合。

四、公司并购的类型

企业并购类型可以按照不同的标准进行分类。

（一）按照并购后双方法人地位的变化情况划分

按照并购后双方法人地位的变化情况，企业并购可以分为控股合并、吸收合并和新设合并。

1．控股合并

控股合并，是指并购后并购双方都不解散，并购企业收购被并购企业至控股地位。绝大多数并购都是通过股东间的股权转让来达到控股目标企业的目的。

2．吸收合并

吸收合并，是指并购后并购企业存续，被并购企业解散。如清华同方以股权置换方式吸收合并鲁颖电子，合并后鲁颖电子法人地位消失。

3．新设合并

新设合并，是指并购后并购双方都解散，重新成立一个具有法人地位的企业。

（二）按照并购双方行业相关性划分

按照并购双方所处行业相关性，企业并购可以分为横向并购、纵向并购和混合并购。

1．横向并购

（1）横向并购的概念

横向并购，是指生产经营相同（或相似）产品或生产工艺相近的企业之间的并购，实质上是竞争对手之间的合并。例如，航线重叠或部分重叠的两家航空公司的合并，国美并购永乐、大中等。

（2）横向并购的优缺点

横向并购的优点在于：① 能够迅速扩大生产经营规模，节约共同费用，提高通用设备的使用效率；② 能够在更大范围内实现专业分工协作；③ 能够统一技术标准，加强技术管理和进行技术改造；④ 能够统一销售产品和采购原材料等，形成产销的规模经济。

横向并购的缺点在于：减少了竞争对手，容易破坏竞争，形成垄断的局面，因此横向并购常常被严格限制和监控。

2．纵向并购

（1）纵向并购的概念

纵向并购，是指与企业的供应商或客户的合并，即优势企业将与本企业生产经营具有上下游关系的生产、营销企业并购过来，形成纵向生产一体化。纵向并购实质上是处于同一种产品不同生产经营阶段的企业间的并购，并购双方往往是原材料供应者或产品购买者，对彼此的生产经营状况比较熟悉，有利于并购后的整合。

按照并购企业与被并购企业在价值链中所处的相对位置，又可以将纵向并购进一步区分为前向一体化和后向一体化。所谓前向一体化，是指与其最终客户的并购，如石化企业并购石油制品销售企业。所谓后向一体化，是指与其供应商的并购，如钢铁公司并购其原材料供应商铁矿公司。

（2）纵向并购的优缺点

纵向并购的优点在于：① 能够扩大生产经营规模，节约通用的设备费用；② 能够加强生产经营过程各环节的配合，有利于协作化生产；③ 能够加速生产经营流程，缩短生产经营周期，节约运输、仓储费用，降低能源消耗水平等。

纵向并购的缺点在于：企业生存发展受市场因素影响较大，容易导致“小而全、大而全”的重复建设。

3．混合并购

（1）混合并购的概念

混合并购，是指既非竞争对手又非现实中或潜在的客户或供应商的企业之间的并购，如一家企业为扩大经营范围而对相关产业的企业进行并购，或为扩大市场领域而对尚未渗透的地区与本企业生产相同（或相似）产品的企业进行并购，或对生产和经营与本企业毫无关联度的企业进行并购。

（2）混合并购的类型

混合并购包括产品扩张性并购、市场扩张性并购和纯粹的并购三种类型。

1）产品扩张性并购。产品扩张性并购，是指一家企业以原有产品和市场为基础，通过并购其他企业进入相关产业的经营领域，达到扩大经营范围、增强企业实力的目的。例如，轿车生产企业并购运输卡车或客车生产企业；百丽（女鞋生产商）并购森达（男鞋生产商）。

2）市场扩张性并购。市场扩张性并购，是指生产经营相同（或相似）产品，但产品在不同地区的市场上销售的企业之间的并购，以此扩大市场，提高市场占有率。例如，航线不重叠的两家航空公司的并购；如家快捷在尚未进入的城市并购一家酒店，使其成为自己的连锁店。

3）纯粹的并购。纯粹的并购，是指生产和经营彼此毫无关联度的两家或多家企业的并购。这种并购的目的是进入更具增长潜力和利润率较高的领域，实现投资多元化和经营多元化，取得规模经济效益。

混合并购兼有横向并购和纵向并购的优点，而且有利于经营多元化和减轻经济危机对企业的影响，有利于调整企业自身产业结构，增强控制市场的能力，降低经营风险。

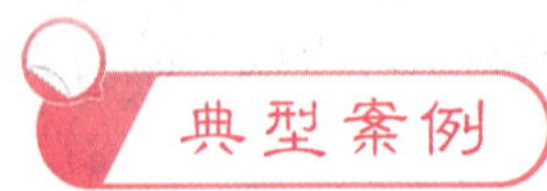

可口可乐对哥伦比亚电影公司的收购

1982 年，可口可乐掌门人郭思达收购哥伦比亚电影公司，动用了 7.5 亿美元，这让所有人都大跌眼镜，因为这相当于哥伦比亚公司股票市值的两倍。仅仅在一年后，哥伦比亚就为可口可乐带来了 9 000 万美元的利润。更为重要的是，电影也成为可口可乐宣传自己、打击对手的阵地。在哥伦比亚出品的电影中，明星大腕喝的都是可口可乐，特别是英雄人物一定会喝可口可乐。而百事可乐或是在消极的情节下出现，或是出现在反面角色的手中，仿佛百事可乐就是邪恶的商标。虽然后来哥伦比亚电影公司也开始走下坡路了，但是 7 年之后，郭思达把哥伦比亚电影公司卖给了日本的索尼，索尼为了获得控股权付出了 48 亿美元，这几乎是郭思达当初购买哥伦比亚电影公司时价格的 7 倍。

（三）按照被并购企业意愿划分

按照并购是否取得被并购企业同意，企业并购可以分为善意并购和敌意并购。

1. 善意并购

善意并购，是指并购企业事先与被并购企业协商、征得其同意并通过谈判达成并购条件，双方管理层通过协商来决定并购的具体安排，在此基础上完成并购活动的一种并购，如吉利并购沃尔沃。

善意并购有利于降低并购行为的风险与成本，使并购双方能够充分交流、沟通信息，被并购企业主动向并购企业提供必要的资料。同时，善意并购还可避免因被并购企业抗拒而带来额外的支出。但是，善意并购使并购企业不得不牺牲自身的部分利益，以换取被并购企业的合作，而且漫长的协商、谈判过程也可能使并购行动丧失其部分价值。

2. 敌意并购

敌意并购，是指并购企业在遭到被并购企业抗拒时仍然强行并购，或者并购企业事先没有与被并购企业进行协商，直接向被并购企业的股东开出价格或者发出收购要约的一种并购。例如，盛大并购新浪即属于典型的敌意收购，新浪甚至启动了毒丸计划进行反击。

敌意并购的优点在于并购企业完全处于主动地位，不用被动权衡各方利益，而且并购行动节奏快、时间短，可有效控制并购成本。但敌意并购通常无法从被并购企业获取其内部实际运营、财务状况等重要资料，给企业估价带来困难，同时还会招致被并购企业抵抗甚至设置各种障碍。所以，敌意并购的风险较大，要求并购企业制订严密的并购行动计划并严格保密、快速实施。另外，由于敌意并购容易导致股市的不良波动，甚至影响企业发展的正常秩序，因此各国政府都对敌意并购有一定的限制。

（四）按照并购的形式划分

按照并购的形式，企业并购可以分为间接收购、要约收购、二级市场收购、协议收购、股权拍卖收购等。

1. 间接收购

间接收购，是指通过收购被并购企业大股东而获得对其最终控制权。这种收购方式相对简单，往往可以规避证券市场的很多监管要求和信息披露标准。

2. 要约收购

要约收购，是指并购企业对被并购企业所有股东发出收购要约，以特定价格收购其手中持有的被并购企业全部或部分股份。通常二级市场收购到一定股权比例30%时，会要求控股股东向所有股东发出要约收购。

3. 二级市场收购

二级市场收购，是指并购企业直接在二级市场上购买被并购企业的股票并实现控制被并购企业的目的。由于这种市场化的收购方式要面对众多个性化的投资者，并购的难度相当大，一方面，收购将造成收购方的股价上涨，从而导致公司并购所需的成本增加；另一方面，并购还要遵守相关的交易法规。

4. 协议收购

协议收购，是指并购企业直接向被并购企业提出并购要求，双方通过磋商商定并购的各种条件，达到并购目的。协议并购的并购双方往往态度友好。

5. 股权拍卖收购

股权拍卖收购，是指被并购企业原股东所持股权因涉及债务诉讼等事项进入司法拍卖程序，并购企业借机通过竞拍取得被并购企业控制权。

（五）按照并购支付的方式划分

按照并购支付的方式，企业并购可以分为现金支付式并购、股权支付式并购和混合支付式并购等。

1. 现金支付式并购

现金支付式并购，是指并购企业通过用现金购买被并购企业的资产，或者用现金购买被并购企业股权的方式达到获取被并购企业控制权目的的并购方式。现金购买式并的优势在于它可以迅速达到目的，减少并购事件；但同时受支付能力的限制，也可能引发较高的纳税。

2. 股权支付式并购

股权支付式并购，是指并购企业通过以自己的股权换取被并购企业股权，或者换取被并购企业资产的方式达到获取被并购企业控制权目的的并购方式。采取股权支付式并购方式，难度在于准确评估双方股权价值，以相对精确地核算彼此股权交换的比例。例如，美国在线与时代华纳的并购，东航与上航的并购。

3. 混合支付式并购

混合支付式并购，是指并购企业利用多种支付工具的组合，达成并购交易获取被并购企业控制权的并购方式。这些支付工具不仅包括现金和股票，还包括公司债券、优先股、认股权证和可转换债券等多种形式。各种支付方式各有优劣，将若干种支付方式组合在一起，就能够集结其长处，克服其短处，所以使用混合支付式并购势在必行。例如，联想收购 IBM 的 PC 业务就是使用了现金加权股的支付方式。

第二节　公司并购的一般程序

公司并购是一项极其复杂的运作过程，涉及很多经济、法律政策等问题，并且不同性质企业的并购操作程序也不尽相同。因此，我国有关法律规定对公司并购程序作出了相关规定，以规范并购行为、降低并购风险、提高并购效率。

一、制定并购战略规划

企业开展并购活动首先要明确并购动机与目的，并结合企业发展战略和自身实际情况，制定并购战略规划。企业有关部门应当根据并购战略规划，通过详细的信息收集和调研，为决策层提供可并购对象。

并购战略规划的内容包括企业并购需求分析、并购目标的特征、并购支付方式和资金来源规划、并购风险分析等。具体可以分解为以下几个方面：

1）企业参与并购的目的，即希望从目标企业那里得到什么，如资金、技术、设备、市场、品牌、生产工艺、管理经验等。

2）确定搜寻潜在目标企业的标准，如目标企业所属行业、企业规模、价格范围、当前盈利能力、增长率及地理位置等。

3）选择资产并购还是股权并购，并且设计支付形式。

4）分析企业融资来源，如债务融资、权益融资、卖方融资或者出售资产等。

5）设置能承受的一些限度，如所付出的最高价格等。

6）项目时间表。

7）并购战略风险及应对。

二、选择并购对象

制定了并购的战略，下一步就是要开始实施战略或者说开始实施并购行为。首先遇到的问题就是：要并购谁？企业应当对可并购对象进行全面、详细的调查分析，根据并购动机与目的，筛选合适的并购对象。

提　示

有的时候企业会因为出现了一个目标才开始有并购的愿望，如碰到一家企业因亏损而低价出售，但很多时候却没有具体的目标，为了能以较高的效率找到合适的并购目标，需要制定一定的标准。

选择并购对象是一个必须经过的环节，也是并购的重要环节，具体包括选择并购的行业和选择目标企业两个方面。

（一）选择并购的行业

在了解了企业的经营现状之后，需要判断企业的未来发展方向，以选择实施并购的行业。如果企业所处的行业竞争激烈，很难实现预期的增长，那么可以考虑实施混合并购，即并购一家不同行业的企业；如果企业对现有的原材料采购或者产品分销不满意，可以考虑实施纵向并购，即进入上下游行业；如果企业在本行业中有竞争优势，产品销售供不应求，可以考虑实施横向并购，并购同行业的企业以扩大生产经营规模、提高效益。

选择并购的行业需要进行深入的行业分析，主要包括以下几个方面：

- 行业的结构分析，主要包括该行业按规模划分的公司数量、行业的集中度、行业的地区分布和一体化程度；
- 行业的增长情况分析，主要包括该行业位于产品生命周期的哪一个阶段，未来的成长性如何，影响增长的因素主要有哪些；
- 行业的竞争状况分析，主要包括该行业的主要竞争对手有哪些，他们的竞争战略和竞争优势是什么，来自其他行业的竞争（即替代产品的情况）和行业的进入壁垒如何，本企业的进入对行业竞争和其他企业的影响；
- 行业的主要客户和供应商分析，主要包括他们在行业中的地位如何，是否存在对企业有决定力量的少数客户和供应商，潜在客户与供应商的情况如何，供应商或客户是否有前向一体化或后向一体化的趋势；
- 政府、法律对该行业的影响和制约情况分析。

（二）选择目标企业

确定了企业想要实施并购的行业，接下来就要在该行业中选择合适的并购对象，也就是目标企业。选择并购目标企业通常需要考虑以下一些因素：

- 并购对象的财务状况，包括变现能力、盈利能力、运营效率及负债状况；
- 核心技术与研发能力，包括技术的周期与可替代性、技术的先进性、技术开发和保护情况、研发人员的创新能力和研发资金的投入状况；
- 企业的管理体系，包括公司治理结构、高层管理人员的能力及企业文化；
- 企业在行业中的地位，包括市场占有率，企业形象，与政府、客户和主要供应商的关系等。

三、发出并购意向书

由并购企业向目标企业发出并购意向书是一个有用但不是法律要求的必需步骤。实践中也有很多企业在进行并购时，不发出并购意向书，而只是与目标企业直接接触，口头商谈，一步到位。

一般来说，并购意向书的内容要简明扼要。并购意向书的内容有些有法律约束力，有些没有法律约束力，其中，保密条款、排他协商条款、费用分摊条款、提供资料与信息条款和终止条款有法律约束力，其他条款的效力视并购双方的协商结果来定。主要条款如下：

（一）并购标的条款

并购标的条款主要说明并购企业拟并购的对象是资产还是股权，以及具体的范围和数量等。

（二）保密条款

保密条款的作用，一是可以防止并购企业对目标企业的并购意图外泄，从而对并购双方造成不利影响，并购意向书一般都会约定诸如“并购的任何一方在共同公开宣布并购前，未经对方同意，应对本意向书的内容保密，且除了并购双方及其雇员、律师、会计师和并购企业的贷款方之外，不得向任何其他第三方透露”的内容。二是可以防止并购企业将目标企业提供的资料向外公开。当然，如果有法律强制公开的情况，则不在保密条款的效力范围之内。

（三）提供资料与信息条款

提供资料与信息条款要求目标企业向并购企业提供其所需的资料和信息，尤其是没有向公众公开的资料和信息，有利于并购企业了解目标企业。

（四）费用分摊条款

费用分摊条款主要规定无论并购是否成功，并购双方都要共同来分担因并购事项所发生的费用。

（五）对价条款

对价条款主要说明并购企业打算给出的对价的性质和并购价格的数额或计算公式等，在意向书的有效期内，并购企业一般可以该锁定的价格购买目标企业的股票或股权。

（六）进度安排条款

进度安排条款主要说明后续的并购活动的步骤和大致时间。

（七）排他协商条款

并购企业为了取得独家并购谈判的地位，可能会规定这个条款。排他协商条款主要规定没有取得并购企业同意，目标企业不得与第三方公开或者私下进行并购接触和谈判，否则视为目标企业违约，并要承担责任。

（八）终止条款

终止条款明确规定如果并购双方在某一规定期限内无法签订并购协议，则意向书丧失效力。

四、进行尽职调查

在目标企业同意并购时，并购企业需进一步对目标企业进行详细的尽职调查，以确定交易价格与其他条件。

（一）尽职调查的概念

尽职调查，又称谨慎性调查，一般是指并购企业在与目标企业达成初步合作意向后，经协商一致，并购企业对目标企业一切与本次并购有关的事项进行现场调查、资料分析的一系列活动。

（二）尽职调查的范围

一般来说，并购中的尽职调查主要应包括目标企业的营运、规章制度及有关契约、财务等方面的内容。具体的调查内容则取决于管理人员对信息的需求、目标企业的规模和相对重要性、财务信息的可靠性、内在风险的大小及所允许的时间等多方面的因素。

1. 对目标企业出售动机的调查

对于主动出售的目标企业，调查其出售动机将有助于目标企业价值的评估和确定正确的谈判策略。一般来说，目标企业的出售动机主要包括以下几种。

1）企业经营不善，股东欲出售股权。

2）为实现新的投资机会，需要转换到新的行业；或者大股东急需资金，出售部分股权。

3）股东不满意目标企业的管理，希望以并购的方式来撤换整个管理集团。

4）企业管理人员出于自身地位与前途的考虑，愿意被大企业并购，以便在该带企业中谋求一个高薪且稳定的职位。

5）目标企业调整多样化经营战略，常出售不符合本企业发展战略或获利不佳的子公司，同时并购一些获利较佳的企业。

2. 对目标企业营运状况的调查

对目标企业营运状况的调查，主要依据并购企业的动机和策略的需要，调查并衡量目标企业是否符合并购的标准。

如果并购企业想通过利用目标企业的现有营销渠道来扩展市场，则应了解其现有的营销组织及网络、主要客户及分布状况、客户的满意程度和购买力、主要竞争对手的市场占有率，以及查明并购后原有的供应商及主要客户是否会流失。在产品方面，则应了解产品质量、产品竞争力、新产品开发能力。此外，还要了解目标企业在生产、技术、市场营销能力、管理能力及其他经营方面与本企业的匹配程度。

如果并购的目的是想利用目标企业现有的生产设备及其他生产设施，则应注意了解这些生产设施是目标企业自己的还是租赁的、其账面价值和重置价值、目前的使用情况、是否有其他用途等，还可以将自己设立的同类企业与并购现有企业相比较，了解在资金上、时间上的损失程度有多大、能够从并购对象那里得到哪些由自己设立同类企业所得不到的好处等。

3. 对目标企业规章制度、有关契约及法律方面的调查

（1）审查目标企业组织、章程中的各项条款

审查目标企业组织、章程中的各项条款，尤其对重要的决定，如并购或资产出售的认

可，须经一定比例有表决权股份的同意才能进行的相关规定，要予以充分的注意，以避免并购过程中受到阻碍。同时，还应注意企业章程中是否有特别投票权的规定和限制，审查股东大会及董事会的会议记录。如果是资产并购，还应取得股东大会同意此项出售的决议文件。

（2）审查目标企业的主要财产清单

了解其所有权归属、历史成本及重置价值，并了解其对外投资情况及企业财产投保范围。该企业若有租赁资产则应注意此类契约的条件对并购后的营运是否有利。

（3）审查目标企业的债务

应审查目标企业的一切债务关系，注意其偿还期限、利率及债权人对其是否有某种限制。对于其他问题，如企业与供应商和代理销售商之间在契约上的权利义务、企业与员工之间的雇佣合同及有关工资福利待遇的规定等，都应予以审查。

（4）审查目标企业的对外书面契约

对目标企业的对外书面契约的审查，包括审查使用外界商标及专利权，或授权他人使用的权利义务的约定，以及租赁、代理、借贷、技术授权等重要契约。审查中要特别注意在控制权改变后契约是否继续有效。

此外，应对目标企业过去所涉及的诉讼案件加以了解，弄清这些诉讼案件是否会影响目前和将来的利益。

4．对目标企业财务和会计问题的调查

对目标企业财务和会计方面的调查，可以聘请会计师事务所协助完成。调查的目的在于，使并购企业确定目标企业所提供的财务报表是否准确地反映了该企业的真实状况，若发现有误，则要求其对财务报表进行必要的调整。

通过调查还可以发现目标企业的一些未披露的信息。如通过目标企业的律师费支出，可能会发现未被披露的法律诉讼案件。又如，通过对各种周转率（如应收账款周转率、存货周转率等）进行分析，可以发现有无虚列财产价值或虚增收入等现象。

在资产方面，应注意在账面是否存在疑账、过期的应收账款、不能收回的应收账款。对于长期股权投资则要注意所投资企业的财务状况；对土地、建筑物、设备及无形资产（如专利权、商标等）的价值评估，应依据双方事先同意的评估方式进行调整。

在负债方面，应尽可能查明未列示或列示不足的债务。若有些债务已经到期未付，则应特别注意债权人法律上的追索问题及额外利息的支付；应注意是否有对其他人借贷的担保承诺，因为这样的承诺很可能由于承担连带责任而导致额外的损失；还应进行税务审查，确定应交税款的数额及应由谁来缴纳、过去是否存在偷漏税收、是否存在应交税金等。

此外，还应审查目标企业在未来是否存在重大支出的需要，如工厂迁址和扩建、新产品开发等。对于涉及国际业务的目标企业，还应注意审查汇率变动、外汇管制和利润汇回等问题。

5．对并购风险的调查

对并购风险的调查主要从以下几个方面进行：

（1）审查市场风险

并购对象如果是上市公司，消息一经外传，立即会引起目标企业股价飞涨，增加并购

的难度；如果是非上市公司，消息一经传出，也容易引起其他企业的兴趣，挑起竞标，使价格上抬。这种因股票市场或产权市场引起的价格变动的风险，即市场风险。市场风险难以预测，只能在实施过程中从社会心理、大众传播媒介等不同角度出发予以小心控制。

（2）审查投资风险

并购作为一种直接的外延型投资方式，同样也是投入一笔资金，期望在未来得到的若干收益。企业并购后取得收益的多少，受许多因素的影响，每种影响因素的变动都可能使投入资金遭受损失，从而使预期收入减少，这就是投资风险。

（3）审查经营风险

这主要是指并购完成后，由于并购方不熟悉目标企业的产业经营特点，不能组织一个强有力的管理层去接管，从未导致经营失败的风险。所以，经营风险应该通过并购方的努力，减少到最低，甚至完全回避。

（三）尽职调查报告

在上述调查工作的基础上，应形成一份尽职调查报告。尽职调查报告应全面反映尽职调查工作内容，并对调查收集的资料进行全面客观的分析判断。尽职调查报告应将调查中发现的问题一一列示，重要问题应说明其性质、可能造成的影响、可行的解决方案等。对此次并购可能形成障碍的问题应特别明示，并对实体上、程序上应注意的问题及解决的方案特别说明，避免最后并购活动的失败。

尽职调查报告一般内容有：① 进行尽职调查所做的各种假设；② 尽职调查主要依据的法律、法规；③ 尽职调查目的、范围、方式和流程；④ 尽职调查内容；⑤ 主要问题及风险汇总；⑥ 解决问题的建议。

五、进行价值评估

并购价值评估主要确定有关企业的价值及并购增值，是企业并购中制定并购策略、评价并购方案、分析并购增值来源、确定并购支付成本的主要依据之一，因此价值评估是企业并购的中心环节，有着特殊的重要地位。

通过价值评估，可以分析确定资产的账面价值与实际价值之间的差异，以及资产名义价值与实际效能之间的差异，准确反映资产价值量的变动情况。在价值评估的同时，还要全面清查被并购企业的债权、债务和各种合同关系，以确定债务合同的处理办法。在对被并购企业价值评估的基础上，最终形成并购交易的底价。

并购价值评估主要是确定四个方面的价值：并购企业价值、被并购企业价值、并购后整体企业价值和并购净收益。

（一）评估并购企业价值

评估并购企业价值是企业实施并购的基础，对整个并购过程来说地位十分重要，并购企业如果没有对自身价值进行评估，就不能评价不同的并购策略给企业带来的价值有多大，无法选择适当的并购策略。

（二）评估被并购企业价值

评估被并购企业价值在企业并购中十分关键，它是制定并购支付价格的主要依据之一。一般情况下，被并购企业不会同意接受低于自身价值的价格，并购企业必须支付的价格为被并购企业的价值再加上一部分溢价，溢价部分的多少则需具体情况具体分析。

（三）评估并购后整体企业价值

并购后两家企业的总体价值要大于两个独立企业价值的算术和，其差额即为协同效应的价值。

在对协同效应进行评价的基础上，可以更加合理地预计并购后整体企业的未来经营、盈利状况，以尽量精确地评价并购后整体企业的价值。而用并购后整体企业价值，减去并购前并购双方企业的价值之和，又可得出并购的协同效应的价值。

获得协同效应，是企业实施并购的主要目的，协同效应必须大于零，企业才有并购的必要性，协同效应的多少是决定并购成败的关键。有许多并购企业对协同效应没有恰当评价，过于乐观，支付了很高的溢价，甚至超过了并购的实际协同效应，导致最终的失败。在制定支付价格时，协同效应即为溢价的上限，超出这个范围，只能放弃对目标企业的并购。

（四）评估并购净收益

对协同效应的预期使得并购企业不仅能够承担并购产生的费用，而且还能够为日标企业的股东提供一定的并购溢价。协同效应可以使并购企业获得正的并购净收益（*NAV*），其计算公式如下：

$$NAV=V_{AB}-(V_A+V_B)-P-E$$

其中，V_{AB}为并购后整体企业价值；V_A为并购前并购企业（A 企业）价值；V_B为并购前被并购企业（B 企业）价值；P为并购 B 企业支付的溢价；E为并购费用。

并购费用是指并购过程中所发生的一切费用，包括并购过程中所发生的搜寻、策划、谈判、文本制定、资产评估、法律鉴定、公证等中介费用，发行股票还需要支付申请费、承销费等。

六、开展并购谈判

谈判主要涉及并购的形式（是收购股权、资产，还是整个企业）、交易价格、支付方式与期限、交接时间与方式、人员的处理、有关手续的办理与配合、整个并购活动进程的安排、各方应做的工作与义务等重大问题。并购合同是对这些问题的具体细则化，也是对意向书内容的进一步具体化。具体细化后的问题要落实在合同条款中，形成待批准签订的合同文本。

并购合同是整个并购进行的基础，它是并购双方就所有的并购问题达成一致意见的体现，也是实际并购操作的准则和将来争议解决的根据。并购合同应该用最直接、专业和没有歧义的语言制作，以减少今后的纠纷。并购合同通常包括首部、主文和附件三部分。

七、做出并购决策

（一）并购双方就并购的可行性进行决策

企业并购的基本原则是成本效益原则，即并购净收益大于0，这样并购才是可行的。

例题解析

【例 6-1】 A公司和B公司为国内手机产品的两家主要生产商，手机市场价格竞争比较激烈。A公司规模较大，市场占有率和知名度较高。B公司经过3年前改制重组，转产手机，但规模较小，资金上存在一定问题，销售渠道不畅。但是B公司拥有一项生产手机的关键技术，而且属于未来手机产业的发展方向，需要投入资金扩大规模和开拓市场。A公司财务状况良好，资金充足，是金融机构比较信赖的企业，其管理层的战略目标是发展成为行业的主导企业，在市场份额和技术上取得优势地位。2016年1月，A公司积极筹备并购B公司。

A公司准备收购B公司100%的股权。A公司的估计价值为20亿元，B公司的估计价值为5亿元。A公司收购B公司后，两家公司经过整合，价值将达到28亿元。B公司要求的股权转让出价为6亿元。A公司预计在并购价款外，还要发生审计费、评估费、律师费、财务顾问费、职工安置、解决债务纠纷等并购交易费用支出0.5亿元。

本例中，从财务管理角度进行并购决策。并购收益和并购净收益的计算如下所示：

并购收益＝28－（20＋5）＝3（亿元）

并购溢价＝6－5＝1（亿元）

并购净收益＝3－1－0.5＝1.5（亿元）

由上述计算结果得知，A公司并购B公司后能够产生1.5亿元的并购净收益，从财务管理角度分析，此项并购交易是可行的。

（二）并购双方形成决议，同意并购

并购具有可行性，谈判有了结果且合同文本已拟出，这时依法就需要召开并购双方董事会，形成决议。决议的主要内容包括：① 拟进行并购企业的名称；② 并购的条款和条件；③ 关于因并购引起存续企业的公司章程的任何更改的声明；④ 有关并购所必需的或合适的其他条款。

形成决议后，董事会还应将该决议提交股东（大）会讨论，由股东（大）会予以批准。

八、完成并购交易

（一）签署并购合同

并购双方根据价值评估确定的交易底价，协商确定最终成交价，并由双方法定代表人签订正式并购合同，明确双方在并购活动中享有的权利和承担的义务。

（二）支付并购对价

并购合同生效后，并购企业应按照合同约定的支付方式，将现金或股票、债券等形式的出价文件交付给被并购企业。

（三）办理并购交接

并购合同生效后，并购双方要进行交接，主要包括产权交接、财务交接、管理权交接、变更登记、发布公告等事宜。

1. 产权交接

并购双方的资产移交，需要在国有资产管理部门、银行等有关部门的监督下，按照协议办理移交手续，经过验收、造册，双方签证后会计据此入账。被并购企业未来的债权、债务，按协议进行清理，并据此调整账户，办理更换合同债据等手续。

2. 财务交接

财务交接工作主要在于，并购后双方财务会计报表应当依据并购后产生的不同法律后果做出相应的调整。例如，如果并购后一方的主体资格消灭，则应当对被并购企业的财务账册妥善保管，而并购企业的财务账册也应当做出相应的调整。

3. 管理权的移交

管理权的移交工作是并购必需的交接事宜，完全有赖于并购双方签订并购协议时就管理权所做的约定。如果并购后，被并购企业还照常运作，继续由原有的管理班子管理，管理权的移交工作就很简单，只要对外宣示即可；但是如果并购后要改组被并购企业原有的管理班子，管理权的移交工作则较为复杂，这涉及原来管理人员的去留，新的管理人员的入驻，以及管理权的分配等诸多问题。

4．变更登记

变更登记主要存在于并购导致一方主体资格变更的情况：存续企业应进行变更登记，新设企业应进行注册登记，被解散的企业应进行解散登记。只有在政府有关部门进行这些登记之后，并购才正式有效。并购一经登记，因并购合同而解散的企业的一切资产和债务，都由存续企业或新设企业承担。

5．发布并购公告

并购双方应当将并购的事实公布社会，可以在公开报刊上刊登，也可以由有关机关发布，使社会各方面知道并购事实，并调整与之相关的业务。

九、进行并购整合

并购往往会带来多方面变革，可能涉及企业结构、企业文化、企业组织系统，或者企业发展战略。变革必然会在双方的雇员尤其是留任的被并购企业原有雇员中产生大的震动，相关人员将急于了解并购的内幕。所以，并购交易结束后，并购企业应尽快开始就并购后的企业进行整合，包括战略整合、管理整合、财务整合、人力资源整合、企业文化整合及其他方面的整合，有关组织结构、关键职位、报告关系、下岗、重组及影响职业的其他方面的决定应该尽快制定、宣布并执行。

第三节　企业并购融资

一、并购融资渠道

从筹集资金的来源角度看，并购融资渠道包括内部融资渠道和外部融资渠道两种。

（一）内部融资渠道

内部融资渠道，是指从企业内部开辟资金来源，筹措并购所需的资金，主要包括企业自有资金、企业应付税利和利息等。

1．企业自有资金

企业自有资金是企业在发展过程中所积累的、经常持有的、按规定可以自行支配、并不需要偿还的那部分资金，是企业最稳妥、最有保障的资金来源。通常，企业可用的内部自有资金主要有税后留利、闲置资产变卖和应收账款等形式。

2．应付税款、利息、应付账款、其他应付款、应付职工薪酬等

虽然从资产负债表看，企业应付税款、利息等属于负债性质，但从长期的平均趋势看，其本源仍在企业内部，属于企业内部融资的一个来源。这一方式下，企业不必对外支付借款成本，风险很小。在并购交易中，企业一般应尽可能选择这个渠道。

（二）外部融资渠道

外部融资渠道，是指企业从外部开辟资金来源，向本企业以外的经济主体（包括企业现有股东和企业职员）筹措并购所需资金。

1. 直接融资

直接融资是指不通过中介机构，如银行、证券公司等，直接由企业面向社会融资。直接融资是企业经常采用的融资渠道。在美国，70%的企业融资是通过证券市场实现的。从经济的角度看，直接融资可以最大限度地利用社会闲散资金，形成多样化的融资结构，降低融资成本，同时又可以通过发行有价证券提高企业的知名度。企业可以通过发行普通股、企业债券、可转换公司债券、认股权证等方式进行融资。

2. 间接融资

间接融资是指企业通过金融市场中介组织借入资金，主要包括向银行及非银行金融机构贷款，如信托投资公司、保险公司、证券公司等。间接融资多以负债的方式表现出来，其影响与企业发行债券类同。但与发行债券方式不同之处在于：一是由于金融中介组织的介入，简化了融资操作，但也增加了融资成本；二是企业面向银行等金融组织，受到的压力更大。

从企业外部融资，具有速度快、弹性大、资金量大的优点，但缺点在于资金成本较高、风险较大。

二、并购融资方式

（一）债务融资

债务融资是指企业按约定代价和用途取得且需按期还本付息的一种融资方式。债务融资往往通过银行、非银行金融机构、民间等渠道，采用申请贷款、发行债券、利用商业信用、租赁等方式筹措资金。

1. 并购贷款

所谓并购贷款，是指商业银行向并购企业或并购企业控股子公司发放的，用于支付并购对价款项的本外币贷款。并购贷款是并购活动中重要的融资方式之一，在世界各国公司并购中发挥重要作用。

企业申请并购贷款应符合以下基本条件：

1）并购企业依法合规经营，信用状况良好，没有信贷违约、逃废银行债务等不良记录。

2）并购交易合法合规，涉及国家产业政策、行业准入、反垄断、国有资产转让等事项的，应按适用法律法规和政策要求，取得有关方面的批准和履行相关手续。

3）并购企业与目标企业之间具有较高的产业相关度或战略相关性，并购企业通过并购能够获得目标企业的研发能力、关键技术与工艺、商标、特许权、供应或分销网络等战略性资源以提高其核心竞争能力。

4）并购贷款最高额度为并购交易对价的50%。

5）贷款期限一般不超过 5 年。

6）并购企业为境内注册企业，目标企业注册地不限。

7）要求提供足额的有效担保。

与发行债券相比，贷款会给并购企业带来一系列的好处。由于银行贷款所要求的低风险导致银行的收益率也很低，因而使企业的融资成本相应降低；银行贷款发放程序比发行债券、股票简单，发行费用低于证券融资，可以降低企业的融资费用，其利息还可以抵减所得税。此外，通过银行贷款可以获得巨额资金，足以进行金额巨大的并购活动。但是，要从银行取得贷款，企业必须向银行公开其财务、经营状况，并且在今后的经营管理上还会受到银行的制约；为了取得银行贷款，企业可能要对资产实行抵押、担保等，从而降低企业今后的再融资能力，产生隐性融资成本，进而可能会对整个并购活动的最终结果造成影响。

2．票据融资

票据是证明债权债务关系的一种法律文件。商业票据是企业进行延期付款交易时开具的反映债权债务关系的单据。根据承兑人的不同，票据分为商业承兑票据和银行承兑票据两种，支付期最长不超过 9 个月。商业票据可以附息，也可以不附息，其利率一般比银行借款的利率低，且不用保持相应的补偿余额和支付协议费，所以商业票据的融资成本低于银行借款成本。但是商业票据到期必须归还，如若延期便要交付罚金，因而风险较大。

用票据为企业并购进行融资可以有两种途径：其一，票据本身可以作为一种支付手段直接进行融资；其二，可以在并购前出售票据，以获取并购所需资金。

3．债券融资

债券是一种有价证券，是债务人为了筹措资金而向非特定的投资者发行的长期债务凭证。企业债券代表的是一种债权、债务之间的契约关系，这种关系明确规定债券发行人必须在约定的时间内支付利息和偿还本金，这种债权、债务关系给予了债权人对企业收益的固定索取权，以及对企业财产的优先清偿权。企业债券的种类很多，主要包括以下几种：

（1）抵押债券

抵押债券，是指以企业财产作为担保而发行的一种企业债券。抵押债券的抵押权又分为定额抵押和不定额抵押。定额抵押规定同一资产不得在增发新债券时再次作为抵押品。不定额抵押则允许企业在发行新债券时用同一资产再次作为抵押品，这为企业融资提供了很大的灵活性，但对债权人的保障程度则大为降低。

（2）信用债券

信用债券，是指没有抵押品，完全依赖企业良好的信誉而发行的债券。通常只有经济实力雄厚、信誉较高的企业才有能力发行这种债券。由于信用债券没有特定的抵押品，利率要比同一时期发行的抵押债券利率略高，这之间的利差也在一定程度上反映了风险程度的高低。

（3）无息债券

无息债券，也称零票面利率债券，是指其票面利率为零，却以低于面值的价格出售给投资人的债券。其特点是：不必支付利息，按低于面值的价格折价出售，到期按面值归还

本金。

（4）浮动利率债券

浮动利率债券，是指其票面利率随一般利率水平的变动而调整的债券。其票面利率通常定期根据某些作为基准的市场利率调整，其每期调整一般限制在某一最大幅度范围和某一时间内。

（5）垃圾债券

除了上述的各种企业债券以外，20 世纪 80 年代盛行的创新融资工具便是“垃圾债券”。由于并购活动的风险很高，而企业大部分优质资产的抵押权又被银行贷款所得，为了对投资者承担的高风险提供较高的回报率，垃圾债券作为一种新型的融资工具应运而生，为并购特别是杠杆收购提供了重要的资金来源。垃圾债券一般由投资银行承销，保险公司、风险资本投资公司等机构投资者为主要债权人。这种债券最为明显的两个特征在于：一是高风险。垃圾债券不是以现实资产为保证，而是以并购其他企业的新公司资产即未来资产作抵押，具有很大的不确定性，因此风险很大。同时，还可能存在实际资产价值低于股票市场价值的情况，这就更增加了它的风险程度。二是高利率。效率低、信誉低的企业为了吸引那些在资本市场上寻求高额收益的游资，就必须发行具有吸引力的高利率债券。

4．租赁融资

除了上述企业债务融资工具以外，还有租赁融资。租赁是出租人以收取租金为条件，在契约或合同规定的期限内，将资产租让给承租人使用的一种经济行为。租赁业务的种类很多，通常可按不同标准进行划分。

1）以租赁资产风险与报酬是否完全转移为标准，租赁可分为融资租赁和经营租赁。

2）以出租人资产的来源不同为标准，租赁可分为直接租赁、转租赁和售后回租。

3）以设备购置的资本来源为标准，租赁可分为单一投资租赁和杠杆租赁。

企业可以通过售后回租等租赁手段获取并购所需资金。

（二）权益融资

发行普通股融资是企业并购中最常用的权益融资方式。

1．发行普通股的形式

在企业并购中，运用发行普通股票融资具体又分为两种不同的形式：一种是并购企业在股票市场发行新股或向原股东配售新股实现并购；另一种是以换股方式实现并购。

（1）发行新股并购

并购企业在股票市场上发行新股或向原股东配售新股，即企业通过发行股票并用销售股票所得价款为并购支付交易价款。在这种情况下，并购企业等于用自有资金进行并购，因而使财务费用大大降低，并购成本较低。然而在并购后，每股净资产不一定会增加，这是因为虽然总资产增加了，但企业总股份数也会随之增加。另外，每股收益要视并购后所

产生的效益而定，因此具有不确定性，会给股东带来很大的风险。

（2）换股并购

换股并购以股票作为并购的支付手段。根据换股方式的不同可以分为增资换股、母子公司交叉换股、库藏股换股等，其中比较常见的是并购企业通过发行新股或从原股东手中回购股票，然后再进行交换。并购企业采用这种方法的优点在于可以取得会计和税收方面的好处。因为在这种情况下，并购企业合并报表可以采用权益结合法，这样既不用负担商誉减值，又不会因资产并购造成折旧增加。从被并购企业角度看，股东可以推迟收益实现时间，既能获得税收好处，又可以分享并购后新企业实现的价值增值。但这种方法会受到各国证券法中有关规定的限制，审批手续比较烦琐，耗费时间也较长，可能会给竞购对手提供机会，被并购企业也有时间实行反并购。更重要的是，发行新股会改变原有股权结构，进而影响股权价值，股价的变动使并购成本难以确定，并购企业不得不经常调整方案。

2. 发行普通股的优缺点

（1）发行普通股的优点

1）普通股融资没有固定的股利负担。企业有盈余，并认为适合分配股利，就可以分配给股东；企业盈余较少，或虽有盈余但资金短缺或有更有利的投资机会，就可以少支付或不支付股利。

2）普通股没有固定的到期日，不需要偿还股本。利用普通股筹措的是永久性资金，它对保证企业最低的资金需求有重要意义。

3）利用普通股融资风险小。由于普通股无固定到期日，不用支付固定的股利，因此，实际上不存在不能偿付的风险。

4）普通股融资能增强企业的信誉。

（2）发行普通股融资的缺点

1）分散企业控制权。新股的发行使企业的股权结构发生变化，稀释了企业的控制权，留下了企业被并购的风险。

2）普通股的发行成本较高，包括审查资格成本高、成交费用高等因素。

3）由于股利需税后支付，故企业税负较重。

（三）混合融资

常见的混合型融资工具包括可转换债券和认股权证。

1. 可转换债券

可转换债券是指在一定时期内，可以按规定的价格或一定的比例，由持有人自由选择转换为普通股的债券。

可转换债券融资的优点包括：① 灵活性较高，企业可以设计出不同报酬率和转换溢价的可转换债券，寻求最佳资本结构。② 可转换债券融资的报酬率一般较低，大大降低

了企业的融资成本。③ 一般可获得较为稳定的长期资本供给。

可转换债券融资的缺点包括：① 受股价影响较大，当企业股价上涨大大高于转换价格时，发行可转换债券融资反而会使企业蒙受损失。② 当股价未如预期上涨，转换无法实施时，会导致投资者对企业的信任危机，从而对未来融资造成障碍；顺利转换时，意味着企业原有控制权的稀释。

2. 认股权证

认股权证是企业发行的长期选择权证，它允许持有人按照某一特定的价格购买一定数额的普通股。它通常被用来作为给予债券持有者的一种优惠而随同债券发行，以吸引潜在的投资者。

认股权证融资的优点包括：① 在金融紧缩时期或企业处于信用危机边缘时，可以有效地推动企业有价证券的发行。② 与可转换债券一样，融资成本较低。③ 认股权证被行使时，原来发行的企业债务尚未收回，因此，所发行的普通股意味着新的融资，企业资本增加，可以用增资抵债。

认股权证融资的缺点类同于可转换债券融资。

（四）其他特殊融资方式

1. 过桥贷款

过桥贷款是指投资银行为了促使并购交易迅速达成而提供的贷款，这笔贷款日后由并购企业公开发行新的高利率、高风险债券所得款项，或以并购完成后并购者出售部分资产、部门或业务等所得资金进行偿还。

典型案例

过桥贷款

20 世纪 80 年代末，英国比萨公司（Beazer）收购美国库帕公司（Koppers）过程中，使用了大额过桥贷款，雷曼投资银行担当了整个并购交易的策划者和组织者。比萨公司与雷曼、奈特威斯特两家投行联合组建了名为 BNS 的控股公司，其资本总额为 15.66 亿美元，其中债务资本为 13.07 亿美元，股权资本为 2.59 亿美元（包括普通股 0.5 亿美元和优先股 2.09 亿美元）。BNS 公司收购库帕公司的资金来源渠道是多样的，其中 13.07 亿美元的债务资本由雷曼银行和花旗银行提供，雷曼银行提供了 5 亿美元的过桥贷款（该过桥贷款通过在美国发行 3 亿美元的垃圾债券得到了再融资），花旗银行提供了 8.07 亿美元的银团贷款（其中 4.87 亿美元为其他银行的辛迪加贷款，其利率为基础利率加上 1.5 个百分点）。BNS 公司 0.5 亿美元的普通股资本由比萨公司与雷曼、奈特威斯特两家投行提供，其持股比例分别为 49%、46.1%

和 4.9%。BNS 公司 2.09 亿美元的优先股资本由比萨公司提供，该资金得到了奈特威斯特投行 2 亿美元的信贷支持。

2. 卖方融资

企业并购中一般都是买方融资，但当买方没有条件从贷款机构获得抵押贷款时，或市场利率太高，买方不愿意按市场利率获得贷款时，而卖方为了出售资产也可能愿意以低于市场的利率为买方提供所需资金。买方在完全付清贷款以后才得到该资产的全部产权，如果买方无力支付贷款，则卖方可以收回该资产。

比较常见的卖方融资是在分期付款条件下以或有支付方式购买被并购企业，即双方完成并购交易后，并购方不全额支付并购价款，而只是支付其中的一部分，在并购后若干年内再分期支付余额。但分期支付的款项是根据被并购企业未来若干年内的实际经营业绩而定，业绩越好，所支付的款项就越高。现在越来越多的换股并购交易采用或有支付方式，因为这种方式一方面可以减少并购企业当期的融资需求量，另一方面在避免股权价值稀释问题上也起到了重要作用。

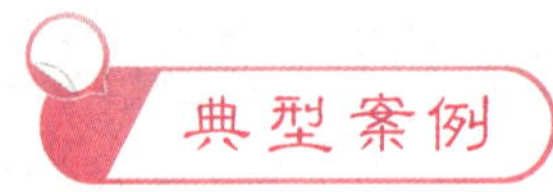
典型案例

卖方融资

2003 年 2 月 22 日，京东方正式完成收购韩国现代半导体株式会社（HYNIX）和韩国现代显示技术株式会社（HYDIS）与 TFT-LCD 业务有关的资产，同时，相应的资产交割手续也办理完毕。京东方的出资虽为 3.8 亿美元，但真正自筹的资金只有 1.5 亿美元，其中自有资金及自有资金购汇 6 000 万美元，通过国内银行借款 9 000 万美元，全部用于投资设立收购主体 BOE-HYDIS；另外的 2.3 亿美元，一部分来自 HYNIX 最大的债权银行韩国汇兑银行联合其他 3 家银行和一家保险公司提供的贷款，由 BOE-HYDIS 以资产抵押方式获得；另一部分来自 HYNIX 提供的卖方信贷，通过 BOE-HYDIS 以资产向 HYDIS 再抵押方式获得。其中银行贷款期限为 3～7 年，卖方信贷期限为 5 年，全部由 BOE-HYDIS 负责偿还，京东方只对国内借款负责。

3. 信托融资

信托融资并购是由信托机构向投资者融资购买并购企业能够产生现金流的信托财产，并购企业则用该信托资金完成对被并购企业的并购。信托融资具有融资能力强和融资成本较低的特点。根据中国人民银行 2002 年发布的《信托投资公司管理办法》规定，信托公司筹集的信托资金总余额上限可达 30 亿元人民币，从而可以很好地解决融资主体对资金的大量需求。由于信托机构所提供的信用服务，降低了融资企业的前期融资费用，从而降低了融资企业的资本成本。

4. 资产证券化

资产证券化是指将具有共同特征的、流动性较差的盈利资产集中起来，以资产所产生

的预期现金流为支撑，在资本市场发行证券进行融资的行为。

资产证券化的实质是企业存量资产与货币资金的置换，投资者主要依据的是资产组合质量的状况、未来现金收入流量的可靠性和稳定性，而将资产发起人本身的资信能力置于一个相对次要的地位。通过资产证券化，既可以达到企业并购融资的目的，又可以提高存量资产的质量，加速资金周转和资金循环，提高资产收益率和资金使用率。

典型案例

资产证券化

中国网通斥资128亿元向母公司网通集团收购4省网络资产，其中30亿元以现金支付，其余的98亿元分5年支付，每相隔半年支付部分递延对价，并就递延对价未支付部分的实际金额向网通集团支付利息。每相隔半年支付的部分递延对价金额相等，为人民币9.8亿元（约合9.4亿港元）。2006年3月，网通集团发行“中国网通应收款资产支持受益凭证”，募集资金用于购买中国网通集团未来每半年从中国网通（集团）有限公司获得的应收款中不超过基础资产预期收益金额的收益。

三、并购支付方式

在企业并购中，支付对价是其中十分关键的一环。选择合理的支付方式，不仅关系到并购能否成功，而且关系到并购双方的收益、企业权益结构的变化及财务安排。各种不同的支付方式各有特点与利弊，企业应以获得最佳并购效益为宗旨，综合考虑企业自身经济实力、融资渠道、融资成本和被并购企业的实际情况等因素，合理选择支付方式。企业并购涉及的支付方式主要有以下几种方式。

（一）现金支付方式

现金支付方式，是指并购企业支付一定数量的现金，以取得被并购企业的控制权。现金支付方式并购是最简单迅速的一种支付方式。

对目标企业而言，现金支付不必承担证券风险，交割简单明了，缺点是目标企业股东无法推迟资本利得的确认，从而不能享受税收上的优惠，而且也不能拥有新公司的股东权益。对于收购方而言，现金支付是一项沉重的即时现金负担，要求其有足够的现金和筹资能力，交易规模也常常受到筹资能力的制约。

现金支付包括一次支付和延期支付，延期支付包括分期付款、开立应付票据等卖方融资行为。现金支付方式主要包括用现金购买资产和用现金购买股权两种形式。

1. 用现金购买资产

用现金购买资产，是指并购企业使用现金购买被并购企业绝大部分或全部资产，以实现对被并购企业的控制。

典型案例

北京林德以现金收购德国帕希姆机场

北京林德国际运输代理有限公司是国家一级国际货运代理企业。经过多年与客户的共同成长，该公司已成为一家以国际空运为核心，以海运、陆运等运输代理业务为补充，以贸易咨询、物流管理为增值服务的专业化整合物流供应商。2007 年 7 月，该公司以 11 亿元人民币的价格购得德国帕希姆机场 100% 的产权、机场设备及附属经济合作区土地的永久拥有权，并联合南京高新产业开发区、宁夏回族自治区共同开发帕希姆机场及其附属 850 公顷商业用地，在机场及其周边建立保税物流园区及保税工业园区，使其成为中国出口商品在欧洲的物流仓储及中转中心，这意味着中国在欧洲内地拥有了自己的航空运输基地及生产加工基地。

2. 用现金购买股权

用现金购买股权，是指并购企业以现金购买被并购企业的大部分或全部股权，以实现对被并购企业的控制。

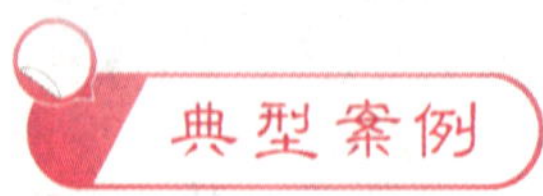

典型案例

米塔尔钢铁公司收购湖南华菱管线

全球最大的钢铁制造商米塔尔钢铁公司 2005 年 10 月 17 日在长沙宣布，以 3.8 亿美元完成对湖南华菱管线股份有限公司 36.67%股权的正式收购。这是外国公司第一次收购中国国有上市钢铁公司的股份，也是外资收购中国 A 股最大的一宗交易。

（二）股权支付方式

股权支付方式，也称换股并购，是指收购方按一定比例将目标企业的股权换成公司的股权，目标企业从此终止经营或称为收购方的子公司。

对于目标企业股东而言，换股并购可以推迟收益的计税时点，取得一定的税收利益，同时也可以分享收购方价值增值的好处；对于收购方而言，换股并购不会挤占其日常营运资金，比现金支付成本要小许多。但换股并购也存在着不少缺陷，如稀释了原有股东的权益使得每股收益可能发生不利变化，改变了公司的资本结构，稀释了原有股东对公司的控制权等。

股权支付方式主要包括用股权换取资产和用股权换取股权两种形式。

1. 用股权换取资产

用股权换取资产是指并购企业以自己的股权交换被并购企业部分或全部资产。

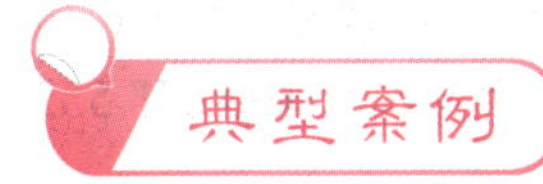

阿里巴巴收购雅虎中国

2005年8月，阿里巴巴与雅虎中国宣布双方已签署合作协议。阿里巴巴收购雅虎中国的全部资产，包括雅虎的门户、一搜、IM产品、3721及雅虎在一拍网中的所有资产，获得雅虎10亿美元投资，并享有雅虎品牌及技术在中国的独家使用权，同时雅虎获得阿里巴巴40%的普通股。即阿里巴巴用40%的普通股权换取了雅虎中国的全部资产。

2. 用股权换取股权

用股权换取股权又称“换股”，是指并购企业以自己的部分股权交换被并购企业的大部分或全部股权，通常要达到控股的股数。通过这种形式的并购，被并购企业往往会成为并购企业的子公司。

在换股并购中，换股比例的确定是最关键的一环。换股比例是指为了换取被并购企业的一股普通股股票，并购企业需要发行并支付的普通股股数。

确定换股比例的方法主要有三种：

（1）每股净资产之比

$$换股比例=\frac{被并购企业当前的每股净资产}{并购企业当前的每股净资产}$$

（2）每股收益之比

$$换股比例=\frac{被并购企业当前的每股收益}{并购企业当前的每股收益}$$

（3）每股市价之比

$$换股比例=\frac{被并购企业当前的每股市价}{并购企业当前的每股市价}$$

潍柴动力换股并购湘火炬

2006年11月，潍柴动力换股并购湘火炬，开创了中国内地和中国香港两地上市公司之间合并的先例，也是我国资本市场全流通背景下最具创新价值的并购案例，成为日后该类型交易的典范。在本次并购中，潍柴动力向湘火炬现有除潍柴投资外其他所有的股东定向增发A股，流通股股东和其他股东分别按一定比例换股，解决湘火炬股权分置问题，同时注销湘火炬，以潍柴动力为并购后的存续公司，并申请在深交所上市。本次换股并购中，潍柴动力的换股价格为20.47元/股，湘火炬的换股价格为5.80元/股，换股比例为0.283(即湘火炬换股价格/潍柴动力换股价格)；株洲市国资公司向全体流通股股东送出每10股0.35股的对价，且流通股股东可以5.05元的价格实行现金选择权，换股发行股数为190 653 552股，发行后的总股数为520 653 552股。

（三）混合支付方式

混合支付方式是指利用多种支付工具的组合，达成并购交易获取被并购企业控制权的支付方式。并购企业支付的对价除现金、股权外，还可能包括可转换公司债券、一般公司债券、认股权证、资产支持受益凭证，或者表现为多种方式的组合。

并购实务中，常见的支付对价组合包括：现金与股权的组合、现金与认股权证的组合、现金与资产支持受益凭证的组合等。将多种支付工具组合在一起，如搭配得当，选择好各种融资工具的种类结构、期限结构及价格结构，可以避免上述两种方式的缺点，既可以使并购企业避免支出更多现金，造成企业财务结构恶化，也可以防止并购企业原有股东的股权稀释或发生控制权转移。

典型案例

分众传媒收购聚众传媒

2006年1月，中国户外电视广告网络运营商分众传媒宣布同主要竞争对手聚众传媒达成协议，将以现金加股票的方式收购后者，交易的总价值为3.25亿美元。此次收购已征得双方董事会的同意，交易完成后，聚众传媒CEO虞锋将加入分众传媒董事会，并出任联合董事长一职。根据双方协议规定，分众传媒将收购聚众传媒100%的资产。分众传媒将支付9 400万美元的现金，并支付价值2.31亿美元的7 700万股分众传媒原始股票。

（四）其他支付方式

其他支付方式包括债权转股权方式、承债方式、无偿划拨方式等。

1. 债权转股权方式

债权转股权方式是指债权人在企业无力归还债务时，将债权转为投资，从而取得企业的控制权。

2. 承债方式

承债方式是指并购企业以全部承担被并购企业债权债务的方式获得被并购企业控制权。此类被并购企业多为资不抵债，并购企业并购后，注入流动资产或优质资产，使企业扭亏为盈。

承债方式支付

2006年8月，临沂市国资委与山东鲁锦进出口集团有限公司正式签署了《国家股股份转让协议》，以总价款3 650万元转让全部国有股权7 135.140 6万股（占总股本的46.09%），即每股转让价格0.51元，高于2006年中报每股净资产0.19元。同时相关方签署了关于债务偿还、重大资产重组等相关协议，由鲁锦集团代为清偿临沂市国资委相关下属企业对ST陈香的债务8 790.87万元，作为现金收购之外支付的第二部分。鲁锦集团以其拥有的经评估确认净值为8 987.67万元的优质纺织类权益资产为ST陈香关联方清偿欠款8 790.87万元，其余2 513.18万元的欠款由原关联方以现金一次性清偿。

3. 无偿划拨方式

无偿划拨方式是指地方政府或主管部门作为国有股的持股单位直接将国有股在国有投资主体之间进行划拨的行为。优点是手续简便，有助于减少国有企业内部竞争，形成具有国际竞争力的大公司、大集团；缺点是带有极强的政府色彩。

第四节 杠杆收购和管理层收购

一、杠杆收购

（一）杠杆收购的概念

杠杆收购是指通过增加债务进行融资的收购方式，即并购方以目标公司资产或者未来经营现金流作为抵押，向投资者发行债务进行融资，然后以现金支付的方式购买目标公司的股权，通过变卖目标公司资产或者提高经营现金流量以偿还债务本息的并购交易。

在杠杆收购中的并购方也被称为金融买家，因为他们主要关注中短期的投资收益，通常计划持有公司5～10年，很少会超过10年。为了支付大量的债务本息，并购方将注意力集中在能够迅速提供目标公司现金力量的决策中，并利用财务杠杆的作用，提高权益资本的收益率。

（二）杠杆收购的特征

1. 偿债基础

杠杆收购与一般收购的重要区别在于：一般收购中的负债主要由并购方的现有资产或

者预期现金流量作为偿债基础，并购方不会以尚未取得控制权的目标公司资产作为抵押；而在杠杆收购中引起的负债，则主要依靠目标公司未来的经营效益，并结合目标公司部分资产出售的方式进行偿还。

由于目标公司的资产是获得贷款的担保品，无论是并购方还是贷款方，都会非常关注目标公司资产的抵押价值，资产的抵押价值越高，并购方越容易获得贷款，因此，资本密集型行业中的公司更容易称为杠杆收购的目标。当然，在服务业中，公司即由充足的资产可以作为担保品，如果公司未来的现金流量足以偿付债务本息，那么并购方也会考虑采用杠杆收购的方式进行并购。

2．融资结构

与一般并购相比，杠杆收购的融资结构表现为非常高的负债比例。在整个融资结构中，并购方提供的资金只在其中占很小的部分，通常为10%～30%，其余部分都是通过发行债券的方式进行筹资。在典型的杠杆收购中，商业银行提供的短期和中期优先级债务通常比例为 5%～20%；由机构投资者、银行和杠杆收购基本提供的长期债务或次级债务的比例高达40%～80%。因此，杠杆收购实际上是采用激进型融资策略，高负债、高风险以期望获得高收益的并购策略。

（三）杠杆收购的融资结构

杠杆收购的融资结构基本上包括担保贷款、无担保贷款和股权融资等。

1．担保借贷

对于杠杆收购来说，发行股票、长期债券都会存在高额的发行成本和潜在的控制权损失，并不是融资的首选方式，而以资产为担保的短期借贷则成为颇具魅力的替代融资方式，这种融资方式适用于拥有足够的实物资产作为担保的目标公司，即担保借贷。担保借贷无疑会增加资产的管理成本，进而影响贷款总成本，此外，还有可能严重约束公司未来的借款能力。

在担保借贷下，借款方会要求以某种资产作为担保，借款期限一般较短，对担保资产的流动性也有比较严格的要求，具有担保资格的资产主要是应收账款和存货，而固定资产则可以作为中长期贷款的担保品。

（1）应收账款担保

由于应收账款具有很好的流动性，通常被用于短期融资的担保，贷款方也愿意接受应收账款的担保，但是，如果借款方提供作为担保品的应收账款目前并不存在，也会增加贷款的风险，如商品销售退回或者质量索赔等都会降低担保的价值。一般情况下，贷款金额是应收账款账面价值的70%～80%。

（2）存货担保

与应收账款相同，存货也有很好的流动性，可作为短期融资的担保。在通常情况下，存货中只有原材料和产成品才能作为贷款的担保，存货的担保价值取决于存货的特征，即可识别性、流动性和市场可销售性，而不是存货的账面价值。一般存货的担保贷款金额是其账面价值的50%。

（3）固定资产担保

固定资产可以作为中长期借款的担保品，借款方通常乐意选择中长期贷款进行融资，以避免不断更新贷款协议。贷款期限的长短一般取决于担保品的经济寿命。通常以设备为担保的贷款金额是其评估价值的80%，以土地为担保的贷款金额是其评估价值的50%。由于长期贷款协议是借贷双方私下谈判决定的，所以其成本费用要低于债券或股票发行的成本。

2．无担保借贷

如果贷款方将目标公司未来现金流入作为收回贷款的基本来源，而将资产作为第二来源时，借款方就有可能获得无担保贷款。在20世纪80年代中后期，以现金流量为偿还基础的无担保借贷称为杠杆收购的主要融资方式。并购方之间的竞争使杠杆收购价格大大超过了目标公司实物资产价值，借款方必须为这部分资金缺口寻找融资来源，于是许多杠杆收购采用了无担保债务。为了补偿所承担的风险，贷款方要求更高的利率和认股权证。

无担保贷款债务通常被称为中间融资，因为它具有股票和债务的双重特征，一方面借款方承诺要按期还本付息，另一方面在借款方无法还本付息的情况下，贷款方无法收回投资。在流动性方面，无担保债务介于担保债务和股票之间。无担保债务融资通常包括多级债务，每级债务在流动性上附属于次级债务。担保级别最低的债务通常提供最高的利率，以补偿最高的可能违约风险。

按照流动性，无担保的长期债务可分为优先级债务和次级债务。与次级债务相比，优先级债务对公司收益和资产有优先索偿权。按照是否附属于其他类型的债务，长期债务也可以分为附属债务和非附属债务，一般来说，在对公司收益和资产的索偿权方面，附属债务比其他类型的债务和银行贷款的级别要低，有的甚至低于公司的其他任何债务。债务之间的级别差异幅度取决于债权人在契约中向公司施加的约束。

3．股权融资

根据对公司净利润和净资产索偿权顺序的不同，股权可以分为优先股和普通股。虽然优先股获得的是优先股利而不是利息，确实固定收益证券，因此优先股兼具了债券和股票的双重特征。在杠杆收购交易中，并购方通常发行优先股，既可以向投资者提供固定收益，还可以使投资者获得优先于普通股的资产索取权。

（四）杠杆收购成功的条件

选择何种企业作为并购的目标是保证杠杆并购成功的重要条件。一般来说，具有以下特点的企业适合作为杠杆并购的目标企业。

1．具有稳定连续的现金流量

由于杠杆并购中巨额利息及本金的支付和偿还需要目标企业的收益和现金流量来支持，所以目标企业收益及现金流的稳定性和可预测性是非常重要的。目标企业收益及现金流的质量是债权人关注的重点，现金流量的稳定性、连续性在某种程度上比利润规模大小还重要。

2．拥有人员稳定、责任感强的管理者

考虑到贷款的安全性，债权人往往对目标企业的管理人员要求很高。只有管理人员勤勉尽职，才能保证贷款本息的如期偿还。管理人员的稳定性，通常根据管理人员任职时间的长短来判断，时间越长，债权人倾向于认为其在并购完成后留任的可能性就越大。

3．被并购前的资产负债率较低

由于杠杆并购是以增加大量的负债为根本特征的，并购完成后，企业的资产负债率必将大大提高。如果并购完成前，目标企业的资产负债率较低，一方面增加负债的空间相对较大，另一方面，在增加相同数量负债的情况下，与并购前资产负债率就已经比较高的企业相比，有较多的资产可用于抵押，能够增强债权人的安全感。

4．拥有易于出售的非核心资产

杠杆并购中巨额负债的偿还途径一是目标企业的收益及由此形成的现金流，二是变卖目标企业的部分资产。如果企业拥有易于出售的非核心资产，就可以在必要的时候出售这些资产来偿还债务，从而也能增强对债权人的吸引力。

一般而言，以技术为基础的知识、智力密集型企业，进行杠杆并购比较困难，因为企业只拥有无形资产和智力财富，未来收益和现金流量难以预测，并且难以变卖获得现金。但这也不是绝对的，如果债权人认为这些企业的管理水平高、无形资产能够变卖、企业现金流量稳健，也同样能给予贷款。

二、管理层收购

（一）管理层收购的概念与成因

管理层收购（management buy-out，MBO），是指目标公司的管理层利用外部融资购买本公司的股份，从而改变本公司所有者结构、控制权结构和资产结构，进而达到重组本公司的目的并获得预期收益的一种收购行为。

管理层收购是杠杆收购的一种特殊形式，当杠杆并购中的主并方是目标企业内部管理人员时，杠杆并购也就是管理层并购。

从理论上讲，管理层收购有助于降低代理成本、有效激励和约束管理层、提高资源配置效率。

与所有权与经营权分离不同的是，管理层收购追求的恰恰是所有权与经营权合一，从而实现管理层对企业决策控制权、剩余控制权和剩余索取权的接管，降低了成本。管理层收购后，管理者拥有企业的股权，企业的经营绩效与管理者的个人报酬直接相关，管理者有动力挖掘企业潜力，有利于降低管理者与股东之间的代理成本。此外，管理层收购常常

需要借助于高负债的杠杆作用得以完成，高负债可以进一步约束管理者的经营行为，有利于公司现金流量的及时收回。

从激励的角度来讲，管理层收购有利于激发企业家充分发挥管理才能。控制权和报酬是企业家的两大激励因素。控制权可以满足其施展才能、“自我实现”的心理需求，也能满足其处于负责地位的权利需求，而报酬则满足其物质需求和价值实现的心理需求。

管理层收购有利于企业内部结构优化，进行产业转换，实现资源优化配置。20 世纪 80 年代以来，管理成收购作为一种产权变革的新模式在西方企业广为应用。通过管理层收购，企业可以较为方便地转移经营重点或产业调整，集中资源，开展核心业务。

（二）管理层收购的方式与程序

1．管理层收购的方式

国外管理层收购的方式主要有三种：收购上市公司、收购集团的子公司或分支机构、公营部门的私有化。

（1）收购上市公司

在完成管理层收购后，原来的上市公司转变为非上市公司。这种类型的收购动机主要有四种：① 基层管理人员的创业尝试；② 防御敌意收购；③ 机构投资者或大股东转让大额股份；④ 摆脱上市公司制度的约束。

（2）收购集团的子公司或分支机构

大型企业在发展过程汇总为了重点发展核心业务或者转换经营中心进入新领域，通常需要出售一部分资产和业务，或者是曾经被收购的子公司在经营价值得以提升以后被再次出售套现。在这些情况下，往往会以 MBO 方式进行资产的剥离和重组。管理层收购的优点在于管理人员往往具有信息优势，作为内部人员，容易满足保密要求，被收购单位与原来集团的业务联系会继续保持，从而有利于平稳持续的经营。

（3）公营部门的私有化

管理层收购是事先公营部门私有化的主要方式之一，其优势主要体现为两方面：一是可以引入资本市场的监督机制；二是可以激励管理层提升企业经营效益。

无论是哪种类型的 MBO，成功地进行管理层收购应综合考虑以下三个因素。

1）目标公司的产业成熟度。一般来说，当公司所处的产业比较成熟时，其收益和现金流比较稳定，能够满足收购后企业巨额的利息支付和分期偿还贷款需求。

2）目标公司的资本结构。一般要求目标公司有形资产的质量和比重都较高，资本结构具有一定的负债空间。

3）经营管理的状态。经营管理越好的企业，其可以挖掘的潜在价值就越大，管理层收购后通过业务重组，获得较高现金流和超额收益回报的可能性就越大。

2．管理层收购的程序

管理层收购的实现一般需要经过前期准备、实施收购、后续整合和重新上市四个步骤。

（1）前期准备

前期准备的主要内容是筹集收购所需资金、设计管理层激励体系。在国外，一般由管理层领导的收购集团提供10%的资金，作为新公司的权益基础，余下的90%由外部投资者提供。其中约50%～60%的资金可以通过银团抵押贷款获得，其余30%～40%的资金可以通过对机构投资者进行私募或发行“垃圾债券”的方式筹集。管理层激励体系一般以股票期权或认股权证的形式向管理者提供基于股票价格的薪酬，这样，管理层的股份将不断增加，一般最终都会超过30%。

（2）实施收购

收购方式可以采取收购目标公司的股票或资产两种形式。其收购方法一般与收购并无本质区别。

（3）后续整合

收购完成以后，管理者的身份发生了变化，成为公司新的所有者。为了增加利润和现金流量，他们会通过削减成本或改变市场战略进行整合，同时调整生产设备，加强库存管理、应收账款管理，调整员工结构。为了偿还并购中的银行贷款，减少负债，可能会进一步降低投资、出售资产甚至裁员。

（4）重新上市

后续整合之后，如果公司实力增强，达到投资人预期的目标，为了向现有股东提供更大的流动性便利，投资人可能会选择使公司重新上市。

第五节　并购防御与整合

一、并购防御战略

并购防御，又称反并购，是针对并购而言的，指目标公司的管理层为了维护自身或公司的利益，保全对公司的控制权，采取一定的措施，防止并购的发生或挫败已发生的并购行为。通常只有在第一并购中，才会出现并购的防御或抵制。并购防御的战略主要有经济措施和法律措施。

（一）并购防御的经济措施

企业并购防御的经济措施很多，主要包括提高并购企业的并购成本、降低并购企业的并购收益、收购并购者、建立合理的持股结构和适时修改企业章程等。

1．提高并购成本

（1）资产重估

在现行会计制度下，资产通常采用历史成本计价，在通货膨胀的情况下，资产的历史成本往往低于资产的实际价值。如果某一企业资产的账面价值或历史成本低于资产的实际价值，这种企业往往成为企业并购的对象，提高账面价值将会抬高并购出价，从而抑制被

并购。

（2）股份回购

股份回购的作用很多，对于防御企业并购的作用主要体现在以下几个方面：① 减少企业的多余现金，降低并购企业的并购兴趣；② 减少发行在外的零星股份，增大并购企业的并购难度；③ 降低企业所有者权益，增大资产负债比率，减少企业融资能力；④ 抬高企业股价，增大并购企业的并购成本。当然，股份回购对目标企业的财务活动会产生重大影响，企业的负债比例提高，财务风险增大。

（3）寻找“白衣骑士”

“白衣骑士”是指目标企业为免遭敌意并购而自己寻找的善意并购企业。企业在遭到并购威胁时，为不使企业落入恶意企业之手，可选择与其关系密切并有实力的企业，以更优惠的条件达成善意并购。一般来说，如果并购企业出价较低，目标企业被“白衣骑士”拯救的希望就大；反之，并购企业的出价很高，则“白衣骑士”的并购成本相应提高，目标企业获救的希望相应就减少。

（4）金色降落法

企业一旦被并购，其高层管理人员将遭到撤职或降职的危险。建设降落法是一种补偿协议，它规定目标企业被并购的情况下，高层无论是被迫还是主动离开企业，都可以领到一笔巨额的安家费，这将增大并购企业的并购成本。当然，也可能会诱使高层管理人员低价将企业卖出。

2．降低并购收益

（1）出售、抵押“皇冠上的珍珠”

从资产价值、盈利能力个发展前景等方面来衡量，企业内部经营最好的分支机构被称为“皇冠上的珍珠”。这类企业通常会诱发并购企业的并购动机，称为并购企业的并购目标。因此，被并购企业为保全其他分支机构，可将“皇冠上的珍珠”这类经营好的分支机构出售或抵押，从而降低并购企业的并购兴趣，以达到反并购的目的。

（2）毒丸计划

“毒丸计划”包括“负债毒丸计划”和“人员毒丸计划”两种。其中，“负债毒丸计划”是指目标企业在受到并购威胁的情况下大量增加自身负债，降低企业被并购的吸引力。例如，发行债券并能够约定在企业股权发生大规模转移时，债券持有人可要求立刻兑付，从而使并购企业在并购后立即面临巨额现金支出的危险，从而降低了并购企业的并购兴趣。“人员毒丸计划”是指企业的绝大部分高级管理人员和关键岗位的技术人员共同签署协议，在企业被低价并购的情况下，协议签署人中只要有一人在并购后被降职或革职，则这些协议签署人将集体辞职。“人员毒丸计划”对预防需要专属管理知识和专有技术的混合并购的收效较大，但对不需要专属管理知识和专有技术的横向并购或纵向并购的收效可能较小。

（3）焦土战术

“焦土战术”是企业在收到并购威胁并无论反击时所采取的一种两败俱伤的做法。例如，将企业中引起并购企业兴趣的资产出售，使并购企业的意图难以实现；或是增加大量与经营无关的资产，大大提高企业负债，使并购企业因考虑并购后严峻的负债问题而放弃并购。

3．收购并购者

收购并购者又称“帕克门”战略，是作为并购对象的目标企业为挫败并购企业的并购企图而采用的一种战略，即目标企业对并购企业进行反并购威胁，并开始购买并购者的普通股，以达到保卫自己的目的。例如，甲企业不顾乙企业意愿而展开收购，则乙企业也开始购买甲企业的股份，以挫败甲企业的并购企图。

4．建立合理的持股结构

（1）交叉持股计划

交叉持股计划是指关联公司或关系友好公司之间相互持有对方股权，在其中一方受到收购威胁时，另一方伸出援手。例如，甲公司持有乙公司 10%的股份，乙公司又购买甲公司 10%的股份，双方之间达成默契，彼此忠诚、相互保护，在甲公司称为收购目标时，乙公司则锁住其持有的甲公司股权，从而加大收购者收购股份的难度，同时乙公司在表态和有关投票表决时也支持甲公司的反收购，从而达到防御收购的目的。同理，乙公司受到收购威胁时，甲公司也会同样予以支持。

（2）员工持股计划

国外许多公司还通过员工持股增加敌意并购时股份收购的难度，其原理与交叉持股相同。但在我国由于员工持股比例非常低，还不足形成有效的反并购计划。

5．适时修改公司章程

适时修改公司章程是企业对潜在并购企业或诈骗者所采取的预防措施。常用的反并购条款包括：董事会轮换制、超级多数条款和公平价格条款等。

（1）董事会轮换制

董事会轮换制是企业每年只能改选很少比例的董事，即使并购企业已经取得了多数控股权，也难以在短时间内改组被并购企业董事会、委任管理层，实现对并购企业董事会的控制，从而增大操作目标企业的行为难度。

（2）超级多数条款

超级多数条款规定企业被并购等重大事项必须取得 2/3 或 80%甚至更高的投票权，这种情况下，如果企业管理层和员工持有企业相当数量的股票，那么即使并购方控制了剩余的全部股票，并购也难以完成。

（3）公平价格条款

公平价格条款规定并购企业必须向少数股东支付目标企业股票的“公平价格”。所谓公平价值，通常是以目标企业股票的市盈率作为标准，而市盈率的确定是以企业的历史数据结合行业标准为基础，这样就增加了并购企业的并购成本。

（二）并购防御的法律措施

诉讼策略是目标企业在并购防御中经常使用的法律措施。诉讼的目的通常包括：① 逼迫并购企业提高价格以免被起诉；② 避免并购企业先发制人地提取诉讼，也可以延缓并购的时间，以便另寻“白衣骑士”；③ 在心理上重振目标企业管理层的士气。

诉讼策略的第一步往往是目标企业请求法院停止并购行为，其理由通常是反垄断、披露不充分和犯罪等。于是，并购企业首先给出充足的理由不成立，否则不能继续增加目标企业的股票。这时目标企业就有机会采取有效措施进一步抵制被并购。不论诉讼成功与否，都为目标企业取得时间，这是该策略被广为采用的主要原因。

二、并购整合

（一）并购整合的概念与作用

并购整合是指将两个或多个公司合为一体，由共同所有的具体理论和实践意义的一门艺术。具体讲是指当并购企业获得被并购企业的资产所有权、股权或经营控制权后，所进行的企业资源要素的整体系统性安排，从而使并购后的企业按照一定的并购目标、方针和战略组织运营，具体包括战略整合、管理整合、财务整合、人力资源整合、文化整合等。

企业并购的目的是通过对被并购企业的运营来谋求被并购企业的发展，实现企业的经营目标，因此，通过一系列程序取得了被并购企业的控制权，只是完成了并购目标的一半。在并购完成后，必须对被并购企业进行整合，使其与企业的整体战略、经营协调一致、互相配合，是得并购最终实现“1＋1＞2”的效果。

（二）并购整合的类型

根据并购企业与目标企业战略依赖性关系和组织独立性特征，并购整合的策略可以分为完全整合、共存型整合、保护型整合和控制型整合四种类型，具体如表 6-1 所示。

表 6-1　并购整合的类型

整合策略	适用对象	特　点
完全整合	并购双方在战略上互相依赖，但目标企业的组织独立性需求较低	经营资源进行共享，消除重复活动，重整业务活动和管理技巧
共存型整合	并购双方战略依赖性较强，组织独立性需求也较强	战略上互相依赖，不分享经营资源，存在管理技巧的转移
保护型整合	并购双方的战略依赖性不强，目标企业组织独立性需求较高	并购企业只能有限干预目标企业，允许目标企业全面开发和利用自己潜在的资源和优势
控制型整合	并购双方的战略依赖性不强，目标企业的组织独立性需求较低	并购企业注重对目标企业资产和营业部门的管理

（三）并购整合的内容

1. 战略整合

战略整合，是指并购企业根据并购双方的具体情况和外部环境，将被并购企业纳入其自身发展规划后的战略安排或对并购后的企业整体经营战略进行调整，以形成新的竞争优势或协同效应。

（1）战略整合的内容

1）总体战略整合。总体战略整合，就是根据并购后的企业使命与目标，对并购后企业所做的全局性、长远性谋划，明确双方企业在整个战略整合体系中的地位和作用，对双方企业的总体战略进行调整、融合与重构，以确定并购后企业的经营范围、方向和道路的过程。

2）经营战略整合。经营战略整合，就是为提高企业整体的盈利能力和核心竞争力，对双方企业的经营战略进行调整、磨合和创新的过程。

3）职能战略整合。职能战略整合，就是在总体战略和经营战略的指导下，将双方企业的职能战略融合为一个有机职能战略体系的过程，而且通过这种整合可以确保并购后企业总体战略、经营战略的顺利实施和企业战略目标的实现。

（2）战略整合的模式

1）命令模式。命令模式，是指并购企业管理层制定被并购企业的经营战略，然后由被并购企业的管理层去实施的一种战略执行模式。并购企业管理层不直接介入战略整合的执行过程，而偏重于制定过程。这种模式成功的前提是，并购企业管理层必须拥有全部的信息。但在实践中，这是不现实的，不仅信息掌握不够，而且被并购企业管理层也可能错误理解从并购企业传递来的信息，采取错误的行动，从而难以保证战略整合的有效性。

2）变革模式。变革模式，是指通过改变被并购企业的组织行为来执行并购企业战略的一种战略执行模式。在该模式中，被并购企业的战略执行也必须遵从并购企业管理层的决策和指令，但与命令模式相比，其重点在于战略的执行而非战略的制定。

3）协作模式。协作模式，是指通过并购双方管理层的共同协商而进行战略整合的一种战略执行方式。这种模式强调并购双方成员的共同参与和协商，更有利于正确选择及执行战略。

4）文化模式。文化模式，是指通过在被并购企业中保持或发展能支持企业战略的组织文化，进而赢得被并购企业对战略支持的一种执行模式。这种模式的前提是并购企业的价值观需要被并购企业认同和接受，成为指导和协调行动的基础。

（3）战略整合的重点

战略整合的目的实质是从并购后的企业所有业务中进行战略上的重新组合，找出战略业务并对其进行整合。战略业务是指从企业发展战略角度出发，构成企业长期主要盈利能力的、相对独立的经营领域。

对战略业务的整合要坚持集中优势资源、突出核心能力和竞争优势的原则。具体而言，要确定新的战略业务结构，重新评价并购后的各项战略业务，重新组合战略业务，使其组

合体达到更优，从而形成企业的真正核心业务和核心能力。因此，战略整合的重点在于战略业务重组，围绕核心能力构筑和培育企业的战略性资产。由于企业的战略性资产是以独特的资源、技能和知识为根本要素的，所以在战略整合管理过程中，应首先识别出并购双方在资源、技能和知识之间的互补性。对于具有战略性资产特征的要素，在整合过程中要进行重组整合。对于不具有战略性资产特征的要素可以剥离，但在剥离过程中，要以不影响战略性资产发挥作用为原则，具体可以通过调整经营策略、组织现金流及进行资产置换等方式进行。

典型案例

强生收购大宝的战略整合

2008年，强生出资23亿元购买了大宝100%的股份，获得了大宝的所有权。强生与大宝同属化妆品系列，此次并购整合成功的关键点在于战略整合的成功。

第一，大宝品牌的知名度和美誉度都相当不错。也就是说，强生买了一个“会赚钱的好孩子”，即使不赚，也不可能赔本。

第二，大宝产品定位低端，在二、三线城市及农村市场拥有良好口碑，强生主要产品定位中高端，渠道网络也集中在大中城市，正好形成渠道资源的互补融合。借助大宝，强生可以更迅速、更有效地开拓中小城市及农村市场。

第三，大宝的终端资源相当丰富，它在全国拥有350个商场专柜和3 000多个超市专柜。如此庞大的终端资源，不论是让大宝继续沿用，还是“曲线变脸”，加上强生旗下其他品牌与产品，都是一笔巨大的市场财富。

第四，因为强生是全资收购大宝，拥有了对于大宝品牌及其他资源的绝对支配权，也就从根本上避免了各种可能的问题纠纷。

第五，品牌整合至关重要，大宝品牌将继续被保留。

2. 管理整合

管理整合，是指在企业并购后，系统思考影响管理效果的各要素，并对这些要素进行整体设计、系统规划、系统控制，以确保预期目标实现的过程。其核心是将企业的所有理念、制度、组织、活动等归结在一个系统之下，发挥其强大作用。

（1）管理整合的内容

1）管理思想的整合。管理思想整合，就是融合和统一并购双方的管理思想，树立现代管理理念，引进现代管理方法，拓展管理上的新视野，追求管理上的新境界，并以先进的管理思想指导企业的管理活动。

2）管理制度的整合。管理制度整合，就是指并购企业制定规范的、完整的管理制度，替代原有的制度，作为企业成员行为的准则和秩序的保障。管理制度的整合就是要求双方在各职能管理制度上实现统一化、规范化、系统化，从而实现优势互补，发挥管理协同效应。

3）管理机制的整合。管理机制整合，就是要在并购后的企业中建立一套现代企业管理运行机制，明晰产权，规范法人治理结构，实行决策、执行、监督既相互制约又相互协调的科学领导体制，从而促进企业管理机制的优化和管理水平的提升。

（2）管理整合的步骤

1）调查分析。调查分析的目的就是充分把握并购双方在管理上的差异和优劣，为整合计划的制定和实施提供客观依据。并购企业应在了解被并购企业管理现状和历史的基础上，重点调查被并购企业的管理思想、管理制度、管理机制，通过历史和现状的演变分析、企业现状的对比分析及并购后企业在行业中目标地位的分析，肯定并购双方在管理上的各自长处，进而找到双方的管理差异，认清企业的未来管理目标。

2）移植。并购企业在被并购企业内部推行自己的管理模式称为移植。管理模式的推行往往是管理思想先行，管理制度和管理机制其次。因此，移植阶段的舆论氛围营造是非常有必要的。在强大的信息压力下，被并购企业的员工接受先进的管理思想和价值观念并上升为主流意识，管理制度的实施就容易多了。

3）融合创新。一旦被并购企业的管理层和员工接受了新的管理思想，被并购企业内部建立了新的管理制度，并购双方的管理融合就开始了。但是，管理融合只能是阶段性的目标。从长期来看，融合本身依然是不同管理制度和方法的集合，容易造成政策的混乱。因此，充分汲取双方的优秀管理思想和经验、制定新的管理制度、建立新的管理机制、进行创新或突破是大势所趋。

（3）管理整合的方法

1）对比分析法。对比分析法包括并购双方的对比、被并购企业历史与现状的对比、并购后企业在行业中地位的分析等。这种对比要有详尽的数据分析和理论依据，不能简单地通过定性方式来说明，而是在一定程度上要采用定量的模型方法进行分析。

2）重点突破法。以管理思想为突破口，或者以人事调整、制度移植、环境营造、政府支持为突破口，并购企业必须抓住最容易见效果，或者最为自己所熟悉、能够运用自如的方法，迅速深入被并购企业的管理层面。这就是重点突破法。

3）示范表率法。示范表率法主要是指高层管理人员的示范表率、中基层管理人员的积极配合执行及员工中骨干力量的尽职尽责。

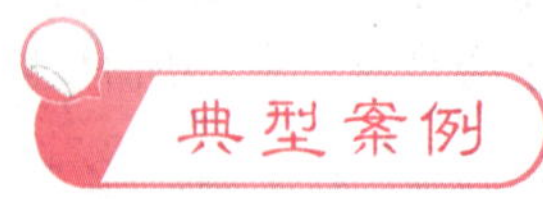
典型案例

惠普并购康柏公司

2001年9月4日，惠普发布消息称已经与康柏公司达成一项总值高达250亿美元的并购交易，交易将以股票收购方式进行。而此后的8个月，对于惠普来说却极不平静。两大创始人家族董事均对合并计划表示反对意见，矛盾愈演愈烈，甚至诉诸法律。经过一场惊心动魄的运作，CEO卡莉·菲奥瑞娜终于促成这桩合并案在2002年5月顺利完成。此后，惠普、康柏就开始走上艰苦的整合之路。

本例中的整合包括业务整合、管理整合、人员整合、系统整合、文化整合等诸多方面。在管理整合方面，惠普首先确定新的工作方法和流程。即使合并的两家公司在同一行业、拥有相同的商业模式，但还是会使用不同的工作方法。惠普用最快的时间制定了一个章程，统一工作的程序和方法。如果还有不太规范的地方，只能以后再慢慢地改进。从2004年5月起，惠普宣布由整合阶段进入组织优化阶段。

3. 财务整合

财务整合，是指并购企业对被并购企业的财务制度体系、会计核算体系统一管理和监控，使被并购企业按并购企业的财务制度运营，最终达到对并购后企业经营、投资、融资等财务活动实施有效管理和实现收益最大化的目的。

（1）财务整合的内容

1）财务管理目标的整合。要想通过企业并购使企业的财务管理水平与企业发展的要求相匹配，首先就要确定企业财务管理的目标，然后根据财务管理目标进行企业的各项经营管理活动。不同的企业可以选择不同的财务管理目标，但是经过财务整合后，财务管理的目标应该是清晰的、明确的、统一的。

2）会计人员及组织机构的整合。对于同在一地规模不大的多家企业的并购，可以采用财务人员统一上收的管理办法，做到机构和人员统一；对于被并购企业在异地或规模较大的，实施财务人员派出制度，明确派出财务人员的权限与职责，理顺派出人员的个人绩效考核关系，从组织上保证财务整合的进行。

3）会计政策及会计核算体系的整合。为使并购后的企业获得真实、准确的会计信息，必须统一企业的会计政策和会计核算体系，这是对被并购企业进行监控的重要保证，也是建立统一绩效评价体系的基础。

4）财务管理制度体系的整合。财务管理制度体系的整合，是并购后企业有效运行、规避各种财务风险的重要保证，对建立良好的企业文化也将起到推动和支撑作用。

5）存量资产的整合。企业资产的整合包括有形资产整合和无形资产整合。企业有形资产的整合，包括对优良资产的使用及对不良资产的清理和处置。对不良债权、不良投资的清理和处置，是提高资产运营效率的重要补充，是并购后企业规避风险、防患于未然的重要手段。企业无形资产的整合，也是不能忽视的问题，其目的是通过整合使无形资产在并购后的企业中发挥更大的作用。

6）资金流量的整合。企业并购后所面临的资金需求和财务压力相当大，因而并购后的资金管理非常重要，财务整合的主要任务也就是要满足并购后经营调整和组织调整对资金的需求。为此，企业在实施并购后的首要任务就是实现对被并购企业的资金控制，实行一体化的资金运作。

7）业绩评估考核体系的整合。业绩评估考核体系的整合是指并购企业针对被并购企业重新建立一整套业绩评价考核制度，其中包括定量指标考核和定性分析，既考核各自的经营指标，也考核他们对母公司的贡献。这一评估考核体系是提高被并购企业经营绩效的重要手段。

（2）财务整合的运作策略

财务整合涉及企业经营管理的各个方面，需要运用策略，刚柔并济。

1）"刚性"处理。一是规范法人治理结构，实现集团财务控制，明确企业的财权关系，保证母公司对子公司的控制权；二是在财务组织结构的调整、财务负责人的委派和会计人员的任用方面，必须采取强有力的措施，保证财务组织运行的畅通；三是对被并购企业实施严格的财务管理控制，建立一系列的报告制度、信息交流制度、审批权限制度、内部绩效考核制度等；四是实施全面预算管理，严格经营风险和管理风险控制，实施动态监控。

2）"柔性"处理。凡涉及员工的考核指标、岗位薪酬、福利待遇、费用标准等方面的财务整合内容，需要进行广泛的调查研究和细致的宣传说服工作，以取得大部分员工的接受和支持。

上海物资集团汽车贸易有限公司的财务整合

上海物资集团汽车贸易有限公司是上海物资集团总公司从 2000 年起将属下与汽车经营相关的子公司整合成立的专业性汽车贸易公司。从 2000 年到 2002 年，该公司一方面拓展市场、扩大经营，另一方面注重边并购边整合，尤其是财务整合，通过三次扩股、并购，初步显现出并购的规模效应。全资、控股、参股子公司从成立之初的 4 个发展到 19 个，销售汽车总量从 1999 年的 4 351 辆到 2002 年的 10 799 辆，销售收入增长 4 倍，2001 年、2002 年连续两年被评为上海市著名汽车销售企业，市场占有率和知名度均有明显提高。

该公司财务整合的主要做法是"一个中心、三个到位和七项整合"，即以企业价值最大化为中心；对被并购企业经营活动的财务管理到位，对被并购企业投资活动的财务管理到位，对被并购企业融资活动的财务管理到位；实行财务管理目标导向的整合，财务管理制度体系的整合，会计核算体系的整合，存量资产的整合，业绩评估考核体系的整合，现金流转内部控制的整合和被并购企业权责明晰的整合。

4. 人力资源整合

人力资源整合，是指在企业并购后，依据战略与管理的调整，引导企业内各成员的目标与企业目标朝同一方向靠近，对人力资源的使用达到最优配置，提高企业绩效的过程。

（1）人力资源整合的原则

1）平稳过渡的原则。人力资源整合既不能贪图速度而冒太大风险，也不可过分求稳而节奏过缓。可行的方式应是先确定并购所要达到的目标和效应，再全面规划，扎实推进，以求平稳过渡。

2）积极性优先的原则。人的积极性是对企业发展最关键的要素，只有在整合过程中充分调动和发挥人的积极性，才能尽快实现整合的目的。强调积极性优先的原则，就应不拘泥于某种固定形式，而是机动灵活，综合使用各种方法来调动人的积极性。

3）保护人才的原则。善于发现人才、培养人才、合理使用人才和保护人才，是人力资源整合的根本。在已有的并购实践中，有时并购的过程同时也是人才大量流失的过程，这可以说是人力资源整合最大的失败。

4）降低成本的原则。人力资源组合不同，企业所应支付的人力资源成本就不同，因此，企业人力资源整合过程中，应注重降低人力资源成本。这里所说的降低成本，不应以降低员工的报酬为特征，而应以人力资源知识结构优化组合为前提。

5）多种方式组合的原则。在人力资源整合过程中，必须充分考虑并购的类型、环境、条件、对象、时间等多种因素，确定多种方式，并将这些方式加以科学组合、巧妙运用。

（2）人力资源整合的措施

并购后具体实施人力资源整合的方案应该包括以下要素和环节。

1）成立并购过渡小组。成立一个由并购双方和第三方共同组成的并购过渡小组是调整并购活动、制定并购决策的有效方法。

2）稳定人力资源政策。并购后如果对整合产生的摩擦甚至对抗处理不当，必然会引起“人才地震”。为此，企业应稳定人力资源政策，明确对人才的态度，采取切实可行的措施，留住或稳定重要人才。

3）选派合适的整合主管人员。并购企业对被并购企业实现有效控制的最直接、最可靠的办法，就是选派既具有专业经营管理才能，同时又忠诚可靠的人担任被并购企业的整合主管。

4）加强管理沟通。为了避免员工抗拒并购，被并购企业应安排一系列员工沟通会议或职工大会，让员工全面了解企业被并购的情况和企业今后的发展战略，讲明员工最关心的利益问题，听取员工的意见，进而对原计划进行更切合实际情况的修正。

5）必要的人事整顿。在充分沟通并了解被并购企业的人力资源状况后，并购企业就可以进行人员调整，在增强其竞争意识和紧迫感的同时，挖掘人力资源潜力，实现并购协同效应，提高经营绩效。

6）建立科学的考核和激励机制。并购整合中稳定人力资源的政策还需要有实质性的激励措施相配合。应从员工个人的切身利益着想，给予优惠的任用条件，制定有吸引力的激励措施，使员工产生对未来前途的安全感，对并购企业的认同感和归属感，从而激发其责任感和使命感。

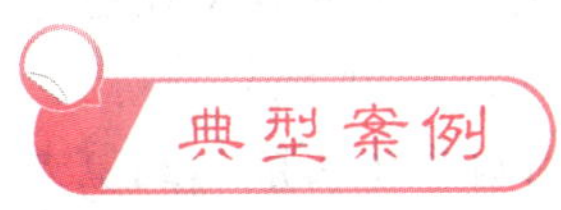

TCL 人力资源整合的失败

2003 年 TCL 并购法国汤姆逊以后，盈利下降，市值缩水，同时与阿尔卡特共同成立的 T&A 也遭遇困境。2007 年，TCL 宣布其欧洲彩电业务破产。TCL 收购的失败，其原因之一就是人力资源整合上的失败。TCL 缺乏真正有国际大企业运作经验的高级人才，因此其较好的选择应是尽量留用汤姆逊的高级管理人员。但从并购后企业管理团队构成看，TCL 占了大多数。由于人力资源政策的偏差，以及文化冲突等诸多因素，一部分法国方面的原有员工离职，而剩余员工也不配合，导致 TCL 对并购后企业基本失控。

5. 文化整合

文化整合是指在企业并购后将相异或矛盾的文化特质在相互适应后形成一种和谐的、更具生命力和市场竞争力的文化体系。

（1）文化整合的模式

1）同化模式。同化模式就是并购企业用自己的文化完全取代被并购企业的文化。

对于并购企业而言，这种是最容易的文化整合模式，因为它不需要对自己的文化做出大的改变，被并购企业在组织文化、结构乃至财务上变成并购企业的一部分，母公司对新成员的控制最强、风险最低；对于被并购企业而言，这是最困难的模式选择，因为它必须放弃自己原有的价值观或文化个性。

2）一体化模式。一体化模式又称融合模式。如果并购双方成员均愿意采纳对方的某些文化和实践，并且并购企业和被并购企业都愿意进行最基本的改革，就适合这种模式。

这种模式的一个重要特征就是，并购双方组织间会出现某些文化要素的相互渗透和共享，这意味着一种包容的混合文化的诞生。

3）隔离模式。如果被并购企业试图保留其所有的文化要素和实践，即保持它的独立性和企业特征时，就适合这种模式。

在这种模式下，并购企业要承担很高的风险，因为它无法对被并购企业进行有效的控制，被并购企业的错误可能会波及并购企业，但它对被并购企业的文化变化要求也很少。相对而言，这种模式是被并购企业最容易接受的，因为它可以保留自己的文化和实践，成员也不需要在行为上做太多的改变。

4）破坏模式。这种模式特点是既造成文化个性的破坏，又拒绝采用新的文化，被并购企业作为一个文化和组织实体都不复存在。破坏模式是最高风险的模式，也最难管理。

（2）文化整合的步骤

文化整合可遵循以下步骤进行。

1）找出双方企业文化上的异同点。在进行企业文化整合的时候，首先要分析并购企业与被并购企业的文化差异和共同点，以便为下一步的整合工作提供决策依据。因此，并购企业要从各个渠道去了解被并购企业的文化，并对被并购企业文化和并购企业文化进行分析比较，得出彼此的相同点与不同点，为企业文化整合提供可视化的分析基础。

2）找出文化整合的主要障碍。文化整合的主要障碍是文化整合过程中可能起到重大阻碍作用的关键因素，它可以是某一个人、一个利益团体、原企业的一种制度等。在文化整合过程中，新旧文化的冲突在所难免。因此，对主要障碍的预知和监控是文化整合必须注意的问题。

3）确立企业文化发展的理想模式。管理人员应对整合后的企业文化状况有一个初具

雏形的构想。这种企业文化应当符合社会时代大背景，还要与企业生产经营的宏观、微观环境相适应。在具体工作中，可以先从确定企业价值观人手。围绕着企业价值观和企业精神，就可以确定未来企业的发展目标、企业制度、企业道德、企业文化礼仪诸要素。

4）在继承、沟通、融合的基础上创新企业文化。文化建设的根本是企业价值观念的统一。因此，并购后企业文化建设的关键是对那些在不同环境下发展起来的企业各种价值观念做出正确的判断，继承那些优秀的有生命力的东西，使之在各个群体的员工中被广为接受，并融合成一种新的共同的企业精神和价值观。

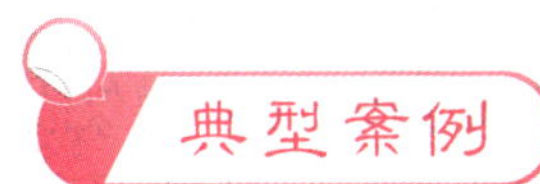

明基文化整合的失败

2005 年 10 月，西门子正式将其严重亏损的手机业务以无负债的净资产方式转交给明基，并提供 2.5 亿欧元的现金与服务进行市场营销和专利开发。此后，明基将可以在 5 年内使用西门子的品牌。然而，不足一年，这场轰动全球的并购案便以失败告终。究其原因，明基的高管团队对双方文化差异的估计不足及对并购之后的前景过分乐观是最主要的。明基没有意识到双方最大的文化差异在于做事风格上。之后，明基希望通过向西门子手机业务部门灌输明基文化，形成文化输入，改变西门子手机业务部门传统的管理风格和文化观念。但在西门子的相对强势文化下，明基没有将其理念灌输给西门子员工，也没有采取措施，最终西门子继续其“慢工出细活”的作风，终酿成亏损 6 亿欧元的苦酒。

案例研究与分析：五矿有色并购 OZ 矿业公司

一、并购背景

（一）并购企业

并购的境内实施主体为五矿有色金属股份有限公司（以下简称“五矿有色”）。五矿有色是由中国五矿集团公司为主发起人，联合上海工业投资（集团）有限公司、广西成源矿冶有限公司、宜兴新威集团有限公司、中国粮油集团有限公司、自贡硬质合金有限责任公司等五

家企业，于 2001 年 12 月 27 日组建的股份制企业，其中，中国五矿集团公司持有五矿有色 90.27%股份。公司注册资本为 7 亿元人民币，主营业务范围为铜、铝、钨、锑、锡、镍、稀土、铅锌等金属的勘探、开发和生产。

截至 2009 年 5 月底，五矿有色先后控股 25 家、参股 5 家大型资源型和生产型矿业企业。通过长期性投资获取的资源性资产已占公司总资产的七成以上。五矿有色已从一个传统的外贸公司发展成为拥有国内外稳定资源、众多生产加工基地、广泛营销网络、资产质量良好的资源型企业，成为中国最主要的电解铜、氧化铝、镍等产品的提供者，以及国内最主要的钨、铝、锑、稀土等产品的生产者和提供者。

自成立以来，五矿有色主营业务收入、净资产连年大幅增长，实现了股东资产的保值增值。2008 年，五矿有色实现主营业务收入 356.7 亿元人民币，利润总额达到 31.38 亿元人民币。截至 2008 年年底，公司资产总额为 209.2 亿元人民币，所有者权益为 90.22 亿元人民币。公司业务收入和利润连续数年在中国有色金属业界名列前茅，继续保持了行业效益最好、最具运作实力的市场地位。2008 年，公司在中国五矿化工商会公布的 18 家 AAA 级企业中名列第一。

（二）被并购企业

被并购企业 OZ 矿业公司是一家在澳大利亚证券交易所挂牌上市的中型矿业公司，英文名称为“OZ Minerals Limited”，总部位于墨尔本。OZ 矿业公司是澳大利亚第三大多元化矿业公司及世界第二大锌生产商和重要的铜、铅、金、银生产商。

OZ 矿业公司拥有较为完整的矿业资产组合，包括运营资产、建设项目、可研项目、高级勘探项目及初级勘探项目。其中，在产矿山有四个：澳大利亚的 Century 锌铅矿、Golden Grove 铜锌矿、Rosebery 锌铅矿及老挝的 Sepon 铜金矿，剩余服务年限均在 10 年以上；处于关停维护状态矿山有一座：澳大利亚 Avebury 镍矿；三个处于开发阶段的项目：澳大利亚 Prominent Hill 铜金矿和 Dugald River 铅锌矿、印度尼西亚 Martable 金矿。另外，还有加拿大的多个前景良好的勘探项目。2008 年，OZ 矿业公司产品产量含铜 84 604 吨、锌 738 410 吨、铅 98 391 吨、金 5.33 吨、银 320.95 吨、镍 2 069 吨。

但是，由于全球经济危机的影响，以及自身财务困难，2008 年 11 月 25 日 OZ 矿业公司宣布推迟 4.95 亿澳元的资本支出，同时削减 1.85 亿澳元的运营费用预算。随后，为避免被清盘退市，2008 年 11 月 28 日，OZ 矿业公司通过澳大利亚证交所宣布停牌，并公开寻求债务解决方案，包括筹措过桥贷款、资产或股权出售等。

二、五矿集团投资决策分析

（一）世界和中国经济形势分析

此次并购是在全球经济危机的大背景下进行的。源头始于美国金融虚拟经济体系萧条造成的经济危机，其危害已经影响到世界经济的各个角落，并迅速由虚拟经济向实体经济

转移，这给世界和中国经济的长期增长带来了巨大的压力。

五矿集团在对国内外各项经济指标、银行预测数据及经济形势变化进行分析后认为，世界正在进入一个增速放缓的时代，虽然 2010 年全球经济将逐渐复苏，但依旧乏力，而中国经济下阶段有望转好。

（二）资源领域发生了新变化

自 2008 年 10 月起，随着全球经济持续下滑及对未来出现经济衰退的担忧，有色金属资源领域发生了巨大的变化，主要体现在三个方面：金属价格大幅下挫，低于长期水平；各种金属供应出现过剩的局面，将对金属价格上涨造成长期的压力；资源类公司股价表现低迷。

（三）机遇与风险并存

五矿集团发现，近些年全球并购活动减少，而中国企业海外投资日益频繁，开展境外投资的机遇与风险并存。

此次全球经济危机给中国企业并购境外重要矿产资源提供了前所未有的机遇。如果找准目标，中国企业将有望以较低的成本，并购境外矿业公司股权或重要矿产资源项目的股份。

从自身发展考虑，五矿集团也认为通过并购成建制的西方成熟矿业企业可以解决很多问题。例如，有助于构建五矿有色海外资源开发的国际化平台；通过并购国际优良矿业资产，可改善公司现有资产质量，做优做强五矿有色；通过并购可以直接引进经验丰富的资源开发和资本运作团队，补充和优化五矿有色现有人力资源结构。另外，对其他正在开展的投资项目也能起到积极的促进作用。这次并购对于五矿集团自身业务发展也是一个机遇。

然而，机遇与挑战是一对孪生体。在机遇存在的同时，中国企业开展境外有色金属资源领域的投资，也面临着各种挑战：第一，国家尚缺乏统一的海外资源发展规划及有效协调机制；第二，国际寡头垄断已形成，中国企业在国际矿产资源竞争中处于不利地位；第三，与国际矿业公司相比，中国企业规模过小，因而在国际市场的竞争还有相当大的难度；第四，由于经济危机的冲击，当时陷入困境的一些企业资产状况不透明，这给企业或项目的估值带来较大的困难；第五，融资渠道日渐狭窄；第六，汇率风险难以控制。当时，市场普遍预期人民币仍有 25%的升值空间，并将以每年 7%左右的幅度在升值，这意味着如果海外投资的年回报率不超过 7%，则对企业效益无贡献。

（四）五矿集团的决定

经过仔细分析和慎重考虑，五矿集团认为，在全球经济危机的背景下，开展境外并购是比较适宜的时机，而且 OZ 矿业公司所属资产与五矿集团现有资产和业务具有高度的匹配性，因此决定正式启动并购 OZ 矿业公司项目。

三、并购项目的内容

（一）前期准备

2008 年 12 月，五矿有色成立了专门工作组，聘请投资顾问、技术顾问、法律顾问、会计与税务顾问、公共关系顾问等专业机构，积极开展并购相关的各项工作。

（二）并购方案设计

1．对价与目标资产范围

经过卓有成效的前期工作，2009 年 2 月 16 日，五矿有色与 OZ 公司就并购方案达成一致，并签署了《方案实施协议》，即：通过协议安排方式，以每股 0.825 澳元的对价，现金并购 OZ 矿业公司 100%股权，并在适当时机为 OZ 公司安排债务重组。

但是，该方案受到了澳大利亚国库部的反对，于是五矿有色不得不向 OZ 矿业公司提出新的并购方案，并于 2009 年 4 月 13 日签署了《资产并购实施总协议》。新方案主要内容是：由五矿有色以 12.06 亿美元的对价，现金并购 OZ 公司主要资产及部分勘探资产。

2．追加报价，初步赢得 OZ

自 2009 年 5 月下旬以来，OZ 公司先后收到了多家外资银行提交的再融资报价，方案内容大同小异，即通过配发新股、发行可转债，外加流动资金贷款等方式解决 OZ 公司的银行债务问题，同时保持 OZ 公司的完整性。据了解，有的方案无论在估值还是在确定性方面，都满足 OZ 公司关于更优报价的条件。在这种情况下，2009 年 6 月 10 日，五矿集团紧急研究决定向 OZ 公司追加报价 1.8 亿美元，使得最终报价达到 13.86 亿美元，稍稍高于 OZ 公司独立财务顾问对被并购资产的估值底限。在此方案下，OZ 公司在偿还银行全部债务后，还可拥有约 5 亿澳元的现金。

（三）并购架构

考虑到澳大利亚关于资本利得税的有关规定，五矿集团决定此次交易通过五矿有色的全资子公司爱邦企业有限公司（中国香港）在新加坡设立 SPV1 和 SPV2 两层特殊目的公司。其中，新加坡 SPV1 作为借款主体，新加坡 SPV2 作为对 OZ 矿业公司主要铜锌矿业资产实施并购的主体，具体架构如图 6-2 所示。

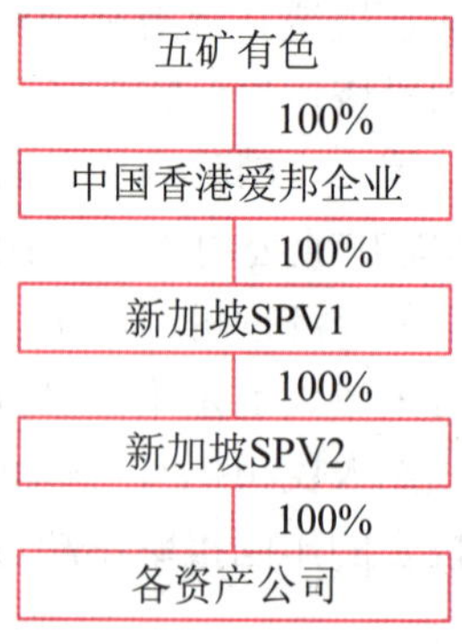

图 6-2　并购架构图

（四）融资方案

并购目标资产需要大量的资金。基于尽可能降低融资成本的考虑，五矿集团决定：

1）由并购主体（五矿有色下属 SPV 公司）向五矿集团海外公司拆借 1.9 亿美元，待

并购完成后由国内以人民币购汇方式对外付出。

2）五矿有色通过自有资金购汇 1.47 亿美元。

3）新加坡 SPV1 通过商业银行筹措贷款 3.44 亿美元。

4）新加坡 SPV2 或各资产公司作为借款人，五矿有色担保，从国内外商业银行筹措贷款 7.51 亿美元。

并购所需的流动资金（含信用证额度）1.87 亿美元以各资产公司作为借款人，从国内外商业银行筹措流动资金 1.87 亿美元或等值澳元，并从五矿集团全球授信额度中安排。

（五）并购方案审批

1. 境外政府审批

2009 年 2 月 16 日，五矿有色向澳大利亚外商投资审查委员会（FIRB）提交了对 OZ 公司 100%股权的并购申请。然而，2009 年 3 月 23 日，FIRB 表示需要延期 90 天，以便对五矿有色的并购申请进行更加审慎的审查。2009 年 3 月 27 日，澳大利亚国库部（FIRB 主管部门）发表正式声明：由于 OZ 公司所属的 Prominent Hill 铜矿位于南澳州 Woomera 军事禁区，出于国家安全考虑，不能批准五矿有色对 OZ 公司 100%股权的并购申请。虽然此前五矿有色也曾考虑过“国家安全”的因素，但包括律师、财务顾问在内的中介机构均认为这不过是例行程序，无关大局。值得庆幸的是，澳大利亚政府尚留有余地，表示如果五矿有色提出不包括 Prominent Hill 铜金矿的替代并购方案，可以重新审查。

2. 并购方案再次修改

经过仔细分析后，五矿集团认为即使不将 Prominent Hill 铜金矿列入并购范围，OZ 公司的其他资产和工作团队依然对五矿有色具有战略意义。为此，2009 年 3 月 29 日，五矿有色向 OZ 公司提出了新的并购方案，并与其迅速达成一致。2009 年 3 月 31 日，五矿有色与 OZ 公司共同签署了《框架协议》和《独家谈判协议》。2009 年 4 月 13 日，双方正式签署了《资产并购实施总协议》，即以 12.06 亿美元的对价，现金并购 OZ 公司的主要资产，以及除 OZ 公司保留资产之外的其他勘探与开发类资产。

2009 年 4 月 23 日，澳大利亚国库部正式批准了五矿有色对 OZ 公司主要资产（不包括 Prominent Hill 铜金矿）的并购申请，这是澳洲政府首次批准中国国有投资者对本土在产矿业企业的控股并购。

3. 国内审批

除了需要得到澳大利亚政府的批准外，该项交易还需要得到国务院、国家发改委、商务部和国家外汇管理局等中国主要监管部门的批准。在各部门的大力支持下，五矿集团最终在 OZ 公司股东大会召开前得到了中国主要监管部门的全部批准。

与此同时，该项目还得到了国家开发银行和中国银行的大力支持。双方共同成立工作组，在短短一个月内完成了数十本合同文本的起草和签署工作，有力地确保了项目的如期交割。

4. 股东大会批准

2009 年 6 月 11 日，OZ 矿业公司举行年度股东大会，会上持有总股份 92.48%的股东投票支持该项交易。这表明该项交易最后一项、也是最为重要的前提条件得到了满足。

（六）并购方案的实施

2009 年 6 月 16 日，五矿有色与 OZ 矿业公司正式完成了此次资产并购的最终交割工作。这不仅是五矿集团积极落实国家“走出去”战略，抓住重组机遇所取得的重要成果，同时也是迄今为止我国企业在境外有色金属矿产资源领域成功实施的最大一项并购。

四、并购整合

（一）整合的总体思路

并购资产仅仅是五矿集团增强实力的第一步，并购后的整合才决定所并购资产能否带来预期的收益。五矿集团确定整合的总体思路为：先实现 OZ 矿业公司主要资产控制权的平稳转移，随后以 OZ 矿业公司现有团队为基础，并结合五矿有色的国际资产，创建可持续发展的国际矿业平台。

（二）并购整合方案

1. 机构整合方案

根据澳大利亚国库部对该项目的批准，目标资产所在公司将按照商业化规范进行独立运营；同时管理各目标资产的总部应设在澳大利亚，管理团队的大部分由澳洲人员组成。

为此，五矿有色已经通过新加坡爱邦资源公司在澳大利亚新设了全资子公司——MMG Management Pty Ltd。MMG 不直接拥有本次交易所并购的矿业资产和辅助性公司的股权，但负责对其进行集中管理，包括生产运营、销售、采购等。MMG 采取董事会领导下的总经理负责制。

另外，为了便于在中国采购原材料和销售产品，当时考虑在北京设立 MMG 办事处或子公司。

2. 资产整合方案

根据澳大利亚国库部对该项目的批准，各资产公司将保持独立运营，并由 MMG 统一管理。为实现此次并购的战略目的，工作组将在符合澳大利亚国库部要求的前提下，根据五矿有色现有资产情况和全球经济形势，对被并购资产分阶段整合。

第一阶段：在确保目标资产控制权平稳转移的同时，对并购资产进行全面梳理。

全面梳理在产矿山，降本增效；对现有矿山开发建设项目和勘探项目进行排序，做到有进有退。

第二阶段：整合五矿有色现有海外资源开发项目。

新设立的 MMG 公司虽然成立不久，但高管和大部分员工都来自原 OZ 矿业公司，因此具有很强的生产运营与管理实力。在完成资产控制权平稳转移后，五矿有色考虑把五矿集团业已取得的秘鲁铜矿项目、牙买加铝矾土矿项目等项目与 MMG 进行整合。通过

MMG的国际化管理团队来开发运营现有海外资源项目，最大限度地降低矿山建设、运营风险，确保前期投资安全。

第三阶段：寻找合适时间，在市场允许的条件下，重新上市。

3．业务整合方案

根据澳大利亚国库部对该项目的批准，目标公司的产品销售由MMG的销售团队负责，价格参照国际标准。在此前提下，五矿集团决定MMG铅锌精矿和电铜产品在中国市场的销售分别主要由五矿有色铅锌部和铜部负责。

4．人员整合方案

自2009年5月中旬开始，在著名人力资源顾问MERCER的协助下，五矿集团人力资源工作小组便着手开展人员整合方案的研究和实施工作。已完成原OZ员工转移工作并组建了新公司董事会。原OZ公司总经理、财务总监、人力资源部总经理等高管及其他核心技术人员加入新公司，这对确保新公司的稳定运营起到了至关重要的作用。

五矿集团还制定了高管中长期激励计划、员工薪酬管理办法，以及员工绩效考核管理办法。

5．整合中协调解决的关键问题

（1）人员分离及转移

此次并购OZ公司主要资产，五矿集团看重的不仅是一批具有较好发展前景的矿业资产组合，同时还看重OZ公司相对完整的、经验丰富的资源开发和资本运作团队。通过将这个团队直接纳入五矿集团现有框架内，必将有助于五矿集团在结合自身国际化运营的基础上，加速形成海外资源开发的国际化平台。因此，在五矿集团与OZ公司签署的协议中约定，各资产公司的人员随着控制权变化而转移。然而面对一个新公司，如何在较短时间内完成原OZ公司高管及核心技术人员挽留，以及各资产公司员工转移，给工作组提出了前所未有的挑战。

为此，在交易完成前工作组即聘请专业机构，着手制订高管和核心人员挽留计划，并与原OZ公司高管和核心技术人员进行沟通。此外，工作组还在OZ公司人力资源部的协助下，积极开展原OZ公司总部及各资产公司员工的分离和转移工作。工作组多次前往矿山说明情况，同时还致信原OZ公司员工，邀请其加入新公司。

该项工作赢得了原OZ公司高管、核心技术人员、总部员工及各资产公司员工的认可。当时，原OZ公司总经理、财务总监、人力资源部总经理及大部分核心技术人员均已加入MMG公司，原OZ公司总部及各资产公司的大部分员工也都加入MMG。

（2）财务过渡

为了确保新公司与五矿有色财务的平稳对接，五矿集团派其工作组成员进驻MMG公司，与其财务部总经理及中介机构共同开展工作。

经过双方财务人员的努力，逐笔厘清基准日前后的收支，最终确定了财务基准日后事项，即此基准日后的财务收益和责任均归属MMG。同时，五矿财务人员在现场了解了MMG现行的记账原则和报表/报告体系，研究确定了MMG合并报表的格式及内容，最终做到可直接从系统中取值并形成符合公司年度财务决算时涉及国资委要求的合并报表。当然，也包括制定符合公司要求和MMG的预算过程的预算报表。最后，完成了财务信息系统的整合与共享。

五、经验与教训总结

（一）项目成功实施的意义

首先，OZ 公司是世界第二大锌生产商，其主营的锌、铜、铅、镍、金等产品是我国经济发展长期需要的战略物资。通过并购 OZ 公司的主要资产，有效增加了我国锌、铜、铅等主要基本金属的资源储备和矿产品供应的保障程度。

其次，五矿集团作为国内最大的金属矿产企业集团之一，在金属矿产的原料进出口方面占据着重要的市场份额。通过此次并购，五矿集团进一步增强了自身的市场地位和竞争能力。

最后，此次并购还为澳大利亚就业、税收等方面提供了强有力的支持，强化了中澳经贸合作关系，符合中澳双方、OZ 公司股东/员工的多方利益。

（二）五矿集团的几点体会

第一，五矿投资的是战略资源，国家需要，公司需要。OZ 公司是世界第二大锌生产商，其主营锌、铅、铜、镍、金、银，都是我国经济发展长期需要的战略物资，符合国家“走出去”战略的支持方向；同时，该公司经营范围与五矿集团经营的有色业务高度契合，特别符合五矿的发展战略和国家关于突出主业的要求。

第二，时机有利，价格合理。OZ 公司市值最高时曾达到 70 多亿美元。此次只是由于债务到期时的流动性困难，OZ 公司才出现了股票市值的大面积下滑。事实上，OZ 公司的资产质量和运营状况都没有发生大的变化。五矿有色当时的 13.86 亿美元出价对中方十分有利。这样的公司在正常市场环境下是很难得到的，当时的金融危机也在一定程度上帮了五矿集团，即澳洲政府和金融机构都无力对 OZ 公司施以援手，给了五矿集团机会。

第三，取得目标公司管理层和董事会的支持。多年来，五矿集团与 OZ 公司的管理团队保持着良好的关系，双方进行过多次合作探讨，但由于种种原因未能成功。此次并购工作得到了目标公司董事会和管理层的大力支持和配合，为快速推进项目尽职调查和商务谈判创造了条件。同时，五矿集团联合 OZ 公司管理层一起向澳洲政府解释和说服，这对获得澳洲政府的批准起到了重要的促进作用。

第四，制定正确的公共关系策略。澳大利亚是一个言论自由的国家，媒体的作用十分重要，甚至可以影响政府的决策。为了避免使五矿集团处于媒体竞相报道的风口浪尖上，降低普通民众的关注程度，尽可能减轻澳大利亚政府的审批压力，五矿集团聘请了专业公共关系顾问，制定了“低调策略”。正是这种低调处理方式，为五矿集团最终赢得了“澳大利亚外商投资领域的重大突破，是史无前例的批准”。

第五，量力而为，稳健发展。五矿投资 OZ 公司，是在审慎研究目标公司，充分评估

五矿自身资金、管理能力基础上做出的决策。五矿集团是我国最早进行国际化运营，实施“走出去”战略的公司之一，也是较早实施商贸企业向工业企业转型的国有骨干企业之一，拥有一定的国际化、工业化运营、管理经验和一支熟悉国际事务的较为优秀的经营管理团队。过去几年，五矿集团成功实施的智利、秘鲁铜项目，美国 Sherwin、牙买加铝项目，以及在国内成功并购关铝股份都为五矿集团积累了有益的经验。

思考与练习

1. 什么是并购？请举例并购的类型。
2. 并购的动因有哪些？
3. 并购的作用有哪些？
4. 公司并购是如何进行分类的？
5. 公司并购的一般程序是怎样的？
6. 并购尽职调查对于企业并购有什么重要意义？尽职调查的范围包括哪些？
7. 企业并购融资的渠道和方式分别有哪些？
8. 并购支付的方式有哪些？各有何特点？
9. 如何理解杠杆收购？
10. 如何理解管理层收购？
11. 企业并购防御的战略有哪些？
12. 什么是并购整合？并购整合的内容有哪些？

第七章 企业集团财务管理

学习目标

理解企业集团的概念和特征
了解企业集团的类型、组织结构和财务管理特点
熟悉企业集团财务管理体制的基本模式
熟悉设计企业集团财务管理体制所需考虑的因素
熟悉企业集团的财务机构
熟悉企业集团债务筹资和权益筹资的主要方式
了解企业集团投资管理的特点和主要方式
熟悉企业集团投资多元化的概念、类型、风险与障碍
了解企业集团分配管理的重点和集团内部利益分配方法
熟悉内部转移价格的相关知识

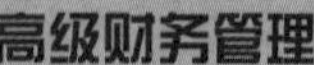

案例引导

L集团财务组织的变革

L集团是某零售超市企业集团在中国的所有业务的总称。L集团的母集团是全球最大的零售集团之一，其在中国大陆的门店数已经超过50家，覆盖10多个省市，主要业务是直营连锁大卖场，2003—2008年的营业额年均增长超过20%，年营业额已超过100亿元人民币。

传统上L集团的财务组织定位于集团的一个内部服务部门，是一种以门店为重心的分权式的组织结构。集团财务总监（CFO）下设会计部、资金部和管控部，集团财务部的下一层级是七个总部的派出机构区财务部，区财务部的人事关系和任命都由总部决定。门店财务部是整个财务组织的核心和重心。门店几乎具备一家独立公司的全部财务职能，分为会计小组、供应商发票小组、供应商付款小组、金库小组，还有出纳和经理助理。每个门店都独立出具包括损益表、资产负债表和现金流量表等在内的标准会计报表，独立交税；有自己独立的银行账户，对外以自己的名义付款。区财务部汇总区内各店的财务报表，为本区区长提供管理分析报表；会计部汇总各区财务发来的基于店这个层级的财务报表，并按母集团的要求汇总成符合母集团准则的会计报表，向L集团管理层提供业绩报表。

这种财务管理体制存在的主要问题是效率低下、财务分析与管控功能薄弱。随着连锁店数量的增加，门店的财务组织模式不断地复制，对供应商来说供货与收款程序烦琐，反应速度慢，规模效益难以体现。同时，对集团的管理来说，分散的财务数据难以整合利用，财务分析与管控的职能难以实现。针对这种情况，2004年年初，上海交通大学安泰经济与管理学院受托成立了财务组织变革行动小组对其进行财务组织变革。

变革小组在L集团的业务目标和发展战略基础上首先明确了集团财务组织的目标定位，在此基础上重新梳理了财务的业务流程，然后按照利益相关者管理战略重新划分了财务功能，出于为关键利益相关者服务的角度，建立了会计核算、资金管理、供应商关系管理、顾客关系管理、业务管理与支持、发展与投资支持、税务管理七个功能模块，进而根据每一模块建立相应的子部门。

变革后的集团总部下设会计部、资金部、付款部、收银部、管控部、薪资部、投资发展部和税务部，以前的区财务部与城市会计部合并，门店财务部则变得非常精简，由原来的10～15人缩减至2～3个，主要职能定位于为门店管理层这一关键内部利益相关者服务。变革前后的同比数据比较证明，财务部门加强了内部监控，平均单店经营费用降低了约2%，财务部门直接节约的人事费用达上千万元；同时，财务部门的决策支持功能得到较充分体现，运营部门决策的及时性和准确度得到了提高。

相比于单体企业而言，企业集团的财务管理更加复杂。不同类型的企业集团适合不同的财务组织模式。此外，企业集团财务管理还涉及筹资、投资、分配等一系列问题，这些问题相关的基本理论正是本章的主要内容。

第一节　企业财务管理概述

一、企业集团的概念

企业集团是指以一个或多个大型骨干企业为核心，通过资本、契约、产品、技术等不同的利益关系，由一定数量的受核心企业不同程度控制和影响的法人企业联合起来，组成的一个具有共同经营战略和发展目标的大型多法人经济联合体。

从内部组织结构看，企业集团一般可以划分为以下四个层次。

（1）核心层企业

核心层企业也叫集团企业或集团公司，是指母公司（控股公司）及其附属机构。母公司是自主经营、自负盈亏的法人企业，可以是一个实力强大的大型生产、流通企业，也可以是资本雄厚的控股公司。母公司的附属机构是指依附于母公司，不具有独立法人资格的分公司。核心层企业通常在企业集团内部具有较大的经济、技术实力，有先进的经营管理方式、富有竞争力的产品和完善的市场网络，也有较高的品牌价值和良好的企业形象，对集团内部其他企业具有影响力。

提　示

企业集团总部与核心企业的关系有两种情况：① 集团总部与核心企业的关系实际上是资产一体的经济关系，核心企业就是集团的母公司，既行使作为母公司的职能，又行使企业集团的职能。即核心企业（母公司）对内行使管理职能，对外代表企业集团整体。我国企业集团基本上都是在原有核心企业的基础上兴建的。② 集团总部与核心企业实现资产的分离，集团总部就是母公司，核心企业是集团总部的一个子公司，基本上完成了公司的改制。这种情况的集团总部和核心企业的关系就是母子公司的关系，集团总部实行资产经营，子公司实行生产经营，二者实际上是股东和企业的关系。

（2）紧密层企业

紧密层企业是指由核心层企业投资并控股，或由核心层企业长期承包、租赁，或经政府有关部门批准授权而划归核心层企业经营管理的企业。紧密层企业是独立的法人企业，它与核心层企业的关系是子公司与母公司的关系。

（3）半紧密层企业

半紧密层企业是指有核心层企业参股（尚未达到控股）或紧密层企业控股的法人企业。半紧密层企业之间可以资金、设备、技术、专利、商标等进行相互投资，并在企业集团的统一领导下，按出资比例或协议规定分享利益、承担责任。

（4）松散层企业

松散层企业也称固定协作企业，是指与核心层企业没有产权关系，但有稳定经营业务关系的企业，或者由紧密层企业、半紧密层企业参股的企业。这类企业在集团经营方针的指导下，按照集团章程及合同的规定享有权利并承担义务。

随着社会化大生产的不断发展，社会分工越来越细，协作范围越来越广，同时，市场经济的趋利性导致同行企业之间的竞争不断加剧。为了适应这种变化，许多企业逐步走上了集团化发展的道路，以优化资源配置，发挥规模经济效益，降低交易成本，从而提高自身的市场竞争力。企业间的兼并、收购和联合是企业集团产生的最主要的方式。现在，企业集团已成为一种较为普遍的企业组织形式。

知识拓展

企业集团与集团公司的联系与区别

在我国企业集团的形成与发展过程中，企业集团与集团公司（核心企业）的关系常常十分模糊，许多人往往把集团公司与企业集团混为一谈，其实两者并非同一事物。

企业集团与集团公司的关系，应该是组织整体与组织核心的关系。企业集团区别于一般经济联合体的重要标志就是它有一个具有强大控制力和影响力的核心。集团公司是集团核心的一种具体形式，是企业集团中居绝对控制地位的公司。它在企业集团中起主导作用，通过多种联结纽带决定、影响和引导众多企业的经营方向、发展战略、产品类型、市场定位，对一个国家、地区、产业的经济发展都起到重大的影响。正因为此，这个公司的名称要冠以“集团”二字，以区别于一般的公司。

集团公司是一个经济实体、一个完整的企业，而不是企业集团这一个组织的整体。在原有企业基础上建立的各种公司，是集团公司的子公司，而不是原有企业法人资格的延续。

企业集团与集团公司的最大区别就在于，企业集团不是法人，而集团公司是法人。具体区别如下：① 在隶属关系上，企业集团包含了集团公司，集团公司隶属于企业集团。② 在财务管理模式上，企业集团有从集权到分权的多种选择，集团公司则以集权为主。③ 在财务管理主体上，企业集团有多个财务管理主体，集团公司只有单一的财务管理主体。④ 在服从的运作机制上，企业集团既服从市场机制，又服从自身组织机制，而集团公司服从市场机制。⑤ 在主要作用上，企业集团是追求整体利益最大化的经济联合体，

集团公司则是企业集团的核心层。

二、企业集团的类型

企业集团按照不同的标准划分可分为不同类型。

（一）按经济联合纽带关系划分

按经济联合纽带关系划分，企业集团可分为股权联结型、契约联结型和混合联结型三种。

1. 股权联结型企业集团

即各成员企业以控股与被控股、参股与被参股的关系而联结形成的企业集团。在这种企业集团中，控股企业可以通过持有多数股权，对从属企业的重大决策和重大事项加以控制，从而建立起产权关系为基础的控制关系。同时，由于集团内企业之间的相互参股，形成了具有共同利益的约束关系，所以企业集团成为一种利益共享、风险共担的利益共同体，具有较强的凝聚力。

2. 契约联结型企业集团

即各成员企业通过订立合同（如承包合同、租赁合同、授权经营合同等），自愿结合而成的企业集团。这类企业集团是靠合同这种契约来明确各成员企业之间的责权利关系的，各成员企业拥有完全的自主经营权，享有独立的法人地位。相对于股权联结型企业集团，契约联结型企业集团的组织结构相对松散，联结纽带相对脆弱。

3. 混合联结型企业集团

即各成员企业既通过投资参股的形式形成股权联结，又通过生产、销售、技术等合同的形式形成契约联结的企业集团。这种企业集团具有股权联结和契约联结双重联结纽带，各成员企业之间的经济联合更加稳定。

（二）按核心层企业的经营活动范围划分

按核心层企业的经营活动范围划分，企业集团可分为控股型和混合型两种。

1）控股型企业集团。在这种企业集团中，核心层企业（母公司）是单纯的控股公司，不直接参与生产经营活动，而是通过控制子公司的股权来影响、支配子公司生产和经营活动。

2）混合型企业集团。在这种企业集团中，核心层企业一方面利用控股优势对子公司的生产和经营活动进行集团化管理，另一方面还直接参与生产和经营活动。

三、企业集团的特征

（一）由多个企业法人组成

企业集团是由多个法人组合而成的经济实体，但其本身不具有法人资格。组成企业集

团的各成员可以多种多样，包括工商企业、科研单位、金融组织等，一般集团成员都是具有法人地位、在法律上独立核算的单位，但作为整体的企业集团只是以营利为目的的企业利益共同体，在法律上不具有法人地位。

（二）组织结构具有多样性与开放性

企业集团的开放性和多样性是由以下几个方面决定的：

1）企业集团内部的链接纽带是各种经济利益，包括资本、契约、产品、技术等，联结关系的多样化决定了集团内部组织的复杂性和多层次性。

2）企业集团的组建有合并、兼并、收购、分离、相互持股乃至直接新建等方式，多种组建形式最终必然形成多样化的组织结构。

3）由于企业集团不是独立的法人，集团内部不存在行政隶属关系，下属事业部或子公司是在集团共同的发展目标和规划下独立经营的，所以对企业集团的管理就不可能采用固定的方式和强制的形式，这更加促成了集团组织结构的多样化。

4）根据企业集团的具体经营情况、承接项目的要求和安排生产的情况，企业集团内部协作的形式也是多样的，由此可能形成多种形式的纵横交错的组织结构并不断调整变动。

5）企业集团的各种经济利益在不断的变化之中，旧的经济利益会调整或消亡，新的经济利益会产生，经济利益的大小和重要性也不相同，因此企业集团的组织结构与单体企业相比更加多变，其边缘部分也存在模糊性，如某个法人企业可能同时是两个企业集团的成员等。

（三）规模巨大

这里的规模既指整个集团的规模，也指集团中核心企业的规模。企业集团产生的原因就在于，通过联合产生多方面的规模经济和聚合力，能具有更好的稳定性与风险分散性，更好地参与激烈的市场竞争。因此，无论在西方发达国家还是在国内，企业集团的平均规模都大大超出了可比的单体企业的平均规模。

从经营上看，企业集团的庞大规模和资金融通实力使其不仅可以形成从技术开发、产品生产到产品销售的有机整体，而且有必要也有可能通过多元化经营来分散风险和获取多种机会，所以企业集团的经营范围往往跨行业、跨地区，经营规模巨大。

从目的上看，企业集团有更高的获利能力和更多的获利方式。因为企业集团有着内外部融通资金的便利条件，有着跨行业、跨地区、多角度经营的特殊功能，有进出口业务的经营权力乃至跨国经营权等特定内容。这些都使得企业集团在规模上具有十分明显的优势。

（四）生产经营具有连锁性和多元性

企业集团内部的生产经营联合既有纵向联合，也有横向联合。集团关系既可能是多家生产同类产品的企业的联合关系，也可能是由原料供应、生产加工、销售供应等企业组成的高度连锁相关的关系，还可能是多家企业共同处于一家控股公司的控制之下，相互之间都业务并没有联系；当然也有不少企业集团是几者皆备。集团形成后，在外界环境的压力下，可能有实力向相关领域不断扩展，也可能有动力向其他不相关行业进军。

四、企业集团的组织结构

企业集团的组织结构是根据企业集团的战略目标，指定企业和人在集团中的位置、明确责任、沟通信息、协调经营，以实现战略目标的有机结合体，是一个把各企业本身，企业集团的人、财、物与企业集团的其他资源相结合的平台。企业集团的组织结构主要有以下几种。

（一）U 型结构

U 型结构（Unitary Structure）又称直线职能制，是指企业集团中各级领导直接指挥与各级职能人员（如财务、人力资源、技术人员）的业务指导相结合的企业集团组织结构形式（见图 7-1）。在 U 型结构中，按职能划分组织单位，并由最高经营者直接指挥各职能部门，集团的下级成员企业既接受上级管理人员的直接指挥，又接受上级职能人员的业务指挥。最高决策层对职能部门和生产经营单位集中进行评价和监督。

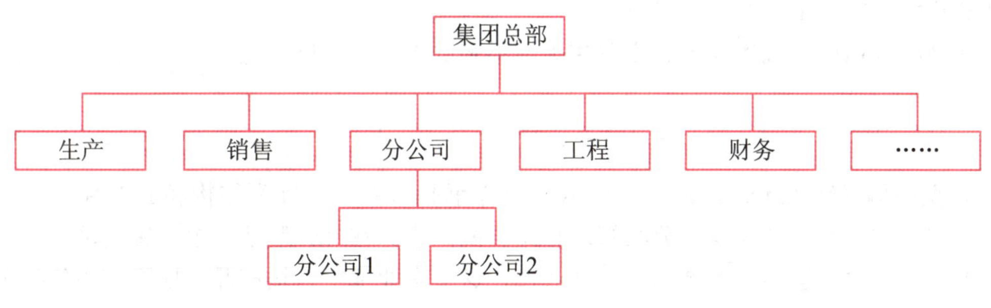

图 7-1　企业集团 U 型结构

U 型结构的优点是：既保证了统一的指挥和管理，又能更好地发挥各职能部门的作用，有利于落实总部的战略部署。其缺点是：在职能结构中，分清责任或判断业绩更困难；高层管理者在协调各部门时也可能比较困难，使得管理成本增加；当企业集团规模较大，职能部门较多时，高层领导的负担过重。

U 型结构主要适合规模较小、产品品种少（或经营领域单一）、生产连续性和专业性强的企业集团，如矿业、电力、汽车业等。

（二）H 型结构

H 型结构（Holding Company）也称控股公司结构，是指一种由多个法人实体集合而成，母子公司之间主要靠产权纽带来联结的企业集团组织结构形式（见图 7-2）。在 H 型结构下，集团总部下设若干子公司，每个子公司都有比较完整的职能部门，母公司持有子公

司的部分或全部股份，并基于股权对子公司进行间接管理；下属各子公司具有独立的法人资格，彼此所从事的产业一般关联度不大，具有较大的经营自主权，在财务上有较大的独立性，从而形成相对独立的利润中心和投资中心。

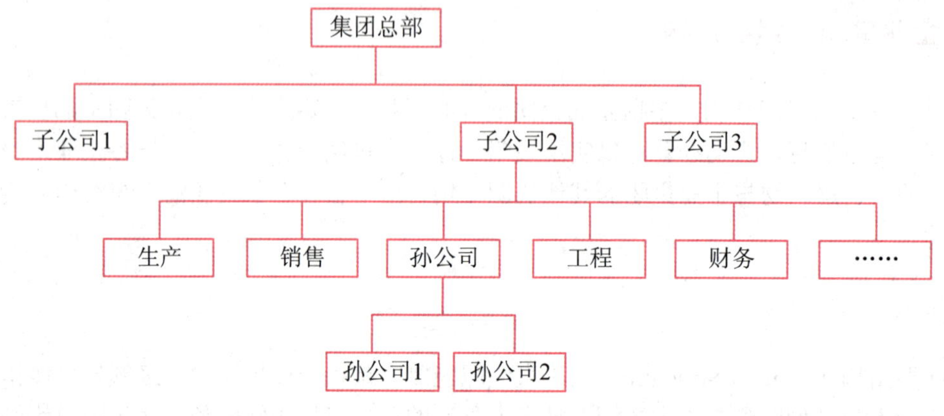

图 7-2　企业集团 H 型结构

H 型结构的优点是：有助于强化集团总部的战略管理，同时发挥子公司的积极性和专业化管理优势。其缺点是：集团内部集权与分权的关系较难平衡，集团内部的整体资源调配和战略管理的运用存在一定难度。

H 型结构适用于规模较大、产业相关性不强的多元化控股公司。

（三）M 型结构

M 型结构（Multidivisional Structure）也称事业部制，是 U 型结构和 H 型结构进一步发展和演变的产物，是集权与分权管理相结合的产物。在 M 型结构中，集团母公司下面设立若干个自主营运的业务部门——事业部，这些事业部可以按产品、地区、服务甚至生产程序来划分，每一个事业部包含了相关的若干子公司或其他集团成员（见图 7-3）。

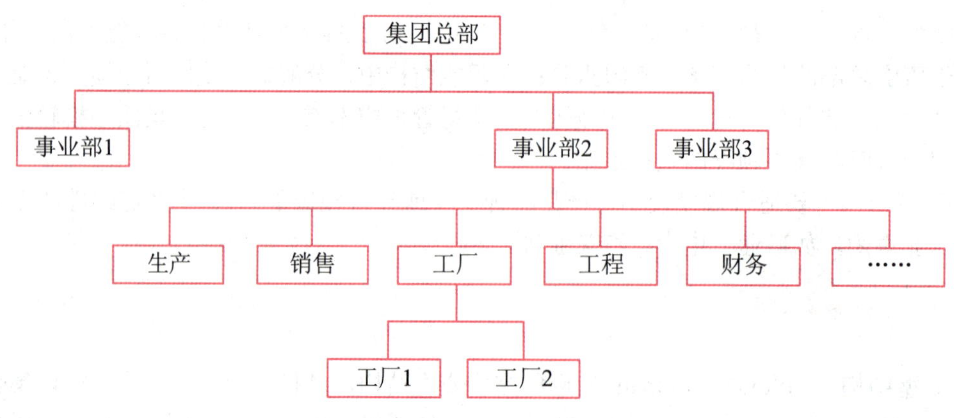

图 7-3　企业集团 M 型结构

事业部拥有一定的经营自主权，实行独立经营、独立核算，一般是利润中心。事业部具有以下特点：① 它是一个分权单位，具有足够的经营决策权；② 具有相对独立的市场区域和产品系列；③ 直接对外销售产品；④ 可以实行独立核算；⑤ 对某种形式的利润负责；⑥ 与公司主体或其他事业部共享资源。

M 型结构的优点是：既共享资源（研发、制造、营销、分配、采购等），又独立经营，实现了集权与分权的适度结合，既能调动各事业部的积极性，又能通过统一协调与管理，有效制定和实施企业集团的整体发展战略。其缺点是：事业部之间横向联系差，容易影响集团中企业成员之间的协调，较难建立一套经营型的责任会计体系，以便共享资源又分清责任。

M 型结构适合于那些产品品种丰富多样且差别大、市场覆盖面广、营销环境变化快的大型企业集团。

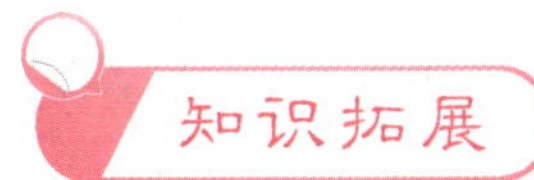
知识拓展

超事业部制

超事业部制又称执行部制，是指通过增设管理机构来领导事业部的组织形式。有的集团公司针对业务范围广泛、事业部设置过多的问题，在组织最高管理层与各事业部之间增加了一级管理机构（执行部或事业本部），负责管辖和协调所属各个事业部的活动，以使领导方式在分权的基础上又适当地集中。

超事业部制相应地形成了多级利润中心，这样做的好处是可以集中几个事业部的力量共同研究和开发新产品，可以更好地协调各事业部的活动，从而能够增强组织活动的灵活性。当然，这种形式是在事业部制的基础上根据实际情况所做的变革，通常是和一般的事业部制混合采用的。有些事业部因其性质要求而直接归母公司领导，就不会在其上设立事业本部了。

（四）矩阵型结构

矩阵型结构是指在企业集团中既有按职能设置的纵向系统，又有按项目划分的横向组织系统，两者结合所形成交叉式的组织结构（见图 7-4）。矩阵型结构在各子公司或事业部的某些部门之间横向形成专门的项目小组，可满足单个子公司或事业部难以满足的对特殊项目或特殊产品的需求。

矩阵型结构的优点是：可随项目的开发与结束进行组织或解散，机动、灵活，能将某部分工作与整体工作联系在一起，较易攻克难关；能加强不同职能部门之间的配合与信息交流，有利于合理调配资源。其缺点是：双重指挥会给管理带来困难，统一指挥和责权对等的原则遇到挑战。这种结构适合于存在跨产品线共享稀缺资源压力的企业集团。

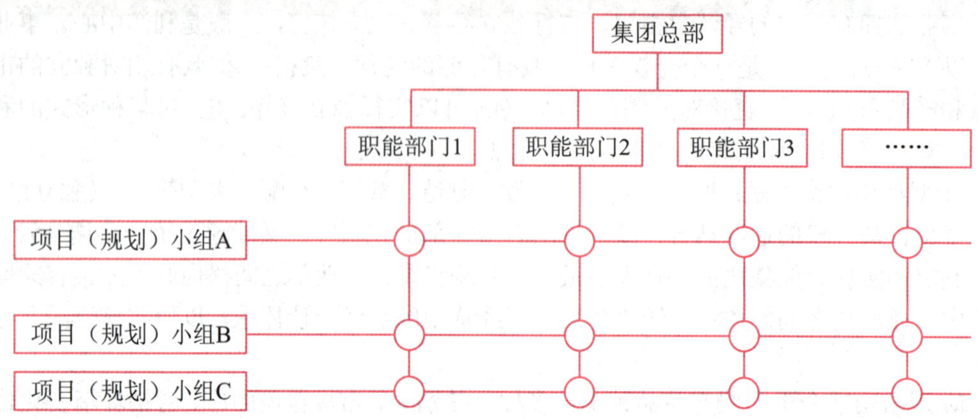

图 7-4 企业集团矩阵型结构

矩阵型结构实施的关键在于项目经理与职能经理之间的权限划分和有效合作。

（五）混合型结构

由于现代企业集团的业务日益复杂，不同的组织结构又各有不同的优缺点，所以为了适应不同的情况，企业集团并不以单纯的结构形式而存在，而是采用综合两种或两种以上结构特征的混合型结构。例如，某企业集团可以在生产环节将华北地区划为一个大区（事业部），而在销售环节要求每个省的子公司分别经营，各省子公司的技术部门在每年的某一时段又划归某生产项目共同研制。

五、企业集团财务管理的特点

企业集团财务管理与大型企业财务管理有所不同，其特点主要体现在以下几个方面。

（一）企业集团财务管理的主体复杂化

在财务管理的主体上，企业集团呈现为一元中心下的多层级复合结构特征。

首先，与企业集团的财务管理相比，企业集团的成员企业的财务管理变成了微观层次上的财务管理。子公司作为独立法人具有独立的经营自主权和理财自主权，但同时应遵循总部统一的财务战略、财务政策和基本财务制度。

其次，企业集团的核心企业或总部需要对所属的不同类型的成员企业进行财务管理。由于企业集团组织结构的不同，财务管理的主体可以是集团公司、控股公司、集团总部、事业部、超事业部、子公司等。同时，由于构成企业集团的成员企业可能在所有制、产权形式、行业、规模甚至国别上有所不同，所以财务管理的主体更具复杂性。

（二）企业集团财务管理的基础是控制

企业集团是企业的联合体，是一个通过以资金为主的多种联结纽带联合的多法人的集合，核心层企业对集团其他层次企业的控制是管理的基础。只有集团内部实现了有效的控制与协调，企业联合或自我发展为集团的初衷才能实现。由于集团的主要联结纽带是资本，所以只有从财务角度对企业集团实施一体化的管理与控制，才可能使集团真正成为一个经济利益的整体。

（三）企业集团母子公司之间往往以资本为纽带

企业集团可能由母公司和很多子公司、孙公司组成，母公司与子公司、孙公司的联系往往都是以资本为纽带的。根据母公司在子公司资本中的投入比例不同，子公司可以分为以下四种：

1）全资子公司。即子公司的资产 100%来源于母公司。这类公司实际上是母公司从事具体经营活动的部门，它必须完全贯彻母公司的意图。所以，这种类型的母子公司关系具有高度的集权性，母公司不仅具有《公司法》规定的股东权限，而且掌握子公司的一切人事、财务、分配和经营管理方面的控制权和监督权。

2）控股子公司。即母公司持股 50%以上的子公司。这类公司与全资子公司一起承担企业主营业务。一般来说，母公司对这类子公司的控制体现在重大投资决策、资产收益分配、资产重大变动、总经理的任免和企业改制等方面。

3）参股子公司。即母公司持股 20%～50%的子公司。与上述两类子公司相比，这类子公司具有更大的经营自主权。参股是母公司进行多元化经营时经常采取的形式，主要体现为纵向的产业一体化和横向的多元化扩张思路。

4）关联子公司。即母公司持股 20%以下的公司。它是企业集团内松散型的企业群体，是母公司多元化经营的一部分。关联子公司与持股母公司的关系不是那么紧密，它主要按照《公司法》、公司章程和双方的意愿进行合法的协作经营。

一般而言，母公司可根据各子公司生产产品特点、经营领域，以及对母公司或对集团公司的重要程度来决定其投入各子公司的股本比例。对于那些对母公司或集团公司有重要影响的子公司可考虑全资控制或控股；而关联程度相对较低的子公司则可考虑相对控股或参股。此外，母公司还需要根据自己的实力来通盘考虑其投入下属公司的整个投资额及投资的分散程度。

（四）集团财务管理更加突出战略性

战略与企业集团的生存发展息息相关。首先，企业集团的形成，本身就是战略选择的结果。集团公司选择组成集团的成员企业，是根据企业实力、发展方向、优劣势等情况而定的；而集团成员的联结方式（如相互持股、控股、参股、协议等），都是战略的实施和体现。

其次，企业集团的日常经营和竞争也离不开集团战略。企业集团成员众多、地位不一，为了协调一致，真正发挥企业联合的规模效应和范围效应，取得竞争优势，就必须从整体与局部、短期与长期等战略角度出发来考虑企业集团的生产经营。最后，企业集团的成长必须有战略指导。企业集团的规模大小、专业化与多元化的发展方向、自我发展或者以多种兼并或协议的方式成长，都属于集团战略的范畴。

第二节　企业集团财务管理体制

一、企业集团财务管理体制的基本模式

企业集团财务管理体制是指对企业集团内部各成员企业的财务权利、财务责任和经济利益分配关系加以规范的基本财务管理制度。其主要内容包括组织框架的安排、财务管理权限的划分和财务管理机构的设立等。企业集团内财务主体多元、产权关系复杂等特征，使得选择一种适合于企业集团的财务管理体制成为必然。建立企业集团财务管理体制的核心是解决决策权和控制权问题，即解决集权和分权的关系问题。

企业集团财务管理体制的制定主要针对控股型企业集团。因为只有对建立在母子公司关系基础上的控股型企业集团来说，母公司对子公司才具有财务规范权。至于参股公司或协作企业，由于母公司对其生产经营管理并没有足够的影响力，因此一般不纳入财务管理体制统一规范的范畴。

根据企业之间财权的划分情况，企业集团财务管理体制可分为集权型、分权型和混合型三种基本类型。

（一）集权型财务管理体制

集权型财务管理体制是指经营权限特别是决策权集中在最高领导层，下属单位只有日常业务决策权限和具体执行权的财务管理体制。在这种财务管理体制下，集团公司对下属单位的人、财、物和产、供、销实行统一经营、管理、决策和核算，各成员单位只是执行集团公司的财务决策。

集权型财务管理体制具有以下优点：① 有利于企业信息实现较充分的纵向沟通，使下属单位的财务目标与集团公司的总体财务目标保持一致，便于集团公司在重大事项上迅速果断地做出决策；② 有利于集团公司通过财务调控功能，发挥整体资源的整合优势，提高整体资源的利用效率；③ 有利于集团产品结构和组织结构的整体优化，增强企业集团的凝聚力和整

体实力，降低经营风险和财务风险，取得规模效应。

集权型财务管理体制具有以下缺点：① 不利于企业信息的横向沟通；② 由于财务决策高度集中于集团公司，容易挫伤下属单位的积极性，抑制下属单位的灵活性和创造性；③ 最高决策层远离经营现场，不熟悉情况，对信息掌握不完整，易造成决策失误。

（二）分权型财务管理体制

分权型财务管理体制是指经营管理权限和决策权分配给下属单位，最高领导层只集中少数关系到全局利益和发展的重大问题决策权的财务管理体制。在这种财务管理体制下，最高领导层只保留对下属单位重大财务事项的决策权或审批权，不干预下属单位日常的生产经营、财务事项的决策权与管理，而是以间接管理的方式进行管理，强调的是结果控制。

分权型财务管理体制具有以下优点：① 有利于企业集团的高层将有限的时间和精力集中于最重要的战略决策；② 各下属单位拥有充分的理财权，能够较好地发挥其积极性和创造性；③ 各下属单位在授权范围内可以直接做出决策，从而节约纵向信息的传递时间；④ 各下属单位直接面对生产经营，其决策更具有针对性，应付市场变化的能力更强，并能减少集团公司的决策压力。

分权型财务管理体制具有以下缺点：① 不利于统一指挥和整体协调，由于纵向沟通不及时或不通畅，信息分散或不对称现象较常见，重大事项的决策速度被减缓；② 财务整合、调控功能弱化，不利于整体资源的优化配置；③ 分权单位易各自为政，缺乏整体考虑，忽视整体利益；④ 不利于集团公司发现下属单位所面临的风险和可能存在的重大经营问题。

（三）混合型财务管理体制

混合型财务管理体制是指集权和分权相结合的财务管理体制。这种体制强调在分权基础上的集权，综合了集权型和分权型财务管理体制的优点，克服或最大限度地消除过度集权或过度分权的弊端，既能发挥集团公司的财务调控功能，有利于企业集团财务管理整体目标的实现，又能激发子公司的积极性和主动性，并对市场变化做出迅速的反应。

由于财权集中或分散的程度要受到许多因素的影响，所以财务管理体制的集中或分散的最佳程度较难以把握。即便如此，在集权和分权之间做出折中的选择依然是有必要的。

财务权利

从管理的角度来看，企业集团的管理是以产权为基础的。而产权是与财务领域密不可分的。在财务领域，财务目标决定了财务资源的配置和利用，资源配置的好坏直接影响到企业当前和未来的经济利益。围绕财务目标产生的不同层次和角度，财务权利大致可以分为财务决策权、财务资源调配权、财务资源使用权和财务监控权。

1）财务决策权。财务决策权是经营者财务权利的最高层次，可以分解为财务战略决策权和财务运作决策权，具体包括投资决策权、筹资决策权、财务收益分配权、会计政策决定权、财务领导任免权等。

2）财务资源调配权。财务资源调配权是依据具体项目和生产情况调动财务资源的权利，属于财务决策权分化出来的权利，如预算审批权、流动资金调配权等。

3）财务资源使用权。财务资源使用权是行使财务资源调配权后的具体体现，是保证财务资源真正发挥作用的权利，如支付工资、购买办公用品等。

4）财务监控权。财务监控权是对其他几个层次的财务权利的分配过程和行使过程进行监督和控制的权利。在更高层次上，它是企业所有者监督企业经营者的财务权利。

二、设计企业集团财务管理体制需要考虑的因素

企业集团在依据自身情况权衡利弊，设计适合自身的财务管理体制时，需要综合考虑以下因素：

（一）企业集团的组织结构

企业集团采取何种管理体制，直接决定其采用何种财务管理体制。如果企业集团采取U型组织结构，则宜选择集权型的财务管理体制；如果企业集团采取H型组织结构，则宜选择分权型的财务管理体制；若企业集团采取M型组织结构，则宜选择混合型的财务管理体制。

（二）企业集团的发展情况

如果企业集团正处于成长阶段，各项建设投资较多、资金需求量大，则适合采用集权型的财务管理体制，以便对各成员企业的筹资、投资及利润等进行统一管理。如果企业集团已达到成熟阶段，完成了多元化经营的转变，各方面的发展趋于稳定，则适合选择分权型的财务管理体制，将财务管理权限下放到集团公司的下一级子公司或更大范围的成员企业。

（三）集团公司对下属企业的控制力强弱

如果下属企业的情况复杂、布局分散，集团公司对其控制能力弱，则宜采用集权型的财务管理体制，以加强对成员企业的控制，充分发挥企业集团的整体优势。反之，如果集团公司对下属企业有很强的控制能力，则可适当分权，以调动分权单位的积极性和灵活性。

三、企业集团的财务机构

企业集团的财务机构是直接从事财务工作的职能部门，是企业集团组织形式在财务上的体现。财务机构是财务控制的载体，完善的财务机构是做好财务工作，充分发挥集团财务职能的重要基础。

（一）一般财务机构

一般而言，企业集团的财务机构包括以下两方面的内容：

1. 集团公司的财务机构设置

集团公司是企业集团的核心部分，在财务上统领整个企业集团的筹资、投资、资本营运和收益分配。较为完善的集团公司财务机构一般应设置融资部、投资部、资金营运部和审计部等。

融资部负责在集团公司融资时合理安排融资主体、融资方式、融资渠道等。投资部负责集团公司的投资战略，如产业投资方向、具体投资项目和投资业绩评价等。资金营运部负责集团公司实体业务的日常资金流动安排，统筹下属公司的收入、成本、费用和利益分配等。审计部负责监督集团总部和集团其他成员对集团财会制度的遵循情况和会计资料的真实有效性。在这些部门之上，还需设置一个财务副总经理（或财务执行官 CFO 等），以全权负责集团公司的财务事宜。

2. 子公司的财务机构设置

虽然在企业集团的财务控制系统中，子公司应服从整个企业集团的财务战略安排，但子公司在法律上是独立经营、自负盈亏的法人实体。所以，子公司的财务机构设置既要有独立性，又要符合由上一级财务部门有效控制的要求。由于集权和分权的形式不同，子公司的财务机构设置可能有很大差别。一般而言，子公司的财务部门应归属于母公司的相应部门进行对口管理，子公司在行使财务职能的同时，其决策权限应由上级部门授予，并向上级汇报本公司的预算、提交财务会计报告。

（二）财务中心

企业集团的财务中心是在集团内部设置的，由集团公司负责运作，以管理和协调企业集团内部各成员企业资金业务的职能部门。财务中心是企业集团财务控制的重要部门，它必须相对独立，才能保证其权威性。

财务中心的设置与企业集团控制的集权与分权安排密切相关。根据企业集团对财务权限的分配与实施财务管理条件的不同，财务中心可分为财务结算中心和财务控制中心。

1. 财务结算中心

企业集团的财务结算中心是在企业集团内部设立的，负责企业集团内部各成员企业（主要指核心层成员）之间和对外的现金收付和往来结算的专门机构。它通常设置于财务部门内部。其主要职能如下：① 集中管理企业集团内部各成员企业的现金收入；② 统一拨付成员企业因业务所需的货币资金，并监控货币资金的使用情况；③ 统一对外筹资；④ 办理成员企业之间的往来结算；⑤ 办理统一纳税业务等。

财务结算中心有利于加快企业集团整体的资金周转，降低资金占用量，提高资金运行效率，进而发挥企业集团资金联合的优势。

2. 财务控制中心

企业集团的财务控制中心是一种借助集成化、网络化管理软件的支持，与企业其他资源

的整合相契合的财务管理机构。它是比财务结算中心更高级的财务组织形式，是现代企业集团财务中心发展的需要。随着信息技术的快速发展，大量企业管理型软件出现，使企业集团距网络会计和网络财务越来越近；而各种管理信息系统中辅助项目核算模块功能的日益完善和强大，使得企业集团的财务专门化趋势越来越明显。这刚好适应集权型企业集团更多、更快捷、更真实地掌握集团成员的财务信息并及时给予财务决策和管理支持的需求，以及分权型企业集团适应多变市场和自主行使财务权利的需求。

企业集团的财务控制中心除了执行财务结算中心的全部职能外，还执行以下职能：① 及时掌握集团事业部或子公司的资金预算和运作情况，并根据整体情况进行协调；② 掌握企业集团各分部的采购费用、生产成本和销售费用的情况，并实行即时决策和监控；③ 对企业集团内部物流、人力资源和财务资源的不协调之处进行整合，以实现统一管理。

（三）财务公司

1. 财务公司的产生及概念

随着企业集团业务的不断发展，大量的暂时闲置资金产生，与此同时，生产经营活动需要不断增加资金投入，这使得企业集团对银行临时性和长期性资金融通的依赖性越来越大。为了挖掘企业集团内部的资金潜力，调剂内部资金余缺，加快集团资金的周转，提高整个集团的资金运作效率，同时更好地开拓新产品市场和新顾客群体，有效利用企业集团外部潜在的资金，一种新的需求被众多企业集团提上日程。这种需求就是，由企业集团自己成立信贷类的非银行金融机构，使其隶属于企业集团并为企业集团内外企业或个人服务，这种机构就是企业集团的财务公司，它在功能上超越财务中心。

与银行相比，企业集团财务公司必须有较高的自有资金比率。因为财务公司所经营业务的利润率一般来说比银行要高一些，所以各国对财务公司自有资金的要求通常比较高。财务公司一般都是企业集团的成员或相关企业，它非常专业地从事某一领域内的业务，经常涉及的是某类或某几类产品的融资。

在中国，财务公司是指根据《公司法》和《企业集团财务公司管理办法》设立的，为企业集团成员单位技术改造、新产品开发及产品销售提供金融服务，以中长期金融业务为主的非银行金融机构。其主管机关是中国银行业监督管理委员会（简称“银监会”）。

2. 财务公司的业务范围

根据《企业集团财务公司管理办法》的规定，财务公司可以从事下列部分或全部业务：

- ✧ 对成员单位办理财务和融资顾问、信用鉴证及相关的咨询、代理业务。
- ✧ 协助成员单位实现交易款项的收付。
- ✧ 经批准的保险代理业务。
- ✧ 对成员单位提供担保。
- ✧ 办理成员单位之间的委托贷款及委托投资。
- ✧ 对成员单位办理票据承兑与贴现。

- ✧ 办理成员单位之间的内部转账结算及相应的结算、清算方案设计。
- ✧ 吸收成员单位的存款。
- ✧ 对成员单位办理贷款及融资租赁。
- ✧ 从事同业拆借。
- ✧ 中国银行业监督管理委员会批准的其他业务。

符合条件的财务公司，可以向中国银行业监督管理委员会申请从事下列业务：① 经批准发行财务公司债券；② 承销成员单位的企业债券；③ 对金融机构的股权投资；④ 有价证券投资；⑤ 成员单位产品的消费信贷、买方信贷及融资租赁。

3．财务公司的作用

财务公司的出现预示着企业集团的一种新型的筹资、投资和资金营运方式的产生，它可以使企业集团的财务行为和财务运作效果发生明显的变化。其主要作用如下：

1）财务公司可以减少企业集团成员企业通过专业银行结算而占用的时间，还可以为企业集团成员企业提供资信调查、信息服务、投资咨询等中介服务。

2）财务公司对内可以起到集中自身财力，发展重点项目或工程的作用。过去，企业集团各成员企业自有资金少，且所需资金主要依靠银行贷款，这使得企业集团内部的资金力量分散，难以发挥综合优势重点开发项目。财务公司则可以运用金融手段集中集团内部的财力，增强集团内部资金统一管理和调剂的功能，重点发展关键项目。

3）财务公司对外可以通过金融手段为企业集团的投资项目筹集资金。财务公司可以通过疏通企业集团与商业银行的关系，构建社会融资桥梁，争取到商业银行对企业集团的投资贷款；可以利用自己业务上的长处，通过代理发行股票与债券直接融资，开展中长期的金融业务；还可利用自己在企业集团中的地位，以提供担保等方式，使各成员企业及时取得外部贷款。

4）财务公司可以将其筹集的资金以贷款的方式发放给企业集团内部需要资金的成员企业，还可以通过买方信贷、卖方信贷和消费信贷等多重形式促进销售；可以将企业集团内部的闲散资金聚合在一起，进行合理投资，提高资金利用效率，加快资金周转率，促进企业集团不断扩张和发展。

第三节　企业集团筹资管理

一、企业集团筹资管理概述

（一）企业集团筹资管理的重点

企业的筹资管理一般包括筹资总量的确定、资本结构的安排、筹资方式和渠道的选择等内容。从企业集团的角度看，筹资管理的重点包括以下几个方面。

1. 确定合理的资本结构

资本结构是指企业各项资本运用（包括各种权益资本和债务资本的运用）之间的关系。具体包括：① 权益资本与负债筹资的比例关系；② 长期资本和短期资本的比例关系；③ 资本各种筹资方式的比例关系，不同的筹资方式反映着不同的筹资机制、效率和筹资费用；④ 各投资者成员资本投入数额的比例关系。资本结构的变化会制约企业集团的产权结构、企业集团的体制与权利分布。良好的资本结构能够为企业的筹资提供导向，并有利于降低筹资成本与筹资风险。

现代企业集团主要以资本为联结纽带，集团成员企业的资本结构与集团整体资本结构相互关联，资本结构的影响因素较单体企业更为复杂，杠杆作用也更为明显。首先，集团公司可以利用资本的杠杆作用实现以少量自有权益对更多的资本形成控制，现代企业股权的日益分散性也为杠杆作用的实现提供了良好条件。这使得企业集团整体的综合负债率可能大大高于单体企业。其次，这种杠杆作用使得企业集团金字塔形的组织结构中，处于塔尖的母公司的收益比处于塔底的子公司的收益率有更大的弹性，子公司收益率的变动会在母公司层面产生放大效应。因此，企业集团必须衡量自身的负债实力，并协调好母子公司之间的利益关系，处理好集团整体与集团成员资本结构之间的关系，从整体上把握集团的资本结构。

典型案例

大宇集团的债务危机

一、大宇集团的辉煌与坍塌

韩国大宇集团创始于 1967 年，其创办人金宇中当时是一名纺织品推销员。经过 30 年的发展，通过政府的政策支持、银行的信贷支持和海内外的大力购并，大宇集团成为韩国第二大商业集团，仅次于现代集团。至 1998 年年底，大宇集团的总资产高大 640 亿美元，营业额占韩国 GDP 的 5%，业务涉及贸易、汽车、电子、通用设备、重型机械、化纤、造船等众多行业，国内所属企业曾多达 41 家，海外公司数量创下 600 家的纪录，海外雇员多达几十万，大宇成为国际知名品牌。

大宇集团是“章鱼足式”扩张模式的积极推行者，认为企业规模越大，就越能立于不败之地，即所谓的“大马不死”。在 1997 年韩国陷入金融危机时，大宇集团不仅没有受到影响，反而在国内的集团排名中由第 4 位上升到第 2 位，集团领袖人物金宇中本人也被美国《幸福》杂志评为亚洲风云人物。

1997 年韩国发生金融危机后，其他企业集团都开始收缩，但大宇集团仍然我行我素，结果债务越背越重。尤其是 1998 年年初，韩国政府提出“五大企业集团进行自律结构调整”方针后，其他企业集团把结构调整的重点放在改善财务结构方面，努力减轻债务负担，大宇集团却认为，只要提高开工率，增加销售额和出口就能躲过这场危机。因此，大宇继续大量发行债券，进行“借贷式经营”。1998年大宇集团发行的公司债券达7万亿韩元（约58.33亿美元）。1998年第四季度，大宇集团的债务危机已初露端倪，在各方援助下才避过债务灾难。

此后，在严峻的债务压力下，大梦方醒的大宇集团虽做出了种种努力，但为时已晚。1999年7月中旬，大宇集团向韩国政府发出求救信号；7月27日，大宇集团因“延迟重组”，被韩国四家债权银行接管；8月11日，大宇集团在压力下屈服，割价出售两家财务出现问题的公司；8月16日，大宇集团与债权人达成协议，在1999年年底前，将出售盈利最佳的大宇证券公司，以及大宇电器、大宇造船、大宇建筑公司等，大宇集团的汽车项目资产免遭处理。

“8月16日协议”的达成，表明大宇集团已处于破产清算前夕，遭遇“存”或“亡”的险境。由于在此后的几个月中，经营依然不善，资产负债率依然居高，大宇集团董事长金宇中及14名下属公司的总经理主动辞职，以表示“对大宇集团的债务危机负责”。

二、大宇集团解散的原因分析

大宇集团为什么会倒下？在其轰然坍塌的背后，存在的问题固然是多方面的，但不可否认有财务杠杆的消极作用在作怪。大宇集团在政府政策和银行信贷的支持下，走上了一条“举债经营”之路，试图通过大规模举债，达到大规模扩张的目的，最后实现“市场占有率至上”的目标。1997年亚洲金融危机爆发后，大宇集团已经显现出经营商的困难，其销售额和利润均不能达到预期目的，而与此同时，债权金融机构又开始收回短期贷款，政府也无力再给它更多支持。由此可见，大宇集团的举债经营所产生的财务杠杆效应是消极的，不仅难于提高企业的盈利能力，反而因巨大的偿付压力使企业陷于难于自拔的财务困境。从根本上说，大宇集团的解散，是其财务杠杆消极作用影响的结果。

2. 充分发挥企业集团的筹资优势

相对于单体企业而言，企业集团的筹资方式和渠道更加丰富，不仅可以整个集团为主体进行筹资，也可以成员企业为主体进行筹资。企业集团在进行筹资时，应充分利用这种优势，具体而言可以采用以下方式：① 企业集团财务公司与成员企业之间进行资金拆借；② 企业集团成员企业之间以应收应付款项进行内部筹资；③ 企业集团成员企业之间相互抵押或担保、相互租赁以及利用债务重组的方式进行债务转移；④ 由集团公司在不改变其控股地位的情况下，出让子公司的部分股权进行筹资。此外，员工持股计划也不失为一种良好的内部筹资渠道，常常被作为一种激励制度在许多上市公司中执行。

3. 实行筹资权限集中化管理

筹资权限集中化是指大额筹资的决策权集中在公司总部。企业集团在筹资前，必须根据企业对资金的需要、自身条件及筹资的难易程度和成本情况来分析风险并确定合理的筹资总量。若筹资过多，则可能造成资金闲置浪费，增加筹资成本，导致负债过重，偿还困难，从而增加经济风险；若筹资不足，则会影响企业正常的生产经营活动和企业的发展壮大。企业集团筹资权限集中化，便于集团公司从企业集团整体利益出发进行筹资，发挥规模化效应，节约筹资成本，可以减少债权人的部分风险，增加筹资数额，拓展筹资渠道。同时，也有利于集团公司掌握子公司的筹资情况，便于预算的编制和考核。

提　示

筹资权限的集中化并不等于筹资的集中化，更不等于所有筹资都通过企业集团或集团母公司来进行。

4．利用与集团模式的改造相结合的筹资方式

企业集团筹集资金的目的常常是既为了投资也为了改制，因而在筹集资金时利用与集团模式的改造相结合的方式进行。例如，子公司上市可以筹集大量的资金，同时能改变自身与核心企业的关系；而从集团公司的角度看，子公司上市往往能使企业集团获得大量资金，同时，集团公司仍能保持对子公司的资本控制。又如，当企业集团中的半紧密层企业或松散层企业需要筹集资金时，核心层企业可以通过向其投资来增大持股比例，从而改变企业集团的组织结构。

知识拓展

借壳上市和买壳上市

企业集团管理总部常借助于集团整体财务资源一体化的整合优势，对集团公司或成员企业的筹资活动提供财务安排策略和融通调剂，即融资帮助。上市包装就是融资帮助的一种形式，它的常见方式有“借壳上市”和“买壳上市”两种。

与一般企业相比，上市公司最大的优势是能在证券市场上大规模筹集资金，扩大公司及公司产品的知名度，以此促进公司规模的快速增长。因此，上市公司的上市资格成为一种“稀有资源”，所谓“壳”就是指上市公司的上市资格。由于有些上市公司机制转换不彻底，不善于经营管理，其业绩表现不尽如人意，丧失了在证券市场进一步筹集资金的能力，要充分利用上市公司的这个“壳”资源，就必须对其进行资产重组，借壳上市和买壳上市就是目前充分地利用上市资源的两种资产重组形式。

一、借壳上市

借壳上市一般是指上市公司的母公司（集团公司）通过将主要资产注入上市的子公司中，来实现母公司的上市。母公司可以通过加强对子公司的经营管理，改善经营业绩，推动子公司的业绩与股价上升，使子公司获取配股权或发行新股募集资金的资格，然后通过配股或发行新股募集资金，扩大经营，最终实现母公司的长期发展目标和企业资源的优化配置。

借壳上市的典型案例之一是强生集团借子壳。近年来，强生集团充分利用控股的上市子公司——浦东强生的壳资源，通过三次配股集资，先后将集团下属的第二和第五分公司注入浦东强生之中，从而达到集团公司借壳上市的目的。

二、买壳上市

买壳上市是指非上市公司作为收购方通过协议方式或二级市场收购方式，获得壳公司的控股权，然后对壳公司的人员、资产、债务实行重组，向壳公司注入自己的优质资产与业务，实现自身资产与业务的间接上市。

借壳上市和买壳上市都是一种对上市公司“壳”资源进行重新配置的活动，都是为了实现间接上市，它们的不同点在于买壳上市的企业首先需要获得对一家上市公司的控制权，而借壳上市的企业已经拥有了对上市公司的控制权，这是两者的本质区别。从具体操作的角度看，借壳是母公司的天然优势，也是无可选择的，只有借助现有的“壳”资源上市；而其他非上市公司必须买壳才可以上市。

5. 加快产业资本与金融资本的结合

产业资本是指在资本的循环运动中，依次采取货币资本、生产资本和商品资本形式，并在每一种形式中完成着相应职能的资本。金融资本是指工业垄断资本和银行垄断资本在一起而形成的垄断资本。使金融资本为产业资本服务是企业发展的必然趋势。企业在走过产品运作、资本运作两个阶段后，必然向产融结合的第三阶段跨越。当企业集团发展到一定规模时，往往需要庞大的金融资本作为后盾来支持产业资本的发展，企业集团可设计多重方案来实现产业资本与金融资本的融合，以增强企业集团的竞争力。例如，企业集团可以吸纳金融机构入股，或将现有的债权转为股权以实现产融结合；或者对金融机构进行参股，以便在筹集资金时获得金融机构的优先支持；有实力的企业集团还可以通过对金融机构控股，使之纳入集团范围等。

（二）企业集团筹资方式

按照资金来源的不同，企业集团筹集资金的方式可以分为外部筹资和内部筹资两种。但无论是哪种方式，企业集团筹资管理的重点都是资本结构的调整和优化。

1. 外部筹资

外部筹资是指企业集团从集团外部融通资金。其具体方式有许多种，如发行股票、银行借款、发行债券、商业信用、融资租赁、国内联营等。其中，发行股票和国内联营体现的是所有权关系；银行借款、发行债券、商业信用体现的是债权债务关系；融资租赁实际上是一种借贷行为。不同筹资方式的筹资风险和筹资成本各不相同，企业集团在选择筹资方式时应权衡利弊，根据自身情况有选择地加以利用。

2. 内部筹资

内部筹资是指企业集团从集团内部获取资金。首先，企业集团内部成员企业通过生产经营活动所获得的利润可以留存，作为企业集团的内部资金来源；其次，企业集团中的成员企业之间可以通过相互借贷融通资金。通常，企业集团内部的成员企业由于所处行业、地域等

因素的影响，均存在发展不平衡现象，这位成员企业之间相互融资提供了可能性。最后，企业员工以劳动者和所有者的双重身份参与企业生产和经营管理，在获得企业股票的同时为企业注入资金，增强企业的凝聚力，是一种新型的内部筹资方式。

此外，企业集团应充分利用金融资本。例如，建立融洽的银企关系；寻求银行长期、稳定的信贷支持，或寻求金融机构直接投资入股；企业集团直接建立作为非银行金融机构的财务公司，让其为企业集团的发展提供综合性的金融支持。

二、以银行贷款为主的债务筹资分析

在实践中，企业集团通过负债方式筹资时，首先应确定贷款主体，即确定由母公司申请贷款还是由子公司申请贷款，若存在多个子公司，则应确定由哪个子公司申请贷款。虽然这些贷款都是对该企业集团的贷款，贷款主体不同对企业集团整体的负债水平不会产生影响，但是不同贷款主体的选择所导致的债务承担责任是不同的。下面分两种情况来讨论。

（一）理想模型

假设有一家母公司为纯粹控股公司，即除了控股一家子公司以外没有其他经济业务。该子公司还有一个债权人。如果这个简化了的企业集团要向银行贷款，那么由母公司贷款和由子公司贷款对整个集团的影响有什么不同？（假设筹资为无担保型，为生产经营所需，并不打算改变投资结构。）

假如由子公司贷款，那么银行作为债权人的地位与子公司原有的债权人的地位是相同的。在这种情况下，如果子公司破产，则银行和另一个债权人的清偿顺序是相同的，按债权比例获得清偿。

假如由母公司贷款，如果子公司经营不善而破产，那么母公司也将进行清算。母公司作为所有者，其清偿顺序在子公司的债权人之后。因此，母公司的债权人其实从属于子公司的债权人，由母公司向银行贷款的风险更大，银行对其要求的利息率也会更高。

（二）一般模型

将上述理想模式的假设条件放宽，则可得以下几种情况：

1）母公司有两家或两家以上子公司。假设 A 是母公司，控股 B 公司和 C 公司，其中 B 公司经营状况良好，资金充裕；C 公司经营状况较差，有筹资需求。在这种情况下，应由信用等级较好的 A 公司和 B 公司向银行贷款或发行债券，然后通过其他方式（如投资、应收款项等）向经营较差的子公司提供资金。

2）母公司自身也有经济业务。大部分企业集团并不是纯粹控股型，而是以由处于生产和经营主导地位的集团母公司为核心。在这种情况下，母公司申请贷款或发行债券更容易被银行接受。当然，也可以由实力雄厚的子公司申请贷款或发行债券。

3）向银行申请的贷款或发行的债券有担保（指保证、抵押、质押等）。此时，通常由母公司为子公司担保，或由实力雄厚的子公司为另一家子公司担保。

企业集团向银行贷款或发行债券的筹资，大致可分为“统贷统还”方式和“分贷分还”方式。

“统贷统还”即由集团公司统一向银行贷款，以一定方式投入成员企业使用，最后统一归还贷款本息。这种方式属于传统的贷款方式，不仅易造成子公司拖欠贷款，使母公司由于存在或有负债而增大财务风险，而且集团内部公司相互提供担保的现象又难以评估，从而影响银行贷款的安全性。

“分贷分还”即由成员企业根据国家规定直接向银行贷款，并各自向银行归还贷款本息。这种方式可以克服“统贷统还”的弊端，也可恢复子公司作为独立法人的完全权利和义务。

企业集团在选择筹资形式时，应考虑集团内部结构、筹资组织机构、内部财务体制等因素。一般而言，设有财务公司的企业集团，宜采用“统贷统还”的筹资形式；在半紧密层和松散层的企业集团，宜采用“分贷分还”的筹资形式。

企业集团在向银行贷款进行筹资过程中，应注意以下几点：① 采取“分贷分还”筹资形式时，子公司向银行申请的重大贷款项目，应经过母公司的批准；② 母公司对子公司的贷款担保应有选择性，对于质量高、为整个集团服务有利的项目可担保，子公司之间相互提供担保应报母公司批准；③ 企业集团应及时分析集团内部成员企业及集团整体的负债水平，主动调节资本结构，使其保持在合理状态。

三、权益筹资——分拆上市

（一）分拆上市的概念

分拆上市是指一家母公司以所控制权益的一部分注册成立一个独立的子公司，再将该子公司在本地或境外资本市场上市。分拆上市既是一种资产重组行为，又是一种筹资行为。母公司与分拆的子公司之间存在股权控制关系。子公司分拆上市后，母公司按照持股比例享有分拆子公司的净利润分成，即可获取股权投资收益。

广义的分拆上市包括已上市公司或尚未上市的企业集团将部分业务从母公司独立出来单独上市；狭义的分拆上市指已上市公司将其部分业务或者某个子公司独立出来，另行招股上市。本章主要讨论狭义的分拆上市。

分拆上市不同于资产剥离，也不同于公司分立。资产剥离是指母公司把一部分资产出售给其他企业，并丧失对这部分资产的所有权和控制权。资产剥离后，母公司与接收被剥离资产的企业之间没有股权联系。公司分立是指一家母公司通过将其在子公司中所拥有的股权按比例分配给现有母公司的股东，从而从法律上和组织上将子公司的经营从母公司的经营中分离出去。公司分立时，不向原股东之外的投资者出售股票，故不存在股权变动和筹集资本问题。

（二）分拆上市的要求条件

1）上市公司公开募集资金未投向发行人业务；

2）上市公司最近 3 年盈利，业务经营正常；

3）上市公司与发行人不存在同业竞争且出具未来不竞争承诺，上市公司及发行人的股东或实际控制人与发行人之间不存在严重关联交易；

4）发行人净利润占上市公司净利润不超过 50%；

5）发行人净资产占上市公司净资产不超过 30%；

6）上市公司及下属企业董事、监事、高管及亲属持有发行人发行前股份不超过 10%。

（三）分拆上市对企业集团筹资的影响

从母公司的角度看，通过分拆出让股权，可以获得大量 IPO（Initial Public Offerings，首次公开募股）现金。改善母公司的资产流动性是分拆上市的一个重要动因。此外，将子公司分拆上市，还会明显地提升母公司的短期业绩。从分拆子公司的角度看，分拆上市可为子公司打开从资本市场直接筹资的渠道，从而更好地满足其项目投资需求。

（四）分拆上市时应注意的问题

只有当一家上市公司的市值达到一定规模，业务基础扎实，且具有一流的管理水平时，分拆上市才是一种明智的选择。否则，将适得其反。企业集团在分拆上市时，应注意以下几点：

1．不可视分拆上市为“圈钱”工具

虽然上市公司可以通过分拆上市达到以少量资产控制大量资产的目的，但这一方式对债务同样具有放大效应。如果分拆出去的子公司负债较高，则母公司的实际债务可能被放大很多倍。企业集团如果只希望通过分拆上市一味地“圈钱”，而不注重负债的控制和分拆上市后的经营发展，最终可能作茧自缚。韩国不少企业集团正是由于背上了其分拆上市子公司的沉重债务，才陷入债务危机中而举步维艰。

事实上，分拆上市仅仅是一种资产经营的手段，只是走向市场规范化经营的开始。企业唯有切实搞好经营，致力提高经营业绩，才能被市场所接受，再融资渠道才会畅通。

2．分拆上市的市盈率不可低于母公司

市盈率即某种股票每股市价与每股盈利的比率。分拆上市的一个重要前提就是确保在可预见的一段时期内，分拆业务的市盈率高于母公司。否则，分拆上市不仅无法获得收益，反而会成为亏本买卖。

3．不可动摇母公司的独立上市地位

对母公司而言，分拆上市势必会影响到母公司的业绩。对原本业绩一般的公司来说，分拆优质资产后对母公司业绩的影响会更大。对此，在制定分拆方案时，母公司要有充分的估计，不可动摇自身的独立上市地位。

虽然分拆可望带来超额投资收益，但由于各地证券市场对发起人出售股份通常有严格的

规定，所以在分拆上市后的一定时期内只能是账面收益，并需随市价的调整而调整。因此，国际市场一般都对上市公司分拆前母公司的盈利有严格的规定。

4. 不可忽视母公司与子公司现金流量的平衡

从分拆上市的实践来看，“母贫子贵”或“母贵子贫”等母公司与子公司现金流量不平衡的情况十分普遍。一部分公司视分拆为“圈钱”工具，使分拆子公司都不到正常发展。而另一部分公司分拆处于发展期的业务单位后，母公司为避免控制权易手而被迫不断投入大量现金和资产，结果导致“母贫子贵”。许多中资企业在海外分拆上市的实践中都或多或少受到这些问题的困扰，个别企业甚至陷入现金流量不平衡的泥潭中无法自拔。因此，上市公司分拆资产上市时，应注意确保母公司与子公司现金流量的平衡。

5. 不可忽视股权稀释带来的外来威胁

分拆上市几乎会不可避免地造成一定程度的股权稀释，这些本来可由母公司完全控制的业务单位在分拆成为公众公司之后，将导致控制权的分散，从而使其被收购的可能性大为增加。如果企业分拆这些业务单位不是基于退出投资的考虑，而是视其为企业未来赖以发展的基石，就应当为避免收购早做预案。

6. 不可沿用旧的管理模式和经营机制

分拆上市使公司的股权结构和组织结构更为复杂，再加上新的合作伙伴的加入，往往会对企业的管理效率、管理水平和经营机制提出更高的要求。尤其是当国内上市公司分拆业务到海外上市时，往往还存在与国际规范接轨的问题。如果企业不及时做出调整，切实进行管理创新和经营机制转换，最终可能由于管理模式和经营机制失效而导致分拆失败。

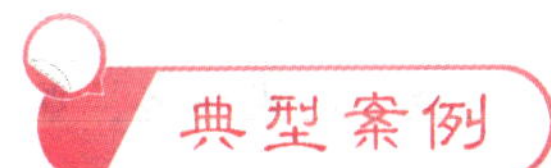

典型案例

同仁堂 A 股分拆上市

一、当事公司概况

北京同仁堂是中药行业闻名遐迩的老字号，创建于清康熙八年（公元 1669 年），创始人乐显扬。清雍正元年（公元 1723 年）同仁堂开始供奉御药房用药，享受皇封特权，历经八代皇帝，长达 188 年。

300 多年来，同仁堂把“炮制虽繁必不敢省人工，品味虽贵必不敢减物力”作为永久的训规，始终坚持传统的制药特色，其产品以质量优良、疗效显著而闻名海内外。同仁堂目前生产中成药 24 个剂型，800 多个品种经营中药材、饮片 3 000 余种；47 种产品荣获国家级、部级和市级优质产品称号。

（一）中国北京同仁堂（集团）有限责任公司

北京同仁堂（集团）有限责任公司（以下简称“同仁堂集团公司”）经北京市政府批准成立于 1992 年 8 月 17 日，由原来的国有大型企业同仁堂制药厂改制设立，是一家国有

独资公司，其注册资本为18 900万元。其经营范围包括授权内的国有资产经营管理；投资及投资管理；加工、制造、销售中药材、中成药、饮片、营养保健品、药膳餐饮、化妆品、医药机械并提供有关的技术咨询、技术服务；药用动植物的饲养、种植；购销西药、医疗器械、卫生保健品、建筑材料、五金交电、化工、金属材料；货物储运；出租汽车业务；经营所属企业自产产品及相关技术的出口业务；经营生产所需原辅材料、机械设备及技术的进口业务；开展对外合资经营、合作生产、来料加工、来样加工及补偿贸易业务；经营经贸部批准的其他商品的进出口业务。

（二）北京同仁堂股份有限公司

北京同仁堂股份有限公司（以下简称"同仁堂股份公司"）是以中国北京同仁堂（集团）有限责任公司为独家发起人，以同仁堂集团公司中的北京同仁堂制药厂、北京同仁堂制药二厂、北京同仁堂药酒厂、北京同仁堂中药提炼厂、进出口分公司和外埠经营部共6个单位的生产经营性资产投入，以募集设立方式并经北京市政府京政函〔1997〕25号文批准设立的股份有限公司，1997年6月18日在北京市工商局注册登记，注册资金为20 000万元。

1997年5月经中国证监会证监发字〔1997〕270号文和证监发字〔1997〕271号文件批准，同仁堂股份公司于1997年5月29日采取上网定价发行的方式，向社会公开发行了每股面值为1元的人民币普通股5 000万股，其中公司职工股500万股。经上海证券交易所批准，上述社会公众股分别于1997年6月25日、1997年12月25日在上海证券交易所上市交易。截至2003年12月31日，股份公司总股本为33 179.993 3万股，其中，国有法人股23 218.332 5万股，社会公众股9 961.660 8万股。

同仁堂股份公司主要从事制造、加工中成药制剂、化妆品、技术咨询、技术服务、药用动植物的饲养、种植；经营中成药、西药制剂、生化药品等业务。

（三）北京同仁堂科技发展股份有限公司

北京同仁堂科技发展股份有限公司（以下简称"同仁堂科技"）是由北京同仁堂股份有限公司将其所属的同仁堂制药二厂、同仁堂中药提炼厂、进出口分公司和研发中心四部分进行投资，联合中国北京同仁堂（集团）有限责任公司和6位自然人共同发起设立的股份有限公司。2000年3月22日，同仁堂科技在北京市工商行政管理局登记注册，领取了企业法人营业执照。

同仁堂科技公司生产20个剂型，200多个品种的中成药，并有丰富的已开发新产品和在开发新产品的储备。主要销售产品的剂型为冲剂、水蜜丸剂、口服液剂、片剂及软胶囊剂，主要销售产品有感冒清热颗粒、板蓝根颗粒、六味地黄丸、牛黄解毒片、感冒软胶囊、人参生脉饮等。

二、背景分析

同仁堂分拆上市是中国资本市场寻找新的融资渠道的探索，不管是从国际国内市场，还是从同仁堂本身的发展来看，都是有很深的原因的。近年来，海外上市是许多企业的梦想和追逐的目标。而对于有331年历史的中药第一品牌同仁堂来说，更有其独特的优势和意义。

在海外许多地区，同仁堂就是中药，中药就是同仁堂。只以这“同仁堂”三个字，同仁堂在海外就拥有了多家大型药店的股份。然而，传统的中药急需走现代化、国际化道路。当时，我国中药的国际市场占有率不足5%，被日本、韩国的“汉方药”挤得难以立足。要改变这种被动处境，利用海外的资本和科技优势，以现代化中药进军国际医药主流市场是一条被广泛认同的道路，而从历史上来看香港就是中药海外流通的集散地。

1999年，同仁堂举起海外上市的大旗，并将之视为海外战略中最关键的一步。国际中药市场每年有200亿美元的需求量，如果一个企业能在这个市场中占10%的份额，那就是相当于160多亿元人民币的销售额。而国际中药市场的现状是，日本和韩国改良后的“汉方药”占了85%以上的市场份额，而发源地的中国在这个市场上只占了很小的份额，而且多为低附加值的原料药。根据同仁堂股份2000年3月20日公布的2000年年报，其全年主营收入是10.24亿元人民币，如果真能达到160多亿元的收入，同仁堂的业绩将会增长16倍。不论是从企业自身发展还是迫于出口创汇的压力，同仁堂进军海外市场是企业的重要目标。

三、上市方案

同仁堂股份公司资产分拆并在香港创业板成功上市，在这整个资本运作的过程中，中介机构起着非常重要的作用。在确定分拆方案的问题上，各方中介机构以其各自的专业知识为同仁堂充当智囊团，对同仁堂最终选定方案和分拆上市成功起着决定性的作用。当时提出了以下三种海外上市方案：

1）法国里昂证券提出的同仁堂在A股基础上增发H股。

2）中银国际提出的在同仁堂A股公司之上构筑一家控股公司去香港上市。

3）中证万融公司提出的同仁堂A股公司分拆部分高科技资产和业务设立同仁堂科技发展股份有限公司上香港创业板。

第一个被否决的是里昂证券提出的“由A股公司在香港直接增发H股”的方案，但是讨论的结果是，大家一致认为：这样管理结构和协调成本都不变，可是由于操作起来简单，集团的管理层几乎接纳了他们的建议，但在实际操作中可能会有很多问题。因为根据当时香港的市场情况，H股发行价预计为每股2～3港元，而同一种股票在沪市已经涨到了20多块。政府管理部门就不一定能够同意，同样一种股票到香港卖这么低的价格，算不算国有资产流失？A股股东也会反对，为什么股权会稀释得如此厉害？

随后，是主承销商中银国际提出的“控股公司方案”，即同仁堂集团公司成立一个全资的同仁堂控股公司，控股公司代表集团公司持有A股公司75%的股份，然后安排控股公司到香港上市。支持者称，由于上市的不是实际的资产而是权益，这相当于将原来不能流通的部分国有资产成功套现。而这一方案的融资额也大于其他方案，当时预计可融资3亿～4.5亿港元。更重要的是，用于融资的是集团公司自己所持有的A股公司权益，港沪两地股东没有直接的利益冲突。但是该方案的弊端在于可能会使管理结构更复杂，会使管理层次更多；而且当控股权被稀释到小于50%时，就有可能被国外公司收购，最后“同仁堂”这块价值连城的招牌会流落海外，更何况还有双重纳税的问题。此方案也最终被否决。

最后，经过各方中介机构的深入讨论，在进行了利弊权衡之后，确定了第三种方案为

最终海外上市方案，即同仁堂 A 股公司分拆部分高科技资产和业务设立同仁堂科技发展股份有限公司在香港创业板上市。分拆上市一旦成功，公司就能够获得一笔巨大的投资收益；其次，是开辟了一个新的融资窗口；再者，公司还可以通过发起人股、认股权等方式，为 A 股公司有关高管人员、核心技术人员建立一套有效的激励机制。

于是，同仁堂科技应运而生。

1）确定同仁堂科技股权结构。同仁堂科技的股权结构：A 股公司中的制药二厂、提炼厂、科研中心和进出口分公司并入在香港上市的同仁堂科技，中国北京同仁堂集团公司以现金出资 2 910 266 元，折股 290 万股，占总股本的 2.636%。

2）引进高管持股方案。根据国际惯例，同仁堂科技在股权设置上安排了高层管理人员持股，董事长殷顺海，副董事长田大方、王兆奇，总经理梅群分别出资 50 余万元持股 50 万股。

3）确定海外合作者。2000 年 10 月 7 日，在经过了两年多的艰苦谈判后，即将在香港创业板上市的同仁堂科技，与李嘉诚旗下的和记黄埔全资附属的和记中药投资有限公司及京泰实业（集团）在香港成立同仁堂和记（香港）药业发展有限公司。这是中药行业目前在海外的最大合作项目。

2000 年 10 月 11 日，香港最大的上市公司和记黄埔斥资约 5 000 万元，认购即将上市的同仁堂科技总发行股本的近 10%的股份，成为最大的战略投资者。此举对股票发行后上市表现产生了重大影响。

经过了以上重大举措，同仁堂股份公司为其分拆的子公司同仁堂科技在香港创业板上市，以及其后企业发展并进军国际市场做了充分的准备。

四、分拆上市

2000 年 10 月 31 日，同仁堂科技在香港联交所创业板挂牌交易，发行价 3.28 港元，首日开盘价 4.00 港元，下午以 4.30 港元报收，全日最高价 5.20 港元，最低价 4.00 港元，当天成交量 2 771.5 万股，成交金额 12 455.2 万港元。同仁堂科技此次在港发行 H 股 7 280 万股（不含超额认购部分），股票面值 1.00 元人民币，每股发行价 3.28 港元，集资 23 878 万元港币（不含超额认购部分），获 20 多倍超额认购。交易首日以 4.30 港元报收，比其招股价高出近三成，升幅高达 31%。这是一次非常成功的上市。

同仁堂科技设立时发起人认购的同仁堂科技的全部股份为 11 000 万股，公开发行（H 股）前同仁堂 A 股持有同仁堂科技 90.9%的股份，公开发行后同仁堂 A 股持有同仁堂科技 54.7%的股份。

本案例为国内上市公司将其资产分拆并在境外上市的首案（再融资案），形成了被日后业内人士所津津乐道的“同仁堂模式”。

该模式的意义在于同仁堂科技的非现金资产与业务是从同仁堂股份公司分离出来的。发行新股前，同仁堂股份公司持有同仁堂科技 90.9%的股份；发行新股后该比例仍达到 54.7%。无论上市前后，同仁堂股份公司都拥有绝对的控股权。因此，同仁堂股份公司虽然将部分资产分拆出去，但并没有将同仁堂的未来收益分拆出去。同仁堂股份公司可享有同仁堂科技的绝大部分收益，并使其服务于同仁堂的全球战略。

五、分拆上市后的情况

分拆上市后，同仁堂股份公司和同仁堂科技都得到了很好的发展。根据同仁堂股份公司 2000 年年报，可知以下主要会计数据（见表 7-1）。

表 7-1　同仁堂 2000 年与 1999 年主要会计数据对比

单位：元

指　　标	2000 年	1999 年	变动情况（%）
总资产	1 675 707 367.50	1 193 041 261.90	+40.46
长期负债	0	9 826 973.96	—
股东权益	953 581 981.79	758 760 675.99	+25.68
主营业务利润	464 078 596.26	369 786 781.12	+25.50
净利润	146 648 474.92	139 279 514.37	+5.29

注：长期负债减少系由于住房周转金转入资本公积金所致。总资产、股东权益增加系由于本年度净利润增加及所属子公司同仁堂科技在香港创业板发行股票所致。主营业务利润、净利润增长系由于本公司 2000 年度主营业务收入比 1999 年度增长所致。

根据同仁堂股份公司 2001 年中期报告，2001 年 1～6 月同仁堂股份公司实现利润居北京市工业企业第 17 位，公司主要控股子公司——北京同仁堂科技发展股份有限公司居北京市工业企业第 33 位（载于 2001 年 7 月 23 日《北京经济报》）。

根据同仁堂股份公司 2002 年中期报告可以了解到，同仁堂科技 2001 年度股东大会审议通过了 2001 年度利润分配方案。该公司以 2001 年末总股本 182 800 000 股为基数，向全体股东按每 10 股派发现金红利人民币 3 元（含税）共计分配股利为 54 840 000.00 元，应分给同仁堂股份公司现金股利 30 000 000.00 元（已收到）。

另外，分拆上市前后，同仁堂股份公司股票的二级市场价格也发生了一定幅度的变动（见图 7-5）。图中的数据取自 2000 年 9 月 20 日至 2000 年 11 月 20 日每个交易日同仁堂股份公司股票的收盘价。其中，10 月 30 日，也就是同仁堂科技上市的前一天，同仁堂股份公司的股价达到了这个区间中的最大值 24.06 元。

六、同仁堂分拆上市的风险规避

分析上述内容可知，同仁堂分拆上市的过程中，通过以下方式来规避风险：

1）加大持股比例，保证控制权。在同仁堂科技上市后，同仁堂股份公司仍占有总股份 54.7%的股份，就是为了避免日后股权被稀释而丧失控制权。

2）引入合作伙伴，分担企业风险。同仁堂股份公司与其他发起人共同发起设立同仁堂科技，其中和记黄埔斥资 5 000 万元持股 10%，解决了融资需求问题，从而规避能力风险。

3）转换管理模式和经营机制。首先，安排高层管理人员持股，董事长、副董事长等高层管理人员分别出资 50 余万元持股 50 万股，充分体现他们对公司未来的信心。其次，在企业管理上，科研、生产、销售自成体系，有效地避免同仁堂科技与 A 股公司的同业竞争，尽量减少关联交易，同时也可以使同仁堂科技的收益具有稳定性和独立性。

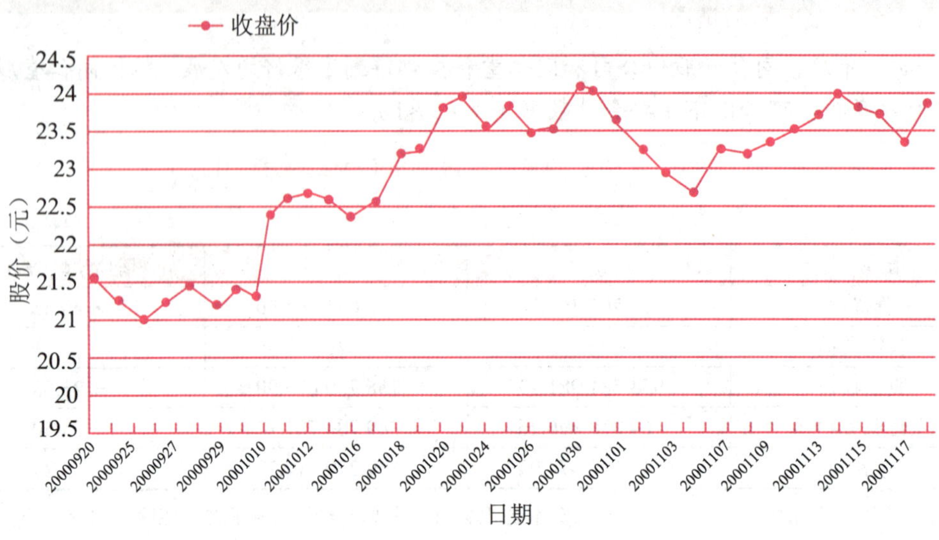

图 7-5　同仁堂股份公司分拆上市前后的股价变动图

企业集团在筹资过程中，若存在负债结构不合理，或财务监管不得力，或总资产投资报酬率普遍偏低且经营收效不明显，或者思想观念转变不够，对银行依赖性过强等现象，则可能产生筹资风险。为了避免这些风险，企业集团常财务以下策略：① 突破银行贷款单一筹资方式，选择多元、合理的筹资方式，以达到降低筹资风险的目的。② 优化企业集团资本结构，充分利用财务杠杆效应。③ 密切关注所筹集资金的投资方向及效果，努力提高资金的获利能力。④ 合理地进行筹资期限组合。⑤ 建立、健全企业集团财务控制制度。

第四节　企业集团投资管理

一、企业集团投资管理的特点

（一）以战略性投资带动企业集团的发展

企业集团的投资可以分为集团内的生产性投资和集团发展的战略性投资两种，前者是单体企业或中小型企业投资考虑的重点，后者在企业集团投资决策中占有十分重要的地位。企业集团投资的方向为开辟新的经营领域或扩大现有的生产能力。在开辟新的经营领

域时，由于企业集团资金、技术的实力比单体企业的更雄厚，因而可以考虑的投资范围更加广阔。在战略性投资中，企业集团核心企业对内投资，即向其他成员企业投资，是增强企业集团凝聚力的有力手段；核心企业对外投资，即进行企业兼并和收购，是企业集团发展、扩展的重要手段。可以这么说，企业集团尤其是大型企业集团主要是通过联合与兼并形成的，很少是自我发展积累形成的，所以投资在集团中的战略地位更体现在对集团成长的作用上。

（二）从企业集团母子公司角度分别评价投资项目

在大型企业集团尤其是跨国企业集团中，投资决策首先面临的一个问题是评价主体问题。是以企业集团内部成员子公司或投资项目本身为主体进行评价，还是以企业集团母公司为主体进行评价，在许多情况下具有本质的区别，评价的主体不同，评价的结果也就可能完全不同。这是因为：① 进行投资的子公司与集团母公司考虑的范围不一样，母公司要从企业集团全局出发对投资项目进行评价；② 由于母子公司间存在许可证费、专利权使用费等，对母公司来说是收益，但对投资项目的子公司来说是费用；③ 母子公司所在地的税率可能不一样；④ 如果是跨国投资，则要考虑外汇价值也在不断变化、各国的通货膨胀率不完全一样、投资项目所在国的政府往往都会对税后利润汇回母公司进行限制、各国税率也会存在差异等。

关于如何确定投资项目的评价主体，理论界和实务界存在不同观点。从理论上来看，主要有以下三种观点：

1）以母公司作为投资主体进行评价。这种观点认为，对投资的报酬和风险的考虑，归根到底是为了母公司股东的利益。这符合财富最大化的财务管理目标，因为企业的现金流量最终是为了支付股利以及为实现企业集团目标的其他用途提供基础。

2）以子公司或者投资项目本身作为投资主体进行评价。这种观点认为，母公司的投资者越来越分散化，投资目标应该比以前更多地反映这一点。许多国际性的企业集团都制定了长期而非短期的投资目标，子公司创造的利润趋向用于本地投资，而不是汇回母公司。基于这种考虑，从子公司或投资项目本身的角度来进行评价也是适当的。强调当地项目的报酬也符合使整个集团合并的收益最大的目标。

3）以子公司和母公司分别作为投资主体进行评价。这种观点认为，企业集团财务管理的目标是多元的、复杂的，这取决于构成企业和企业环境的投资集团和非投资集团的不同意愿。在母公司所在地以外的地区或国家投资的情况下，当地政府是其中的集团之一。为了保证企业集团的整体利益和子公司的利益，应从两方面分别进行评价：一是以子公司为评价主体；二是以母公司为评价主体。

（三）结合具体情况选择投资评价标准

由于企业集团是多元法人结构，并且具有多层次的组织结构，具有法人资格的集团成员在集团中的地位和作用各不相同，所以集团内部利益的矛盾比单体企业内部利益的矛盾要复杂得多。这些矛盾反映到集团的投资上，使得无论是成员企业自身采用的投资评价标准，还是企业集团用于评价子公司投资业绩的标准，都不可能完全统一。在某些领域，为了保证企业集团的总体利益。集团总部要确定统一的投资评价标准；在另一些领域，集团总部可根据事业部和分公司所处的行业性质等来决定不同的投资评价标准。

一个突出的例子是，当使用一个固定的投资报酬率作为企业集团子公司的投资报酬率标准时，如果某个投资项目的投资报酬率高于这个子公司的内设的投资报酬率而低于整个企业集团的投资报酬率时，或低于这个子公司的投资报酬率而高于整个企业集团的投资报酬率时，都容易导致该子公司只顾自身利益而忽视集团整体的利益。在前一种情况下，该子公司可能会投资该项目提高自身的投资报酬率，但却降低了整个集团的投资报酬率；反之，该子公司可能放弃这个可以使集团整体投资报酬率提高的项目。在这种情况下，只有引入其他投资指标（如剩余收益等）进行评价，才能保证企业集团整体的利益。

（四）从集团全局的角度为投资项目进行功能定位

与单体企业相比，企业集团为投资的配套条件和实施的可能性拓宽了空间。同一个项目，在企业集团这个群体中可能会有不同的功能定位。在不同的功能要求下，同一项目建设的内容和要求是不一样的，如投资建造一个工厂，其产品是对外销售还是对集团内部销售，对投资方式、选址、设备选择等方面的影响都会有很大差异。子公司投资时确立的功能定位，可能与母公司的规划不一致，这是集团成员企业在投资时比单体企业更需深入考虑的问题。当发生矛盾时，必须从集团全局的角度出发为投资项目进行功能定位。

二、企业集团外部投资管理

企业集团的外部投资包括对外债权投资和股权投资。

（一）对外债权投资

企业集团对外债权投资管理与一般企业的债权投资管理相同。由于企业集团往往拥有较多的资金，日常的资金流量比较大，需要的后备资金较多，可调拨使用的闲置资金总额也比较大。为了使闲置的资金充分发挥效用，同时又不影响资金的流动性，企业集团可以投资于国库券、开放式投资基金等风险小、流动性强的证券。

（二）对外股权投资

由于企业集团是一个企业群体，其投资目的和投资项目与一般企业存在较大的差别。企业集团对外股权投资，首先应考虑企业投资的战略性目标，以及企业集团的布局与发展需要。对外股权投资的战略性目标要求，往往决定了企业集团在对外投资时，首先考虑的是整个企业集团的战略目标而不单纯是所投出资本的增值问题。而在确定投资项目和判断项目是否有必要进行时，主要应考虑投资项目对改善企业集团布局和未来发展需要的影响。

企业集团对外投资的领域选择往往有两种：一是通过新的投资，强化主营业务领域；二是拓展新的业务领域。企业集团为了分散经营风险或者逐步渗透到其他新兴行业，需要将资

本投入新的业务领域，以培育企业新的利润增长点。

三、企业集团内部投资管理

企业集团内部投资管理包括两个方面：一是企业集团内部成员企业单独的项目投资管理；二是集团内部企业相互之间的投资管理。前者与一般企业的内部项目投资管理基本相同，后者实际上是经济资源在企业集团内部的重新调配。

企业集团内部企业相互投资时应遵循以下原则：

1）独立自主原则。企业集团内的企业都具有法人资格，具有独立的法人地位。除母公司所控制的部分全资子公司外，还可能有企业集团以外的所有者。所以，企业集团内部企业相互之间的投资应按照独立企业之间相互投资、合资的一般原则进行。

2）统一协调原则。企业集团内部各企业主要是以资本为纽带联结而成的一个整体，其相互之间的投资往往体现了企业集团的发展需要及居于控股地位的母公司的战略意图。因此，企业集团内部各企业需要在母公司的协调下，以企业集团的发展战略为出发点进行相互投资，应极力避免仅考虑自身利益而置集团利益于不顾的情况发生。

四、企业集团投资多元化

（一）投资多元化概述

1. 投资多元化的概念

投资多元化也称多元化经营，是指一个企业在两个或更多的行业从事经营活动，同时向不同的行业市场提供产品和服务，以达到增加经营范围和收益的目的。投资多元化是相对于专业化发展而言的，是企业在专业化发展到一定高度之后，为了继续发展而进行的选择。

2. 多元化经营战略的类型

企业多元化经营战略的分类方法有很多，主流分类方法如下：

（1）同心多角化战略

也称集中多角化战略，是指增加与企业现有产品或服务相类似的新产品或服务。当考虑实施同心多角化战略时，新增加的产品服务必须位于企业现有的专门技能和技术经验、产品系列、分销渠道或顾客基础之内。当一个企业所处的行业正处于上升阶段时，同心多角化有利于强化其自身的知识和经验领域。

杜邦公司、强生公司和时代公司就是成功实行集中多角化的企业。

杜邦公司的经营范围：炸药、燃料、抛光机具、色素、重化工产品、四乙铅、塑料、杀虫剂、其他农业化学产品、制冷剂、轻武器、摄影胶片、特种合成橡胶、磁带、合成弹性丝、照相器材、防冻剂及各种新型塑料等。

强生公司的经营范围：绷带、急救带、外科手术器械、婴儿看护用品、卫生纸、牙刷和发梳、非处方药品、黏合剂、纺织品、模制塑料医疗设备、处方药品、外科仪器及弹性纤维等。

时代公司的经营范围：杂志出版、书籍出版、印刷供应品和设备、纸浆、纸张、无线电和电视广播、课本、教育材料及其供应品、商业信息服务等。

（2）纵向一体化战略

也称垂直多元化经营战略，又分为前向一体化经营战略和后向一体化经营战略。前向一体化是指企业的业务向消费其产品或服务的行业扩展，即原料工业向加工工业发展，制造工业向流通领域发展，如钢铁厂设金属家具厂和钢窗厂等。后向一体化是指企业向为其产品提供原料产品的行业扩展，即加工工业向原料工业或零部件、元器件工业扩展，如钢铁厂投资于铁矿采掘业等。纵向一体化战略的特点是原产品与新产品的基本用途不同，当两者之间有密切的产品加工阶段关联性或生产与流通关联性。一般而言，后向一体化多角经营可保证原材料、零配件供应，风险较小；前向一体化多角经营往往会在新的市场遇到激烈竞争，但原料或商品货源有保障。

（3）复合多元化战略

也称混合式多元化经营战略，是指企业向与原产品、技术、市场无关的经营范围扩展。例如，以广州白云山制药厂为核心发展起来的白云山集团公司，在生产原药品的同时，实行多重类型组合的多元化经营。该公司下设医药供销公司和化学原料分厂，实行前向、后向多元化经营；下设中药分厂，实行水平多元化经营；下设兽药厂，实行同心多元化经营；还设有企业修配服务中心、建筑装修工程公司、文化体育发展公司、彩印厂、酒家等，实行整体跨行业多角经营。

知识拓展

多元化经营战略的另一种分类

除正文中的分类之外，西方学者鲁梅尔特采用专业比率、关联比率、垂直统一比率这三个量的标准和集约—扩散这一质的标准，将多元化经营战略分为专业型、垂直型、本业中心型、相关型、非相关型五类。

1）专业型多元化战略。即企业专业化比率很高的多元化战略。在这种战略指导下，企业把已有的产品或事业领域扩大化，如超级商场分化而来的自我服务的廉价商店、小型零售店、百货店等。

2）垂直型多元化战略。即企业或向产业链上游发展，或向产业链下游渗透。例如，一个轧钢厂生产各种钢材，采取垂直型多元化战略，进一步向上游发展，投资发展炼钢、炼铁，甚至采矿业。

3）本业中心型战略。即企业专业化比率较低的多元化战略。在这种战略指导下，企

业开拓与原有业务有密切联系的新业务，且仍以原有业务为中心。

4）相关型战略。即企业专业化比率低，而相关比率较大的多角战略。一般来讲，多元化战略的核心是经营资源。实行相关型多元化战略就是利用共同的经营资源，开拓与原有业务密切相关的业务。例如，宝洁公司的系列产品包括碧浪洗衣粉、飘柔洗发水、佳洁士牙膏等，虽然这些不同的业务都有着不同的竞争者和不同的生产要求，但这些产品都通过同样的批发销售渠道，可在同样的零售点销售，采用同样的广告促销方式和营销技巧。

5）非相关型战略。即企业开拓的新业务与原有产品、市场、经营资源毫无关联，所需要的技术、经营资源、经营方法、销售渠道都必须重新获得。

（二）企业集团多元化经营的影响因素

1. 外部环境的主要影响

1）市场需求饱和。市场需求饱和时，再投资生产或扩大产量，必然导致供给过剩，产品积压，价格下降。尤其是在现代信息社会和科技高度发达的情况下，任何社会需求的信息都会造成一批企业或生产线上马，达到供求平衡的时间差越来越短。另外，产品都有寿命周期，现代科技的飞速发展使得这一周期越来越短。当企业利润开始下降甚至亏本时，就不得不转向新的市场领域，形成多元之势。

2）成本提高或销售价格降低到难以承受的程度。在这种情况下，产品市场并未饱和，但竞争过于激烈，庞大的广告费用支出及愈演愈烈的降价促销风潮迫使企业开发新的产品，或者寻求新的竞争相对缓和的领域。

3）政府的反垄断措施。这些措施会遏制大企业在某一领域的大规模发展，使其不得不进行多元化经营。

4）社会需求的多样化。这是现代生活水准提高的标志，优秀的企业善于迎合这一趋势，主动开发相关的市场，引导需求的形成。

2. 内部条件的影响

1）企业潜在的剩余资源需要发挥。假如其他条件不变，则投资收益率、研究开发费用对销售额的比例，以及广告宣传费用对销售额的比率越高，企业越能积极从事多元化经营。

2）管理者力图分散企业的经营风险。

3）在某些情况下，企业业绩与原先的战略目标有较大的差距，这也是迫使企业进行多元化经营的原因之一。

4）企业集团在技术、资金、科研方面的联合作用和集团成员独立的法人地位，以及疏密有致的多层地组织结构，使得多元化经营易于实现。

（三）多元化经营的风险与障碍

随着企业、企业集团规模越来越大，多元化经营似乎是必然的趋势，但在国内外众多实施了错误多元化战略而倒闭的大企业、大企业集团的影响下，多元化的经营风险也逐渐引起了人们的关注。企业集团多元化经营的风险与障碍主要有以下两个方面。

1．资源配置过于分散

任何一个企业或企业集团的资源都是有限的，经营资源的剩余是发展多元化的条件。多元化发展必然导致将有限的资源分散于每一个发展的产业领域。进入陌生的产业领域恰恰需要超常的运作费用。资源的不足可能会使企业所发展的多元领域得不到足够的支持，甚至无法维持在某一产业领域的最低投资规模要求和最低维持竞争要求，结果在与相应的一元化经营的竞争对手较量中失去优势。从这种意义上来说，多元化经营不仅没能规避风险，反而加大了企业经营的风险。

2．产业选择误导

采用多元化战略的企业往往是受到某投资领域收益率比较高的诱惑而进入该领域的。实际上，选择投资领域更多的要考虑自身的实力与优势，看企业本身能否在这一领域形成自己的核心能力。

以上两种风险集中表现在盲目和过分多元化上。多元化经营的企业必须具备三个条件：资金、技术和管理，三者缺一不可。而失败的企业均是在这三个条件不具备或不完全具备的情况下走上了多元化扩张之路，将原来健康的产业拖垮。

企业集团多元化战略的误区

人们常混淆证券投资组合与投资多元化这两个概念。实际上，二者具有本质区别。

股票、债券等金融工具属于资本或资产价值的虚拟形态，相应地，它们在投资的复合或分割上也就完全脱离了价值实体自然属性的限制，从而使得证券投资的市场进入、组合、转换或退出均能在较低成本下得以迅速实现。

相反，企业集团的多元化战略的实践客体是具有实物体自然属性的产业或项目，无论是将其投入某一特定生产经营领域，进行组合产业投资、转移投资方向，还是实施投资退出等，企业集团都将面临巨大的成本风险及市场壁垒的重重阻碍。因此，如果将多元化战略混同于证券投资组合，则非但不能分散投资风险，反而会带来更多的困难。

这种混同在多元化战略实践中最突出的不良影响就是忽视对所投资产业或项目之间关联性的恰当考虑，进而产生很多负面影响，这些影响主要表现为以下几个方面：

1）降低市场进入能力。多元化战略结构的构建必然导致经营结构与市场结构的改变，使企业集团将资源优势分散于不同的部门或产业，并同时面临不同市场领域的进入壁垒。

2）增加投资与经营的成本和风险。进行产业或项目投资组合的成本很高，不仅包括巨大的开发成本、管理成本，而且包括机会成本等。同时，由于产业或项目自然属性的限制，以及产业与产业之间、项目与项目之间互斥、互补、独立关系的不同，产业或项目投资组合的难度很大，且组合的风险与效果存在相当大的不确定性。

3）削弱企业集团发展的自主性。股票、债券等金融工具的投资只需发出卖出指令便可以迅速从金融市场中退出，而产业或产品的投资欲退出商品市场却绝非易事。

3．技术性壁垒和人才性壁垒

企业实行多元化经营而进入新的领域时，现有企业持有的专利和专有技术可以保护其免受新进入者的威胁，即新进入者无法取得或掌握关键技术，这种壁垒多存在于高新技术、医药等产业。同时，企业的技术竞争和管理竞争最终都要落实到人才的竞争上。企业在进行多元化经营时，往往资金是现成的，技术和设备是可采购的，却一时找不全所需的人才。没有所投资领域的专业和管理方面人才的支撑，多元化就很可能受阻。

4．成本性壁垒和顾客忠诚度壁垒

企业实行多元化经营而进入新的领域时，领域内的原有企业在原材料、能源、零部件供应商等方面使新加入行者处于不利地位。原有企业在商标、服务、综合信誉上的前期投入必然产生相当程度的消费者偏好，因而具有超过新进入者的优势。据统计，美国顾客对电池、罐装蔬菜具有品牌忠诚度的用户在30%以下，而对牙膏、蛋黄酱和香烟的品牌忠诚度分别达到了61%、65%和71%。

要消除顾客的品牌忠诚度，新进入者必须实施三种战略：细分市场的差异化战略、密集广告的压迫型战略和低价促销的让利型战略。在财务上，第一种战略依赖很高的研发费用和市场调研费用，第二种战略依赖大额投入的广告费，第三种战略则是依赖售价开辟市场，具有很高的边际敏感性，这三种战略常常是混合使用的。可以预见的是，新进入者通常会面临初始阶段的亏损，并要延续一段时间。如果不能度过这段难关，新进入者“血本无归”的可能性极大。

5．抵制性壁垒和政策性壁垒

企业大规模进入某一产业，原有企业会做出强烈反应，它们往往利用在该领域经营的优势发起竞争，有时会至不惜代价地遏制新加入者。同时，国家法规禁止私人企业进入某些行业，或颁布各种产品标准、污染防治标准等提高进入的难度，地方保护主义政策损害市场统一的情况也时有发生。

（四）企业集团多元化战略的选择原则

企业集团的多元化战略并非一种无序产业或产品的随意杂合，而是体现为一种核心能力有效支持下的具有高度秩序性的投资延伸。总的来说，企业集团在选择多元化战略时应遵循以下原则：

1）以培养和发展核心能力为重点，明确具有优势的产业发展主线，坚持投资和经营多样性的一元统领。这种一元统领，对外作用于目标市场，牵涉整个集团的前途命运；对内指引资源、作业整合配置的方向与秩序，影响资源配置的有效性。如果没有以核心能力为统领的产业发展主线，集团内部成员企业资源与作业的整合重组便会失去依托、方向与秩序，从而无法取得聚合协同效应，甚至会使企业集团由此失去原先的优势。

2）以与核心能力的关联性是否恰当作为选择拓展产业或项目的判断标准。从企业集团整

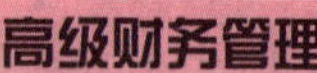

体及市场竞争角度来说，资源聚合优势并非等同于集团内部成员企业资源的简单相加，其形成不仅受制于资源要素的数量，更取决于资源要素的质量，集团内部各成员企业彼此之间在共同利益目标下聚合运行的协同性与有序性，以及目标市场定位的合理性。这就要求企业集团所进行的多样化投资在产业领域、业务特征、资源属性等方面与集团的核心能力保持必要的、恰当的联系。否则，就会使集团整体无法在核心能力的统领下形成优良的产业发展主线，从而导致信息与管理无法共享，且容易产生矛盾与摩擦，使得企业总部不得不将相当一部分管理资源耗费在各种矛盾的协调与处理上，并使得企业集团的核心能力丧失原有的优势地位，造成效率与效益低下，甚至走向分崩离析。

典型案例

巨人集团多元化战略的结局

一、巨人集团的多元化战略

珠海巨人高科技集团公司，于 1992 年 10 月成立，其前身是珠海巨人新技术公司。创业之初，公司总裁史玉柱竭力将公司开发的 M-6401 系列桌面排版印刷系统推向市场，取得了极大的成功。1992 年出售 M-6403 汉卡 2.8 万套，销售总值 1.6 亿元，实现利润 3 500 万元，年发展速度达 500%。1993 年 1 月，巨人集团加快扩张步伐，在全国成立了 8 家全资子公司，一年之内推出了中文手写电脑、中文笔记本电脑、巨人传真卡、巨人中文电子收款机、巨人钻石财务软件、巨人防病毒卡、巨人加密卡等产品，当年实现销售额 3.6 亿元，利润 4 600 万元，成为中国极具实力的计算机企业。正当此时，全国已开始兴起房地产和生物保健品热，巨人集团也追随潮流，适时提出第二次创业的口号，开始迈向多元化经营之路。

翌年，巨人集团在生物工程项目尚未巩固的情况下，毅然向房地产这一陌生的领域进军，并想在房地产业中大展宏图，将拟建的巨人科技大厦设计方案一变再变，楼层节节拔高，从最初的 18 层，一直涨到 70 层，投资也从 2 亿元上升到 12 亿元。巨人科技大厦于 1994 年 2 月破土动工，给资产规模仅 1 亿元的巨人集团埋下了覆灭的种子。当时，巨人集团为了筹措资金，除挪用生物工程和软件开发的流动资金外，还通过出售楼花在香港筹款 6 000 万元港币，在国内获得 4 000 万元。其中，在国内签订的楼花买卖协议规定，三年大楼一期工程（20 层）完工后履约，如未能如期完工，应退还定金并给予经济补偿。到了 1996 年底，一期工程未能如期完成，这 4 000 万元楼花就成了巨人集团财务危机的导火索，巨人集团终因财务状况不良而陷入破产的危机之中。

二、战略失败的原因简析

巨人集团的失败表面看来是由 4 000 万楼花买卖而引起，究其深层原因，则是多元化经营战略决策的失误。巨人集团在现有主业的基础上，未能有效运用内部管理型战略与外部交易型战略延伸企业生命周期曲线，巩固和发展核心能力，而贸然跨入一个自己完全生疏的行业，从而使企业的竞争优势无法得以持续存在。尽管这种外延式扩张的道路暂时掩盖了各种矛盾，但因缺乏培植企业新的核心竞争能力而为企业埋下了致命的隐患。

巨人集团的失败给我们这样的启示：企业应该根据其所拥有的核心能力和竞争优势做出是否采取多元化经营的策略。从这个角度说，企业必须首先有一个具有竞争力的核心产品，围绕核心产品、核心能力和竞争优势再考虑是否应该多元化经营。没有根植于核心能力的企业多元化经营，又不能在外部扩张战略中培植新的核心能力，最终结果可能把原来的竞争优势也丧失了。

第五节　企业集团分配管理

一、企业集团分配管理的重点

分配是企业集团财务管理中的一个重要问题，科学的分配制度能够合理调节各方面利益关系，保证企业集团的顺利发展。

由于企业集团组织结构的复杂性，企业集团财务分配管理的重点并不是单体企业范围内的企业对所有者、债权人乃至经营者与职工的具体分配，而是一种“反向”的分配，即母公司（或集团核心企业）站在集团成员企业外部，对各事业部和子公司的利益协调。

企业集团的形成引起了分配关系的相应变化，部分地否定了按生产资料分配经济收益的形式，出现了新的利润分配格局。这主要是由于集团内部不同的所有制成员企业之间实行了资金、人力资源、技术和经营管理的联合。于是，便产生了按资本、生产技术、经营管理等要素投入的状况参与利润分配的新格局，分配的这种变化反过来也会成为企业集团内部所有制结构和组织形式变化的催化剂。总之，企业集团的收益分配是对集团股东和成员企业的资本投资、专业协作的评价与报答，是企业集团资金和其他联结纽带的必然延伸。

在上述管理思想指导下，企业集团的分配内容是集团母公司对集团内部发生的合作和交易事项中，影响各成员最终利益的因素进行的控制和规划，如内部转移价格的确定、总部管理费用的分摊、子公司利润的“上缴”与母公司盈余的“发放”（其具体方式不同于总公司与分公司的直接上缴与发放）等。

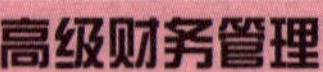

提　示

企业集团的收益分配，涉及比单体企业更多的利益主体和更复杂的利益关系，因此需要一套由全体集团成员遵照法律、规章和相关协议制定并共同实施的科学系统、公平合理的分配制度。企业集团分配管理的基本原则是，既要平等互利、协调发展，又要打破“大锅饭”，真正起到激励作用。

二、内部转移价格

（一）内部转移价格的概念

内部转移价格是指企业集团内部各企业成员中心之间相互提供产品或劳务所使用的结算价格。企业集团内部有一个任何单一法人企业都不具备的特殊关系——内部市场。内部市场是集团成员企业之间资金、技术、产品等交换和衔接的场所。在这个场所内，既有协作的关系，可以节约搜索交易对象和决定交易条件的费用；又具有外部市场经济主体间的竞争效应。为了将市场竞争机制引入企业集团内部，合理考核企业集团内部生产经营部门的业绩，有必要对企业集团成员企业之间产品和劳务的交易制定内部转移价格。

与单体企业相比，企业集团内部价格涉及范围更广，包括集团内部投资中心或利润中心之间的不同原材料、产品和品牌等无形资产；作用范围也更大，不但影响企业内部的生产费用计量，还影响企业的外部交易费用（如采购费用、销售费用、税收、管理费用等）。因此，只有合理确定内部价格，才能克服本位主义，保证企业集团合理的资金结构和整体利益的实现。

（二）内部转移价格的形式

1. 以实际成本为基础确定的价格

这种形式的内部转移价格可以按内部产品的实际生产成本来确定，也可以以此为基础加上一定的利润比例来确定。这种形式的价格具有客观性，而且资料容易取得，其主要缺点在于不可避免地会把产品提供方在成本控制上的业绩和不足转移到产品的接受方。这样既不便于业绩考评，也不利于促进集团成员对生产成本的控制。

2. 以标准成本为基础确定的价格

这种形式的内部转移价格是以标准价格为基础来确定的。其优点在于能够避免下游子公司的采购成本随上游子公司生产效率变动的不科学性，消除成绩相互共享或不足相互转嫁的可能性，具有稳定、使用方便的特点。其缺点在于，对标准成本制定的科学性要求较高。在以标准成本为基础确定内部转移价格时，同样可以加上一定的利润比例，以调动产品提供方的积极性。

3. 以市场价格为基础确定的价格

前述两种内部价格的形式，都没有考虑产品市场本身的波动。如果还采用了利润加成，加成比例的确定也是一个容易引起产品提供方和接受方利益矛盾的问题。以市场价格为基础确定内部转移价格就比较公允，并且可以促使供方积极加强成本管理，参与市场竞争，以提高生产效率。

采用这种形式的内部转移价格时要注意以下几点：① 必须有公开有效的产品市场存在，否则无法取得或者无法确定合理的市价；② 在市价的基础上必须考虑内部产品与外部产品在运输、包装等方面的不同，制定内部转移价格时要消除这些因素的影响。在以分权体制为其组织结构基础的企业集团中，以市价为基础制定内部转移价格是与其权利配置格局相符的。

以上各种内部价格的制定基础都有优缺点，需要根据企业集团的具体特点作出选择。

（三）内部转移价格的制定

1. 内部转移价格的制定原则

企业集团在制定内部转移价格时，通常应遵循以下原则：

（1）集团整体利润最大化原则

企业集团形成的目的就是要实现资源的有效配置，提高集团的整体利益。因此，企业集团在制定中间产品的内部转移价格时，应在协调各成员企业利益的情况下，使企业集团整体利益最大化。

（2）激励原则

企业集团在制定内部转移价格时，应充分考虑所制定的价格对各成员企业业绩的影响，充分考虑所制定的价格能否激励各成员企业努力降低生产成本，从而增加企业集团的整体利益。具体而言，制定内部转移价格应遵守以下激励规则：① 目标一致性。即内部转移价格应有助于实现整个公司的经营总目标，能够协调各成员企业的目标与集团总目标相一致。② 经营评估性。即内部转移价格能够正确地体现产品提供方和接受方双方的经营业绩状态，并对双方的运营不造成伤害，且能够激励各成员企业的管理人员更有效地履行管理职责。③ 保证自主权。内部转移价格应买卖双方能够独立自主地经营其分权实体经济。

（3）相对稳定、定期调整原则

内部转移价格是企业集团内部各利润中心之间的一种利益分配方式，如果调整过于频繁，则会使企业集团的政策缺乏动态一致性，使得各实体单位之间的责任难以分清，挫伤各成员企业的经营积极性。因此，内部转移价格一经制定，就必须保持相对稳定。当然，在必要的时候还需要实际情况对内部转移价格根据进行调整，以便有效地调节内部资源配置，实现企业集团利益的最大化。

2. 基于企业集团组织层次的内部转移价格制定

制定企业集团内部转移价格应当考虑交易双方在企业集团组织层次中的具体位置。

紧密层企业是经营主体，一般是企业集团的利润中心，紧密层企业的下属企业主要负

责生产，以提高产品质量、增加产品品种、降低成本为主要目标，可归为集团的成本中心。企业集团的各层次依照与核心层企业的资本联结紧密关系和职能分配关系来分管业务、分担风险、分享收益。企业集团的紧密层企业与非紧密层、松散层企业之间的中间产品价格的制定及执行情况，直接影响集团成员企业间的利益分配的合理性，若内部价格高于正常情况，则转出中间产品的成员企业将获得较高的利润，反之则遭受损失或丧失机会收益。

因此，企业集团在制定内部转移价格时，如果需要针对产品提供方和接受方在集团内所处地位不同而有所差异，则可以考虑以下三点：

1）核心企业对非紧密层企业售出产品时，若有市价，可以市价为内部转移价格；无市价，则以高于或等于企业目标成本的实际成本为基础，用实际成本加成法来制定内部转移价格。

2）核心企业对紧密层企业售出产品时，对有市价的产品应以略低于市价的协议价格为内部转移价格，对无市价的产品则以标准成本加成法制定内部转移价格。

3）核心企业从非紧密层和紧密层企业购入产品时，应采用市场价格和不高于市价的协议价格，无市场价格时应以核心企业制定的目标成本为基础，采用标准成本加成法制定内部转移价格。

以上几个方面侧重于对紧密层和非紧密层企业采用不同的计算基础，目的在于给紧密层以适当照顾，提高企业生产经营的积极性，增加集团的凝聚力，而且在有控制权的情况下可以在利润分配时再作利益调节。

（四）内部转移价格与企业集团的税收筹划

为减轻税负而设计的内部转移价格可以实现企业集团成员企业之间的利润转移，从而达到降低企业集团整体税负的目的。

企业集团成员企业之间往往通过以下业务制定内部转移价格，影响各成员企业的成本和利润：① 通过零部件、产成品的销售价格影响产品成本、利润。② 在关联企业之间收取较高或较低的运输费用、保险费、佣金等以转移利润。③ 通过关联企业之间的固定资产购置价格和使用期限来影响产品成本和利润水平。④ 通过提供咨询、特许权使用费、贷款的利息费用及租金等来影响关联公司的产品和利润。例如，企业集团有一个全资子公司为福利企业，可暂免征收企业所得税，则企业集团的其他成员企业可以将产品以较低的价格出售给这个福利企业，让其以较高价格出售以获取利润并减少税收金额。

企业集团利用内部转移价格进行税收筹划一般具有以下优势：

1）企业集团内部各纳税企业的税率可能存在差异。例如，集团公司有两个全资子公司甲和乙，甲适用高税率，乙适用低税率或在免税期，甲企业销售产品给乙企业时，应低价销售；相反，乙企业销售产品给甲企业时，应当尽量以高价格销售。这样，可减少企业集团的整体税负。

2）企业集团内部各纳税企业的盈亏存在差异。例如，企业集团内部有 A、B 两个企业，A 企业处于高利润期，B 企业处于亏损期，则 A 可以通过内部转移价格向 B 转移利润，以减少企业集团的整体税负。

采用内部转移价格转移利润必须有度。税法明确规定，关联企业间的交易应当按独立企业间的交易进行，否则税务机关有权对价格进行合理调整。因此，采用内部转移价格转移利润应当在商品价格波动的合理范围内进行，并且有充足的理由。

三、企业集团内部的利益分配方法

如前所述，企业集团分配管理的重心从经营成果的分配问题转化为集团中利益协调与激励机制问题。从经营成果分配的角度来看，以母子公司体制为基础的股份制企业集团内部，以及企业集团中以股份联合的核心层、紧密层和半紧密层企业之间，应该按照相应的股份比例对经营成果进行股息形式的分配和红利形式的分成，即母公司按照在子公司股本中的比例享有子公司分配的现金股利和股票股利。这是现代企业集团利润分配的主要发展方向。

中间层级的公司收到的下级子公司的股利正是其对子公司投资的回报，属于其经营成果的一部分，相应地要向上一层级的母公司进行分配。很多情况下子公司的利润都以资本公积、未分配利润等形式留在公司中，作为以后发展的资金来源，这种情况下母公司仍可将子公司的这部分经营成果视为自己已经获得的投资收益。

根据企业集团的规模与层次、成员企业的性质和地位，集团内部分配可以有多种分配方法，主要方法有以下几种：

（一）完全内部价格法

完全内部价格法是指完全以内部转移价格进行集团内部的交易，盈亏自负，不进行各企业间的利润分割的方法。这种方法通常适用于集团核心层或紧密层企业与其他层次企业间的利益分配，或是在某些特别需要按市场方式交易以激励成员企业降低成本、提高生产效率的领域。一般情况下，这种内部价格直接以市场价格为基础制定。

（二）一次分配法

一次分配法是指企业集团以体现平均先进劳动耗费的标准成本为基础，加上分解的目标利润，确定各成员企业配套零部件的内部协作价格的方法。这种内部协作价格中包括了分解的目标利润，该利润是在成员企业出售零部件时二次实现的。

（三）二次分配法

二次分配法主要包括以下两方面内容：

首先，企业集团内部各成员企业共同协商确定主要产品的目标成本，并以此为基础分解确定零部件和半成品的目标成本，将其作为集团内部各成员企业之间的内部转移价格。各成员企业的实际成本与内部结算价格形成的盈亏差额由各成员企业自己承担，由此激励成员企业想方设法提高生产效率，降低生产成本。

其次，以最终产品的销售收入减去产品目标成本的余额或者盈利作为分配基金，然后按一定的标准在各成员企业之间进行二次分配。企业集团内部的成员企业通过二次分配来获得集团整体盈利中自身相应的部分。

二次分配的标准是考虑集团成员差异化的关键之处，企业集团应集团内部根据生产流程、资金占用和人工投入等因素的不同，本着公平和互利的原则予以确定。二次分配的标准通常有如下几种：① 各成员企业的目标成本占最终产品目标成本的比例；② 各成员企业产品目标成本中劳动力成本占最终产品目标成本中劳动力成本的比例；③ 先按一定利率补偿各成员企业投入的资本（即①中所指的成本），然后按②的标准进行分配，等等。

二次分配法可以在不同的紧密层与非紧密层企业中灵活使用，将内部转移价格与事后的利润分配较好地结合起来，是企业集团进行企业间利益分配的一种较好的选择。

（四）级差效益分配法

级差效益是指在工业生产中投入等量劳动会有不同的生产率，从而使条件较好的企业获得的一种超额收入。由于产品技术难度、劳动强度、资本密集程度的不同以及原材料价格、劳动力价格等客观条件所造成的超额收入，称为级差效益Ⅰ；由于经营管理水平、技术更新改造等主观因素所形成的超额收入，称为级差效益Ⅱ。

运用级差效益原理，就是合理区分级差效益的两种形态，并实行不同的利益分配方法。对于级差效益Ⅰ，可按内部转移价格进行调整，以弥补短期内不可以人为改变的因素在集团内部成员企业间产生的收入差距，缓和物化劳动利润率和活劳动利润率的矛盾，调动集团各成员企业的积极性，真正发挥集团内联合互助的效应。对于级差效益Ⅱ，所形成的利润则全部归各企业所有，集团内部互不调剂，以激励成员企业改善经营管理，提高生产效率，降低消耗，提高产品质量。

通常，较合理的做法是：在紧密层企业建立以利润分割为中心，以内部转移价格和承担核心层部分费用为补充的利益分配体系；在非紧密层企业则建立以内部结算价格和承担核心层部分费用为中心，以利润分割为补充的利益分配体系。

以纯粹的控股公司模式运作的资产经营公司可以考虑将下属企业按照股本结构上缴的利润大部分留在下属企业，但这并不是说资产经营公司可以放松对利润分配的调控，在具体操作上仍需把握以下两点：① 要行使“审查批准下属企业的利润分配方案”的法定权力；② 使按照利润上缴与以资本效益为核心的激励与约束机制相结合，以形成下属企业尽力向资产经营公司缴利的机制。

案例研究与分析：海尔集团的多元化经营

一、海尔集团的简介

1984 年，海尔集团的前身——青岛电冰箱总厂引进德国利勃海尔生产设备的技术，从事电冰箱的生产和销售。到 1997 年海尔集团销售收入 108 亿元，利润 4.3 亿元，主要产品有电冰箱、电冰柜、空调器、洗衣机、微波炉、彩电、小家电、整体厨房和卫生间等 27 个门类，7 000 余个规格品种。在海尔集团的成长历程中，多元化是其重要的成长方式，而且海尔的多元化经营堪称中国企业的成功典范。

二、海尔集团发展概况

海尔集团旗下拥有 240 多家法人单位，在全球 30 多个国家建立本土化的设计中心、制造基地和贸易公司，全球员工总数超过 5 万人，重点发展科技、工业、贸易、金融四大支柱产业，已发展成全球营业额超过 1 000 亿元规模的跨国企业集团。

1993 年，海尔品牌成为首批中国驰名商标。2006 年，海尔品牌价值高达 749 亿元，自 2002 年以来，海尔品牌价值连续 4 年蝉联中国最有价值品牌榜首。海尔品牌旗下冰箱、空调、洗衣机、电视机、热水器、电脑、手机、家居集成等 18 个产品被评为中国名牌，其中海尔冰箱、洗衣机还被国家质检总局评为首批中国世界名牌。2009 年，海尔冰箱入选中国世界纪录协会世界冰箱销量第一，创造了新的世界之最。2005 年 8 月 30 日，海尔被英国《金融时报》评为“中国十大世界级品牌”之首。2006 年，在《亚洲华尔街日报》组织评选的“亚洲企业 200 强”中，海尔集团连续第 4 年荣登“中国内地企业综合领导力”排行榜榜首。海尔已跻身世界级品牌行列，其影响力正随着全球市场的扩张而快速上升。

三、海尔集团发展战略

1）名牌战略阶段（1984—1991 年）。该阶段的特征：只做冰箱一个产品，探索并积累了企业管理的经验，为今后的发展奠定了坚实的基础，总结出一套可移植的管理模式。

2）多元化战略阶段（1992—1998 年）。该阶段的特征：从一个产品向多个产品发展（1984 年只有冰箱，1998 年时已有几十种产品），从白色家电进入黑色家电领域，以“吃休克鱼”的方式进行资本运营，以无形资产盘活有形资产，在最短的时间里以最低的成本把规模做大，把企业做强。

3）国际化战略阶段（1998—2005 年）。该阶段的特征：产品批量销往全球主要经济区域市场，有自己的海外经销商网络与售后服务网络，Haier 品牌已经有了一定知名度、信誉度与美誉度。

4）全球化品牌战略阶段（2005 年至今）。该阶段的特征：海尔在当地的国家创造自己的品牌，海尔品牌在世界范围的美誉度大幅提升。国际化战略和全球化品牌战略有很多类似，但是又有本质的不同：国际化战略是以中国为基地向全世界辐射，但是全球化品牌战略阶段是在当地的国家形成自己的品牌。国际化战略阶段主要是出口，但现在是本土化创造自己的品牌。

四、海尔集团多元化发展历程

（一）单一产品——电冰箱

自 1984 至 1991 年底七年的时间内，海尔只生产一种产品——电冰箱，是一个专业化经营企业。1991 年海尔集团销售收入 7.24 亿，利润 3 118 万元，“海尔”牌电冰箱成为中国电冰箱史上第一枚国产金牌，是当时中国家电唯一的驰名商标，并通过美国 UL 认证出口到欧美国家。同时，海尔集团 OEC（Overall Every Control and Clear）管理法基本形成，全国性销售与服务网络初步建立起来。

（二）制冷家电——电冰箱、电冰柜、空调

1991 年 12 月 20 日，以青岛电冰箱总厂为核心，合并青岛电冰柜总厂、空调器厂组建海尔集团公司，经营行业从电冰箱扩展到电冰柜、空调器。到 1995 年 7 月前，海尔集团主要生产上述制冷家电产品（洗衣机、热水器产量很小），即海尔集团用了 3 年的时间进入电冰柜、空调行业，并成功地经营成为中国的名牌产品。1994 年海尔集团销售收入 25.6 亿元，利润 2 亿元，分居全国轻工行业第 2 和第 12 名。

（三）白色家电——制冷家电、洗衣机、微波炉、热水器等

1995 年 7 月，海尔集团收购名列全国三大洗衣机厂的青岛红星电器股份有限公司，大规模地进入洗衣机行业。其后通过内部发展生产微波炉、热水器等产品，1997 年 8 月海尔与莱

阳家电总厂合资组建莱阳海尔电器有限公司，进入小家电行业，生产电熨斗等产品。至此，海尔集团的经营领域扩展到全部白色家电行业，其时间是两年。

（四）全部家电——白色家电、黑色家电

1997 年 9 月，海尔与杭州西湖电子集团合资组建杭州海尔电器，生产彩电、VCD 等产品，正式进入黑色家电领域。到此，海尔集团几乎涉足了全部的家电行业，成为中国家电行业产品范围最广、销售收入超过 100 亿元的企业。与此同时，海尔集团还控股青岛第三制药厂，进入医药行业；向市场推出整体厨房、整体卫生间产品，进入家居设备行业。

（五）进军知识产业

1998 年 1 月，海尔与中科院化学所共同投资组建“海尔科化工程塑料研究中心有限公司”，从事塑料技术和新产品开发；4 月 25 日，海尔与广播电影电视总局科学研究院合资成立“海尔广科数字技术开发有限公司”，从事数字技术开发和应用；6 月 20 日，海尔与北京航空航天大学、美国 C-MOLD 公司合资组建“北航海尔软件有限公司”，从事 CAD / CAM / CAE 软件开发。这表明：① 海尔集团开始进入知识产业；② 上述知识产业的产品都是海尔集团未来发展所需要的，两者形成一体化关系。

五、海尔多元化的特点

（一）根据企业能力控制多元化的节奏

这包含两层含义：一是企业能力与多元化的节奏相配合，即能力一般时，节奏就慢一些，能力较强时，节奏就快一点；二是随着企业能力的提高，多元化的节奏也逐步加快。

海尔坚持了七年的专业化经营，在管理、品牌、销售服务等方面形成了较具优势的企业能力。以这些能力为基础，海尔集团从 1992 年开始进入冰柜和空调行业，实施多元化经营。

海尔在制冷家电行业经营三年半后即 1995 年 7 月才大规模进入洗衣机行业。在这三年半的时间里，海尔集团把原来在电冰箱行业建立起来的企业能力扩展到整个制冷家电行业，并有较大的提高。在此基础上，海尔进入洗衣机、热水器、小家电、微波炉、洗碗机等行业，其经营领域覆盖几乎全部的白色家电产品。

海尔在上述白色家电行业经营两年后即 1997 年 9 月进入黑色家电行业，生产彩电、VCD、传真机、电话等产品。同时，海尔还向市场推出整体厨房、卫生间产品，进入家居设备行业。1997 年是海尔进入新行业数最多的一年，除彩电、VCD、家居设备外，还进入生物医药行业。这个快节奏基于海尔集团 1984—1996 年 13 年所形成的企业能力。

1998 年上半年，海尔大举进入知识产业，主要从事海尔集团所需要的新技术和新产品开发，这是一种纵向一体化发展，将有力地提升海尔集团的总体技术能力。

由此可见，海尔进入新行业的节奏是稳健的，基本上是量力而行、步步为营地发展，

其核心基础是海尔不断提高的企业管理、品牌及销售服务能力。

（二）根据行业相关程度进入新行业

多元化经营的成功率与本业与新行业之间的相关程度呈正相关，即相关程度高，成功率高，相关程度低，其成功率低。海尔集团的多元化正是根据行业相关程度，从高相关，到中相关，再到低相关发展。

1992 年海尔进入的冰柜和空调行业与 1992 年以前经营的电冰箱行业存在高度的相关性：① 技术方面的核心技术是同一的，即制冷技术，其他生产工艺技术亦是高度相关；② 市场方面的销售渠道和用户类型是同一的，只是空调产品需提供安装服务，商用冰柜的用户稍有不同。

1995 年海尔进入的洗衣机行业与以前的制冷家行业存在较高的相关性：① 技术方面有中度的相关，但洗衣机生产技术低于制冷家电，因此，技术协同作用较明显；② 市场方面，品牌、销售网络等资源可以完全共享，是高度相关的。

1997 年海尔进入的彩色等黑色家电行业与以前经营的白色家电行业存在中度的相关性：① 技术方面，白色家电的关键技术是设计，根据不同地域市场要求设计出适应的产品，而黑色家电大多是以电子技术为核心，两者之间技术相关性是低度的；② 市场方面，品牌及销售资源是高度相关的。

1997 年海尔进入的家居设备行业与家电行业存在中度的相关性：① 技术方面除利用家电技术外，还需要一些其他技术，因此是低度相关的；② 市场方面可利用家电的销售服务网络，再增加安装服务，因此是高度相关的。

1997 年海尔进入的医药行业与家电行业在技术和市场方面均是无相关的。这也许是海尔集团未来进军生物工程领域的战略准备行为。

1998 年海尔进入的知识产业与家电行业是垂直一体化关系：海尔各行业中的技术难题是这类企业的研究课题，这类企业的新技术和产品直接转让给海尔集团使用并推向市场。例如，塑料技术与新产品主要用于家居设备行业，数字技术主要用于黑色家电行业，CAD / CAM 软件技术主要用于各类产品设计、制造环节。

（三）针对不同情况采取不同的进入方式

进入新行业一般有三种不同的方式：一是内部发展，主要依靠企业自身的经营资源进入新行业；二是外部并购，通过合并收购其他企业进入新行业；三是以合资合作为主的战略联盟，通过与其他企业建立合资合作等形式的战略联盟进入新行业。这三种方式各有不同的适用范围、条件，各有不同的优点和不足，对经营资源差距的缩小各有不同的作用。

海尔集团进入新行业的方式是综合运用的，即根据不同的具体情况选择较为合适的方式。例如，海尔采取内部发展方式进入的新行业主要有家居设备行业。因为这个行业技术是综合性的，海尔集团在其组成技术上均有相当的积累，而且销售资源可以共享，所以内部发展较为合适；海尔采取外部并购方式进入的新行业主要有空调、冰柜、洗衣机、微波炉等。这方面有一定的行政因素起作用，但由于海尔自身拥有较高的管理能力、品牌价值

和良好的销售服务网络，并购后的企业经营也获得成功；海尔采取合资方式进入的新行业主要有小家电、彩电、知识产业等。这种方式利用了合资方的经营资源优势，缩小了进入新行业的经营资源差距，我们相信今后也将会业绩辉煌。

（四）进入某行业后，通过扩大产销规模，努力成为全国同行业的前三名

电冰箱是海尔集团的本业，至今仍然是海尔集团最大的行业，1997 年电冰箱占总销售收入的 40%。1992 年后海尔开始多元化经营，但一直坚持扩大电冰箱行业的产销规模，除自身在海尔工业园扩大生产规模外（1984—1997 年冰箱产量年均增长速度为 131%），还在 1997 年底与贵州航天集团合资组建“贵州海尔电器有限公司”，生产电冰箱。在国外，1996 年海尔集团还在印尼、菲律宾建合资工厂，在当地生产并销售电冰箱等产品。

冰柜、空调是海尔集团多元化初期进入的行业，为扩大产销规模，1995 年 12 月海尔集团首次跨地区经营，收购武汉蓝波希岛公司 60%的股份，生产冰柜和空调产品。此外，海尔还与日本三菱重工合资在青岛生产空调，产品全部出口。1997 年海尔空调在中国产销量与格力、春兰并列第一。

洗衣机是海尔集团的支柱产业之一。当海尔集团将红星电器改组并经营上轨道后不久，1997 年 3 月海尔与广东爱德集团合资组建顺德海尔电器有限公司，海尔以借款方式持股 60%，主要生产洗衣机产品。此外，海尔集团还于 1996 年在马来西亚合资建厂，在当地生产并销售洗衣机。

彩色电视机是海尔集团较晚进入的一个新行业。海尔以合资方式进入这个行业，利用杭州西湖电子集团的生产线迅速地向市场推出“探路者”电视机，在北京市场占有率一度高达 35%。在其后四个月，海尔集团整体收购合肥黄山电子集团，进一步扩大海尔彩电的生产规模。

经过多年的努力奋斗，1997 年海尔集团有四大门类产品位居全国同行业的前三名：电冰箱市场份额为 30.28%，冰柜为 42.10%，空调为 24.11%，洗衣机为 27.68%。这是国家统计局对全国 600 家大中型商场主要家电品牌销售状况调查统计的结果。

思考与练习

1. 企业集团的组织结构主要有哪几种？
2. 如何理解企业集团财务管理的特点？
3. 企业集团应如何掌握好集权与分权的关系？
4. 与单体企业相比，企业集团筹资管理的重点是什么？
5. 企业集团财务中心与财务公司有何异同？
6. 企业集团筹资方式有哪些？
7. 什么是分拆上市？分拆上市对企业集团筹资有哪些影响？分拆上市时应注意

什么？

8．什么是投资多元化？企业集团多元化经营的影响因素有哪些？风险与障碍有哪些？企业集团在选择多元化战略时应把握怎样的原则？

9．企业集团分配管理的重点是什么？

10．什么是内部转移价格？内部转移价格的形式有哪些？企业集团利用内部转移价格进行税收筹划一般具有哪些优势？

11．企业集团内部的利益分配方法有哪些？各种方法的主要内容是什么？

第八章

国际财务管理

学习目标

了解国际财务管理的概念与特点
了解国际企业的资金来源和筹资方式
理解国际企业资本结构管理与优化
掌握国际企业筹资风险的规避方法
熟悉国际投资的种类、特点和方式
掌握国际投资环境分析、效益分析和风险分析的方法
掌握国际企业营运资金管理的内容与方法
熟悉外汇风险的种类和管理程序
掌握外汇风险管理的方法
了解国际税收的种类、负担原则和惯例
理解国际双重征税的原因并掌握免除国际双重征税的方法
熟悉国际避税和反避税的方法

案例引导

美国宝洁公司（P&G）在中国的投资

宝洁公司创建于 1837 年，是世界上最大的日用消费品公司之一，总部设在美国辛辛那提，全球雇员超过 12 万，在全球 80 多个国家设有工厂及分公司，所经营的 300 多个品牌的产品畅销 160 多个国家和地区，其中包括洗发用品、护发用品、护肤用品、化妆品、婴儿护理产品、妇女卫生用品、医药、食品、饮料、织物、家居护理及个人清洁用品。宝洁公司在中国的投资进程可以分为如下四个阶段：

1）进入中国市场阶段，即 1987—1989 年。1987 年，宝洁公司到广州肥皂厂调研，之后选择李嘉诚为合作伙伴。宝洁公司与香港和记黄埔有限公司分别以 69.25% 和 30.75%的股权比例在香港注册宝洁和记黄埔有限公司（P&G-Hutchinson Ltd.），简称“宝洁和黄”。1988 年 8 月，宝洁与广州肥皂厂及广州经济技术开发区建设进出口贸易公司在中国广州组建了第一家合资企业——广州宝洁有限公司。这是宝洁公司在中国成立的第一家合资企业，意味着宝洁正式进入了中国市场。

2）“增资集权阶段”，即 1990—1998 年。1990 年，宝洁和记黄埔有限公司宣布对广州宝洁增资 900 万美元，而广州肥皂厂没有经济实力增资，导致其所持有的股份缩减至 20%。1994 年，宝洁和记黄埔公司又进行了两次合资，这既是为了扩大规模也是为了减少竞争对手。先是与广州浪奇股份有限公司合资组建广州宝洁有限公司，后来与北京日化二厂合资成立北京熊猫宝洁洗涤用品有限公司。北京日化二厂以品牌、厂房参股 35%，宝洁和黄以 65%的股份控股合资公司，同时，宝洁公司买断了“熊猫”品牌 50 年使用权，并支付了 50 年的品牌使用费 1.4 亿元人民币。在两次合资以后，“熊猫”和“浪奇”两个品牌在市场的份额逐步萎缩，品牌价值逐渐减低，而“宝洁”品牌的地位逐步上升。

3）宝洁公司独资化阶段，即 1999—2004 年。在 1999 年，广州浪奇股份有限公司与广州宝洁有限公司签订协议，以人民币 4 749 万元购回浪奇宝洁的全部股权，利用该厂厂房继续生产洗衣粉；在 2001 年年初，宝洁和记黄埔将广州浪奇宝洁有限公司 60% 的股权转让给香港高力公司，宣告宝洁和黄与广州浪奇彻底分手。同时，在 2000 年，北京日化二厂提出终止“熊猫”品牌使用的合同，收回使用长达 6 年的“熊猫”品牌，拿到了“熊猫”品牌 4 000 万元的使用费，重新进入洗衣粉市场。2004 年，宝洁公司以 18 亿美元收购和记黄埔在中国所持有的中国内地合资公司宝洁和记有限公司余下的 20%的股份。至此，宝洁与其在中方的最后一个合资伙伴分道扬镳，成为一家彻底的独资公司。而宝洁也在宣布独资后立即增资 6 亿元扩大所持规模。

4）宝洁公司稳步发展阶段，即从 2005 年至今。目前，宝洁公司在中国的总部设立于广州，先后在北京、上海、天津、成都、东莞和南平等地设立了十几家分公司和工厂，员工总数超过 7 000 人，在华投资超过了 17 亿美元。宝洁公司注重人才本土化，

中国宝洁公司员工中国籍的员工占到了98%以上。目前，宝洁在中国销售的品牌有玉兰油、海飞丝、沙宣、伊卡璐、飘柔、潘婷、舒肤佳、激爽、佳洁士、护舒宝、帮宝适、碧浪、汰渍等。中国宝洁是宝洁全球业务增长速度最快的区域市场之一。宝洁大中华区的销售量和销售额在宝洁全球区域市场中名列前茅。

宝洁公司投资经营战略的辉煌成就，在很大程度上取决于国际财务管理的成功。该案例充分说明了国际企业筹资、投资及营运资金管理的重要性。那么，国际企业财务管理应从哪几个方面入手呢？应该怎样管理？这正是本章将要介绍的主要内容。

第一节　国际财务管理概述

一、国际财务管理的概念

国际财务管理是现代财务管理的新领域，其理论体系并不十分成熟，国内外财务学者关于国际及财务管理的概念表述也存在不同的看法。通说认为，国际财务管理是指基于国际环境，遵守国际惯例和国际经济法规的有关规定，根据国际企业财务收支活动的特点，组织国际企业财务活动、处理国际企业财务关系的一系列经济管理活动。

有一种观点认为，国际财务管理就是跨国公司财务管理。这种观点把国际财务管理限制在跨国公司的范围内，未能完全概括国际财务管理的内容。国际财务管理的主体应该是国际企业，而不仅仅是跨国公司；对象是国际企业在组织财务活动、处理财务关系时所遇到的特殊问题。

国际企业是相对于国内企业而言的，它泛指一切超越国境从事生产经营活动的企业，包括跨国公司、外贸公司、合资公司以及其他多种形式的处于不同国际化演进阶段的企业。可以说，国际企业是从事国际经营活动的经济实体的统称。一个国际企业可能不是跨国公司，但任何跨国公司都属于国际企业。跨国公司是国际企业发展的较高阶段，是企业国际化程度较高的组织形式。

二、国际财务管理的形成与发展

国际财务管理的形成与发展有一定的历史成因和现实因素。具体来说，取决于以下三个方面。

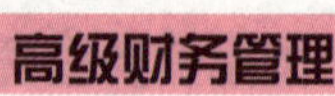

（一）国际企业迅猛发展

国际企业的迅猛发展是国际财务管理形成和发展的现实基础。第二次世界大战以后，随着生产的发展和科学技术的不断进步，各国之间的经济联系突破流通领域进入生产领域，进而出现了与国际投资联系在一起的生产国际化，这使得国际企业得到了前所未有的发展。那些大垄断企业通过对国外直接投资，在国外设立分支机构或子公司，形成了一个从国内到国外、从生产到销售，按照自己的“全球战略”在世界范围内追逐高额利润的独特的企业体系，这就是现代意义上的跨国公司。以跨国公司为主的国际企业的全球经营战略，必然要求其财务管理与之相适应。这就极大地促进了国际财务管理的形成与发展。

（二）财务管理基本理论广泛传播

财务管理的历史本来就是一部国际化的历史，国际财务管理是在财务管理的基础上不断演进和发展起来的。通常，人们都认为财务管理于 19 世纪末产生于美国，并迅速传入西欧。英国把财务管理的原理传入了印度及其他英联邦国家。与此同时，苏联在吸收欧美财务管理基本原理的基础上，结合社会主义国家财务活动的特点，建立了社会主义国家的财务管理体系，并将其迅速传入东欧和中国等社会主义国家，推动了社会主义国家财务管理的形成和发展。

当然，在不同时期和不同国家，由于社会制度、政治、经济等多种因素的影响，财务管理在发展过程中还留有某一特定国家的政治、经济和民族的色彩。国际财务管理的发展有助于协调财务管理在发展过程中存在的这种差异，并促进各国财务管理不断交流和融合。

国际贸易的发展为国际财务管理理论体系的形成与发展奠定了基础。第二次世界大战以后，世界市场容量迅速扩大，各国交易商品的种类和数量大大增加，商品结构和地域布局发生了重大改变。这必然引起外汇资金的收支结算，形成一整套外贸业务财务管理理论和方法，促进国际财务管理理论体系的形成与发展。

（三）金融市场不断完善并向国家化方面拓展

第二次世界大战以后，由于科技革命的影响，生产国际化发展到一个新的阶段，生产国际化又推动了资本国际化，国际资金借贷活动日益频繁，国际资本流动规模不断增大，促进了国际金融市场的迅速发展。

国际金融市场的新发展，为国际企业迅速筹资和投资开辟了新的途径和领域，促进了国际筹资和国际证券投资等一系列国际财务管理理论和方法的形成与发展。同时，国际金融试产的发展也对国际企业提出了新的要求。因为无论在国际金融市场上筹资还是投资，都必须认真预测汇率的变动趋势，选用合理的避险方式以减少或消除外汇风险。总之，金融全球化极大地推动了国际财务管理的形成与发展，丰富了国家财务管理的理论，充实了国际财务管理的内容。

三、国际财务管理的特点

国际财务管理是国内财务管理向国际经营的延伸，因而它与国内财务管理的基本原理、目标和方法等方面都有相似之处。但由于国际企业的业务范围散布于许多国家，其经营活动受到不同国家的经济政策、法律和文化环境的影响，所以国际财务管理比国内财务管理更为复杂。具体而言，国际财务管理具有如下特点。

（一）理财环境更加复杂

国际企业的理财活动涉及多国，而各国的政治、经济、法律和文化环境都有很多差异。国际企业进行财务管理时，不仅要考虑本国的各方面环境因素，而且要密切注意国际形势和其他国家的具体情况。特别要关注以下问题：① 汇率的变化；② 外汇的管制程度；③ 通货膨胀和利息率的高低；④ 税负的轻重；⑤ 资本流动的限制程度；⑥ 资金市场的完善程度；⑦ 政治上的稳定程度。

综上分析可知，影响国际财务管理的环境因素十分复杂，国际财务管理人员在进行财务决策之前，必须对理财环境进行认真调查、预测、比较和分析，以提高财务决策的正确性和及时性。

（二）筹资渠道更加广泛

与国内企业相比，国际企业的筹资渠道更加广泛。国际企业既可以利用母公司的资本市场筹资，也可以利用子公司所在国的金融市场筹资，还可以利用国际金融市场融通资金。国际企业可以利用这种多方融资的有利条件，选择最有利的资金来源，以降低企业的资金成本。

（三）资金投入风险较高

通常情况下，国际企业面临比国内企业更大的风险，这是由国际企业所处的经营环境所决定的。国际企业除了面临国内企业所具有的风险外，还面临国际政治、经济环境中的各种风险。这些风险分为以下两类：一类是经济和经营方面的风险，具体包括汇率变动风险、利率变动风险、通货膨胀风险、经营管理风险和其他风险；另一类是政治风险，具体包括政府变动的风险、政策变动的风险、战争因素的风险、法律方面的风险和其他风险。

一般来说，政治风险属于国际企业无法左右的风险，而经济和经营方面的风险则可以通过有效经营来避免和克服。国际企业的财务管理人员可以通过正确认识这些风险，从企业整体出发，根据世界经济和国际金融市场的变化，建立完善的风险管理和控制体制，合理配置资源，有效利用资金，以取得最大收益。

从某种意义上说，从事国际投资活动就是预测风险、避免风险的过程。

第二节　国际企业筹资管理

一、国际企业的资金来源

国际企业的资金来源就是企业在金融市场筹集资本的方向和通道。在市场经济条件下，国际企业的资金来源主要包括以下四个方面。

（一）公司集团内部的资金来源

国际企业的经营规模大、业务多，常常在其内部形成国际性的资金融通体系。国际企业内部的各经营实体在日常活动中都可能产生或获得大量的资金，从而构成内部资金的广泛来源。这些来源主要包括两个方面：① 公司集团内部相互提供的资金；② 母公司或子公司本身的未分配利润和折旧基金。公司集团内部相互融通资金，可以降低筹资成本，对于国际企业的重要性已越来越明显。

（二）国际企业母公司所在国的资金来源

国际企业的母公司可以利用与其母公司所在国经济发展的密切联系，从母公司所在国的银行、非银行机构、有关政府机构、企业甚至个人处获取资金。归纳起来，主要有如下四个途径：

1）从母公司所在国的金融机构获得贷款。国际企业经常会向一些跨国银行申请银行贷款以获取所需资金，而跨国银行通常更愿意贷款给母国的主要国际企业。

2）在母公司所在国的资本市场上发行债券。

3）通过母公司所在国的有关政府机构或经济团体组织获得贸易信贷。政府资金主要来自各国的财政拨款，并通过财政预算进行资金收付。具体形式主要有政府贷款、政府混合贷款、政府赠款三种。各国经济团体组织主要包括各国国内的企业、商业银行和各种基金组织等。这些机构存有大量的游资，需要寻找好的投资机会进行投资，国际企业可以利用这样的机会进行筹资。

4）在母公司所在国进行民间筹资。随着实际经济的发展、人民生活水平的不断提高，人们手中持有更多的剩余货币，投资于企业成为许多人投资的新渠道。因此，在现代经济条件下，国际企业在民间筹集资本也是一个非常有潜力的资本来源渠道。

（三）国际企业子公司所在国的资金来源

当国际企业内部和母公司所在国的资金不能满足资金需求时，国际企业可以从子公司所在国的筹集资金。一般来说，多数子公司都能在其所在国借款，因为在很多国家，金融机构对当地企业贷款的方式同样适用于外资企业。

提 示

国际企业子公司所在国和地区的经济状况和条件会影响到资金筹集的程度。如果子公司地处发达国家和地区，那么国际企业就能够更容易、更方便地筹集到所需资金；如果子公司地处欠发达国家和地区，那么国际企业通过资本市场筹集的资金就会相当有限。

（四）国际资金来源

国际企业除了可以利用内部资金、母公司或子公司所在国资金外，还可以从第三国或国际组织获取资金。具体而言，国际资金来源包括以下三个方面：① 向第三国银行贷款或在第三国资本市场上出售证券；② 在国际金融市场出售证券；③ 从国际金融机构获取贷款。

知识拓展

国际金融市场

国际金融市场是由国际性的资金借贷、结算及证券与黄金、外汇的买卖活动所形成的市场。按照资金融通的期限，国际金融市场可以分为国际货币市场和国际资本市场。

一、国际货币市场

国际货币市场是交易期限在 1 年以内的短期金融交易市场，可以为国际企业提供短期资金。国际企业可以进行短期融资的货币市场主要有国际银行业务中的短期贷款和票据市场。

国际银行短期贷款与国内企业获得银行贷款没有本质区别。而国际业务中的票据市场除了国际企业所在国票据市场外，欧洲票据市场也为国际企业提供了新的融资渠道。这里的欧洲票据是指一个国家的金融市场上发行的以非本国货币标价的金融工具。欧洲票据的使用方式为：国际企业以本企业的名义发行以外币标价的短期债券，由一批同意担保的银行组成一个受托银团，负责购入发行公司未能售出的股票或提供备用信贷。

二、国际资本市场

国际资本市场是交易期限 1 年以上的长期金融交易市场，可以满足国际企业长期投资和融资的需要。国际资本市场主要是指国际银行长期借贷和长期证券市场。这里主要介绍国际股票市场和国际债券市场。

国际股票市场是指在国际范围内发行并交易股票的场所。通过国际股票市场融资，可以获得其他国家的权益资本。国际债券市场主要分为欧洲债券市场和外国债券市场。欧洲债券是指筹资者在其本国境外某一债券市场发行的、以第三国货币为面值的一种国际债券。欧洲债券市场一般不受任何国家金融当局的管制，而是由国际债券交易协会自己管理，其交易成本较低，发行速度快，流动性强。外国债券是指国际筹资者在某一国债券市场上发行的、以发行所在国的货币为面值的债券。

国际金融市场是在生产国际化的基础上，随着国际贸易和国际借贷关系的发展而逐步形成和发展起来的，它既是经济国际化的重要组成部分，反过来又对世界经济的发展产生极其重要的作用。国际金融市场的作用是广泛的，主要有以下几个方面：① 推动世界经济全球化的巨大发展；② 有利于保持国际融资渠道的畅通；③ 加速生产和资本的国际化；④ 有利于调节各国的国际收支。

二、国际企业的筹资方式

筹资方式是指企业筹集资本所采取的具体形式和工具，体现着资本的属性和期限。与国内企业相比，国际企业在国际金融市场中的筹资方式主要有以下几种。

（一）国际银行信贷

国际银行信贷是指国际企业在国际金融市场上向外国贷款银行借入资金的信贷行为。国际银行信贷按贷款期限的不同，可分为短期银行信贷和中长期银行信贷。短期银行信贷的贷款期限一般不超过 1 年，可满足国际企业流动资产需求。中长期银行信贷的贷款期限一般在 1 年以上、10 年以内，其贷款金额大、时间长，银行风险较大，所以借贷双方要签订贷款协议，对贷款的有关事宜加以详细规定。此外，借入中长期贷款一般要提供财产担保。

国际银行信贷按贷款方式的不同，可分为独家银行信贷和银团贷款两种。独家银行信贷又称双边中期贷款，是指一国贷款银行对另一国的银行、政府及企业提供的贷款。银团贷款又称辛迪加贷款，是指由一家贷款银行牵头，由该国或几国的多家贷款银行参加，联合起来组成贷款银行集团，按统一条件共同对另一国的政府、银行及企业提供的长期巨额贷款。银团贷款的期限一般为 5～10 年，金额为 1～5 亿美元，甚至 10 亿美元。

国际中长期巨额贷款一般采用银团贷款方式，以便分散风险，共享利润。

（二）国际贸易信贷

国际贸易信贷是指进出口国际企业办理国际贸易业务时，由供应商、金融机构或其他官方机构为国际企业提供资金融通便利的信贷行为。国际贸易信贷为国际贸易的开展提供资金便利，是促进进出口贸易的一种金融支持手段，能有效地解决企业从事进出口贸易活动所面临的资金短缺问题，增强进出口国际企业在谈判中的优势，还能够调节贸易进出口结构，对一国有效地参与国际经济起到促进作用。

国际贸易信贷是国际企业筹资的一种重要方式，它可分为短期信贷和中长期信贷两种。短期信贷是指期限在 1 年以内的信贷；中长期信贷是指期限在 1 年以上的信贷。由于国际贸易中的中长期信贷的目的是扩大出口，故被称为出口信贷。出口信贷是发达国家为支持本国产品出口，责成本国银行设立的一种利率优惠的贷款，其目的是向国外推销产品和吸引那些资金不足的进口商进口所需产品。

出口信贷包括卖方信贷和买方信贷两种。卖方信贷是指在大型机械或成套设备贸易中，为便于出口商以分期付款方式出卖设备，而由出口商所在地银行向出口商提供信贷。其实质是出口商先从出口商所在地银行取得中长期贷款，然后再向进口商提供延期付款的商业信用。买方信贷是指在大型机械设备或成套设备贸易中，由出口商所在国的银行贷款给外国进口商或进口商所在地银行的信贷。

（三）发行国际股票

发行国际股票是指国际企业通过在国际金融市场或国外金融市场上发行以外币为面值或以外币计价的股票而向社会筹集资金的行为，通常也称境外上市。例如，中国的股份有限公司在英国伦敦金融市场上发行股票，就属于发行国际股票。随着经济的国际化，发行国际股票在国际筹资中占据的份额越来越大，其地位也逐渐上升。

与国内企业相比，国际企业发行国际股票具有以下有利条件：① 企业规模大、信誉好，有利于股票发行；② 国际企业业务散布于多个国家，因而比较容易了解国际金融市场的情况；③ 可通过国外的分支机构在当地发行股票，以节约发行费用。

国际企业发行国际股票的具体方式主要有以下几种：① 海外直接上市发行普通股票；② 发行全球存托凭证，即以发行的股票交本国银行或外国银行的本国分支结构保管，然后以此为保证，委托国外的银行再发行与这些股票对应的存托凭证；③ 发行 B 股，可以以较低成本筹集外资，但二级市场资金不充足，流动性较差；④ 买壳上市，即通过购买外国股票市场上市公司的全部或部分股权，以达到在当地股票市场进行配股融资的目的。

发行国际股票的筹资方式具有以下优点：① 能迅速筹集金额较大的外汇资金；② 有利于提高企业与其产品在国际市场的知名度；③ 通过扩展潜在的投资群，可以促使股价提升和资本成本下降；④ 在境外创造了第二市场，有利于国外市场的筹资；⑤ 能增强公司股票的流动性；⑥ 有利于跨国并购的实施。

（四）发行国际债券

国际债券是指一国政府、金融机构或企业为筹集资金而在国外市场发行的以外国货币为面值的债券。国际债券分为欧洲债券和外国债券。

欧洲债券是指国际借款人在其本国以外的债券市场上发行的，不以发行所在国的货币为面值的债券，如日本公司在瑞士债券市场上发行的美元债券。欧洲债券的发行费用和利息成本较低，有利于国际企业降低其资本成本，同时欧洲债券市场具有安全度高、可选择性强、流动性大，以及可免税性和不记名性等特征，非常吸引投资者。目前欧洲债券选用最多的货币是美元。

外国债券是指国际借款人在某一外国债券市场上发行的，以发行所在国的货币为面值的债券，如我国企业在美国债券市场上发行的美元债券。外国债券的特点是债券发行人属于一个国家，而债券的面值货币和发行市场则属于另一个国家。

（五）国际租赁

国际租赁是指国际企业通过国际租赁市场向国际租赁公司租赁本企业所需设备或物品，以支付租金为条件，在一定时期内取得租借设备或物品使用权的经济行为。国际租赁以出租实物的形式代替对承租人直接发放贷款，是一种新型的融资方式。

国际租赁可分为经营性租赁和融资性租赁两种基本形式。经营性租赁又称服务租赁，是指出租人将自己经营的租赁资产反复出租给不同承租人使用，由承租人支付租金，直至资产报废或淘汰为止的一种租赁方式。融资性租赁是指租赁公司购买国际企业所需要的设备或物品，在较长的合同期内，将此设备租给国际企业使用的一种租赁方式。融资租赁是融物、融资相结合的筹资方式。通过国际租赁，国际企业可以直接获得国外资产，较快地形成生产能力，充分地利用外资。

国际项目筹资也是国际企业筹资的一种方式。国际项目筹资是指向某一特定项目提供贷款，贷款人依赖该项目所产生的现金流形式的收益作为还款的资金来源，并以该项目资产作为贷款抵押的一种筹资方式。这种筹资方式主要适用于大型基础设施项目的建设，如能源、交通、采矿、油气田开发等。

三、国际企业资本结构管理与优化

国际企业在进行筹资管理时应注意控制筹资成本和优化资本结构。

（一）控制筹资成本

国际筹资成本会直接影响国际企业的经营成本，影响整个企业的收益和资本结构。所以，国际企业筹资的战略目标之一就是获取低成本的资金来源，降低经营成本，从而获得高收益。资本市场的不完全有效性和分割性为国际企业进入国际金融市场寻求较低成本的资金创造了良好的机会，国际企业可以在保持资本结构不变的情况下，以较低的资本成本和财务风险筹集到更多资金。

一般而言，国际企业可以通过选择合适的筹资方式、筹资地点和筹资币种来尽量避免和减少纳税等，以降低筹资成本，从而实现对资本成本的控制。

1. 选择合适的筹资方式

通过不同方式筹集的资金，有的可以得到各类补贴，有的需要交纳各种税费，有的可能受到种种限制。因此，国际企业可以通过选择合适的筹资方式来尽量减轻税负和避免各种限制。

（1）选择规模适当的债务筹资

目前，大多数国家对于国际企业支付给国外的股息往往会课征很重的预扣税，即使国家之间的双边协议可能降低或取消预扣税，但股息支付往往是有代价的。而对于国际企业支付给国外的债务本金及利息，不论是支付给母公司还是国外的其他金融机构，多数国家都有税收减免政策。因此，选择债务筹资方式具有减税效应，可以减轻国际企业的税收负担。当然，债务筹资也会增大财务风险，所以债务融资的规模要适度。

（2）争取优惠补贴贷款及当地信贷配额

目前，大多数国家与地区的政府为了鼓励对外投资或吸引外资，一般会向本国或外国的企业提供补贴贷款或税收优惠。例如，有些国家设置了专门机构对国外进口商进口本国产品提供出口信贷，这种信贷往往利率低、期限长，并由国家补贴和担保。国际企业应充分利用这些优惠政策，以降低筹资成本。同时，国际企业还应充分利用世界银行等国际性金融机构提供的期限长、利率低的项目贷款等优惠贷款。

不过，有些国家为了限制或引导资本流向，稳定本国利率或汇率，限制信贷资金膨胀，有时会采取信贷配额管理等措施。这会使得国际筹资成本升高。对此，国际企业一方面要和有关当局协调好关系，争取较多的信贷配额，另一方面可以利用筹资渠道多样化、内部资金调度灵活等筹资优势，绕过信贷管制。

2. 选择合适的筹资地点

与国内企业相比，国际企业可以通过选择合适的筹资地点来避税、减税或绕过管制，从而降低资本成本。

有些国家或地区的税率很低，甚至根本不征所得税和预扣税，且法律管制较松，企业资金调拨和利润分配有相当的自由。这些国家或地区常为国际企业的避税港。国际企业可以选择这种不征或少征所得税及预扣税的“避税港”作为筹资中心，通过在“避税港”设立所属机构以降低资本成本。此类机构的股权资本通常来自母公司，国际企业内部的资本转移（包括股息与股权筹资）都可以在此进行。由于母公司所在国政府对于国际企业来自海外的收入，一般一直延期到避税港子公司向母公司支付股息时才征收所得税，所以国际企业可以通过避税港子公司向海外不断成长的公司提供筹资，而延缓向母公司所在国纳税。

3．选择合适的筹资币种

选择合适的筹资币种，可以有效地控制筹资成本。国际企业通过外币筹资时，有强币筹资、弱币筹资和多种货币组合筹资这三种策略。在选择外币进行筹资时，应综合考虑汇率和利率的变化，同时还应考虑以下几点：

1）筹资货币与用款及还款货币尽量一致，尽量避免汇兑风险。

2）优先选择流通性较强的可兑换货币筹资，以便于资金调拨与转移。

3）尽量选择软货币进行筹资，以便债务货币汇率下浮而减少债务成本和负债额。

4）选择多种外币组合筹资，以降低有效筹资成本，并使风险相互抵补。

（二）优化资本结构

资本结构是指企业资本总额中各种资本的构成及其比例关系。筹资管理中，资本结构有广义和狭义之分。广义的资本结构包括全部债务与股东权益的构成比率；狭义的资本结构则指长期负债与股东权益资本构成比率。此处的资本结构取广义。最优资本结构是指在一定条件下使企业平均资本成本率最低、企业价值最大的资本结构。

国际企业筹资必须服从最优资本结构的战略目标。国际企业的资本结构通常涉及国际企业总体资本结构和国外子公司资本结构。国际企业通常是先确立总体资本结构，然后调整子公司资本结构，以充分利用当地筹资机会，尽可能降低总体筹资成本，使企业价值最大化。

1．国际企业总体资本结构

国际企业总体资本结构是由国际企业的母公司和全部子公司的资本结构合并而成的，反映了国际企业全部资金的来源构成。国际企业任何一个海外子公司的破产与其他财务困难都会不同程度地影响公司总体的经营能力和偿债能力，降低公司的总体价值和后续筹资能力，进而损害投资者的利益。因此，经常检测、调整国际企业全球范围的资本结构组合，是国际企业建立最优资本结构，实现筹资能力最大化的基础工作。

国际企业采取何种总体资本结构，尚无一致结论。总体来说，主要有以下两种：

1）债务密集型资本结构。即债务资金的比例相对较大的资本结构。采取这种资本结构的国际企业往往采用债务筹资的方法。这种资本结构适合于具有稳定现金流量的企业，现金流量稳定便于及时偿债。

提　示

一种观点认为，与国内企业相比，国际企业具有更稳定的现金流量，因为国际企业地理分布于经营业务的多样化减轻了单个不利事件对现金流量的影响，且国际企业的现金流量以多种货币表示，可以有效地分散汇率风险。所以，国际企业可以比国内企业负担更高比例的债务。

2）股权密集型资本结构。即债务比例较低而股权比例较高的资本结构。采取这种资本结构的企业倾向于财务股权筹资的方法。这种资本结构适合于现金流量较少或不稳定的企业。

提 示

有人认为，与国内企业相比，国际企业的现金流量更变化无常，故国际企业应采用股权密集型资本结构。理由是：其一，海外子公司的收益必须服从其所在国的税法规定，而这些规定可能随时改变，并且其所在国可能迫使子公司将所有收益留在当地，这会使得子公司汇往母公司的资金减少。其二，虽然采取保值措施可以避免汇率变化的风险，但只要存在汇率变化就可能造成汇兑损失。因此，如果国际企业总体采取股权密集型资本结构，则可以在允许子公司暂时将收益滞留海外以回避风险而又不影响向债权人定期支付利息方面具有更大的灵活性。

至于究竟采取哪种类型的资本结构，国际企业应综合考虑影响其偿债能力的所有因素，选择符合自身情况及战略的资本结构。不同国家及不同行业的国际企业，其总体资本结构有较大差别。从实际情况看，国际企业总体资本结构中的债务比率都高于母公司所在国的国内企业，因为国际企业总体收益稳定且规模巨大，投资者易接受其较高的债务比率，所以可以在不影响其筹资能力的情况下利用更多的债务资金。

2．子公司资本结构

国际企业要实现总体最优资本结构，就必须监督和调整海外子公司的资本结构，使其服从于总体经营战略。国际企业海外子公司的资本结构不是完全独立的，其可以被母公司操纵。但是国际企业海外子公司的资本结构决策主要有以下三种：

（1）与母公司总体资本结构保持一致

国际企业海外子公司采用这种资本结构形式的优点在于：能够保证母公司与子公司合并资本结构的稳定性，使投资者不改变对国际企业的风险评价。缺点在于：可能忽视子公司经营环境的特殊性，使子公司无法利用低成本资金来源而坐失良机，进而在当地失去竞争力，这容易导致国际企业无法发挥其全球优势。

（2）与当地企业的资本结构保持一致

国际企业海外子公司采用所在国企业的资本结构来规划自身的资本结构，其优点在于：可避免国际企业海外子公司所在国对子公司过高债务比率的批评，进而改善子公司在东道国的形象；有利于投资者或债权人及当地政府评价子公司的收益状况，并与当地竞争者进行比较。其缺点在于：放弃了国际企业资金来源多样化、风险分散的跨国优势；国际企业母公司与子公司的合并资本结构会偏离母公司所在国的标准，且不反映任何国家的标准。

（3）灵活确定资本结构以降低筹资成本

国际企业通常以公司总体资本机构为控制目标，根据每个子公司的具体融资成本和风险状况来灵活确定子公司的资本结构，以降低筹资成本和风险。其原则就是使处于债务成本高的国家的子公司保持较低的债务比率，使处于债务成本低的国家的子公司保持较高的债务比率，以此使公司总体资本结构最优。

3．母公司的担保与债务合并

国际企业在设计总体资本结构时，应考虑母公司对子公司的担保和债务合并对公司总体筹资能力的影响。

（1）母公司的担保

理论上，母公司对所担保的子公司债务负有偿还的义务，对没担保的子公司债务则无偿还义务。所以，有担保的子公司债务应并入总体资本结构，否则不应并入总体资本结构。而在实践中，国际企业通常对这两种债务一视同仁，其目的是避免因公司违约而与各类债权人尤其是一些国际金融机构的关系恶化，从而导致公司经营活动遭遇困难，筹资能力大大降低。

国际企业对子公司提供债务担保有利于简化子公司的借款程序，降低子公司的筹资成本，使子公司的财务与经营活动保持灵活性。但是为子公司提供担保存在以下弊端：① 使子公司对母公司产生依赖；② 母公司的债务担保表明支持某些经营活动，这可能诱使债权人提出额外要求；③ 使子公司债务失去防止东道国征用风险的功能；④ 使银行不再担忧对子公司的贷款安全，进而导致代理成本上升。

（2）债务合并

投资者与债权人评估国际企业的财务风险主要看母公司与子公司合并报表后的总体资本结构。因为国际企业为了实现其全球筹资战略，往往需要灵活调整子公司的资本结构，所以子公司的资本结构并不十分重要。

当今世界拥有发达的通信网络，投资者和债权人可以方便、快捷地获取国际企业各海外机构的信息。此外，信用评级机构会严格审查国际企业的各种资料，将所有债务信息都纳入对国际企业的资信评估和筹资能力评价中。

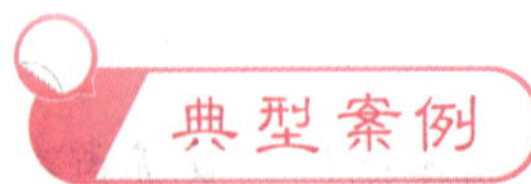

华能国际筹资之路

一、华能国际概况

华能国际电力股份有限公司（简称“华能国际”）及其附属公司在中国全国范围内开

发、建设和经营管理大型发电厂，截至2014年12月31日拥有权益发电装机容量63 757兆瓦，可控发电装机容量70 484兆瓦，公司境内电厂广泛分布在中国21个省、市和自治区；公司在新加坡全资拥有一家营运电力公司，是中国最大的上市发电公司之一。

华能国际由中国华能集团公司（简称“华能集团”）与华能国际电力开发公司（简称“华能开发”）及多家政府投资公司共同发起成立，其股权结构图如下（见图8-1）。

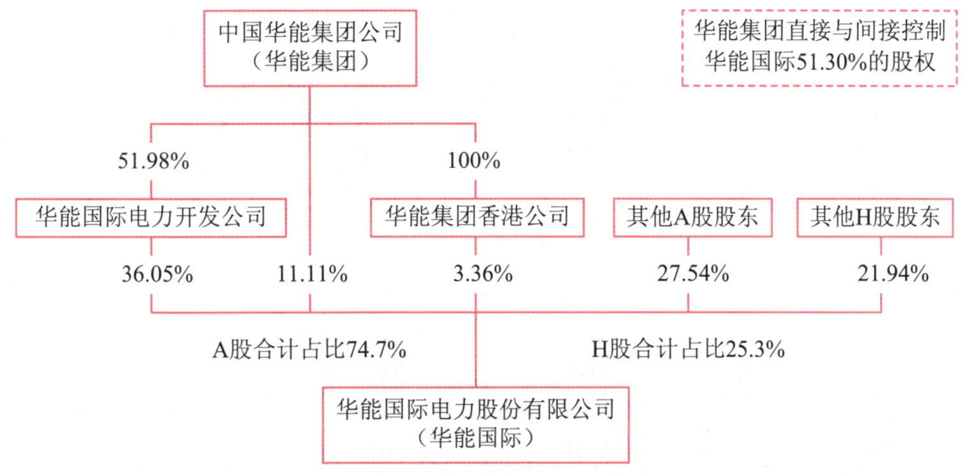

图8-1 华能国际股权结构图

华能国际的主要业务是利用现代化的技术和设备，利用国内外资金，在全国范围内开发、建设和运营大型发电厂。作为发电企业，华能国际自成立以来，坚持技术创新、体制创新、管理创新，在电力技术进步、电厂建设和管理方式等方面创造了多项国内行业第一和里程碑工程。华能国际是国内第一个实现在纽约、香港、上海三地上市的发电公司；其技术经济指标、全员劳动生产率在国内电力行业保持先进水平。

二、华能国际筹资背景

华能国际的发展战略是把华能建设成为实力雄厚、管理一流、服务国家、走向世界、具有国际竞争力的企业集团。华能国际的资本运营规划为：到2020年，集团公司发电装机容量达到2亿千瓦，按照4 000元/千瓦的造价计算，需投资6 800亿元；按照20%资本金计算，需投入资本金1 360亿元，贷款5 440亿元；按平均股权比例50%计，需资金680亿元，贷款2 720亿元。

三、华能国际筹资情况

（一）权益资本筹资

华能国际成立于1994年6月30日，同年10月在全球首次公开发行了12.5亿股境外上市外资股（外资股），并以 3 125 万股美国存托股份（ADS）形式在美国纽约证券交易所上市（代码：HNP）。1998 年 1 月，外资股在香港联合交易所有限公司（香港联交所）以介绍方式挂牌上市（代码：902）。1998 年 3 月又成功地完成了 2.5 亿股外资股的全球配售和 4 亿股内资股的定向配售。2001 年 11 月，在国内成功发行了 3.5 亿股 A 股（代码：600011），其中 2.5 亿股社会公众股在上海证券交易所上市。2010 年 12 月，完成了 15 亿股 A 股和 5 亿股 H 股的非公开发行。2014 年 11 月，完成了 3.65 亿股 H 股的非公开发行。目前，公司总股本约为 144.2 亿股。

（二）债务资本筹集

华能国际 2001—2012 年的债务资本筹集概况如表 8-1 所示。

表 8-1　华能国际债务资本筹集

年　份	短期借款（元）	长期借款（元）	借款占负债比例（%）
2001	4 000	957 576	49.02
2002	55 000	918 480	53.75
2003	160 000	915 360	61.80
2004	809 900	1 595 529	76.20
2005	658 087	2 886 226	69.59
2006	782 372	3 509 862	70.78
2007	1 167 040	3 343 865	63.20
2008	2 874 549	5 902 718	71.35
2009	2 472 982	7 126 675	66.08
2010	4 404 718	6 518 490	66.98
2011	4 397 920	7 984 487	63.11
2012	2 744 208	7 256 482	52.10

除上述债务资本之外，华能国际开展了一系列债券筹资活动：

1）1997 年在境外共发行面值为 2.3 亿美元、票面利率 1.75%、期限为 7 年的可转换债券，进一步拓宽了融资渠道。

2）2005 年 5 月以贴现方式发行 45 亿元（1 年期）和 5 亿元（9 个月）的短期融资债券，以满足新建电厂的资金需求。

3）2006 年 5 月和 6 月完成了共计 50 亿元以附息方式发行、期限为 365 天的短期融资券的发行。

4）2007 年 8 月完成了 50 亿元以附息方式发行、期限为 364 天的无抵押短期融资券的发行。

5）2007 年 12 月还发行了共计 60 亿元公司债券，其中 5 年期 10 亿元，7 年期 17 亿元，10 年期 33 亿元，并在 2008 年 1 月上市交易。

6）2008 年 5 月发行 40 亿元 10 年期公司债券，同月上市交易。

7）2008 年 7 月发行 50 亿元期限为 365 天的无抵押短期融资券。

8）2009—2012 年，在上海发行共计 650 亿元不同期限（270 天、365 天）的短期融资券和超短期融资券。

四、华能国际筹资效果

1）在保持控制权稳定的同时实现了华能国际的战略目标。在控制权稳定的基础上，华能国际从 1994 年成立时装机容量只有 2 900 兆瓦，截至 2012 年 12 月 31 日拥有权益发电装机容量 56 572 兆瓦，可控发电装机容量 62 756 兆瓦，是公司成立之初的 20 余倍。

2）实现企业资本结构的动态变化。华能国际的资本结构实现了动态变化，负债率从 2001 年的 40%到 2012 年的 75%，呈现持续增长。2001—2004 年资产负债率均低于 50%，2005—2007 年资产负债率大于 0.5，2008—2012 年资产负债率维持在 0.75 左右，比同行业平均水平高出 11 个百分点。

五、华能国际筹资方式分析

华能国际积极拓宽融资渠道，早期分别在美国、中国香港、中国内地发行股份筹集资金，有效弥补了资金的不足，在当时具有创新意义。但是华能国际在上市后的几年中，依靠持续收购不断扩大规模，虽然这种规模扩张带来了明显的短期业绩增长，但需要大量资金来支撑，这么大的资金支出必然需要通过融资来实现。

近年来华能国际的筹资力度加大，主要就是用于开展一系列资产并购及基建建设开发所，而不断发行短期融资券也是为了满足公司营运资金需求。债券发行数额较大，说明华能国际面临着资金紧缺的情况，反映出大规模扩容带来的资金压力。一旦华能国际在融资上遇到障碍，影响到其规模扩张，无疑会对其业绩的增长产生重要影响。

华能国际的债务资本筹集方式和其资金使用状况也反映出电力市场的普遍问题——短债长投。因为它成本低，而且可以逃避很多费用，资金来源快。但是短期债做长期项目投资增加了公司的财务风险，很容易导致资金断裂。

六、华能国际的资本结构与长期融资

截至 2011 年底，华能国际的资产负债率高达 77.14%，并且存在较严重的短债长投的现象。这样高负债率及过度依赖短期债务融资的行为具有两个方面的好处：

1）能利用债务融资的节税作用。债务利息能够在税前扣除，保持一定的债务比例能够降低企业的资本成本。

2）债务融资对经理产生的激励作用大于股票融资的激励作用。企业举债可以降低由于所有权和控制权分离而产生的代理成本。只有在更大的债务压力下，才能迫使经理努力工作，提高管理效率，以避免企业破产。

因此，有时债务融资向市场传递的是高质量的积极信号，而股权融资则是一个不被投资者看好的消极的市场信号。但是过度的依赖债务融资，保持过高的资产负债率，会给企业的经营带来巨大的风险。根据资本结构的权衡理论，随着资产负债率的提高，企业的财务困境成本也随之上升。当资产负债率到达一个点时，财务困境成本会超过债务利息的抵税额，这样不仅不利于企业价值的最大化，反而会吞噬企业的价值。华能国际超过 75%的资产负债率及严重的短债长投现象，给企业带来过高的财务风险，一旦企业的现金流出现问题后果可想而知。

四、国际企业筹资风险及规避

由于国际筹资环境复杂多变，国际企业的筹资行为往往会面临较多风险。这些风险主要包括国家风险、外汇风险、利率风险等，任何一项风险都可能影响国际企业的风险级别及后续筹资能力。因此，国际企业必须加强筹资风险管理。

（一）防范国家风险

国家风险也称政治风险，是指由于东道国或投资所在国国内政治环境，或者东道国与其他国家之间的政治关系发生改变，而给外国企业或投资者带来的经济损失的可能性。

由于国际筹资与国际投资等国际经营活动紧密相关，所以国际企业在制定国际筹资战略时应认真评估有关的国家风险并加以防范。总体而言，防范国家风险应遵循以下原则：

1. 尽可能在政治稳定的国家投资

选择在政治稳定的国家投资，发生资产损失或破产的风险较小。因为政治稳定的国家一般非常注重国家信誉，不会轻易对外国公司采取极端措施，如没收国际企业子公司资产、实施严厉的外汇管制等。

2. 尽量利用负债筹资

国际企业在一些风险较大的国家投资时，应尽量利用负债筹资，减少股权筹资比例。这一原则具体表现为以下两个方面：一方面，国际企业母公司应尽量以贷款形式向子公司提供资金，这样，在子公司所在国要求国际企业必须提供一定比例的内部资金时，可以避免股权投资可能造成的损失。另一方面，国际企业应尽可能向国际性大金融机构贷款筹资，这样，当子公司所在国采取不利于国际企业的过激措施而影响到这些金融机构的利益时，这些金融机构会利用自己的地位向东道国政府施压，迫使其放弃某些做法。

3. 减轻对母公司的还款依赖

这一原则要求国际企业坚持以国外投资项目或子公司的生产盈利归还贷款。由于投资项目或子公司的盈利情况涉及将来的偿债能力，与各类债权人的利益紧密相关，所以不论来自东道国还是东道国之外的各类债权人，都会关心投资项目或子公司的经营活动，关注东道国的信誉状况，这样对东道国的任何过激行动都会起到遏制作用，进而达到防范国家风险的目的。

国际企业使投资项目或子公司的债务结构多元化，充分利用当地的资金来源，强化东道国政府与投资项目或子公司的利益关系，能够更好地防范国家风险。

（二）规避外汇风险和利率风险

外汇风险又称汇率风险，是指在不同货币的相互兑换或折算中，汇率在一定时间内发

生始料未及的变动，致使有关经济实体或个人因以外币计价的资产或负债发生价值涨跌而蒙受损失的可能性。利率风险是指在实行浮动利率的情况下，因利率的上升或下降而造成的外币资产减少或负债增加的风险。

借贷期限越长，汇率波动的不稳定性就越强，债务人承担的汇率风险就越大。借贷采用浮动利率时，市场利率水平的提高会直接造成借款利息偿付的增加，从而提高债务人的筹资成本。因此，国际企业在进行国际筹资时，必须加强风险管理，注意规避外汇风险和利率风险。

1．外汇风险和利率风险的规避原则

防范外汇风险和利率风险应坚持均衡原则，具体包括以下几点：① 均衡筹资货币结构，合理组合币种；② 均衡筹资货币的期限结构，合理搭配长短期负债；③ 均衡总体利率结构，合理搭配固定利率与浮动利率；④ 均衡筹资市场结构，适当分散风险；⑤ 均衡筹资总体成本结构，综合考虑汇率、利率、费用等因素。

一般来说，利率上升，该货币的存款收益会增加，外汇市场对其需求也会增加，汇率会短期上升；反之，利率下降，汇率也相应下降。因此，对债务人来说，利率发生变化除了会带来直接的外债利息负担风险之外，还会带来相应的汇率风险。

2．外汇风险和利率风险的规避方法

（1）外汇风险规避方法

在国际筹资活动中，规避汇率风险的方法主要有如下几种：

1）准确预测货币汇率变化趋势。国际企业可以通过分析影响汇率变化的各种因素（如国际收支、国际经济金融、国际政治军事、外汇持有人的预期心理等）来预测货币汇率的变化趋势，以便于及时采取相应措施，使风险损失降到最低。

2）选择有利的计价货币。一般情况下，国际企业在资本借入时，应尽可能选择软货币，当合同货币的汇率在结算或清偿时下降，就可以少支付一些本国货币或其他货币；在资本投出时，应尽可能选择硬货币，当合同货币的汇率在结算或清偿时上升，就可以兑换更多数额的本国货币或其他货币。

软货币是指在国际金融市场上汇价疲软，不能自由兑换他国货币，信用程度低的国家货币，主要有印度卢比、越南盾等。硬货币是指在国际金融市场上汇价坚挺并能自由兑换、币值稳定、可以作为国际支付手段或流通手段的货币，主要有美元、英镑、日元、欧元等。

3）采取货币保值措施。货币保值措施是指交易谈判时加上适当的保值条款。在浮动

汇率条件下，主要是硬货币保值条款，即在合同中写明以硬货币计价，以软货币支付，并写上当时两种货币的汇率，载明支付时要根据汇率的变动进行等比例的调整。在采取货币保值措施时，还可以加上“一篮子”货币保值条款，即在合同中写明支付货币与多种货币组成“一篮子”货币的综合价值挂钩的保值条款。

4）远期外汇交易法。即交易双方在成交后并不立即办理交割，而是事先约定币种、金额、汇率、交割时间等交易条件，到期才进行实际交割的交易。通过这种方法可以避免汇率风险。

运用远期外汇交易进行货币保值的具体做法为：将国际筹资用于商品进口的企业，用外币计价结算应付货款，在签订进口合同后、实际结算前，立即同外汇银行签订远期的以本币买进外币应付货款的远期外汇交易合同，合同交割日为贸易结算日；到贸易结算日，再用本币按约定汇率交割所需的外汇，支付进口货款。这样，无论外汇市场计价外币的汇率如何变动，总是一得一失相互抵消，从而避免外汇风险。

5）提前或延期结汇法。即通过预测支付货款汇率的变化趋势，提前或延期收付款项，以避免外汇风险。也就是通过更改外汇资金的收付日期来抵补外汇风险。

6）金融期货和外汇期权保值措施。金融期货是指交易双方在金融市场上，以约定的时间和价格，买卖某种金融工具的具有约束力的标准化合约。它可以将筹资固定于较低成本，将投资固定于较高收益。外汇期权是指合约购买方在向出售方支付一定期权费后，所获得的在未来约定日期或一定时间内，按照规定汇率买进或者卖出一定数量外汇资产的选择权。在支付了一定期权费之后，若汇率向不利方向变动，则可不执行合同，仅损失已支付的期权费；若汇率向有利方向变动，则执行合同不但能起到避免风险的作用，还可以获得较大的额外收益。

7）货币风险保险法。即投保于保险机构并交纳保险费，以此来避免汇率风险。

（2）利率风险规避方法

在国际筹资活动中，规避利率风险的方法主要有如下几种：

1）利率调换法。利率调换法是指对借到币种、数量和期限相同但计息方式不同的债务的两个独立筹资者，将其利率进行调换。具体而言，一个筹资者以优惠条件获得固定利率资金却希望使用浮动利率资金，另一个筹资者能获得浮动利率资金却需要使用固定利率资金，在这种情况下，双方根据各自的筹资优势，通过中间人对两人的利率进行调换，以使双方能各取所需。

2）货币调换法。货币调换法是指两个独立的筹资者各自筹集到等数量、期限相同但以不同货币计价的资金，两者通过调换计息货币来满足各自调整债务货币结构的需要，从而达到避免风险的目的。

3）选择适当的资本结构法。此处主要指筹资结构及固定利率与浮动利率的结构。国际企业在进行国际筹资时应权衡财务杠杆利益和财务风险，合理配置股权资本和债务资本

的比例，以及固定利率与浮动利率之间的比例，以降低利率风险。

（三）保持和扩大现有筹资渠道

为了保障资金来源的稳定性和融资方式的灵活性，增强后续筹资能力，国际企业应立足长远，在全球范围内拓展筹资渠道。主要策略有以下两种：

1. 使资金来源多样化

发达的国际金融市场为资金来源多样化创造了条件，国际企业应充分利用这一优势，主动出击各金融市场，开拓多样化的资金来源渠道，与众多金融机构及投资者建立良好的合作关系，提高企业在国际金融市场上的知名度，并展示良好的信誉和经营实力，为后续筹资打下基础。

2. 保持现有信用额度

许多国家的银行都会为客户确定信用额度，以满足国际企业短期资金的需要。充分利用银行信用额度，企业可以享受较低利息的贷款。而不充分利用信用额度，企业则应支付给银行一定的承诺费，并会被银行削减信用额度，以避免银行资金闲置。所以，国际企业应通过向银行借款来保持现有信用额度，以确保在资金紧缩时仍能获得所需贷款。

第三节 国际企业投资管理

一、国际投资的种类

国际投资是指投资者跨越国界投放资本，以期获取较本国投资更高收益的一种投资行为。国际投资的资本形式包括货币资本、实物、无形资产和其他资产等。

国际投资按照不同的标准可以进行不同的分类，常见的分类有如下几种。

（一）国际直接投资和国际间接投资

按投资方式的不同，国际投资可分为国际直接投资和国际间接投资。国际直接投资是指投资者为了获得长期投资收益并拥有对某企业或公司的控制权或经营管理权，而进行的在国外直接建立新企业、合资合作办企业等投资活动。如果股权投资达到了对某企业进行控制的程度，也属于直接投资。国际直接投资的实现方式主要包括：① 以参加经营为目的，取得投资对象的股份，或者收买、兼并投资对象；② 在国外设立全资子公司或与当地投资者组建合营企业；③ 在国外新设分公司、营业所、工厂或收买原有工厂，扩大分公司、工厂、营业所等；④ 单独或联合投资参与东道国资源开发项目等。

国际间接投资是指不直接掌握投资对象所有权或在投资对象中没有足够控制权的投资，往往通过证券、信贷等形式进行。国际间接投资具有以下特点：① 流动性。国际间接投资以获得最大利润或寻求安全场所为目的，且通常以证券为媒介，需通过货币形式的资本转移来获取利息或股息。② 灵活性。在国际间接投资中，各种有价证券可以在国际市场上便捷地转移、变现和交易。

提　示

区分直接投资和间接投资的基本标志是投资者能否对其所投资的对象进行有效控制或是否能够参与其经营管理决策。根据货币基金组织的规定，拥有外国企业股份超过25%的投资为直接投资。此外，各国政府均根据具体情况确定了直接投资和简介投资的划分标准。

知识拓展

国际直接投资的战略动机

国际直接投资的战略动机包括以下几种：

（1）追求市场。即开辟新市场，实现公司全球发展。具体而言又分为两种：一是开辟新的海外市场，占领销售据点；二是维持出口市场或国内市场份额，突破贸易障碍。

（2）利用原辅材料。即利用国外丰富的自然资源，以实现最优资源配置，降低企业生产成本。

（3）利用生产要素。即利用国外廉价的生产要素，以降低生产成本，提高企业生产经营效率。

（4）学习先进知识。即与投资当地的高技术企业合资经营、收购当地高技术企业或在当地设立高技术实验室等，以学习国外先进技术和管理经验。

（5）谋求政治安全。即避免一些国家政治不稳定、政策不连贯、领导人更迭频繁、战乱和历史纠纷等政治风险和国家风险。

（二）公共投资和私人投资

按资金来源的不同，国际投资可分为公共投资和私人投资。公共投资是指由国家或地方政府、国际组织为了一定的社会公共事业所进行的投资。私人投资是指由自然人、法人或非法人团体为谋求利润所进行的投资。

（三）长期投资和短期投资

按投资时间的长短，国际投资可分为长期投资和短期投资。长期投资是指不准备随时

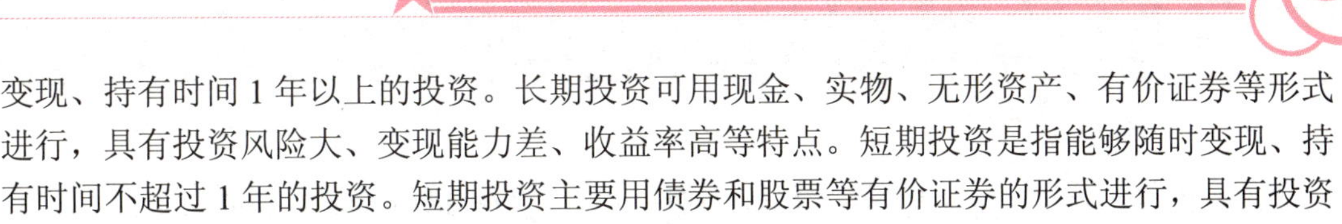

变现、持有时间1年以上的投资。长期投资可用现金、实物、无形资产、有价证券等形式进行，具有投资风险大、变现能力差、收益率高等特点。短期投资是指能够随时变现、持有时间不超过1年的投资。短期投资主要用债券和股票等有价证券的形式进行，具有投资风险小、变现能力强、收益率低等特点。

按投资主体的不同，国际投资可以分为政府进行的国际投资和企业进行的国际投资。政府进行的国际投资一般带有一定的援助性质，不属于国际财务管理研究的内容。

二、国际投资的特点

与国内投资相比，国际投资主要具有以下特点：

1）投资目的多元化。国际投资的目的除了赢利之外，还包括改善国际企业与东道国的双边关系，为投资者获取某些机会做铺垫等。

2）计价货币多样化。国际投资通常应采用可以在国际金融市场上自由兑换成其他国家货币或可向第三国办理支付业务的外国货币及其支付手段，如美元、英镑等。由于涉及不同国家的货币单位，很可能出现收入的计量货币异于权益的计量货币的情况，因而必然产生不同货币之间的汇兑、结算问题。

3）投资资本形态多样。国际投资的资本形态既有实物形式的资本（如机器设备、商品等），也有无形资产形式的资本（如商标、专利、管理技术、生产诀窍等），还有金融资产形式的资本（如股票、债券、衍生证券等）。

4）资金来源多样化。国际投资的资金来源和形式具有多样性和广泛性，不仅包括企业的净资产，而且包括各国政府、单位和个人吸收东道国政府、单位、个人的投资和信贷资金，以及向当地金融市场和国际金融市场筹集的资金。

5）投资地域广泛。国际投资活动以国际市场为舞台，是全球性的经济活动，需要在境外设立机构，地域覆盖相当广泛。

6）投资环境复杂多样。在国际投资中，投资者面临着不同的自然环境、政治环境、经济环境、法律环境、文化背景和社会习俗，投资环境复杂。这要求投资者进行国际投资时必须对投资环境进行研究与评价。

7）投资风险多重性。国际投资的风险包括政策风险、政治风险、经济风险、技术风险和其他风险。政策风险是指由于东道国的投资政策、产业政策和技术经济政策上的变化或失误，给国际企业的对外投资带来损失的可能性。政治风险主要是指国际上一些国家发生政变、内战或对外侵略而致使有关国家政治动乱、政局不稳，由此给国际企业的对外投资带来损失的可能性。经济风险是指因国际金融市场上各国的投资状况、税率、汇率、通货膨胀等变化给国际投资环境和投资效果带来的不确定性。技术风险是指由于科技进步导致资产相对贬值而给国际企业对外投资带来损失的可能性。

三、国际投资的方式

国际投资的方式主要有国际合资投资、国际合作投资、国际独资投资、国际证券投资等。

（一）国际合资投资

国际合资投资是指两个或两个以上不同国家或地区的投资者（其中至少有一个东道国投资者），按照共同投资、共同经营、共负盈亏、共担风险的原则，在东道国境内组建经营企业的一种投资方式。

国际合资投资有如下优点：① 与东道国投资者合资经营，可规避东道国政府对外国投资者的歧视性待遇，享受东道国对本国企业的优惠政策；② 可利用东道国合资伙伴了解本国政治、经济、文化等情况的优势，获得当地投资者的先进管理经验和销售经验，快速占领当地市场；③ 东道国投资者对本国的经济情况了解较多，与之合资经营企业能减少经营上的风险；④ 与多个投资者合资经营企业，各投资者投入的资本相对较少，所需承担的风险也相对较小。

同时，国际合资投资有如下缺点：① 寻找合适的合资伙伴和办理复杂的审批手续，均需要花费较长的时间；② 由于长短期利益可能不同，各投资者在合资经营过程中的管理决策可能出现冲突；③ 很多国家都规定外资股权不能超过一定比例（如 50%），国外投资者往往不能对企业进行完全控制；④ 无法保证企业的技术垄断地位，往往导致技术泄露。

国际合资投资的形式主要是创办股权式合营企业，具体形式包括无限责任公司、有限责任公司、股份有限公司和两合公司。无限责任公司是指由两个以上的股东组成的对公司债务承担无限责任的公司；有限责任公司是指由两个以上的股东组成的仅以投入企业中的资本额承担债务的公司；股份有限公司是指通过法定程序向公众发行股票筹资，股东的责任仅限于出资额的一种企业组织；两合公司包括无限责任和有限责任的两合公司，以及无限责任和有限责任的两合股份公司。

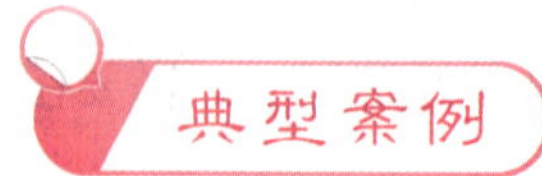

联想海外投资案例分析

一、联想的海外直接投资

（一）进军海外市场

经过多年奋斗，联想公司生产的高技术产品广泛应用于各行各业，远销海外。同时公司的资产、人员数量、营业额、税利等也都迅速增长。

但是，公司总裁柳传志却认为，联想“还只是一叶飘零小舟，经不起大风大浪的冲击”。他明确提出：“争取在几年内创办成全国第一流的外向型计算机企业，为国民

经济做出更多的贡献。”1988 年，联想公司实施了一个海外发展战略规划，探索进军海外市场的途径。这个战略规划主要包括“三部曲”和“三个发展策略”。

1. 三部曲

第一步，在海外建立一个贸易公司，进入国际流通领域，作为寻求开发外向型产品的突破口。1988 年 4 月，联想电脑有限公司在香港成立，开业时仅投资港币 90 万元，3 个月就收回全部投资。第二步，建立一个有研究开发中心、有生产基地、有国际经销网点的跨国集团公司。这是整个外向型事业的重心所在。第三步，1993 年在海外上市，形成规模经济，开始跻身于发达国家计算机产业之列。

2. 三个发展策略（海外发展战略）

第一是“瞎子背瘸子”的产业发展策略。即取其优势互补。香港联想公司是由 3 家各有优势的公司合资而成的。其中，香港导运公司熟悉当地和欧美市场，有长期海外贸易经验。另一家中国技术转让公司能提供坚实的法律保证和稳定可靠的贷款来源。北京联想公司的优势在于其技术和人才实力在香港无与伦比。在海内外产业结构上，联想也运用了互补原理。香港是国际贸易窗口，信息灵敏，适合搞开发和贸易，而生产基地则需要建在内地。同时，公司决定派一批高技术人员在香港成立研究开发中心，而把生产基地主要放在国内。

第二是“田忌赛马”的研究开发策略。联想的做法是，摸准市场需求，选准突破点，集中优势兵力，断其一指。当时 286 微机在欧美有极广阔的市场，充斥这个市场的主要是中国台湾和韩国的产品，而联想微机可以与它们较量。从技术上说，在国际市场上 286 属于“中马”“下马”的范围，联想决定拿出“上马”来和竞争对手对阵。于是，公司投入较为充裕的资金，调动一流技术人才，运用先进的设计思路，选用国际通用的、集成度最高的、最新生产的元器件，使设计出来的机器成为上乘产品，性能远远优于中国台湾、韩国和中国香港当地的产品。

第三是“汾酒与二锅头酒”的产品经营策略。他们认识到，要想跻身国际市场就必须优质低价。由于公司技术和人才实力强，国内劳动力价格低廉，生产成本低，完全可以做到这一点。联想 286 在当时可以说达到了“汾酒”的质量，卖的却是“二锅头”的价格，这就使联想产品挤进了国际市场。另外，联想集团与 IBM、惠普、康柏等计算机集团互换市场或商标使用，通过在美国建厂生产或商标互用占领美国市场。

（二）“大船结构”管理模式

联想的决策者认识到，没有一支组织严密、战斗力很强的队伍，企业就成不了气候，进军海外市场也就无从谈起。于是，他们探索出了“大船结构”。这种模式是组建跨国集团公司，实施“集中指挥，分工协作”，人员统一调动，资金统一管理，“船舱”实行经济承包合同制。1988 年，公司按工作性质划分了各专业部，实行“船舱式”管理，任务明确，流水作业，有利于提高工作质量和效率，有利于实现按劳分配，调动职工积极性，确立企业职工的主人翁地位。同时，逐步实行制度化管理。从 1998 年起，公司开始完善各种企业管理制度，着力进行规范化企业管理，为创建大规模外向型企业作准备。

（三）面向未来

为把联想办成一个长久的、有规模的高科技企业，最终成为具有世界水平的高科技产

业集团，联想制定了企业发展的近期、中期和远期目标。近期目标是到 2000 年完成经营额 30 亿美元，进入世界计算机行业百强 60 名以内；中期目标是到 2005 年左右，完成 100 亿美元的营业额，逐步逼近世界 500 强的入选范围；远期目标是在 2010 年之前以一个高技术企业的形象进入世界 500 强的企业行列。

二、联想海外直接投资的成功经验

联想经过 16 年的奋斗，发展成为开发、生产、销售、信息、服务五位一体的跨国集团公司，并已跻身于世界计算机产业的先进行列。联想集团创造了中国企业海外直接投资极为丰富和宝贵的成功经验。

（一）适时提出并实施海外发展战略

联想决策者把“创办计算机产业、跻身国际市场”作为联想人共同的理想和目标。1988 年联想便制定并实施了海外发展战略。从 1988 年联想就制定、实施了一个海外发展战略并达到了预期目标。1998 年，联想又制定了一个面向 2010 年的跨世纪发展战略。

（二）拥有技术上的比较优势

我国在计算机软件技术方面居于世界领先地位。联想选择计算机产业来实施其海外发展战略，进行海外直接投资，具有技术上的比较优势，这是联想集团进军海外市场成功的重要条件。

（三）把握好海外投资的时序

联想电脑有限公司是我国较早发展海外直接投资的企业，起步较早。如今，联想已拥有先进技术和一定经济实力，可利用亚洲经济处于低谷之际，收购日、韩、新加坡等国家在全球各地的企业，扩大进入地区和范围；还可收购日、韩等国的倒闭企业，降低进入成本。

（四）海外投资主体选择

联想建立了“集中指挥，分工协作”的大船模式，以“国内具有一定规模的生产型企业集团＋跨国贸易公司＋股票海外上市”的方式组建联想跨国集团公司。联想实施了现代企业管理制度，利用“大船文化”充分调动广大职工的积极性，使联想具有更强的凝聚力。这是联想成功的制度基础。

（五）选择好海外投资区位

我国计算机产业是在世界具有领先地位的高科技产业。联想的投资区位选在欧美发达国家和中国香港地区，一方面企业可获得高额利润，另一方面企业又可取得发达国家最先进的技术。

（六）选择好融资方式

欧美和我国香港的资本市场发达，融资方式多，融资手段完善、规范，尽可能地利用发达国家的资本市场来筹措投资资金，可为企业注入较充足的资金，增强其竞争力。海外直接投资融资方式应该是多样化的，应针对不同情况采用不同方式。

（七）选择好进入方式

联想在进军海外市场的初期不具备综合优势，就有针对性地选择了合资方式。当积累了海外投资的经验、拥有技术上的优势后，就选择以独资形式进入欧美市场。这样既确保了先进技术不会迅速消散，又使企业获得了超额利润。

（二）国际合作投资

国际合作投资又称契约式经营，是指两个或两个以上国家的投资者（其中至少有一个东道国投资者）通过谈判签订契约，按照共同管理、共担风险的约定，共同投资组建合作企业的一种投资方式。

国际合作投资有以下优点：① 由于兴办合作企业的申请审批手续较简便，且合作经营的内容和形式没有固定模式，合作方容易达成协议，所以合作投资耗费的时间较短；② 合作投资的条件、管理形式、收益分配方法及合作方权利、义务的约定都比较灵活，可根据实际情况予以确定。国际合作投资的缺点主要在于，其组织形式不像合资企业那样规范，合作各方容易在合作过程中对合同条款产生争议，进而影响合作的顺利进行。

国际合作投资的形式主要是创办契约式合营企业，具体形式分为法人式和非法人式。法人式即设立的合作企业有独立的财产权，法律上有起诉权，并以该法人的全部财产为限对其债务承担责任；非法人式即两国以上合营者作为独立经济实体，通过契约组成松散的合作经营联合体，该联合体不具有法人资格，没有独立的财产权，只有财产管理和使用权，合作各方仍以各自法人资格身份在法律上承担责任。

（三）国际独资投资

国际独资投资是指投资者根据东道国有关法律法规，经东道国政府批准，在其境内设立的由投资者全部出资并独立经营的企业的一种投资方式。

国际独资投资有以下优点：① 对企业拥有绝对的控制权，在资金的筹集、运用和分配方面拥有自主权，可以较好地执行母公司的经营战略；② 投资者能较好地维护企业的技术垄断地位，避免技术泄露；③ 有利于投资者利用各国税率的不同，通过内部转移价格进行合理避税。

同时，国际独资投资有以下缺点：① 可能受到东道国法律政策的严格限制，甚至受到歧视性待遇；② 投资者熟悉东道国的投资环境比较困难，不易获得详细的资料，经营风险较大；③ 不能利用他人资金，资金来源受到一定限制；④ 投资者需要重新构建销售网络，管理成本较高。

国际独资投资的形式主要是创办国外分公司、国外子公司和国外避税地公司。国外分公司是指国际企业在东道国依法设立的在组织和资产上与母公司不可分割的国外企业。分公司不具有法人资格，在法律上和经济上没有独立性，在经营上受到的限制较多。国外子公司是指国际企业投入股份资本，在东道国设立的独资企业。子公司受母公司控制，但具有独立的法人资格。国外避税地公司是国际企业为了税收上的利益而在避税地设立的外国公司。其基本作用在于为资本再投入和资本转移提供便利，从而使整个公司得到财务或价格上的利益。

（四）国际证券投资

国际证券投资是指投资者在国际证券市场上购买外国政府、金融机构和公司发行的债券及公司股票，以期在未来获得收益的经济行为。

国际证券投资有以下优点：① 投资灵活方便，无需经过谈判、协商和复杂的审批手续，只要有合适的证券，就可以立即进行投资；② 可以降低投资风险，因为国际证券在发行时一般要经过国际公认的资信评级机构确认发行人的资信等级，有的还需经过发行人所在国家的政府担保，因而证券投资的风险一般比合资、合作、独资投资的风险低；③ 投资者可以随时出售持有的国际证券将其变现，因而证券投资可增加企业资金的流动性和变现能力。

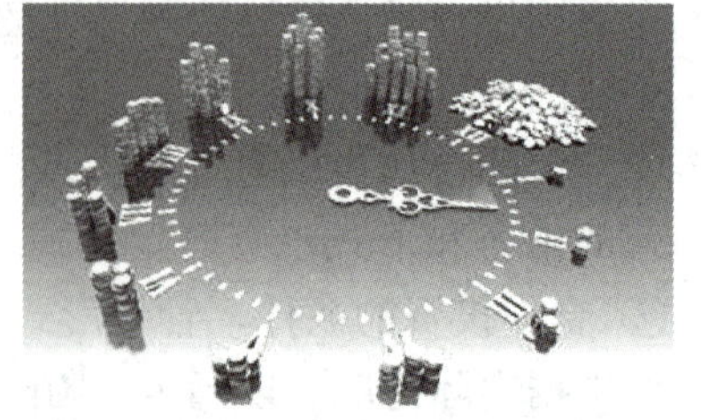

国际证券投资有以下缺点：有国际证券投资的这部分资金由筹资者自主运用和管理，投资者职能按规定获得股息或利息，因而无法控制有关资源和市场。投资者只有在购买了外国公司相当数量的证券，掌握该公司的控制权时，才能参与该公司的经营决策与管理。

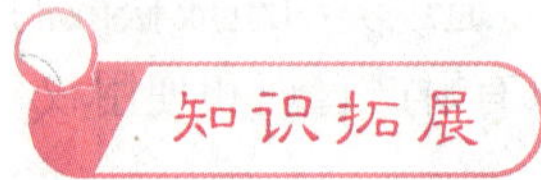

知识拓展

国际投资的程序

国际投资程序一般包括以下步骤：

1）结合企业实际情况，做出国际投资决策。企业根据自身经营的特点和国际市场状况，提出进行国际投资的设想。

2）选择恰当的国际投资方式。每种国际投资方式及其具体形式都有不同的特点，投资企业应结合自己的战略目标及实际情况，选择最适合自己的投资方式。

3）选用适当的方法分析国际投资环境。各国的政治、经济、文化的差异会对投资效益产生不同的影响，投资者需要选用特定的方法对投资环境进行分析评价，以减少投资风险，提高投资效益。

4）利用通用投资决策指标评估投资效益。评估国际性投资项目的指标通常有净现值、内部报酬率、现值指数等。进行国际投资评估时，必须采用双重评价法，即先用子公司东道国的货币对投资效益进行评价，再按一定汇率折算成母公司所在国的货币，从母公司的角度对投资效益进行评价。

四、国际投资分析

（一）投资环境分析

1. 国际投资环境的概念

国际投资环境是指在一定时间内，东道国或某一地区存在着的决定和影响国际投资活动进行和预期投资收益的各种因素及其相互依赖、相互制约所形成的有机统一体。它由东道国的政治、经济、法律、自然条件和社会文化等多种因素共同决定，是进行国际投资活

动的外部条件的综合。

相对于国内投资而言，国际投资要涉及不同的国家，而各国的政治法律制度、经济发展状况、宗教信仰、民族习惯、语言文字等不尽相同，因而国际投资环境更加复杂，国际投资企业要面临更多的风险和不确定性。国际企业必须正确判断和评估投资对象国的投资环境，努力认清所处的环境，做出正确的投资决策，努力适应环境，利用环境提供的有利条件，并回避不利因素。

从影响国际投资的因素出发，国际投资环境可归纳为以下五项具体内容：

（1）政治环境

政治环境是指东道国的政治状况与政策。政治环境因素一般包括政治制度、政权稳定性、当政者、政策连续性、政府状况、治安以及国际关系。

（2）经济环境

经济环境是指东道国的物质生活水平、生产力发展状况及科学技术水平，是直接影响企业在该国从事生产经营活动的具有决定意义的条件。经济环境主要包括以下几个方面：经济状况（主要指标是国民生产总值和人均国民生产总值）、人口状况（主要衡量指标是人口总数、人口的年龄结构合人口密度）、基础设施（主要是指一个国家的能源动力设施、交通运输设施、通信设施、商业设施、金融机构及其他共用事业设施等）和技术发展状况。

（3）法律环境

法律环境是指东道国法律秩序的稳定性，法律制度的完善性、稳定性、连续性，司法机关的独立性，国家机关公职人员严格执法、自觉守法的情况，以及人民群众的法律意识、法治观念等。

（4）自然环境

自然环境是指东道国自然或历史上长期形成的与投资有关的自然、人口及地理等条件。它由地理位置、气候条件、自然资源等因素组成。

（5）社会文化环境

社会文化环境是指东道国社会结构、社会风俗和习惯、信仰和价值观念、行为规范、生活方式、文化传统、人口规模等因素。由于地理和历史的原因，各国的社会文化背景是不同的，在有些国家至还存在地区间的差别。

2. 国际投资环境的特点

随着经济全球化趋势的日益明显，国际直接投资发展非常迅速，国际直接投资在各国经济发展中的地位越来越重要。国际投资环境作为影响国际投资活动的各种外部因素的综合体，有其自身的特点：

（1）综合性

国际投资的特点和现代经济社会的复杂性决定了国际投资环境这个整体是由多种因素综合构成的。这一特点就是国际投资环境的综合性。投资环境的综合性特点要求投资者在评价投资环境或进行投资决策和改善投资环境时，要全面考虑各种环境因素，不能只注意一个或某几个因素。

（2）系统性

国际投资环境涉及范围广，包含内容多，其各个因素既有各自独立的性质和功能，又是相互联系、相互作用的，它们共同构成一个有机的系统，整个系统的功能的强弱不仅取决于各个因素的状况，而且取决于各种因素相互间的协调程度。在这样一个纷繁复杂的庞大系统中，任何一个因素的变化，都可使涉及投资活动的其他因素产生连锁反应，进而导致整个投资环境发生变化。这就是国际投资环境的系统性特点。国际投资环境的系统性特点要求投资者在评价投资环境、进行投资决策和改善投资环境时，不能孤立地看待投资环境的各个构成因素，而应在考察各因素的基础上，注重各因素间的相互作用及其协调性。

（3）相对性

同样的外部条件，对于不同类型的投资、不同行业的投资或生产不同产品的投资会产生不同的影响，也就是说，对于不同的投资活动，同样一个投资环境会显示不同的功能作用，对某种投资而言是较好的投资环境，而对另一投资来说可能是较差的投资环境。这就是国际投资环境的相对性。

（4）动态性

一方面，随着时间的推移，国际投资环境的各种构成因素会不断地发生变化，从而使整个投资环境不断地变化；另一方面，随着时间的推移，投资项目会进入到项目周期的不同阶段，从而使得同样的环境因素对同一投资项目的影响力发生变化。这两种变化共同形成了国际投资环境的动态性特点。

3．国际投资环境的分析方法

由于投资环境对投资者至关重要，所以在东道国开展投资前，必须对当地投资环境进行分析评价。目前常用的分析评价方法主要有以下几种：

（1）投资环境等级评分法

该方法是由美国经济学家罗伯特·斯托伯提出的，其特点是从东道国对外国投资者的限制和鼓励政策对投资的影响的角度，把东道国的投资环境划分为八大因素，即抽回资本自由度、外商股权比例、对外商的管制程度、货币稳定性、政治稳定性、给予关税保护的态度、当地资金的可供程度和近 5 年的通货膨胀率，按照各因素的重要性大小确定不同的评分标准，再按各因素对投资者的重要程度确定具体的评分等级，最后汇总得到对改过投资环境的总评分。总分的高低反映投资环境的优劣程度。该方法的评分标准如表 8-2 所示。

表 8-2　投资环境等级评分表

序　号	投资环境因素	评　分
一	资本抽回自由度	0～12 分
	1．无限制	12
	2．有时间上的限制	8
	3．对资本有限制	6
	4．对资本和红利都有限制	4
	5．限制繁多	2
	6．禁止资本抽回	0

续表

序　号	投资环境因素	评　分
二	外商股权比例	0～12 分
	1．准许并欢迎全部外资股权	12
	2．准许全部外资股权但不欢迎	10
	3．准许外资占大部分股权	8
	4．外资最多不得超过股权半数	6
	5．只准外资占小部分股权	4
	6．外资不得超过股权的三成	2
	7．不准外商控制任何股权	0
三	对外商的管制程度	0～12 分
	1．外商与本国企业一视同仁	12
	2．对外商略有限制但无管制	10
	3．对外商有少许管制	8
	4．对外商有限制并有管制	6
	5．对外商有限制并严加管制	4
	6．对外商严加限制并严加管制	2
	7．对外商禁止投资	0
四	货币稳定性	4～20 分
	1．完全自由兑换	20
	2．黑市与官价差距小于 10%	18
	3．黑市与官价差距在 10%至 40%之间	14
	4．黑市与官价差距在 40%至 100%之间	8
	5．黑市与官价差距在 100%以上	4
五	政治稳定性	0～12 分
	1．长期稳定	12
	2．稳定但因人而治	10
	3．内部分裂但政府掌权	8
	4．国内外有强大的反对力量	4
	5．有政变和动荡的可能	2
	6．不稳定，政变和动荡极可能	0
六	给予关税保护的态度	2～8 分
	1．给予充分保护	8
	2．给予相当保护但以新工业为主	6
	3．给予少许保护但以新工业为主	4
	4．很少或不予保护	2

续表

序　号	投资环境因素	评　分
七	当地资金的可供程度	0～10 分
	1．成熟的资本市场，有公开的证券交易所	10
	2．少许当地资本，有投机性的证券交易所	8
	3．当地资本有限，外来资本（世界银行贷款等）不多	6
	4．短期资本极其有限	4
	5．资本管制很严	2
	6．高度的资本外流	0
八	近 5 年的通货膨胀率	2～24 分
	1．小于 1%	14
	2．1%至 3%	12
	3．3%至 7%	10
	4．7%至 10%	8
	5．10%至 15%	6
	6．15%至 35%	4
	7．35%以上	2
	总　计	8～100 分

投资环境等级评分法的优点是将投资环境的主要因素进行定量分析，避免了单纯的定性分析导致的模糊概念。但是，此方法的评分具有主观倾向性，并且评价因素不够全面，对诸如东道国基础设施、法律制度、行政机关办事效率等因素未进行考虑。

（2）投资环境冷热比较分析法

该方法是由美国学者伊西阿·利特法克和彼得·班廷根据对 20 世纪 60 年代后半期美国、加拿大等国工商界人士进行的调查资料，在综合分析七种因素对各国投资环境的影响后所提出一种方法。这七种因素是政治稳定性、市场机会、经济发展与成就、文化一元化、法令障碍、实质障碍、地理与文化差异。其中，前四个属于热因素，后三个属于冷因素。热因素越大，冷因素越小。一国投资环境越好（即热国），外国投资者在该国的投资参与成分越大。反之，一国投资环境越差（即冷国），外国投资成分越小。

（3）投资环境动态分析法

投资环境动态分析法也称道氏评估法，该方法是从动态的、发展变化的角度去考察、分析、评价目标国的投资环境的一种方法。道氏公司认为，投资环境不仅因国别或地区不同而存在较大差异，在同一国家或地区也会因不同时期而发生变化。

道氏评估法认为，投资者在国外投资所面临的风险主要分为两类：一类是正常企业风险或称竞争风险。例如，自己的竞争对手也许会生产出一种性能更好或价格更低的产品。这类风险存在于任何基本稳定的企业环境之中，是商品经济运行的必然结果。另一类是环境风险，即某些可以使企业投资和生产经营环境发生变化的政治、经济及社会因素。这类因素变化所造成的影响往往是不确定的，既可能是有利的，也可能是不利的。

据此，道氏公司把影响投资环境的诸多因素按其形成的原因及作用范围的不同分为两部分：① 东道国企业从事生产经营的业务条件，如实际经济增长率、是否实行价格控制、劳动力的技术水平、劳动力的稳定性等。② 有可能引起这些条件变化的主要压力，如受外界冲击时易受损害的程度、国家最高领导层的稳定性、与领过的关系、恐怖主义骚乱的程度和可能性、对外国人和外国投资者的态度等。这两部分各包括 40 项因素。在对这两部分的因素做出评估后，提出投资项目的预测方案的比较，可以选择出具有良好投资环境的投资场所。

（4）投资障碍分析法

障碍分析法主要对影响投资环境的不利因素进行评价，是依据潜在的阻碍投资运行因素的多寡与程度来评价投资环境优劣的一种方法。投资者依据投资环境的内容结构，分别列出阻碍直接投资的主要因素，并在潜在的东道国之间进行比较，障碍少的国家被认为具有良好的投资环境，反之则为投资环境恶劣的地区。阻碍国际投资顺利进行的障碍因素主要包括以下 9 类：政治障碍，经济障碍，资金融通障碍，技术人员和熟练工人短缺，实施国有化政策与没收政策，对外国投资者实施歧视性政策，东道国政府对企业干预过多，普遍实行进口限制，法律、行政体制不完善。

障碍分析法是一种简单易行的、以定性分析为主，立足于障碍因素分析，有利于减少投资风险，增强投资活动安全性的方法。该方法的优点在于，能够迅速、便捷地对投资环境作出判断，并减少评估的工作量和费用；其缺点在于，过于看重不利因素而忽视其有利条件，不符合风险决策规律，评价时应注意结合有利因素，尤其是一些特别突出的优势因素，往往可以弥补障碍因素之不足，从而改变整个评价结果。

（5）抽样评估法

这种方法是指对东道国的外商投资企业进行抽样调查，了解其对东道国投资环境的一般看法，进而考察东道国投资环境的一种评估方法。该评估法的具体操作程序为：① 随机选定不同类型的外商投资企业若干个；② 列出影响投资环境的要素；③ 由所选择的外商投资企业的高级管理人员，通过填写调查表的形式对这些要素进行评估；④ 由组织者收回调查表，经汇总统计得出最终有关投资环境的评价结论。

该方法最大的优点在于调查人员能够得到第一手信息资料，它的结论对于潜在的投资者来说具有直接的参考价值。其缺点在于，只能对评估要素进行概略的评估，并带有很大的主观性。所以，这种评估方法的结果只具有一定的参考性，而不能对具体的投资决策起到决定性作用。

投资者衡量东道国投资环境的标准

国际企业投资者根据什么标准来衡量一国投资环境的优劣呢？从投资者获取利润这一最终目的出发，一般有以下三类标准：

（一）风险小

国际企业投资的风险是不可避免的。但投资者总是期望风险尽可能地小，以便增大获利的可能性，减少资本、财产的损失。风险小主要体现在以下几个方面：① 安全。投资者的生命、财产、资本等安全应有保障。② 稳定。东道国的政治、经济、生活等因素对投资活动的影响比较稳定。③ 公平。在投资环境中，竞争公平、仲裁公正，投资者的合法权益可以得到保障。④ 公开。东道国的政策、法规等有较高的透明度。⑤ 相斥性或差别性小。投资活动的实施易获得理解，所受阻碍小。⑥ 可预见性高。东道国的信息传播便捷，各方面事物的发展有规律可循。

（二）机会多

相对来讲，机会越多，获利的可能性就越大。若仅仅是风险小，但机会不多，同样无法实现投资的目的。机会多主要体现在以下几个方面：① 开放程度高。只有东道国在各方面足够开放，投资者所受的限制程度才相对较小。② 优惠度高。即东道国给予外国投资者的各种优惠条件相对优越。③ 市场大。即投资活动所涉及的市场及潜在市场较广阔。④ 竞争度低。即投资者具有垄断优势。⑤ 自主权大。即东道国政府对外国投资者的干预较少。

（三）经营条件好

风险小，机会多，可以说是获利的可能性。但要把这一可能性变为现实性，则还需要经营条件好。所谓经营条件，是指直接影响企业生产经营的各种外在条件，它主要包含以下几个方面：① 市场体系较完善。资金市场、外汇市场、技术市场、劳务市场、物资市场等均较齐全，并且发育完善。② 生产要素的供应方便。原材料、燃料及零配件的供应充足、方便，且价格合理；劳动力的供应充足，且技能素质好，价格合理。③ 营销网络完善。具备较健全的营销渠道和外贸渠道。④ 基础设施配套、齐全。具备良好的通信、交通、能源等基础设施。⑤ 东道国政府的各项收费项目及收费水平合理。⑥ 地理位置优越。投资活动所在区域，与经济发达地区的联系紧密。

（二）投资效益分析

1．国际投资效益的概念

国际投资效益是指国际投资者投资活动所取得的成果与所占用或消耗的投资之间的对比关系。无论是对投资进行宏观调控，还是对具体投资项目进行管理，都要重视投资效益。

国际投资效益需要通过数值形式来反映，这种数值形式就是国际投资效益分析指标。该指标由指标名称和数值两部分组成。指标的数值可以是绝对数，也可以是相对数。由于国际直接投资的复杂性，往往一个指标不能全面反映事物的全部实质，因此需要同时运用多种指标或者指标体系来从数量上反映和表示经济效果的大小。这些指标不是孤立的，而是相互联系、相互依存地构成一个完整的指标体系。国际投资者要挖掘、提高国际投资效益的潜力，就必须有一套科学的国际投资效益指标体系。

2．国际投资效益分析指标

分析、考核国际投资收益的指标主要有以下几种：

（1）投资利润率

投资利润不是一种相对较简单的分析指标，是指投资项目投产后每年利润总额与总投资额的比值。这一指标是考核投资项目经济效益的一个重要的综合性指标。若投资利润率较高，说明该项目盈利能力强，投入资本的回报率较高，对投资者来说能早日收回投资本息，有利可图；反之，若投资利润率较低，说明该项目盈利能力一般，投入资本的回报率较低，可考虑另择项目。国际企业在进行财务评价时，还经常将投资利润率与行业平均投资利润率对比，以判别项目单位投资盈利能力是否达到本行业的平均水平。

（2）投资建设工期

投资建设工期是指投资项目从开始施工到全部建成投产所耗用的全部时间。这项指标是计算、比较、评价投资经济效果的重要指标之一。该指标能够综合反映项目的建设速度，为企业提供了一个可衡量的分析指标。项目建设工期的长短关系到企业的资金回收和持续发展问题，对企投资的经济效益有着巨大影响，所以国际企业应该在保质保量的基础上尽可能缩短项目建设工期，减少建设投资的占用。这样还可以减少在银行贷款情况下的利息支出，节省投资，让投资项目早日产生效益。

（3）投资回收期

投资回收期也称为返本期，是指投资或贷款投入建设的项目，通过企业的生产和流通过程后，需要多长时间才能从企业每年分得的红利中收回全部投资或还清贷款。它是反映项目投资回收能力的重要指标，分为静态投资回收期和动态投资回收期。

静态投资回收期是指在不考虑资金时间价值的条件下，以项目的净收益回收其总投资（包括建设投资和流动资金）所需要的时间，一般以年为单位。项目投资回收期一般从项目建设开始年算起，若从项目投产开始年计算，应予以特别说明。动态投资回收期是把项目各年的净现金流量按基准收益率折现后，再用来计算累计现值等于零时的年数。

（4）出口创汇率

出口创汇率是指国际企业每年产品出口创汇额与总投资之比。这个指标主要是用来考察项目外汇收入的水平。

（5）净现值

净现值是指在项目计算期内，按行业基准折现率或其他设定的折现率计算的各年净现金流量现值的代数和，也是指投资方案所产生的现金净流量以资金成本为贴现率折现之后与原始投资额现值的差额。其计算公式为：

$$NPV=\sum_{t=0}^{n}\frac{(CI-CO)}{(1+i)^{t}}$$

其中：CI 为现金流入，CO 为现金流出，（$CI-CO$）为第 t 年净现金流量、i 为基准收益率。

（6）财务内部收益率

财务内部收益率是指使项目收益现值总额与成本现值总额相等、净现值等于零时的贴现率。内部收益率是项目经济评价中一项主要指标，其经济含义是以项目每年净收益回收全部投资后所能达到的最大投资收益率。内部收益率不是事先规定的，而是根据项目或方案的具体数据，通过一定的方法计算而得，是衡量项目盈利能力的指标，在财务上表示项目投资的最大盈利能力。

（7）设备利用率

设备利用率是指通过安装或不需要安装而投入生产的设备的使用情况。所投入生产的设备的金额占总投资额的比重大，设备的开动率大，说明该项目的建设速度快，设备利用率高，形成了生产力量。也就是说，投入生产的设备金额占投资总额的比重越大，投资的经济效益就越佳。

（三）投资风险分析

1．国际投资风险的种类

国际投资风险是指国际投资在特定的环境和特定的时间内，由于各种不确定因素的存在，客观上导致国际投资项目的实际收益和预期值之间的差距或国际投资的经济损失。国际投资风险主要包括政治风险、经营风险和外汇风险三类。

（1）政治风险

政治风险是指在国际经济往来活动中，由于未能预测的政治因素的变化，导致东道国投资环境的变动，从而造成经济损失的风险。主要包括国有化风险（即没收或征用风险）、战争风险、政策变动风险、资金转移风险等。

（2）经营风险

经营风险是指东道国对国际企业在当地业务政策的不确定性引起的风险。包括环境保护政策的变化、对生产本地化的要求、最低工资法的变化等带来的风险。

（3）外汇风险

外汇风险亦称汇率风险，是因汇率变化而导致投资者资产价值减少的可能性。主要表现有：外汇买卖过程中由于汇率变化而带来的外汇买卖风险，由于汇率变化给国际投资主客之间用外币结算带来的外汇交易风险，由于汇率变化使子公司和母公司的资产价值在进行会计结算时发生变化的会计结算风险。

2．影响国际投资风险的因素

影响风险的因素有的来自内部，有的来自外部，一般有以下几个方面：

1）东道国的投资环境。东道国的投资环境对于国际投资环境的影响比较大。

2）投资者制定的目标的合理性。投资项目的目标要求越高，实际投资效果与预期目标之间产生差异的可能性就越大，风险也就越大。

3）投资项目的合理性。国际投资项目一般要经过严格的可行性研究，如果经研究各种投资渠道畅通，技术可行，一切可以达到预期，那么投资具有较高的合理性，该项投资风险较小。反之，投资项目不合理，投资风险就大。

4）投资者的经营管理水平。如果投资项目管理不善，导致劳动生产率低下、生产成本过高、流动资金不足等问题，就会降低投资收益造成损失。

5）投资项目的寿命周期。投资项目的寿命周期越长，所面临的投资风险就越大。

3. 国际投资风险的防范策略

（1）国际投资风险防范的基本策略

国际投资风险防范的基本策略主要有以下几种：

1）风险回避。即事先预测风险产生的可能性程度，判断导致风险实现的条件和因素，在国际投资活动中尽可能地避免风险或改变投资的流向。这是风险防范的最彻底的方式，有效的风险回避措施可以完全消除某一特定风险。常见的规避风险的方式有改变生产流程或产品、改变生产经营地点、放弃对风险较大项目的投资、闭关自守等。

2）风险抑制。即采用各种措施减少风险实现的概率和减弱经济损失的程度。这是投资者在认真分析风险的基础上，力图维持原有决策，实施风险对抗而采取的积极措施。

3）风险自留。即对一些无法避免和转移的风险采取现实的态度，在不影响国际投资者根本或大局利益的前提下承担下来。这是一项积极的风险控制手段，要求投资者为承担风险损失事先做好各种准备工作，反复调整自己的行动方案，努力将风险损失降到最低程度。投资者自身承受风险的能力取决于其经济实力，因此，投资者要根据自己的实力和所面临的风险大小来决定是否承担风险。

4）风险集合。即在大量同类风险发生的环境下，投资者联合行动来分散风险，降低防范风险发生的成本。例如某一发展中国家建设一大型水电站需大笔国际贷款，银行间可以进行“联合融资”或提供“混合贷款”等，通过风险集合手段减少风险。

5）风险转移。即投资者通过若干技术和经济手段将风险转移给他人承担。一般有保险转移与非保险转移两种。保险转移是指投资者向保险公司投保，以交纳保险费为代价，将风险转移给保险公司承担，当承保风险发生后，其损失由保险公司赔偿。非保险转移是指投资者不通过保险公司而是通过其他途径将风险转移给别人。例如，投资者将具有风险的生产经营活动转包给别人，这样就把风险转给承包者来承担。

（2）国际投资政治风险的防范

国际投资者通常可以采取以下四种措施来防范政治风险：

1）回避。这是一种被许多国际企业采用的简便易行的方法。回避的原则是，除非投资前东道国或目标区域发生战争、暴乱、征用财产、国有化等极端状况，否则不轻易停止投资计划的实施，对于其他的政治风险，则采取有限度的回避和容忍态度，设法从其他方面获得相应的补偿，以抵消部分政治风险带来的损失。

2）购买保险。这是一种较为有效地避免政治风险的方法。在许多工业化国家（如美国、英国、日本、德国等），都设有专门的官方机构对私人的海外投资提供政治风险的保险，如美国海外私人投资公司（OPIC）、英国的出口信贷保证部（ECGD）、日本通商产业省的海外投资保险部等。海外投资保险承保的政治风险包括国有化风险、战争风险和转移风险三类。例如，美国政府的海外私人投资公司为了促进美国公司在发展中国家的投资，对以下四种政治风险提供保险：外国货币的不可兑换；海外资产被征用；东道国的战争、政治暴乱引起的财产损失；政治风波对收入带来的损失。如果政治风险能够被全部保险，当风险发生并给投资者造成经济损失后，保险机构按合同支付保险赔偿金。

3）谈判特许。投资者在投资前可以设法与东道国政府谈判，并达成特许协议，获得某种法律保障，尽量减少政治风险发生的可能。这类协议要明确以下四点：第一，子公司可以自由地将股息、红利、专利权费、管理费用和贷款本金利息汇回母公司；第二，划拨价格的定价方法，以免日后双方在划拨价格问题上产生争议；第三，公司缴纳所得税和财产税参照的法律和法规；第四，发生争议时采用的仲裁法和仲裁地点。

4）组织投资。即通过组织投资战略来增加东道国政府干预投资、经营活动的成本，从而降低或避免政治风险。具体做法是将国外经营项目与本公司的持续控制结合起来，保持该海外项目对本公司总体市场和产品的以来，提高东道国政府征用资产的成本，以减少政治风险。例如，美国克莱斯勒汽车公司在秘鲁的汽车组装厂就是通过此法避免了资产国有化风险：该汽车组装厂控制了关键零部件的供应，只有50%的汽车零部件在秘鲁制造，其余部分必须从该公司的其他分厂获得，若征用该组装厂的资产则会产生高额的成本，秘鲁政府不得不放弃征用。

5）利用当地资源。国际企业可以通过与当地政府或企业建立一些关系来规避政治风险，如与当地企业合资，这样东道国政府就不太可能没收该企业资产，因为这种行为同时也会损害当地企业的利益；在这种情况下，发生风险时，投资者可将自身承担的风险分散给多个投资主体或转移给东道国政府或企业。此外，国际企业可以通过从东道国银行获得贷款的方式适当提高资产负债率，这样，东道国政府在调整政策会因考虑银行资金的回收问题而持谨慎态度。

典型案例

海外投资的政治风险分析

一、中国海外投资屡遇风险

自2001年正式提出“走出去”战略，中国企业在海外投资一路高歌猛进，不过遇到的麻烦也不少。2014年10月，中国铁建赢得墨西哥政府招标的37亿美元高铁合同。但这一交易几天后被墨西哥政府取消，理由是招标过程过于仓促且没有其他竞标方。几个月后，墨西哥政府以油价暴跌导致政府财政困难为由宣布无限期推迟该项目。2015年1月，中国企业又在希腊遭遇挫折。新上台的激进左翼联盟党叫停了9.5亿美元的港口私有化项目，理由是战略基础设施应该掌握在政府手里。就在同月，新上台的斯里兰卡政府宣布将重新评估中国投资15亿美元建设开发的科伦坡港口城项目。作为斯里兰卡最大的国际投资国，这个变化给中国企业在斯里兰卡的投资前景抹上了阴影。

二、减少海外投资政治风险的策略分析

政治风险一直都是影响国际直接投资的重要因素。尤其是在20世纪80年代以前，跨

国公司在发展中国家的直接投资经常面临被强行征用的威胁。20 世纪 80 年代以后，发展中国家强征外资的事件大幅下降。不过，围绕国际投资产生的政治风险并没有消失，甚至近年来又出现增长的趋势。特别是对于投资成本大、建设周期长、回收缓慢的能源资源和基础设施项目，仍然会不时遭到东道国政府的“蚕食式征用”。政府往往会以情况发生变化为由强迫跨国公司重签协议，以提高税率、减少优惠、缩短租期、增加租金等。尽管这些看上去小打小闹的手段没有强征资产来得激烈，但钝刀割肉的做法反而可能对跨国公司的投资造成更大的损失。

如何才能减少这种“蚕食式征用”的政治风险呢？

（1）东道国的政经形势最关键

在国家运转正常的情况下，东道国政府通常不会采取杀鸡取卵的短视行为。但如果国家陷入了财政困境甚至经济危机，政府可能被迫爽约，更改投资协议，造成“蚕食式征用”的既成事实。过去 20 多年中的所有强征事件都是在东道国出现政治变局或经济危机后发生的。20 世纪 90 年代末，当经济危机席卷亚洲、拉美和东欧的发展中国家后，三分之二的电力外资项目都被迫同东道国政府重新签订。因此，东道国的政经局势是否稳定是判断政治风险最有效的晴雨表。

（2）跨国公司的谈判目标和利益分成方式很重要

跨国公司和东道国的谈判存在一个悖论。信誉越差的政府越愿意承诺优惠条件来对跨国公司进行补偿，但条件越优惠，政府面临的国内政治压力就越大，事后毁约的可能性也就越大。因此，投资协议不是一锤子买卖，跨国公司在签订投资协议时不能过于贪心以争取最优惠的条件，因为执行协议时往往潜在更大的政治风险。

如何签订协议进行利益分配也大有讲究。在能源资源开采行业，传统方式是东道国政府按照产值定额征税。这种方式确保了政府稳定的收入，但弊病在于没有考虑价格变动对政府利益的影响。一旦产品价格上涨，跨国公司获利丰厚，政府就容易眼红，产生国有化的冲动。近年来，投资协议更多地采用利润分成或合股的形式来绑定跨国公司和政府的收益，或是征收超额利润税来限制跨国公司的利润。尽管这种类似累进税的分成方式限制了跨国公司的利润空间，但也降低了东道国政府毁约的动机。

（3）投资行业决定了对政治风险的敏感性

并非所有的国际投资都面临同样的政治风险。一般来说，技术密集型的制造业和服务业的投资相对安全。这是因为项目的固定投入相对较小，而东道国政府如果本身不具备维持运营的技术能力和品牌效应，征用后的资产会大大贬值，还得承受国家信誉损失，是件得不偿失的事情。而能源和资源投资受到的威胁最大。近半个世纪以来，发生在能源资源行业的强征事件占了总数的 40%。这些项目固定投入大，但完成之后维护运营相对容易且收益稳定，因此容易被东道国政府打主意。而且，能源资源项目属于战略性行业，实行国有化对政客来说是调动民族情绪、争取选票的一种手段。

（4）同当地企业的纵向关联程度也会影响政府的行为

外资的纵向关联包括向前和向后关联。向前关联是指同当地下游成品生产商的渠道，向后关联是指同当地上游原料供货商之间的渠道。如果跨国公司的投资本地化程度高，当

地的上下游企业都能获益，对东道国经济带动作用大，政府毁约的可能性就小。而能源资源类的开采项目通常价值链条短且主要用于出口，同当地企业的纵向关联程度不高，很容易被贴上掠夺当地自然资源的标签。中国在非洲的能源资源投资项目遭遇的民众反对高于其他项目，一个重要原因就是同当地企业的纵向关联不够。

（5）市场化的风险保障机制变得更加重要

在 20 世纪六七十年代发展中国家的国有化大潮中，跨国公司主要依靠母国政府对发展中国家外交施压。尤其是美国政府更是利用其全球影响力积极为本国企业出头。但进入 90 年代以来，跨国公司开始更多地依靠市场化的保险机制来冲抵投资的政治风险。参与政治风险投保的国际直接投资比例已经从 90 年代中期的 5%增加到 2013 年的 14%。但中国企业在规避政治风险上反应迟钝。根据世界银行旗下的多边投资保障协定（MIGA）2009 年的调查，18%的中国公司没有采取任何规避政治风险的手段，而发达国家企业的平均水平仅为 6%。

美国企业的海外投资从 100 亿美元增长到 1 000 亿美元花了 25 年（1973—1998）。在 20 世纪六七十年代的政治风险高峰期时，估计有 15%～20%的美国海外投资因为强征而遭受损失。中国企业的海外投资从 10 亿美元增长到 1 000 亿美元花了 13 年（2000—2013），而且大多集中在风险敏感度高的能源资源行业。短短时间内如此迅速的投资扩张，当然容易让东道国产生激烈反应，也就意味着投资面临的政治风险至少在短期内还会继续增加。因此，如何减少政治风险带来的损失是中国企业长时间内需要认真应对的问题。

第四节　国际企业营运资金管理

一、国际营运资金管理的内容

营运资金是指企业在流动资产方面所进行的投资。营运资金一般分为毛营运资金和净营运资金。毛营运资金是企业流动资产和流动负债的总称，包括现金、短期证券、应收账款、存货等项目；净营运资金是流动资产减流动负债的余额。本节所涉及的营运资金主要是指毛营运资金。

国际营运资金的管理主要包括两方面：营运资金的存量管理和营运资金的流量管理。

营运资金的存量管理着眼于各种类型的资金处置，目的是使现金余额、应收账款和存货处于最佳的持有水平。国际企业存量管理的一般原则是：立足全球制定其发展战略，使其资源在全球范围内进行最有效的配置，以最少量的营运资金从营运活动中获得最大的边际收益率。

营运资金的流量管理着眼于资金从一地向另一地的转移，其目的是使资金得到合理的安置，确定最佳的安置地点和最佳的持有币种，以避免各种可预见的风险和损失。

一般来说，国内企业营运资金的管理重点是存量管理。而国际企业营运资金则既需存量管理也需流量管理。因为营运资金的流量管理是降低风险的有效途径。

二、国际营运资金存量管理

国际企业营运资金存量的管理与国内企业基本一致，但由于国际理财环境比国内理财环境更为复杂，在具体实务中，国际企业营运资金存量的管理要复杂得多。本节主要介绍国际企业在国际理财环境下的现金管理、应收账款和存货管理的特殊方法与技巧。

（一）现金管理

1. 现金管理的内容

现金主要包括备用金、银行存款、各种存单及有价证券等项目。在国际企业的理财活动中，现金管理是一项非常重要的环节。其管理原则是：在保证企业生产经营活动对现金的需要的前提下，尽可能节约现金，减少现金余额，提高全部资金的利用效率。

国际企业在现金管理方面应考虑以下几个问题：

（1）现金持有方面的问题

现金持有方面的问题主要包括持有形式、持有时间和持有币种三方面的问题。① 持有形式是指现金余额在现钞、银行存款、存单及有价证券等持有形式之间如何分配的问题。国际企业情况复杂，各公司所持有的这些项目的数量和组合回应东道国金融市场的情况而有所不同。② 持有时间是指各种形式的现金持有多久的问题。③ 持有币种是指国际企业现金管理中持有何种货币的问题。由于汇率波动、外汇管制以及各国对现金管理的法律和法规等因素的存在，国际企业在什么时间、用什么方式、持有什么货币，以实现全部资金效率最大化就显得意义重大。

（2）现金转移方面的问题

在国际投资环境下，现金转移不仅涉及转移成本和利息损失，而且涉及汇率风险。因此，国际企业必须从企业整体利益出发，考虑设计符合全球业务活动所需要的现金转移网络，以便统一调度现金，将风险降至最低。

2. 现金管理的方法

国际企业现金管理的方法主要有现金集中管理、多边净额结算、短期现金预算、多国性现金调度系统等。

（1）现金集中管理

现金集中管理是指国际企业从总体利益出发对总部及各国子公司现金余缺进行统一调度。国际企业现金集中管理主要由其中心调度系统负责。常用的管理手段是日常现金管理报告。日常现金管理报告是各子公司向现金管理中心报送的当日营业现金余额以及此后若干天现金收支情况预算的报告。

日常现金报告采用指定的记账货币，对用当地货币表示的现金余额，以公司财务管理当局指定的汇率换算成记账本位币。规模较大、子公司分布较广的国际企业通常要求各子公司每半年、每周甚至每天编报日常现金报告；规模较小的国际企业则要求子公司编制类似于日常现金报告的月度现金预算表。母公司可以通过各子公司编报的日常现金报告及时掌握公司现金全貌，了解现金的来龙去脉，有利于公司做出最优现金管理决策。现金集中管理的模式如图 8-2 所示。

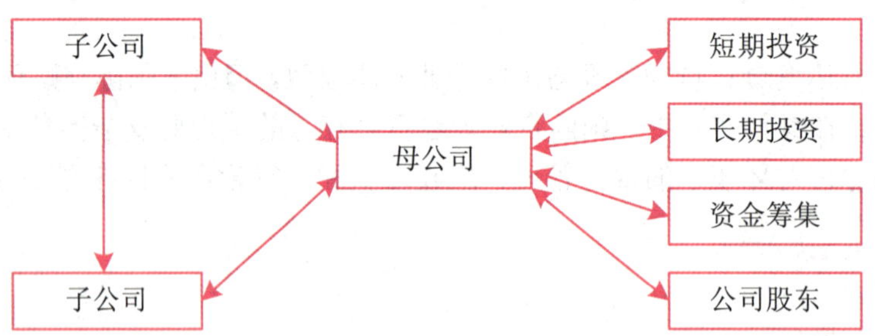

图 8-2　现金集中管理模式

现金集中管理具有以下优点：① 规模经济的优势。现金集中管理后，有利于确保公司现金储备量达到最低，从而有利于公司将腾出来的资金投放于企业的生产经营活动或有计划地进行对外投资，提高公司盈利水平。② 全局化优势。管理中心在现金管理上能从全局考虑问题，防止子公司的次优选择。当各地子公司发生资金短缺时，管理中心可以提供资金援助。③ 信息优势。现金管理中心专门从事现金调度，有充足的时间搜索信息，并能提供在各种货币市场上进行操作的经验，以降低风险。

（2）多边净额结算

多边净额结算是指有业务往来的多家公司参加的交易账款的抵消结算。由于国际企业母子公司之间、子公司之间购销商品和劳务的收付款业务很繁杂，所以为了减少外汇暴露风险和资金转移成本，国际企业可在全球范围内对公司内部的收付款进行综合调度及多边净额结算。多边净额结算涉及面广，收支渠道复杂，所以一般应设立一个控制中心（即中央清算中心），统一清算企业内部各实体的收付款。

【例 8-1】　在某一时间段内，美国母公司与法国子公司、德国子公司、意大利子公司之间的收支情况如表 8-3 所示。

表 8-3　国际企业各子公司之间的收支情况

单位：万美元

现金收款公司	现金付款公司				
	美国母公司	法国子公司	德国子公司	意大利子公司	共计收款
美国母公司	—	900	200	500	1 600
法国子公司	800	—	300	400	1 500
德国子公司	600	500	—	600	1 700
意大利子公司	1 200	700	900	—	2 800
共计付款	2 600	2 100	1 400	1 500	7 600

从表 8-3 可以看出，收付款总额为 7 600 万美元，每一个公司既是收款单位又是付款单位。若采取多边净额结算，则每个公司只余下一笔净收入额或净支出额，如表 8-4 所示。

表 8-4　各公司的收支净额

单位：万美元

公司名	收款	付款	收支净额
美国母公司	1 600	2 600	-1 000
法国子公司	1 500	2 100	-600
德国子公司	1 700	1 400	300
意大利子公司	2 800	1 500	1 300

据此，各公司之间的付款安排如表 8-5 所示。

表 8-5　各公司之间的付款安排

单位：万美元

收付款公司及款项流动情况	支付金额
美国母公司付给意大利子公司	1 000
法国子公司付给德国子公司	300
法国子公司付给德国子公司	300
总共支出金额	1 600

上述多边净额结算，将 7 600 万美元的资金转移减少为 1 600 万美元，大大降低了资金转移成本。

在实务中，国际企业各公司之间的收支款项是以不同的货币表示的，所以在结算时应使用同一时间的汇率，将这些款项换算成统一的货币。在本案例中，美国母公司和法国子公司应分别向清算中心汇出 1 000 万美元和相当于 300 万美元的欧元，清算中心收到后再将美元换成欧元汇往意大利子公司和德国子公司。

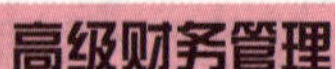

提　示

在实务中，习惯上为了减少转移成本、节约流通时间，清算中心会直接通知付款单位汇款给收款单位。当然这其中也必然涉及币种的转换，即外汇交易。

多边净额结算的优势主要体现在以下几个方面：

1）从数量上看，可以大大减少各种费用支出。首先，可以减少因大量交叉现汇交易而产生的外汇成本；其次，实际资金转移数量减少，能将因汇率波动带来的外汇暴露风险降至最低，同时可减少在途资金的利息损失。

2）由于多边净额结算一般是以固定的汇率在确定的日期统一进行的，所以能够充分利用外汇风险管理和现金集中管理的优势来规避风险，同时也有利于国际企业提高外汇风险管理和现金集中管理的水平。

3）可使国际企业建立起规则的支付渠道，与银行建立起更稳定的合作关系，同时使自身的业务进一步规范化和专业化。

提　示

国际企业在实行多边净额结算系统时应注意以下几点：① 净额支付的结算时间。一般可选择 30 天、60 天或者 90 天结算一次，具体应根据内部交易的情况而定。② 外汇管制问题。在奖励净额支付系统之前，必须了解有关国家对净额支付是否有限制。③ 净额支付系统的优化设计。必须根据企业的实际情况进行系统的优化设计。

（3）短期现金预算

有效的现金管理建立在完备的以现金预算为核心的报告制度基础上。现金预算制度是预测和报告现金流出和流入状况的制度。现金管理中心必须逐日掌握各分支机构的信息。国际企业母公司一般要求子公司每周、每半周甚至每天编制短期现金预算。子公司提供的报告必须采用指定的货币记账，以现金管理中心规定的汇率为基础进行换算。短期现金预算能为国际企业的现金管理中心提供许多有价值的信息，能为多国性现金调度的有效运作奠定基础。

（4）多国性现金调度系统

多国性现金调度是现金管理中心根据事先核定的各子公司每日所需现金额和子公司的现金日报表及短期现金预算，统一调度子公司的现金，调剂余缺，使国际企业的资金能得到最充分合理的运用。现金管理中心进行多国性现金调度的程序如下：① 核定各子公司每日所需的最低现金余额。② 每日终了时，汇总各子公司的现金日报表与短期现金预算。③ 比较各子公司当日现金余额与核定的最低现金余额，确定多余或不足。④ 由管理中心发出资金转移指令，现金短缺的子公司将获得援助，而现金溢余的子公司可进行以下资金转移：汇往管理中心、直接汇往现金短缺的子公司、积储在当地进行短期投放。

（二）应收账款管理

国际企业的应收账款有两种类型：一是国际企业外部的应收账款，即国际企业母公司或各国子公司与企业外部独立法人之间在经济往来过程中形成的应收账款；二是国际企业内部的应收账款，即企业集团内部各国子公司之间及母公司与子公司之间因商品、劳务、技术等生产的转移所形成的应收账款。

1．国际企业外部的应收账款管理

这类应收账款与国内企业的应收账款相似，国际企业在确定销售方式之前，必须对客户的资信状况进行全面调查，只对资信状况好的企业提供商业信用。一旦决定采取赊销的方式进行交易，就必须加强对应收账款的管理，将风险降至最低。

国际企业外部应收账款的管理主要包括以下内容：

（1）交易币种的确定

在国际商业实践中，交易币种主要有以下三种：进口商货币、出口商货币和第三国货币。若交易币种的汇率比较稳定，短期内不会贬值或有升值的可能，则可允许应收账款发生额稍多，付款时间稍晚；反之则应谨慎选择，以避免因货币贬值而遭受损失。通常，出口商愿意选择最坚挺的货币，而进口商愿意选择最疲软的货币。交易双方通常在谈判协商后，在支付币种和付款条件之间各退一步。

（2）付款条件的确定

影响付款条件的因素主要有交易币种、购货方资信等级、东道国政府状况、企业自身资金状况等。若购货方资信等级较高，则付款期限可长一些；反之，应缩短期限。若东道国证据稳定，则付款期限可长一些；反之，应缩短期限；若企业自身资金状况比较宽松，则付款期间可长一些；反之，应缩短期限。

（3）应收账款的让售与贴现

应收账款的让售是指企业将应收账款出售给银行或其他有关单位，以立即收到现款。应收账款的贴现是指企业以应收账款作抵押以立即取得现金。这些方式虽然要付出一定的代价，但可降低资金的占用，减少应收账款的管理成本，免去坏账损失和汇率波动的风险，且不必对客户提出更多付款要求，有利于竞争。

2．国际企业内部的应收账款管理

国际企业内部的应收账款具有特殊的特征：① 国际企业内部应收账款无须考虑资信问题。② 付款时间不完全取决于商业习惯，而主要取决于国际企业的全球战略。因此，国际企业内部的应收账款的币种、付款条件，是国际企业资金配置的政策性问题。

一般来说，在国际企业内部应收账款的管理有以下两种技巧：

（1）提前或延迟付款

提前或延迟付款实质上是商业贷款期的改变。对于付款方来说，应收账款可以视为实际支付款项前收款方提供的一种无息贷款。运用这种技巧的原因通常有东道国政治动乱、外汇管制、货币贬值、利率变动等。其最主要的两个经济因素是汇率和利率。如果国际企业的某一子公司位于货币可能贬值的国家，母公司一般要求这家子公司尽早支付其他子公司的货款；反之，则要求延迟付款。在汇率相对稳定的情况下，因利率的差异也可能运用提前或延迟付款的技巧。这样可以节约利息费用、增加利息收入。

（2）再开票中心的设置

再开票中心是国际企业资金管理部门设立的贸易中介公司。当国际企业内部成员间发生贸易关系时，商品和劳务直接由出口商提供给进口商，但有关贷款的收支结算可由再开票中心集中处理。其运作原理如图 8-3 所示。再开票中心有利于公司内部应收应付账款的集中管理，从而节约费用，提高公司内部贸易效率。同时，由于再开票中心一般设立在税率较低的国家或地区，可以实现避税效应，增加企业集团的税后利润。此外，国际企业可以通过再开票中心将所有的贸易货币都采用指定的货币，从而对交易风险实行集中管理，避免外汇风险。

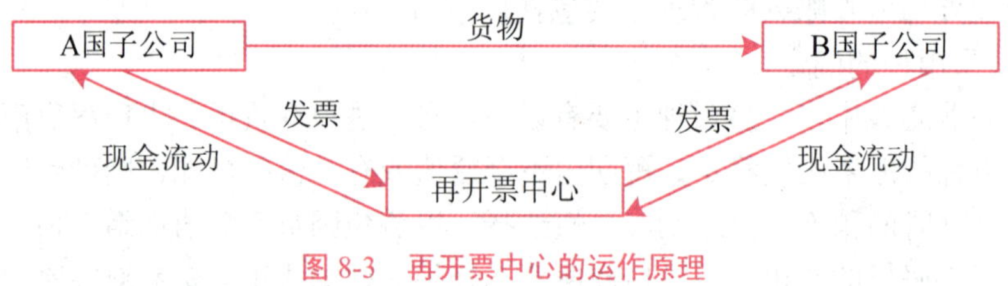

图 8-3　再开票中心的运作原理

（三）存货管理

国际企业的存货周转，需要考虑不同国家的生产成本和存储成本的差异；同时，关税和其他壁垒也可能会限制存货的自由流动，所以国际企业的存货管理更加复杂。国际企业的存货战略主要有以下两种：

1. 存货超前购置

存货超前购置是指国际企业预先购置将来所需要的存货。当预计国际市场某项存货供求关系将发生重要变化，该项存货的需求量和价格将大幅度上扬时，超前购置能以较低的代价获得所需存货，从而有利于降低存货成本；如果子公司的富余资金在当地无适合的投资机会，且汇出外汇或将外汇兑换成硬通货又受到东道国政府的限制时，则超前购买，再低价出口，能起到逃避东道国政府外汇管制的作用。

超前购置存货会占用大量资金，会产生较高成本。国际企业在制定存货超前购置决策时，应充分考虑超前购置存货的成本（包括投资于存货的资金利息、保险费、储存费和存货损耗等），对成本效益进行权衡。若超前购置成本大于延迟购置成本，则不应该进行存货的超前购置，尽量保持较低的存货量；反之则应超前购置。

2. 反通货膨胀战略

由于国际企业的子公司往往在通货膨胀的条件下经营，因此对于国际企业而言，其子公司所在国物价上涨及其货币贬值，将会给存货管理带来重大影响。如果子公司主要依赖进口建立存货，在预期当地货币贬值的情况下，应提前购置存货。如果子公司主要依赖当地存货，在预期货币贬值时，应尽量降低原材料半成品等的存量。如果子公司既从国外进货，又在东道国进货，在预期当地货币贬值的情况下，应努力减少当地存货的存量，同时

超前购置进口存货。

三、国际营运资金流量管理

国际营运资金流量管理就是母公司采用股利汇付、特许权费用和其他费用的支付、转移价格等措施，将各子公司的资金集中到母公司，以及在母公司与子公司之间、子公司与子公司之间进行资金融通，以使资金得到合理的安置和运用。

（一）国际营运资金流量管理的目的

1）提供金融缓冲。国际企业根据各子公司营运资金状况，随时调剂各子公司的资金余缺，使销售、采购、生产、信用等的影响降到最低程度，保证生产经营活动的正常进行；同时也为母公司和子公司的过剩资金寻找投资机会，为资金不足的公司寻求资金来源。

2）规避风险与管制。即防范子公司资产被国有化的风险，避免子公司所在地的东道国在资金转移方面设置的障碍和限制。

3）减轻税负。即将利润从税率较高的国家转移到税率较低的国家，或将利润从处于盈利状态的子公司转移到处于亏损状态的子公司，可以降低税负。

（二）国际营运资金流动的限制因素

国际企业的营运资金是跨国界流动的，往往会受到国际经济环境中许多因素的限制。这些限制因素主要包括以下几种：

1）政治限制。当东道国政府缺少外汇，又不能向外借款或通过其他方式吸收外来投资时，往往公开或变相地阻止资金的转移。例如，实行外汇管制，使本国货币不可兑换，将资金转移完全封锁，就是公开地阻止资金的国际流动。

2）税收限制。一方面，东道国政府可以对资金流出课以重税；另一方面，税制结构的复杂性和相互作用的关系，使得资金流出相当困难。

3）外汇交易成本限制。当资金从一种货币形态转化成另一种货币形态时，必然涉及外汇交易成本。当资金转移数额较大或转移频繁时，外汇交易成本也会很大，此时国际企业不得不考虑外汇交易成本。

（三）国际营运资金的转移计划

资金转移计划包括母公司对子公司的资金转移计划和子公司对母公司的回款计划。前者在国际企业初创或扩大规模的过程中显得比较重要，而后者大量存在于国际企业的正常经营过程中。

子公司向母公司汇款一般有两个目的：① 偿付所使用的母公司的资源，包括母公司投入资本、技术所应获得的报酬及贷款利息等；② 实现国际企业资本在全球范围内的优化配置。子公司向母公司汇款的主要形式有股利汇付、各种费用的支付、转移价格等。在确定汇款形式时一般应考虑以下因素：① 税收因素。东道国政府对不同形式汇款的税收规定不同，所以在选择汇款形式时应考虑该因素，以避免风险。② 东道国政府允许和限制的汇款形式。③ 子公司的其他股东。持有较大份额股权的股东，一般会限制子公司自由决定汇款的形式。④ 汇款数量。汇款金额的大小决定着资金转移的方式。

（四）国际营运资金转移的方式

国际营运资金转移的方式有很多，不同的方式往往适用于不同的金融和商业环境。主要包括以下几种：

1. 股利汇付

股利汇付是国际企业的子公司向母公司转移资金最普通的一种方式，股利汇付通常占全部转移资金的一半。国际企业的股利汇付政策涉及多个利益主体，主要包括本国政府、东道国政府、母公司、子公司和股东，必须在这些不同利益主体间找到一个平衡点。为此，国际企业在制定股利汇付政策时需要考虑以下几个因素：

（1）税收因素

东道国和本土国的税法都会影响国际企业的股利政策。在各国实际税率不同的情况下，改变成员子公司的股利支付比例可以减轻国际企业的整体税负。

（2）外汇风险因素

如果可以预见汇率变动的趋势，国际企业就能通过股利政策的调整将资金从弱币区转至强币区。当子公司所在国货币即将贬值时，增加股利汇付的数量可以减少在当地的货币资产；反之，当子公司所在国货币即将升值时，可采用减少股利汇付数量和推迟股利发放时间的策略。

（3）政治因素

一般情况下，子公司的股利汇付比例应该相对稳定。但在一些特殊情况下，如一国发生政变或社会动荡，母公司就会要求子公司尽快转移资金，以避免高度的政治风险，这时一般都通过增加股利汇付来实现资金的转移。

（4）资金的可获取性

子公司和母公司对资金的需要及其资金的可获得的程度也是影响股利分配的一个重要因素，也就是说在制定股利分配政策时还应充分考虑各成员公司资本的机会成本和筹资能力。

除上述因素外，股利汇付还应考虑子公司的规模和建立时间、合资企业中其他股东的态度等因素。

2. 特许权费、服务费和管理费的支付

特许权费、服务费和管理费的支付也是国际企业子公司向母公司或子公司之间转移资金的基本方式。从汇出的难易程度看，这种方式要易于股利汇付。特许权费是指子公司为获取技术、专利或商标的使用权，而付给拥有技术、专利或商标的母公司或子公司的报酬。服务费是指用于补偿由母公司或其他子公司提供给该子公司的专门服务的支出。管理费是指国际企业进行国际经营业务时所发生的一般行政管理费中应由该子公司摊付的部分。

上述费用可以视为无形资产的转移价格，它们往往没有可作为参考的市价，因此，国际企业运用上述费用更有利于逃避税务机关的检查，并且当东道国税率高于本土国税率时，由于各项费用可以在税前列支，特许权使用费、管理费和服务费还能起到节税的作用。

3．公司内部信贷

国际企业母公司向海外子公司的初始投资除了股权投资外，有时也以贷款的形式进行。通过内部信贷可以利用不同地区间利率的高低差别，将低利率地区的资金调到高利率地区使用。在资金抽回限制比较严的地区，一般采取公司内部信贷的方式转移资金。

4．转移价格

转移价格是国际企业内部母公司与子公司、子公司与子公司之间进行商品、劳务交易或转让无形资产时采用的一种价格。转移价格具有以下作用：

（1）资本配置

如果母公司想从某国子公司移出资金，则可以调高出售给该国子公司产品的价格；如果母公司想给某国子公司调入资金，则可以调低出售给该国子公司产品的价格。

（2）降低税负

转移价格对税负的影响主要体现在所得税和关税两个税种上。即国际企业可以将利润调至税率很低或必须纳税的地方，以降低公司所得税负担；还可以通过转移价格政策改变进口产品的到岸价格，以此改变进出口国子公司的关税负担。

（3）调节利润水平

转移价格是子公司之间或母公司与子公司之间利润水平调节的主要工具。低价购入高价出售可起到调高该子公司利润的作用；高价购入低价出售则可降低该公司的利润。

转移价格不是独立各方在公开市场上按独立核算原则确定的交易价格，其价格决定不受市场供求关系的影响，也不完全取决于交易对象本身的价值量。

第五节　外汇风险管理

一、外汇及外汇汇率

（一）外汇的概念

外汇是国际汇兑的简称，其概念有动态与静态之分。从动态讲，外汇是指一国以本国货币兑换成外国货币并转移到国外的活动；从静态讲，外汇是指以一国持有的以外国货币

表示的用以进行国际结算的手段。

国际货币基金组织对外汇所作出的说明为：外汇是货币行政当局（中央银行、货币管理机构、外汇平准基金组织及财政部）以银行存款、财政部债券、长短期政府债券等形式所持有的，在国际收支逆差时可以使用的债权。

根据现行的《中华人民共和国外汇管理条例》的规定，外汇是指下列以外币表示的可以用作国际清偿的支付手段和资产：① 外币现钞，包括纸币、铸币等；② 外币支付凭证或支付工具，包括票据、银行存款凭证、银行卡等；③ 外币有价证券，包括政府债券、公司债券、股票等；④ 特别提款权；⑤ 其他外汇资产。

（二）外汇汇率

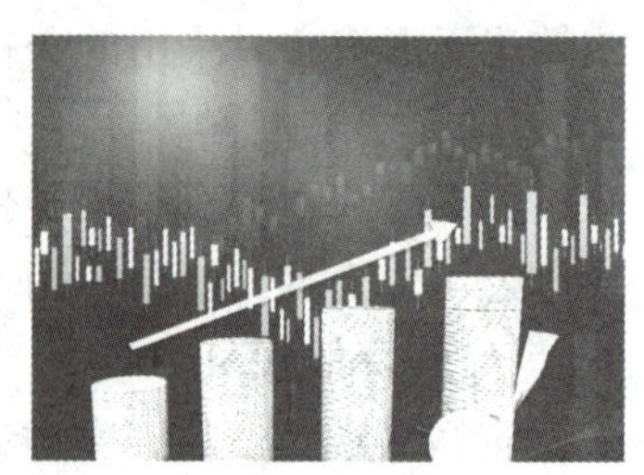

外汇汇率又称外汇汇价、外汇行市，是指一国货币单位兑换另一国货币单位的比率或比价。它是一国货币用另一国货币来表示的价格。例如，1 美元=6.776 元人民币，那么 1 美元的价格用人民币表示为 6.776 元。同时，1 元人民币=0.148 美元，所以也可以说，1 元人民币的价格用美元表示为 0.148 美元。由此可知，确定两种不同货币之间的比率，首先要确定以哪个国家的货币为标准。由于标准不同，外汇汇率就有两种标价方法。

1. 直接标价法

直接标价法是指以一定单位（如每 1 单位、每 100 单位等）的外国货币为标准，折算成一定数量的本国货币的方法。在直接标价法下，外国货币数额固定不变，汇率的涨跌都以相对本国货币额的变化来表示。若一定单位外币折算的本国货币增多，则说明外币汇率上涨，即外币升值或本币贬值。反之，若一定单位外币折算的本国货币减少，则说明外币汇率下跌，即外币贬值或本币升值。也就是说，在直接标价法下，外汇汇率的升降与本国货币币值的升降呈相反方向变化。

2. 间接标价法

间接标价法是指以一定单位本国货币为标准，折算成一定数量外国货币的标价方法。在间接标价法下，本国货币数量固定不变，外国货币的数额随着本国货币或外国货币币值的变化而变化。若一定单位的本国货币折算的外币数量增多，则说明本国货币汇率上涨，即本币升值或外币贬值。反之，若一定单位的本国货币折算的外币数量减少，则说明本国货币汇率下跌，即本币贬值或外币升值。也就是说，在间接标价法下，外汇汇率的升降与本国货币币值的升降成正比例变化。目前，只有英国和美国采用此标价法。

二、外汇风险及其种类

（一）外汇风险的概念

外汇风险又称汇率风险或外汇暴露，是指在国际经济、贸易、金融等活动中，一个组

织、经济实体或个人的以外币计价的资产和负债，因汇率的变动而遭受意外损失或获得意外收益的不确定性。需要注意的是，外汇风险造成的影响是双向的，既可能是有利影响，即资产和经营成果增加，负债减少；也可能是不利影响，即资产和经营成果减少，负债增加。一般来说，在财务管理中主要考虑的是汇率变动对企业资产、负债和经营成果产生的不利影响，从而带来损失的可能性。

（二）外汇风险的种类

根据外汇风险影响对象及表现形式的不同，国际企业面临的外汇风险可以划分为三类，即交易风险、折算风险和经济风险。

1. 交易风险

交易风险是指以外币结算的交易过程中，从签订合同到结算货款期间，因汇率变动而产生的给企业带来收益或损失的风险。交易风险主要表现在以下几个方面：① 以即期或延期付款为支付条件的商品或劳务的进出口贸易中，在货物装运和劳务提供后而货款或劳务费用尚未收付之前，外汇汇率变化所带来的风险；② 以外币计价的借贷活动中，在债权债务尚未清偿前，外汇汇率变化所带来的风险；③ 在远期外汇交易中，约定汇率和到期的即期汇率变化所带来的风险。

例题解析

【例 8-2】 某公司与银行签订用人民币购买美元的远期外汇交易合约，合约规定 90 天后，公司按 1 美元=6.500 元人民币的汇率向银行买入 100 万美元。如果 80 天后，外汇市场中美元的即期汇率为 1 美元=6.800 元人民币，则该公司按此汇率买入 100 万美元需支付 680 万元人民币。而根据远期外汇交易合约，该公司只需支付 650 万元人民币，因此能节省 30 万元人民币。

提　示

远期外汇交易又称期汇交易，是指交易双方在成交后并不立即办理交割，而是事先约定币种、金额、汇率、交割时间等交易条件，到期才进行实际交割的交易。

2. 折算风险

折算风险又称会计风险，是指企业把不同外币余额的资产和负债按照一定汇率折算为本国货币的过程中，由于交易日和换算日的汇率不同，而使会计账簿上的有关项目发生变动的风险。国际企业的外币资产和负债项目在发生时都是按当时的汇率折算入账的，而在编制财务报表时，要对其中的某些项目按报表编制日的汇率进行换算。当某项资产或负债项目发生日的汇率与报表编制日的汇率不一致时，经过换算，就会给企业带来会计账表上的损益。此外，国际企业在编制合并报表时，要把世界各地的子公司用外币编制的个别报表换算为统一的货币形式。因此，汇率的变动必然影响会计报表上的资产、负债和损益项目。

例题解析

【例 8-3】 某国际企业以人民币为本位币，年初其美元银行存款户头上有 10 000 美元，当时美元对人民币汇率为 1 美元＝6.780 元人民币，这笔美元存款可折算为 67 800 元人民币。年底，该企业编制资产负债表时，汇率为 1 美元＝6.600 元人民币，这笔美元存款经过重新折算为 66 000 元人民币。其结果是同样数额的美元存款经过不同汇率的折算，最终资产账面价值减少了 1 800 元人民币。

提 示

会计报表上因汇率折算而出现的损益，并不影响企业当期的现金流量，但在进行财务分析时，会使各种财务比率发生变动。

3．经济风险

经济风险又称经营风险，是指汇率的变动影响到企业的产销数量、销售价格、成本等，从而使企业的现金净流量发生变化，最终导致企业价值发生变动的风险。经济风险是相当复杂的，它涉及企业财务、销售、供应、生产等各个方面，比前面所述两类风险的影响更大，因为经济风险存在于汇率变动以后，而且其影响是连续、长期的。国际企业要想实现长期经营、健康发展，就必须重视并分析经济风险。

三、外汇风险管理的程序

外汇风险管理是指涉及经济主体对外汇市场可能出现的变化采取相应的对策，以避免汇率变动可能造成的损失。外汇风险管理的程序一般包括以下几个环节。

（一）确定恰当的计划期

国际企业确定计划期的目的是为预测汇率变动、计算受险金额规定一个时间范围。一般而言，计划期应在 1 年以内，并要按季度来划分。如果汇率变动幅度较大，则应适当缩短计划期。

（二）预测汇率变化情况

外汇风险产生的根本原因是汇率的变动，所以预测汇率的变动情况是外汇风险管理工作中十分重要的步骤。汇率变化的预测包括三个方面，即汇率变动的方向、变动的时间和变动的幅度。汇率变化情况的预测是一项非常复杂的工作，需要在考虑以下因素的基础上进行综合分析，才能得出合理的预测结果。这些因素包括：① 国际货币储备的变化；② 国际收支的变化；③ 贸易差额的变化；④ 通货膨胀程度；⑤ 金融与财政政策；⑥ 贸易政策；⑦ 其他影响汇率的因素。

（三）计算外汇风险的受险额

计算外汇风险受险额的目的是从数量上确定企业面临多大的外汇风险。以交易风险为例，其受险额等于结算期限相同的外币债权与外币债务之间的差额。为了正确计算外汇风险受险额，企业应按不同的比重、不同的结算期来分别计算。若外币债权大于外币债务，则其差额为正受险额；反之，则为负受险额。

（四）确定对外汇风险受险额是否采取行动

一般而言，企业在以下情况下可不采取任何行动：① 受险额是正值，而该种外币预计会升值，汇率变动后，企业将获得收益；② 受险额是负值，而该种外币预计会贬值，汇率变动后，企业将获得收益；③ 受险额为零，不管汇率如何变动，都不存在外汇风险。

企业在以下情况下看采取行动：① 受险额是正值，而该种外币预计会贬值，汇率变动后，企业将遭受损失；② 受险额是负值，而该种外币预计会升值，汇率变动后，企业将遭受损失；③ 受险额可能是正值也可能是负值，外币是升值还是贬值还很难估计。

（五）选择适当的避险方法

国际企业应仔细权衡不同避险方法的优缺点、适用范围和成本，选择适当的避险方法并加以实施。

四、外汇风险管理的方法

（一）外汇交易风险的管理方法

外汇交易风险管理的方法有两大类：一类是合约保值，主要包括远期外汇市场、货币市场和外汇期权市场的套期保值，常用于事后防范；另一类是经营策略，包括选择有利的计价货币、订立汇率风险分摊条款或货币保值条款、提前或延迟支付款项等，常用于事前防范。国际企业常用的外汇交易风险管理方法有以下几种。

1. 远期外汇市场套期保值

国际企业可以在远期外汇市场上通过签订远期外汇合同来进行套期保值，规避外汇风险。其具体做法是：在交易时，双方签订合同，规定买卖外汇的币种、数额、汇率和将来交割的时间；到交割日时，双方按合同的规定，由买方付款，由卖方向买方交付外汇。由于在签订合同时就已经规定了买卖货币的汇率，因此，国际企业可以肯定地预知将来收到或支付的货币价值，从而避免未来现金流不稳定的风险。

例题解析

【例 8-4】 中国某公司出售一批价格为 100 万美元的产品给一家美国公司，约定 90 天后对方以美元付款。该公司的财务人员预测美元对人民币的汇率在未来 90 天内会下降，因此建议公司与银行签订以汇率为 1 美元=6.850 元人民币卖出美元的远期合约，以规避外汇风险。若 90 天后美元的即期汇率为 1 美元=6.600 元人民币，则：

若该公司不签订远期外汇合约，则可收到货款：100×6.600=660（万元人民币）。

若该公司签订了远期外汇合约，则可收到货款：100×6.850=685（万元人民币）。

由此可见，该公司签订远期外汇合约可多获取收入 25 万元人民币。

2. 货币市场套期保值

货币市场套期保值是指通过在国内或国外货币市场上借入或贷出资金来套期保值，通过借（贷）外币对外币应收（应付）套期保值，使资产与负债用同种货币表示，从而避免交易风险。例 8-4 中，若该中国公司的财务人员预测，在收款日美元将贬值，遂立即借入 100 万美元，然后把借款兑换成英镑进行投资；在 90 天期满时，用收到的美国公司支付的 100 万美元货款偿还先前的 100 万美元借款。这样，汇率波动的风险就被控制了。

3. 外汇期权市场套期保值

期权是指在一定时期内按一定汇价买进或卖出一定数量外国货币的权利。外汇期权可分为买进期权和卖出期权。买进期权是指购买外汇期权的一方，有权在合同期满时或在此以前按规定的汇率购进一定数量的外币。卖出期权是指购买外汇期权的一方，有权在合同期满时或在此以前按规定的汇率卖出一定数额的外币。由于外汇期权是一项权利，购买外汇期权的人可以根据市场汇率的变动进行灵活选择，若期权交易有利可图，则可选择履约；若期权交易无利可图，则可选择不履约，最多损失期权费（即期权的购买价格）。这样的话，无论未来汇率如何变动，期权购买者的保值成本都不会超过期权费。

例题解析

【例 8-5】 中国某公司根据销售计划预测 8 个月后有 1 000 万美元的外汇净流出。为了保值，该公司买入 8 个月的美元买进期权，执行价格为 1 美元=6.775 元人民币，期权费为每 1 美元 0.03 元人民币。8 个月到期时，如果美元贬值，即期汇率为 1 美元=6.300 元人民币，低于期权的执行价格，则该公司放弃行权。此时，在即期市场上购买所需美元，需要支付 6 330 万元人民币（6.300×1 000+0.03×1 000=6 330）。如果 8 个月到期时美元升值，即期汇率为 1 美元=6.850 元人民币，高于期权的执行价格，则该公司应该行权。此时，按执行价格购买美元，需要支付 6 805 万元人民币（6.775×1 000+0.03×1 000=6 805）。

4. 选择有利的计价货币

外汇风险的大小与外币币种有着密切的联系，企业在国际交易中选用的收付币种不

同，所承受的外汇风险就会有所不同。通常，国际企业是对未来的现金流入项目选择硬通货，对未来的现金流出项目选择软通货。在此，硬通货是指当前汇率稳定且预计有明显上升趋势的货币；软通货是指目前汇率不稳定且预计汇率有明显下降趋势的货币。

5．订立汇率风险分摊条款或货币保值条款

汇率风险分摊条款或货币保值条款是国际企业在订立合同时常用的条款。汇率风险分摊条款是指交易双方约定当计价货币的汇率发生变动时，以汇率变动幅度的一半重新调整价格，由双方分摊汇率变动带来的损失或利益的条款；货币保值条款是指交易双方在合同中规定一种（或一组）保值货币与本国货币之间的比价，若支付时汇率变动超过一定幅度，则按原定汇率调整价款，以达到保值的目的。

6．提前或延迟支付款项

外汇风险管理中最常用的经营策略就是提前或延迟支付款项。其具体做法是，当预计某种外币即将贬值，国际企业应在其贬值前尽快收回所持有的该货币应收款项，而延迟支付所持有的该货币应付款项；当预计某种外币即将升值，国际企业应在其升值前尽快支付所持有的该货币应付款项，而延迟收回所持有的该货币应收款项。

（二）外汇折算风险的管理方法

由于汇率的变动会同时影响资产和负债，而资产和负债对损益的影响方向相反，所以要管理折算风险首先应计算受险资产与受险负债之间的差额，即外汇净受险资产。国际企业对外汇折算风险的管理，主要采用资产负债平衡法。该方法的原理是使公司的合并资产负债表中的外币风险资产与外币风险负债相等，这样，外汇净受险资产就等于零，其结果就是汇率变化所引起的风险资产价值变化恰好被风险负债价值变化所抵消。该方法的基本原则是：减少以软货币计值的外币资产，增加以软货币计值的外币负债；同时，增加以硬货币计值的外币资产，减少以硬货币计值的外币负债。

此外，还可以通过提前或延迟支付款项调整外汇净受险资产的方法，减少因汇率变化引起的风险。

（三）外汇经济风险的管理方法

外汇经济风险存在于国际企业经营活动的各个方面，是一项非常复杂的风险。它涉及公司的长期战略，需要管理者综合考虑生产、销售、财务等相互联系的各个领域。总体而言，管理外汇经济风险的最有效方法是通过多元化经营使有关各方面的不利影响相互抵消。

1）生产的多元化。在生产安排方面，应尽量使产品的品种、规格、质量等多样化，使之能更好地适应不同国家、不同类型、不同层次的消费者需求。

2）销售的多元化。在销售方面，力争使所生产的产品尽快打入不同国家的市场，并尽量采用多种外币进行结算。

3）采购的多元化。在原材料、零配件的采购方面，尽可能从多个国家和地区进行采购，并力争使用多种货币结算。

4）财务策略的多元化。财务策略的多元化主要包括筹资渠道的多元化和投资多元化。

在筹资时，应尽量从多种资本市场上筹集资金，用多种货币计算应偿付的本息金额。如果出现有的外币贬值而有的外币升值的现象，就可以使外汇风险相互抵消。在投资上，尽量向多个国家和地区投资，创造多种外汇收入，这样可以适当规避单一投资带来的风险。

第六节　国际企业税收管理

一、国际税收概述

（一）国际税收的概念

国际税收是指涉及两个或两个以上的国家财权利益的税收活动，它反映着各国政府在对从事国际活动的纳税人行使征税权力而形成的税收征纳关系中的国家之间的税收分配关系。从本质上看，国际税收包含以下两方面关系：一是国与国之间的税收分配关系；二是国与国之间的税收协调关系。国际税收管理即利用国与国之间的税收分配和税收协调关系进行统一的纳税筹划的一种管理活动，其目标是纳税额最小化。

（二）国际税收的种类

世界各国所规定的税种繁多，主要包括所得税、增值税、关税、预扣税与资本利得税。

1. 所得税

所得税是以企业的收益或所得为对象而课征的税，如公司所得税、个人所得税等。公司所得税和个人所得税是许多国家重要的财政收入来源。20 世纪 80 年代后，随着全球经济的发展，为了增大本国企业在全球的竞争力，世界各国纷纷进行税制改革，大幅度降低税率，吸引外资以促进本国经济发展。某些国家和地区为了吸引外资投资，规定的所得税税率非常低，甚至不征所得税，如中国香港地区所得税税率为 16%，巴哈马、英属百慕大群岛不征所得税。

2. 增值税

增值税是以商品生产和流通环节的新增价值或商品附加值为征税对象的一种流转税。它克服了传统流转税对已纳税销售额重复征税、税上加税的弊端，使统一产品不受生产流通环节多少的影响，始终保持同等税收含量，不致出现应税产品因生产环节的变化而税负时轻时重的问题，同时又保持了流转税征税范围广和收入及时、稳定的特点。增值税不仅有利于组织财政收入，而且有利于鼓励企业按照经济效益原则选择最佳的生产经营组织形式，还有利于按国际惯例对出口产品实行彻底退税，增强本国产品在国际市场上的竞争能力，是国际公认的一种透明度比较高的中性税收。

3．关税

关税是一个国家的中央政府对过境的应税货物所征收的税，主要是对进口货物征税，在极少数情况下才对出口货物征收。对进口货物征收关税，必然增加进口商品的成本，减少其市场竞争力，有利于保护本国民族产业的发展；同时，征收关税也可以增加政府财政收入。

4．预扣税

预扣税是由东道国政府对本国居民或经营法人向外国投资者和债权人支付的股息和利息所征的税。税款通常是在对方收到这笔收入之前就已经被扣除了。例如，某公司向外国投资者支付 40 万美元的股利，预扣税税率为 15%，则该公司只需向外国投资者支付 34 万美元，另外 6 万美元则由该公司代表该国政府以预扣税的形式预先扣除。征收预扣税有利于筹措财政收入。

5．资本利得税

资本利得税是指对企业出售资本性资产所得利益而课征的税。所谓资本性资产是指不是准备随时变卖的资产，如持有期间比较长的股票、债券等。一般而言，资本利得税税率要低于公司所得税税率。

（三）国际税收负担原则

国际税收负担原则是指一国政府在税收征管方面所制定和遵循的对跨国纳税人的课税原则。正确制定国际税收负担原则，不仅直接决定外国跨国纳税人的税收负担率，而且对国家财政收入、资本在国际的流向、先进技术在国际的转移、国际经济合作与交流以及国际收支等都有一定的影响。目前，世界各国结合本国实际情况所选择和实行的国际税收负担原则主要有三种，即平等原则、优惠原则和最大负担原则。

1．平等原则

平等原则是指征税国对外国跨国纳税人和本国纳税人在税收上平等对待，对其按照相同的征税范围和税率征收所得税。在国际税收上采取平等原则，不仅有利于国家相互间的投资和贸易往来，一般也不会引发国与国之间税收分配关系中的矛盾。但平等原则下的税负，只有在世界各国税负水平一致、经济发展水平相当的情况下才能达到真正的公平。

目前，在世界各国的国际税收实践中，平等原则被相当多的国家承认并采用，尤其为发达国家所推崇。不过，一些发展中国家为了吸引外资、引进技术，支持民族工业的正常发展，对于从事工业生产的跨国纳税人也选择平等负担原则。

2．优惠原则

优惠原则是指征税国赋予外国跨国纳税人低于本国纳税人税收负担的特殊优惠权利。这种优惠待遇主要是通过一国政府对外国跨国纳税人制定的低税率、税收减免、提高起征点、再投资退税及资本加速折旧等具体措施加以体现。

根据优惠措施的范围和程度的不同，优惠原则可分为全面优惠原则和特定优惠原则。全面优惠原则是指一国政府对外国跨国纳税人与本国纳税人分别制定两套完全不同的税法，使外国跨国纳税人的税收负担水平全面低于本国纳税人。特定优惠原则是指一国政府对外国跨国纳税人和本国纳税人在采用同一套税法的基础上，对外国跨国纳税人的某些特定项目或在某些特定的行业、地区给予税收优惠，以减轻外国跨国纳税人的税收负担。

在国际税收上采取优惠原则，对吸引外国资本，解决国民经济高速发展对资金、技术和管理的需求，促进国家科学技术进步，加快国民经济发展速度，缩小与工业发达国家之间的差距有着积极的效应。但因此也会直接影响税收国家的财政收入水平。目前，在世界各国的对外税收交往中，发展中国家多数采用优惠原则，以取得发达国家民间企业和私人的援助，为发展本国经济提供资金和技术。

3．最大负担原则

最大负担原则是指征税国通过设计税法，规定外国跨国纳税人承担高于本国纳税人的税收负担，以达到限制外国跨国纳税人从事经营活动的最大限度。这一原则有限制外国资本发展、保护本国民间投资和保护本国资源等方面的积极作用，但其具有明显的不平等性质，可能致使国际投资者盈利甚微，不利于吸引外资，甚至影响国家之间正常的政治经济关系。

由于该原则的局限性较大，在具体选择选用时应采取审慎的态度。在国际税收实践中，采用最大负担原则的多数是资源丰富的贫困国家。此外，一些发展中国家对某些特定所得也采用该原则。

（四）国际税收惯例

国际税收惯例是指世界各国在长期的国际税收交往中处理国家间的税收权益关系，所形成的一些被各国所接受但不具法律约束力的惯常行为和做法，包括国际税收管辖权原则、税收无差异原则、优先征税原则、独占征税原则和利润再调整原则等。

1．国际税收管辖权原则

国际税收管辖权皆采用居民税收管辖权和所得来源地税收管辖权。居民税收管辖权是指征税国根据属人原则，依据一定的标准，对本国居民和公司在世界各地的所得行使征税权。不论本国居民和公司的所得来源于何处，都有义务向居住国纳税。若所得来源于外国且在当地缴纳了所得税，则可以申请外国税收抵免或免税。所得来源地税收管辖权是指来源国家对非居民，仅对其来源于本国的所得行使征税权，对其来源于其他国家的所得不征税。

2．税收无差异原则

税收无差异原则是指征税国平等对待外国跨国纳税人和本国纳税人，使两者在征收范围、税率、税基、扣除项目等主要税收事项方面保持基本一致。实行税收无差异原则，不仅要求外国资本或纳税主体的税收待遇不能高于本国资本和纳税主体的待遇，同时要求外国与外国纳税主体的待遇也平等，即税收意义上的国民待遇和最惠国待遇。

3．优先征税原则

优先征税原则是指在国际税收关系中，确定将某项课税客体划归来源国，由来源国优先行使征税权的一项原则。在国际税收实践中，尽管可以实行不同的税收管辖权，但是通常都偏重于采取来源地原则，因为如果不承认收入来源地的国家优先征税，就无法对跨国纳税人在其他国家取得的收益予以课税，也无法行使优先征税的权力。因此，在签订国际税收协定时，通常规定对常驻代表机构的所得和非独立个人的劳务所得、董事费、表演家和运动员的所得，由来源国优先征税。

4．独占征税原则

独占征税原则是指在签订国际税收协定时，将某项税收客体排他性地划归某一国，由该国单独行使征税权力的一项原则。该原则用以调整在国际经济活动中产生的国家与纳税人之间的税收法律关系和国家之间的税收权益分配关系。独占征税原则在国际税收实践中，一般是签订税收协议的双方明确将征税项目归属于收入来源国或纳税人居住国征税，另一国不再行使征税权，以此来解决重复征税的问题。例如，对退休金的征税，通常只能由居住国或支付国征税。

5．利润再调整原则

利润再调整原则是指关联企业之间的业务往来，应当按照独立企业之间的业务往来收取或支付价款、费用，否则，税务机关有权按独立竞争原则对其故意减少的应纳税所的额进行合理调整。该原则主要是针对国际企业利用母公司与子公司、总公司与分公司之间的关系，以转让定价方法进行的避税行为。该原则的适用范围十分广泛，经济较发达的国家常采用该原则。

二、国际双重征税的免除

国际双重征税是指两个或两个以上国家对同一纳税人的同一项目收入重复课征所得税的经济行为。经济生活的国家化使得国际双重征税成为国际税收发展中始终存在的一个重大问题。

（一）国际双重征税的原因

除了经济因素外，国际双重征税的产生主要有以下两方面原因：

1．各国所得税税制的普及

当今世界，除了实行避税地税收模式的少数几个国家外，各国几乎都开征了所得税。所得税税制的普及使国际企业被重复征税的可能性急剧增长。除此之外，各国所得税的征收范围和负担水平也明显扩大和提高。当今世界上大多数国家实行的所得税制是双轨制，即公司所得税和个人所得税双规征收。这都可使国际双重征税的范围增大、程度加深。

2．各国税收管辖权的差别性

当今世界上税收管辖权有两种：一是收入来源地管辖权；二是居民管辖权。管辖权引起的双重征税的情况主要有以下三种：

1）一个跨国纳税人同时是两个国家的居民，因双重居民身份而被双重征税。

2）一个跨国纳税人的收入来源于一个国家，而其常设机构设在另一个国家，因此一个国家按收入来源地管辖权对其征税，另一个国家按居民管辖权对其征税。

3）一个跨国纳税人的收入涉及多个来源地时，被多个国家按收入来源地管辖权征税。例如，A 国甲公司贷款给 B 国乙公司，B 国乙公司又将此款贷给 C 国丙公司，当丙公司把利息汇给乙公司时，C 国要按来源地管辖权征税；乙公司将利息汇给甲公司时，B 国又要按来源地管辖权进行征税。这样，同一笔利息收入就被双重征税。

（二）国际双重征税的影响

国际双重征税的存在，对国家经济的发展会产生不利影响。这些影响具体表现在以下两个方面：

1. 违背了税负公平的原则

对国际企业来说，一笔所得只能承担一次纳税义务。而国际双重征税的存在，会使有的纳税人对一笔所得只缴纳一次税，有的纳税人对一笔所得多次纳税，造成同等地位的纳税人在税收及相关的范围内处于不同的竞争状态。这样不利于国际企业在平等的国际环境中竞争和发展。

2. 加重了纳税人的负担

对同一笔收入，两个或两个以上的国家同时对其征税，跨国纳税人的税后所得必然会减少。若征税国均是高税率国，则跨国纳税人的税后所得将更少。这样会严重限制国际企业的生产经营活动，阻碍国际经济和技术合作的发展。而免除国际双重征税，则可以减轻国际投资者的税负，有利于国际资本的流动和加强各国经济的合作，促进世界经济的健康发展。

（三）免除国际双重征税的方法

国际双重征税的种种消极影响已为各国所共识。各国政府都希望消除彼此间税收管辖权的冲突，并在许多国际条例中列入消除双重征税的原则和规定，也采取了许多避免国际双重征税的方法。目前，免除国际双重征税的方法主要有免税法、抵免法和税收协定法。其中，以抵免法最为普遍。

1. 免税法

免税法是承认来源地税收管辖权的独占地位，对居住在本国的跨国纳税人来自外国并已由外国征税的那部分所得免征国内所得税，以避免国际双重征税的一种方法。免税法主要有两种类型：一类是只行使收入来源地税收管辖权，实行这种免税法的国家和地区有阿根廷、海地、委内瑞拉、巴拿马、中国香港等；另一类是虽然兼行两种税收管辖权，但对国外所得实行限定条件的免税。

免税法可分为全额免税法和累进免税法。全额免税法是居住国放弃对跨国纳税人的居民税收管辖权，在确定纳税人来源于国内的所得额时，完全不考虑其在国外的所得，仅按国内所得额确定使用税率的方法。累进免税法是指征税国对本国居民行使居民税收管辖权时，对其来源于国外的所得不予征税，但在确定纳税人总所得的适用税率时，应将其免税

所得额并入计算。

2．抵免法

抵免法是指居住国承认收入来源地管辖权的优先地位，允许本国居民纳税人在本国税法规定的限度内，用已在来源国缴纳的税款，抵免应就其世界范围内所得向居住国缴纳税款的一部分，以避免双重征税的一种方法。抵免法分为全额抵免和限额抵免。全额抵免是指对纳税人在收入来源国的纳税款予以全部抵免。限额抵免是指对居住国纳税人在收入来源国缴纳的所得税款规定一个最高抵免额，低于或等于限额的可以全数抵免，而高于限额的则只能按限额抵免。

由于抵免法在较好地处理国际税收关系的同时，维护了居住国的正当权益，并起到了消除双重征税的作用，所以被世界上大多数国家所采用。采用抵免法的国家通常选择的是限额抵免。

3．税收协定法

税收协定法是通过有关国家签订双边税收协定，以避免国际纳税人被重复征税的一种方法。运用税收协定避免国际双重征税的方法主要有以下两种：① 将征税权完全划归一方，完全排除另一方对该纳税对象的征税权，从而使国际双重征税得以免除。② 缔约国双方通过税收协定确定各自税收管辖权的范围，以避免对同一纳税对象双重征税。

三、国际避税

国际避税是指国际企业利用各国税法规定的差异，采用合法的手段变更纳税地点或经营方式，以规避或减轻纳税义务的行为。

国际避税与国际逃税是两个不同的概念。国际逃税是指跨国纳税人利用国际税收管理合作的困难和漏洞，采用多种隐蔽的非法手段，逃避有关国家税法和国际税收协定中所规定的纳税义务的行为。它与国际避税在性质上完全不同。对于国际避税行为，一般需要通过有关国家对国内税收法进行完善或对税收协定作出相应的规定，以期杜绝漏洞，加以防范；而对国际逃税，各国政府则根据国内法条文或税收协定的规定，依法进行惩处。

（一）国际避税产生的原因

国际企业的子公司和分支机构遍布世界各国，而各国在税法规定和纳税管理上存在很大差异，这位跨国纳税人采用合法方式避税提供了客观条件。各国税收制度之间的差异主要表现在以下方面：① 对纳税人的概念及纳税义务的规定不尽一致；② 各国的课税程序和课税方式存在差异；③ 税种设置和课税范围存在差异；④ 税率存在差异；⑤ 纳税基数存在差异；⑥ 避免双重征税的方法存在差异；⑦ 税法执行的有效程度存在差异；⑧ 通

货膨胀存在差异。

（二）国际企业避税的方法

国际企业常用的避税方法主要有以下几种：

1. 利用内部转移价格避税

内部转移价格是国际企业内部母公司与子公司之间或子公司与子公司之间转移商品或劳务的价格。国际企业的子公司与分支机构遍布世界各地，许多交易都是在企业内部进行的。国际企业利用内部转移价格避税的主要做法是将盈利所得由高税率国家的子公司转入低税率国家的子公司，从而减少向高税率国家缴纳的税额，减少整个国际企业的纳税总额。

利用内部转移价格避税的方法不仅适用于一般的商品供应，而且适用于内部贷款、专利和专有技术等无形资产的转让、管理成本或费用、租赁等。

例题解析

【例 8-6】 某国际企业分别在两个国家设立了 A 子公司和 B 子公司。A 子公司所在国的所得税率为 60%，B 子公司所在国的所得税率为 10%。A 子公司以 200 万美元的成本生产一批电视机零部件并销售给 B 子公司。B 子公司花费 50 万美元的成本把电视机组装完毕，并以 350 万美元的价格投放市场。现对内部转移价格确定了低价（210 万美元）和高价（250 万美元）两套方案，由此可分析出不同的内部转移价格对公司整体所得税的影响，如表 8-6 所示。

表 8-6 不同内部转移价格对公司所得税的影响

单位：万美元

项 目		A 子公司	B 子公司	两公司合计
低价策略	销售收入	210	350	560
	销售成本	200	260	460
	销售利润	10	90	100
	所得税	6	9	15
	税后利润	4	81	85
高价策略	销售收入	250	350	600
	销售成本	200	300	500
	销售利润	50	50	100
	所得税	30	5	35
	税后利润	20	45	65

从表 8-6 可以看出，在其他项目相同的情况下，该国际企业采取低内部转移价格时要比采用高内部转移价格时少缴纳 20 万美元的所得税。

2．利用国际避税地避税

国际避税地又称避税港或避税乐园，是指一国为了吸引外国资本，繁荣本国经济，弥补自身资本不足和改善国际收支情况，或引起外国先进技术以提高本国技术水平，在本国或确定范围内，允许外国人投资和从事各种经济活动取得收入或拥有财产而可以不必纳税或只需支付很少税收的国家或地区。这些国家或地区的税率明显偏低，通常具有一定程度的政治稳定性、便利的国际航空和通信服务、大量的税收优惠、宽松的外汇管制及较少的政府干预，有严格保守银行秘密和商业秘密的法律制度。

国际企业通过在避税港设立基地公司来避税，其主要方式有以下四种：

1）设立海运公司。海运公司的所有权和经营权不需在同一国，其总管理机构可在第三国，同时，所拥有的船舶还可在别处注册，这种组织结构有利于避税。

2）设立中转销售公司。即为购买、销售货物和劳务等而在避税港设立的公司。这种公司可以将国际企业子公司之间的业务利润从高税收管辖权地区“沉淀”下来，再通过合法的方式转移到母国。

3）设立控股公司。控股公司的主要作用是：① 集中子公司的股息和资本利得，在其居住地实现避税。② 可以推延母国对国外子公司的税收，起到逃避外汇管制的作用。③ 可以通过筹集资本来调整子公司的财务状况。

4）设立金融公司。金融公司可充当国际企业内部借贷的代理机构（如为不同东道国的子公司转送货款）或为第三方提供资金的机构。其财务目的是通过避税港降低或免除利息所得税，利用税收协定减轻预提税。

知识拓展

避税港的种类

避税港主要可分为以下几类：

1）无税型。这样的避税港完全免除个人所得税、公司所得税、资本所得税和财产税。巴哈马、英属百慕大群岛、英属开曼群岛及法属新喀里多尼亚等都属此类。

2）低税型。这样的避税港虽然征税，但税率很低。列支敦士登公国、英属维尔京群岛等都属此类。

3）半避税型。这类避税港只对在当地形成的收益征税，而对来自国外或地区外的收入不征税。中国香港、利比里亚、巴拿马等都属此类。

4）有限避税型。这类避税港一般都具有一定的税收优惠，在有限程度上具有避税港的特征。瑞士、新加坡、荷属安得列斯群岛等都属此类。

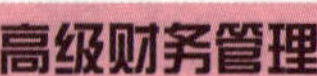

3．利用资本弱化避税

资本弱化又称资本隐藏、股份隐藏、收益抽取等，是指国际企业为了减少纳税额，采用贷款方式替代募股方式进行的投资或者融资。股东以股份形式进行投资，对其分配所得的股息须缴纳个人所得税；如果股东为公司，且其所在国实行重叠征税制度，则股东就须缴纳两次所得税。此外，各国对跨国股息的分配一般都要征收预提所得税，而且这种股息预提所得税在股东住所地国可能得不到相应的抵免。但如果投资人通过贷款形式进行投资，则不会受到这样的多重征税。

4．滥用国际税收协定避税

随着国际经济活动的日益频繁，由此引发的国际税收纠纷也不断增加。国际税收协定应运而生。国际税收协定是指两个或两个以上的主权国家，为了协调相互之间的税收分配关系和处理税务方面的问题，通过谈判所签订的书面协议。其主要内容一般包括适用范围、征税权的划分、消除双重征税的方法、无差别待遇和情报交换等。

按照税收协定涉及的主体，国际税收协定可分为双边税收协定和多边税收协定。双边税收协定是指两个国家为了协调双方处理跨国纳税人征税事务和其他有关方面的税收关系，经过谈判而签订的一种书面协议。多边税收协定是指超过两个以上的国家所缔结的税收协定。按照税收协定涉及的内容范围，国际税收协定可分为一般税收协定和特定税收协定。一般税收协定广泛涉及相互间的各种税收关系，如全面避免国际双重征税的协定；特定税收协定是缔约国之间就某一特定税种或税收问题所签订的协定，如对关税、增值税等的协定。

根据相关规定，只有缔约国一方或双方的居民才有资格享受税收协定的待遇。目前，国际税收协定网络尚未全球普及，且不同国家之间签订的税收协定在优惠条件上存在较大差异（如预提税的税率及征收范围、税收抵免方式等各不相同），有些缔约国的非居民就无资格享受税收协定的优惠待遇。这些非居民为了尽量减轻税收负担，而采取种种巧妙手段谋取税收协定所提供的优惠的现象，国际上称之为“滥用税收协定”。

滥用税收协定的通常做法是国际企业在有签订税收协定的缔约国一方境内设立一个具有该国居民身份的公司，从而间接享受该税收协定提供的优惠待遇，减轻或避免其跨国所得本应承担的纳税义务。例如，甲国和乙国之间有签订双边税收协定，协定规定甲国居民来源于乙国的所得可享受减免税优惠。丙国与甲国之间也签订了税收协定，协定规定丙国居民来源于甲国的收入可获得减免税优惠。但丙国与乙国之间没有签订税收协定。在这种情况下，丙国居民纳税人可通过在甲国设立公司，直接收取其来源于乙国的所得，从而享受甲乙两国间税收协定规定的优惠待遇，同时享受甲国与丙国之间税收协定的减免税优惠。

5．利用电子商务避税

电子商务的出现打破了传统的交易模式，引起了稽查方式、稽查方法、审计方式、审计方法等一系列的重大变化，使得国际税收中传统的居民定义、常设机构、属地管辖权等概念无法对其进行有效约束，使得销售货物、提供劳务或是转让特许权无法准确区分。这就给国际企业的避税行为提供了新的空间。同时，电子商务也成为世界各国政府进行国际反避税的新课题。

例题解析

【例 8-7】　乙国的 A 制造业公司是甲国某母公司的子公司，其生产经营需使用从丙国进口的原材料，而乙国对进口的原材料征税。乙国的附近有一个小岛国丁国，丁国和乙国、丙国均有免征进口税的双边税收协定。丁国的公司税是乙国的 1/4。在这种情况下，甲国母公司可以采取怎样的方法进行国际避税？

根据以上条件可知，甲国的母公司可在丁国设立 B 子公司，从丙国购买原材料，再按很高的盈利率卖给乙国的 A 子公司。其决策收益为：① 规避乙国的进口税；② 将部分利润“沉淀”在丁国 B 子公司，以乙国 1/4 的税率缴纳公司税。如图 8-4 所示。

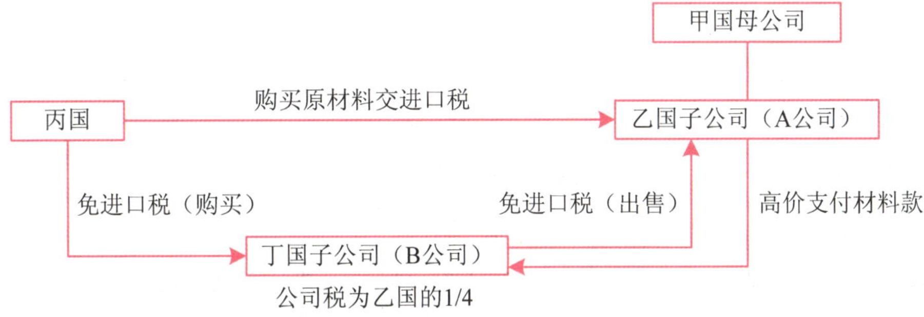

图 8-4　B 子公司购买材料避税示意图

四、国际反避税

基于国际避税的普遍存在及其对国民经济产生的不良后果，各国政府针对跨国纳税人的避税活动采取了种种反避税措施。这些措施主要包括以下几种：

（一）单边反避税方法

单边反避税方法的主要内容包括以下几个方面：

1）强化税收立法，完善各类反避税条款。例如，取消延期纳税；控制子公司在国外的经营利润长期滞留在避税地；防止关联企业之间利用转移定价避税；明确规定某些交易活动必须事先征得税务当局的批准，否则以违法论处。

2）强化税收征收管理，成立专门的反避税机构，加强对纳税人银行账目的审计。为了有效地执行反避税措施，各国税务部门必须全面了解国际企业在国外的经济活动，其通常采用的方法有以下三种：① 向纳税人或第三方施加压力，要求它们提供详细的纳税资料；② 在纳税人员需要

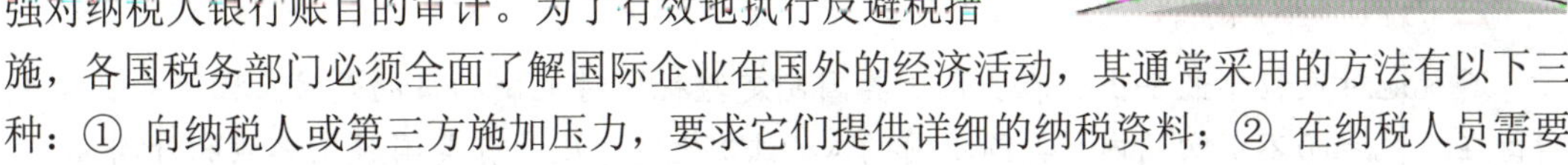

用于反避税的纳税资料时，要求银行给予配合；③ 各国之间加强税收情报的交流。

（二）双边或多边反避税方法

在国际反避税过程中，仅仅依靠各国制定单边反避税法是难以收到预期效果的，必须加强各国政府间的双边或多边合作。国际双边或多边合作主要是签订国际双边或多边税收协定，各方通过相互交换情报进行反避税。由国际组织（如国际联盟、经济合作与发展组织、欧洲共同体、联合国等）牵头制定的多边国际避税防范措施，对国际反避税合作做出了重要贡献。例如，欧洲共同体于 1975 年订立的《关于共同体为反对国际避税和避税应采取的措施》的协定，便属于多边反避税措施。

知识拓展

常见的国际避税措施

在国际税收管理中，东道国防止国际避税的常用措施主要有以下几种：

一、根据国际组织提出的原则制定税收政策

转移价格的实施使得国际企业的收入和费用出现了人为的、反常的国际流动。只有关联企业之间的收入和费用分配合理了，才能彻底防范国际避税。为此，经济合作与发展组织提出了以下原则：

1）独立核算原则。即要求关联企业间的交易往来必须按无关联企业的交易往来方式进行。

2）总利润原则。即对关联企业的内部交易不予过问，但到财政年度终了时，要将各关联企业在世界范围内所取得的全部利润汇总相加，再按合理标准重新分配。

3）合理原则。即以经济合理性为基础进行国家间的收入与费用分配。

4）合理利润划分安全地原则。即要求只有在有关国家规定的“安全地”范围内，关联企业内部交易利润的划分才可认为合理而予以承认。

上述四项原则中，后两项应该说只在理论上成立，不具有可操作性。就前两项原则来看，只有少数几个国家实行了总利润原则，其余大部分国家奉行的都是独立核算原则，它们把独立核算原则贯彻在国内的税法中，并提出了一些具体的国际收入费用分配标准。

二、转移价格税制

美国《国内收入法典》第 482 条规定，两个以上的企业由特殊关系时，为了防止避税或正确地计算所得，税务部门在必要时可以对这些企业的所得进行分配，即实行转移价格税制。转移价格税制的基本思路是要求国际企业的关联企业按正常交易原则进行交易。

三、避税地对策税制

避税地对策税制最早出现在美国。美国制定避税地对策制的目的是防止国际企业把利润留在避税地而不汇回国内。美国以前的《税法》规定，凡是有美国股东参股的外国公司，

其所得无论是股息还是盈余分配，在汇回美国之前，对美国股东暂不征税。在这种情况下，如果这些公司设在避税地，那么美国股东就可能利用这一规定享受延缓纳税的特权。为了防止这种避税行为的发生，美国在 1962 年的《国内收入法典》中提出了“F 分部所得”（Subpart F Income）的概念，对美国股东控股的特定外国法人的一定所得征税，具体规定了三个方面的内容：

1）美国股东必须拥有避税地公司 50%以上股权，纳税义务人为美国股东中拥有该法人股票 10%以上者。

2）所得项目不是指该法人从正常营业活动中的所得，而是主要针对在避税地成立的基地公司的所得，如“外国基地公司销售所得”“外国基地公司提供劳务所得”等。

3）该外国法人必须设在低税负的避税地。

凡符合上述条件者，不管美国股东是否收到上述所得，均应申诉其 F 分部所得，在美国缴纳税金。

继美国之后，许多国家也在税法中做了类似的规定。例如，日本在 1978 年的税制改革中，将避税地对策条款引入租税特别法之中，规定日本的居住者或法人直接或间接拥有特定外国人股票的 10%以上时，该居住者或法人的所得须向日本政府申报纳税。这样，即使海外子公司把全部所得留在国际避税地，对母公司来说，海外留存等同于汇回国内，同样要向国内申报纳税。

案例研究与分析：

中国石油集团海外投资决策与风险管理

一、案例背景

随着全球经济一体化进展的逐步加快，中国石油石化市场越来越呈现出国际化趋势。由于未来石油资源的相对不足，所以实施海外石油投资战略，加强国际石油合作，利用国内外两个市场、两种资源，将是中国石油企业面临的必然道路。20 世纪 90 年代初，在经济全球化和国内石油资源日益匮乏这两大因素的推动下，中国石油行业开始走上发展海外投资、开拓国外石油资源的道路。经过近十年的努力，中国企业已经成功地在海外建立起自己的石油开采基地，每年给国家带回近千万吨份额原油，为弥补国内资源不足、保障国民经济顺利发展做出了重大贡献。

（一）中国石油海外投资的背景

1）实施海外投资战略是解决国内油气资源供求矛盾加剧问题的必然选择。进入 21 世纪初期，我国石油进口量约占年消费量的 20%以上，石油的对外依存度呈现不断上升的趋势。另外，我国的国内生产总值将以 7%～8%的速度增长，预计原油的需求将以 4%的速度增长，而国内石油产量增长只有 2%。需求与供应差距很大，未来石油资源的相对不足，将是我国的一个基本国情。因此，开发和利用国外资源是我国石油企业持续发展的重要途径，是我国国民经济持续发展的迫切需要，也是我国石油企业“走出去”的内在驱动力。

2）实施海外投资战略是维护和保障我国石油安全乃至经济安全的必由之路。随着我国国民经济对石油的对外依存度的不断上升，国民经济对国际油价的波动将会更加敏感。根据国家发展与改革委员会研究报告分析，未来 10 年内，随着我国进口原油数量的增加，国际原油价格波动对我国 GDP 增长速度的影响逐步增大。据测算，国际油价波动对 2000 年 GDP 增长速度的影响是 1997 年的 24.28 倍。2010 年国际油价波动对 GDP 增长速度的影响是 1997 年的 31.88 倍。因此，从国家石油安全和全面建设小康社会的战略目标出发，应高度重视我国油气资源的可持续发展，必须采取有效的应对措施以保障国家石油安全。

3）实施海外投资战略是我国加入 WTO 后石油企业求得生存和发展的必由之路。加入 WTO 后，我国将按 WTO 要求承诺减让关税、取消非关税壁垒，给予外国石油公司石油石化产品贸易权和分销权，中国石油石化企业将面对来自跨国公司的巨大压力。跨国公司将利用 WTO 的条件，凭借其在资金、技术、管理、产品、市场营销、服务上的优势，倾力打入中国市场，以获取更大的市场份额为目标，与中国石油石化企业展开竞争，“国内市场国内化”的趋势更加明显。为此，只有充分利用国内国外两个市场、两种资源，发挥发展中国家的后发优势和比较优势，不断提升企业竞争力，才能真正与这些世界石油公司进行竞争和较量。

（二）中国石油海外投资的发展现状与趋势

1. 海外油气权益产量继续保持快速增长

2012 年，中石油苏丹地区公司受南苏丹项目停产影响，但石油项目在伊拉克发展迅速，2012 年油气权益产量继续维持在 5 000 万吨。中海油 2012 年权益油气产量接近 1 000 万吨。2012 年延长石油海外项目试采出油，标志着延长石油集团首次获得油气产量，成为又一家拥有海外产量的石油企业。

2. 重点资源国能源合作进一步加强

自 2009 年以来，我国先后与俄罗斯、委内瑞拉、安哥拉、哈萨克斯坦和巴西五国签订了总额 450 亿美元的“贷款换石油”协议。按协议规定，在未来 15～20 年，中国将通过向相关国家石油企业提供贷款，换取每年 3 000 万吨左右的原油供应。与中东资源国的合作将变得更加务实。2012 年，中国与沙特扩大原油、天然气贸易和上下游合作方面达成协议，双方建立能源伙伴关系。此外，中石油与阿布扎比国也签订了战略合作协议。

3．海外并购成为中国石油企业国际化的重要战略举措

近年来，海外并购成为中国石油公司参与国际竞争的重要手段。中石油海外油气并购取得历史性突破，据不完全统计，2010—2012 年累计并购交易金额达 500 亿美元，成为全球石油公司中最大的海外油气资产收购方。此外，中海油、中石化均有较大规模的资产收购活动。

（三）中国石油海外投资面临的机遇

1）进入 21 世纪后，经济全球化趋势日趋明显，产油国对外开放程度不断加深，国与国之间的壁垒逐渐削弱，海外投资环境越来越宽松。

2）“9·11”事件以后，虽然局部地区仍有动荡，但国际局势总体形势趋于缓和，在今后较长的时间内，国际社会争取和平环境的愿望仍是可以实现的。

3）尽管国际形势风云变幻，广大的石油资源国一直同我国保持着良好的政治关系，这成为我国开展海外石油合作的政治优势。

4）一些重要地区的石油资源国对我国实行开放政策，欢迎我国前往投资，为我国海外石油开发提供了可能性。

（四）中国石油海外投资面临的挑战

1）国际资源市场竞争日益激烈，尤其是中亚、里海、俄罗斯等油气富有的地区，一直是西方大国争夺的热点。“9·11”事件以后，美国的海外油气开发重点也逐步扩大到这一地区，进一步加剧了大国在该地区的争夺矛盾。这些都不利于我国从中亚、俄罗斯地区引进油气资源。

2）美国始终在能源上视中国为竞争对手，对我国在海外的发展必然采取多种方式遏制。日本也把中国看做亚洲地区对其威胁最大的国家，在油气开发领域与我国展开激烈的争夺。

3）了解到我国今后对国外油气资源的需求将不断扩大，其他大国正在加紧购买我国周边油气资源的股权或加强对本国油气资源的控制。

4）国际恐怖主义依然存在，油气田、油气管道、油船、炼油厂、油库等油气设施仍会成为恐怖主义袭击的对象，这会对我国的石油安全造成影响。

二、案例分析

（一）中国石油海外投资所面临的风险

中国石油海外投资所面临的风险主要包括技术风险、政治风险和市场风险。

1）地质风险。即在勘探和开发过程中因油气的地质结构、地理位置和基础设施等造成经济损失的风险。这是中国石油海外投资领域最大的投资风险。尤其是在条件恶劣的地理环境下进行勘探和开发时，存在极大的风险。

2）政治风险。在国际经济往来活动中，由于政治因素而造成经济损失的风险同样存在于中国石油海外投资领域。石油海外投资的政治风险主要有国有化风险、战争和内乱风险、转移风险、税收和租金风险。

3）市场风险。20 世纪 70 年代以来，石油价格和资金借贷不在稳定，给中国石油海外投资增加了市场风险的因素。首先，海外石油投资面临的最大问题是价格风险。国际石油市场原油价格的暴涨暴跌是海外石油投资面临的最大市场风险之一。其次，国际金融市场是跨国石油投资的资金来源市场之一，汇率的急剧波动和资金借贷市场行情的多变，无疑增加了海外石油投资的风险。

（二）中国石油对风险的管理

跨国石油投资管理实际上是风险的管理。多年来国际石油公司和国际石油投资机构逐渐建立、发展和完善了一套风险控制和管理的制度和技巧，尽量把风险控制在最小限度和范围内。这些应对措施对中国海外石油投资有借鉴意义。

1. 地质风险的应对措施

1）地质风险实际上是技术风险，除资源条件外，技术水平的高低决定着投资地质所带来的风险的大小。在勘探和开发领域，石油公司依靠的是高质量的地质研究、高水平的地质人才和先进的油气开采设备。由于石油工业是技术资金密集型行业，所以进入勘探领域的往往是实力雄厚的大石油公司，中小石油公司的机会很少。

2）在经过充分的地质评估和研究的基础上，实施勘探和开发投资的多元化，这样可以在一地或一国遭受的地质风险损失时，通过在其他地区或国家成功的风险地质投资来弥补。

2. 政治风险的管理

1）评估投资地的政治环境。在进行国际石油资本投资前，要对投资地区和国家的政治稳定性、战争和内乱的可能性、政策趋向、法规和税收制度、经济状况等因素进行细致而全面的评估，并建立投资环境评估制度和相应的评估机构，尽量避免向具有政治风险的地区和国家投资。

2）实施勘探地区分散化政策。勘探地区分散化可以使石油公司进一步转移和限制政治风险，这是减少政治风险损失的有效手段。

3）加强和改善与主权国家的关系。良好的互惠互利关系可以大大降低政治风险发生的可能性。这已成为石油工业发展的前提条件之一。

4）政治风险转移。对付政治风险的另一个重要手段是将风险全部或部分地转嫁给第三者。一种做法是，同其他公司或投资主体进行联合风险投资，以便获得更多的资金支持，并在风险出现时，分散和减小损失。另一种做法是，石油公司同主权国家的政府或企业合资进行风险投资，以避免主权国家采取不利于合资企业发展的政策。

3. 市场风险的应对措施

1）必须经常对国际市场油价的短期和长期趋势做出比较可靠的分析展望，以作为投资决策的重要分析和参考工具。

2）经营战略的调整。多年来的实践证明，油价的难以把握和持续波动是国际石油市场的显著特点。在这种情况下，实施多种经营，以适应市场的变化，避免风险，不失为一种有效手段。20 世纪 90 年代末，中国政府对中国石油工业进行了重大改组，使陆上两大石油公司“中国石油”和“中国石化”都变成了垂直一体化的企业。“中国石油”既投资上游石油业务，也经营下游业务。“中国石化”既经营下游业务，又投资上游的油气勘探和开发及生产活动。不仅增强了中国两家陆上石油企业的实力，而且也适应了国际石油工业的客观发展规律，增强了其应对市场风险的能力。

3）兼并和收购。这是一项重要战略，对于增强公司的竞争实力、改善公司的经营和金融状况、增加资源基础和扩大业务领域都有重要意义。

总的来说，中国石油集团企业的海外投资任重而道远，国际企业必须全面掌握并精妙地运用国际市场的游戏规则，同时仔细研究并充分利用微妙的国际关系，寻求发展空间，迎接更多方面的挑战。

思考与练习

1. 国际财务管理具有哪些特点？
2. 国际企业的筹资方式有哪些？
3. 国际企业应如何管理和优化资本结构？
4. 与单体企业相比，国际企业筹资会面临哪些风险？应如何避免？
5. 国际企业应如何选择恰当的国际投资方式？需要考虑哪些因素？
6. 国际投资环境的分析方法有哪些？
7. 国际投资效益分析指标有哪些？
8. 影响国际投资风险的因素有哪些？国际投资风险的防范策略有哪些？
9. 国际营运资金存量管理的内容有哪些？
10. 国际营运资金流量管理的目的是什么？国际营运资金转移的方式有哪些？
11. 什么是外汇汇率？其标记法方法有哪几种？
12. 外汇风险有哪几种？外汇风险管理的程序是怎样的？如何管理外汇风险？
13. 什么是国际税收？国际税收有哪几种？其负担原则有哪些？
14. 国际税收惯例有哪些？
15. 国际双重征税的原因是什么？免除国际双重征税的方法有哪几种？
16. 什么国际避税和国际反避税？国际避税的方法和反避税方法有哪些？

第九章 公司破产、重整与清算

学习目标

理解公司破产的概念并熟悉相关法律规定
掌握破产预警管理
掌握破产重组和非破产重组的相关知识
掌握破产清算和非破产清算

“蓝田股份”的破产

“蓝田股份”曾被誉为中国农业产业化的一面旗帜，但由于中央财经大学研究员刘姝威不经意的一篇600字的财务分析，意外地破解了蓝田的骗局，粉碎了一个上市公司的神话。

为了撰写《上市公司虚假会计报表识别技术》一书，刘姝威对上市公司蓝田股份财务报告中的流动比率、速动比率和净营运资金等主要财务指标进行了分析。刘姝威认为，蓝田股份的短期偿债能力很弱，已经成为一个空壳，完全依靠银行的贷款在维持生存，这是非常危险的。于是，她写了一篇短文《应立即停止对蓝田股份发放贷款》，并发传真给《金融内参》编辑部。同期，只供中央金融工委、人民银行总行领导和有关司局级领导参阅的《金融内参》刊登了这篇600字的短文。

不久，国家有关银行相继停止对蓝田股份发放新的贷款，蓝田股份的资金链因此断裂，最终走向了破产。

一个企业在什么情况下会破产？跟破产相关的内容有哪些？本章将会对这些问题进行阐述。

第一节　公司破产

任何公司都要经历产生、成长、衰退的生命周期发展过程，即使是处于成熟期的企业，也可能因为各种因素而陷入财务危机，破产清算是企业终止经营或解决资不抵债等财务危机的必经之路。

一、公司破产概述

（一）公司破产的概念

破产有广义和狭义之分。广义的破产是指企业因经营管理不善等原因而造成不能清偿到期债务时，按照一定程序，采取一定方式，使其债务得以解脱的经济事件。以此概念为基础，在财务管理中，公司破产可分为以下几种。

1. 技术性破产

技术性破产，又称技术性无力偿还，是指由于财务管理技术的失误，造成企业不能偿还到期债务的现象。此时企业主要表现为缺乏流动性、变现能力差，但盈利能力可能还比较好，财务基础也比较健全。无力偿还可能是因为公司财务政策上的某些偏差造成的，如债务结构欠合理等。此时若能采取有效的补救措施，会很快渡过难关；但如果处理不好，会造成法律上的破产，即所谓的“黑字倒闭”。

2．事实性破产

事实性破产，又称破产性的无力偿还，是指企业因经营管理不善等原因而造成连年亏损、资不抵债（即负债总额超过资产总额），而不能清偿到期债务的现象。这种性质的破产使公司的全部债务都难以偿还，如果不设法进行挽救，就只能转入清算。

3．法律性破产

法律性破产是指债务人因不能清偿到期债务而被法院宣告破产。此时债务人的资产可能低于负债，但也可能等于或超过负债，于是便可能出现债务人资产虽然超过负债，却因无法获得足够的现金或以债权人同意的其他方式偿还到期债务，不得不破产还债的情况。这种性质的破产强调对债务人的破产宣告是依法律确定的标准进行的，而对公司破产前的财务基础及清算后债务人实际能否偿还全部到期债务则不加考虑。

狭义的破产只是指法律性的破产，即债务人企业不能清偿到期债务，经破产申请人申请，由法院依法强制执行其全部财产，公平清偿所欠全体债权人债务的经济事件。本章所讲的破产均指法律性破产。

在我国经济法中，破产是在债务人不能清偿到期债务时，由法院强制执行其全部财产，公平清偿全体债权人，或者在法院监督下，由债务人和债权人会议（或债权人委员会）达成和解协议，整顿、复苏企业，清偿债务，避免倒闭清算的法律制度。显然，经济法将破产定义为一套在一定条件下有法院参与、强制性地规范债务人和债权人债务关系的法印制度。

（二）公司破产的法律规定

2006 年 8 月 27 日，第十届全国人民代表大会常务委员会第二十三次会议通过了《中华人民共和国企业破产法》（以下简称《破产法》），并予以公布，自 2007 年 6 月 1 日起实施。《破产法》的实施将进一步规范企业破产程序，公平清理债权债务，有利于保护债权人和债务人的合法权益，维护社会主义市场经济秩序。

1．破产界定

破产界定，又称破产原因，是申请债务人破产的事实根据，是对债务进行破产清算和破产预防的法律事实，也是破产程序启动、变更和中介的法律依据。

《破产法》对所有的法人企业适用统一的破产原因，即《破产法》第二条规定“企业因经营管理不善造成严重亏损，企业法人不能清偿到期债务，并且资产不足以清偿全部债务或者明显缺乏清偿能力的”，并在第七条明确规定，在此种情况下，债务人可以向人民法院提出重整、和解或者破产清算，债权人也可以向人民法院提出对债务人进行重整或破产清算。

提　示

在理解法定企业破产界限时，应注意以下几点：

（1）对造成亏损原因的理解各国有所不同。世界许多国家不管企业的亏损原因，只要不能清偿到期债务便依法宣告破产。我国则对只有因经营管理不善造成严重亏损的企业，在不能清偿到期债务时才予以宣告破产；因其他原因（如计划性亏损、政策性亏损）导致不能清偿债务时，则不能采用破产方式解决。

（2）债务到期不能偿还时债务人明显丧失清偿能力，即不能以财产、信用或能力等任何方法偿还期限已经届满的债务。如果债务人能及时筹措到一笔新债来偿还到期债务时，即使债务人的债务已超过了其资产，也不能认定已到破产界限。

（3）不能清偿债务通常是指债务人对全部或部分主要债务在可以预见的相当长的期间内不能清偿，而不是因资金周转一时不灵而暂时延期支付。

债务人破产申请书格式如图 9-1 所示。

申请人：（基本情况）

申请事项：申请××公司破产。

事实与理由：

申请人因经营不善，到目前为止，已经严重资不抵债，为此，特提出破产之申请。（写明企业亏损的情况，提交有关的会计报表、债务清册和债权清册等）

此致

××人民法院

申请人：

年　月　日

图 9-1　债务人破产申请书格式

2. 重整与和解

出于对社会安定、保护债权人利益不受侵害等方面的考虑，世界大多数国家不主张“破产清算”这种极端形式。企业从申请破产到最终破产清算，破产法尽可能为企业创造避免解体、再建恢复的机会，该程序法律上称之为“重整与和解”。

（1）重整

所谓重整，是指不对无偿还能力的债务人的财产立即进行清算，而是在人民法院的主持下由债务人与债权人达成协议，制订重整计划，规定在一定的期限内，债务人按一定的方式全部或者部分地清偿债务，同时，债务人可以继续经营其业务的制度。重整适用于所有类

型的企业法人，是一个独立的破产预防程序。

按照《破产法》第 70 条的规定，债权人和债务人都可以向人民法院申请对债务人进行重整。如果债权人提出破产清算，在人民法院受理破产申请后、宣告债务人破产前，债务人或者出资额占债务人注册资本 1/10 以上的出资人，可以向人民法院申请重整，由人民法院裁定债务人进行重整，并公告。

人民法院裁定债务人重整之日起 6 个月内，债务人或者管理人应当向人民法院和债权人会议提交重整计划草案，应包括以下内容：① 债务人的经营方案；② 债权分类；③ 债权调整方案；④ 债权受偿方案；⑤ 重整计划的执行期限；⑥ 重整计划执行的监督期限；⑦ 有利于债务人重整的其他方案。人民法院将在收到重整计划草案 30 日内召开债权会议，并按照债权是否有担保权，是否为所欠职工的医疗、保险等，是否为所欠税款等，对债权进行分类，分组对重整计划草案进行表决。出席会议的同一表决组的债权人过半数同意重整计划草案，并且其所代表的债权额占该组债权总额的 2/3 以上的，即为该组通过重整计划草案。

《破产法》第 73 条规定："在重整期间，经债务人申请，人民法院批准，债务人可以在管理人的监督下自行管理财产和营业事物。"

《破产法》第 78 条规定："在重整期间，有下列情形之一的，经管理人或者利害关系人请求，人民法院应当裁定终止重整程序，并宣告债务人破产：① 债务人的经营状况和财产状况继续恶化，缺乏挽救的可能性；② 债务人有欺诈、恶意减少债务人财产或者其他显著不利于债权人的行为；③ 由于债务人的行为致使管理人无法执行职务。"

（2）和解

和解是指破产程序开始后，债务人和债权人之间就债务人延期清偿债务、减少债务数额、进行整顿事项达成协议，以挽救企业、避免破产，终止破产程序的法律行为。债务人可以直接向人民法院申请和解，也可以在人民法院受理破产申请后、宣告债务人破产前，向人民法院申请和解。申请和解时应同时提交和解协议草案。

经人民法院审查认为和解申请符合《破产法》的规定，应裁定和解，予以公告，并召集债权人会议讨论和解决议草案。当出席会议的有表决权的债权人过半数同意，并且其所代表的债权额占无财产担保债权总额的 2/3 以上时，和解协议通过，经人民法院认可后，和解协议对债务人和全体债权人均有约束力。

《破产法》第 99 条明确规定："和解协议草案经债权人会议表决未获得通过，或者已经债权人会议通过的和解协议未获得人民法院认可的，人民法院应当裁定终止和解程序，并宣告债务人破产。"同时《破产法》103 条和 104 条对和解协议的终止也作出了规定，主要是债务人欺诈或违反行为而成立的和解协议，以及债务人不能或不执行和解协议的情况出现时，人民法院有权裁定终止和解协议，并宣告债务人破产。

3．破产清算

破产清算是指在企业终止过程中，为保护债权人、所有者等利益相关者的合法权益，依法对企业财产、债权债务进行全面清查，处理企业未了事宜，收取债权，变卖财产，偿还债务，分配剩余财产，终止其经营活动等一系列工作的总称。从经济学的角度看，破产清算的重要功能在于将资源配置到使用效率更高、经济效益更好的单位，从而实现整个社会资源配置的最优化。

《破产法》第 107 条规定："人民法院依照本法规定宣告债务人破产的，应当自裁定作出之日起 5 日内送达债务人和管理人，自裁定作出之日起 10 日内通知已知债权人，并予以公告。"被宣告破产后，债务人被称为破产人，债务人财产为破产财产，人民法院受理申请时对破产人享有的债权称为破产债权。进入破产清算阶段后，管理人应当拟定破产财产变价方案，并交由债权人会议讨论通过后，适时变价出售破产财产。

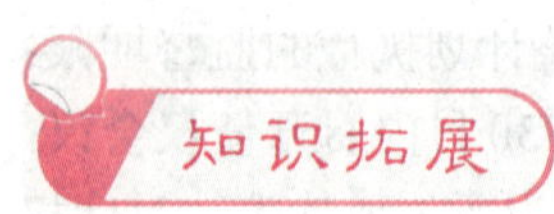

我国和美国破产财产清偿顺序

我国《破产法》第 113 条规定，破产财产在优先清偿破产费用和共益债务后，依照下列顺序清偿：① 破产人所欠职工的工资和医疗、伤残补助、抚恤费用，所欠的应当划入职工个人账户的基本养老保险、基本医疗保险费用，以及法律、行政法规规定的应当支付给职工的补偿金；② 破产人的欠款除前项规定以外的社会保险费用和破产人所欠税款。③ 普通破产债权。破产财产不足以清偿同一顺序的清偿要求的，按照比例分配。破产企业的董事、监事和高级管理人员的工资按照该企业职工的平均工资计算。

而美国破产财产清偿顺序如下：① 有财产担保的债权人；② 进行破产程序的花费；③ 欠发工人的工资；④ 欠税；⑤ 无财产担保的债权人。

二、破产预警管理

企业破产大多数都要经历一个由财务风险到财务危机再到退出市场的动态演进过程。破产预警管理，是指企业组织为及早捕捉到财务危机信号、降低破产危机带来的威胁所进行的长期规划与不断调控和反馈的动态调整过程。

（一）企业财务危机的防范

1. 财务危机与财务风险

理论界诸多学者对财务危机的概念众说纷纭，并未形成统一的意见。例如，Beaver（比弗）认为财务危机不仅界定企业破产，还应该包括债券到期不能偿付、银行透支严重、不能支付优先股等；Altman（奥特曼）指出财务危机包括经营失败、无偿付能力、违约和破产四种类型，并把企业破产作为财务危机的主要标志；Carmicheal（卡米切尔）认为财务危机是企业履行义务时受阻，具体表现为流动性不足、权益不足、债务拖欠及流动资金不足等形式。由此可见，关于财务危机的概念有很多，但公认的是把财务危机定义为企业偿付能力的丧失，即企业无力支付到期债务或无力维持必要支出的一种经济现象，包括从资金管理技术性失败到破产，以及介于两者之间的各种情况，破产则是财务危机的极端形式。

财务危机的特征

世界上任何事物都有其本质特征，财务危机也不例外，只有了解财务危机的特征才能从根本上对财务危机有所认识，进而在公司经营中能够尽量规避风险。

一、财务危机具有客观积累性

财务危机往往是企业在一定时期各种经营活动与财务活动失误的综合。企业在生产方面，长期管理不善，产品质量不达标，成本费用居高不下；在营销方面市场定位不准，促销不力，造成产品积压；在理财方面，对财务活动缺乏合理的规划与控制，出现资本结构不合理、筹资结构与投资结构不匹配、现金收支混乱及财务舞弊等。这些问题日积月累，最终使企业财务步入危机。

二、财务危机具有突发性

财务危机的发生受许多主客观因素的影响，其中有些因素是可以把握和控制的，但更多因素是突发性的，有的甚至是急转直下的，企业无法应对这些突如其来的变化，因而财务危机表现为突发性。例如，某企业经营状况很好，但是由于一个长期贸易伙伴在事先无察觉情况下，突然宣布倒闭，造成数额巨大的应收账款不能预期收回，使企业陷入困境。当企业发生突发性的财务危机时，如果财务危机在企业承担短期风险的控制能力范围内，企业可以安然度过危机。相反，如果财务危机超过企业短期承担风险的最高限度，那么企业就将陷入危机之中。

三、财务危机具有复杂多样性

财务危机的形成不是单一事件的结果，企业对环境的某些因素的不适、经营活动中某一过程的失误、财务行为的过失等都有可能带来财务危机，而这些经营环境、经营过程、财务行为方式均表现出复杂多样性。

四、财务危机具有灾难性

企业财务危机的发生将给企业带来灾难性的损失。当企业发生财务危机时，虽然也具有不少企业通过采取一系列的措施，化解了危机，避免了破产，但企业也为此付出了沉重的代价，它往往需要大刀阔斧的改革、壮士断臂般的重组，增加代理成本、资金成本等。至于破产，将给企业带来的是毁灭性的灾难。

五、财务危机具有可预见性

财务危机的发生有其必然性，因为财务危机是企业生产经营中长期财务矛盾日积月累形成的，因此，财务管理者只要多留心，就不难发现财务危机的苗头。

六、财务危机具有牵连性

财务危机的牵连性是指财务危机的发生不仅仅会对本企业产生影响，同时还会对其业务相关企业产生一定的影响。任何一家企业都不可能独立存在于市场中，企业的生产经营过程中必然会和其他企业产生或深或浅的联系，而在正常情况下业务的发生必然会伴随着资金的流动，因而，当财务危机爆发的时候，与其相关的企业也必然会遭受某种程度的损失。

企业危机因为企业的种种风险因素而产生，对危机进行有效的管理，必须考虑哪些风险是形成企业危机的关键因素，并对此采取针对性的防范措施。在经典财务管理研究中，财务危机形成的领域通常被概括为筹资风险、投资风险、经营风险、存货管理风险和流动性风险。

（1）筹资风险

筹资风险指的是由于资金供需市场、宏观经济环境的变化，企业筹集资金给财务成果带来的不确定性，主要包括利率风险、再融资风险、财务杠杆效应、汇率风险、购买力风险等。

（2）投资风险

投资风险指企业投入一定资金后，因市场需求变化而导致最终收益与预期收益偏离的风险。企业对外投资主要有直接投资和证券投资两种形式。直接投资是把资金投放于生产经营性资产以便获得利润。证券投资是把资金投放于证券等金融性资产，主要有股票投资和债券投资两种形式。

（3）经营风险

经营风险又称营业风险，是指在企业的生产经营过程中，供、产、销各个环节不确定性因素的影响所导致企业资金运动的迟滞，产生企业价值的变动。

（4）存货管理风险

企业保持一定量的存货对于其进行正常生产来说是至关重要的，但如何确定最优库存量是一个比较棘手的问题，存货太多会导致产品积压，占用企业资金，风险较高；存货太少又可能导致原料供应不及时，影响企业的正常生产，严重时可能造成对客户的违约，影响企业的信誉。

（5）流动性风险

流动性风险是指企业资产不能正常和确定性地转移现金或企业债务和付现责任不能正常履行的可能性。企业的流动性风险可以从企业的变现力和偿付能力两方面分析与评价。

财务风险是客观存在的，每一个企业都必须面对，财务危机是财务风险积聚到一定程度的产物，陷入财务危机的企业必然面临较大的财务风险，企业若能采取有效措施，就能降低财务风险，摆脱财务危机；反之，若不能采取有效的风险管理措施，或面对财务危机束手无策或措施不力，就会加剧财务危机，甚至导致破产。

2. 财务风险的辨识

在竞争激烈的市场经济条件下，由于各方面的原因，财务风险是不可避免的。所谓财务风险是指全部资本中债务资本比率的变化带来的风险。企业管理者应善于辨识财务风险，及时采取有效措施，方能使企业远离财务危机。所谓财务风险的辨识，就是指对存在于企业内部和外部的各种风险进行识别分辨，弄清楚哪些属于企业的财务风险，哪些不属

于企业的财务风险；哪些已形成现实的财务风险，哪些尚属于潜在的财务风险；哪些财务风险已威胁到企业的生存和发展，哪些财务风险对企业尚不构成威胁等。

对财务风险的辨识可分为宏观层面分析与微观层面分析。宏观层面又具体包括预测分析法、系统研究法、决策分析法、环境分析法和动态分析法等；微观层面具体包括资产负债分析法、因素分析法、平衡分析法、专家意见法等。进行财务风险分析和判断的前提是找到财务风险生产、发展的证据材料，健全的财务资料有利于提高辨识质量。

财务风险辨识可通过财务风险辨识问卷进行，如表 9-1 所示，也可视具体情况，对表 9-1 中的问题赋予不同权重分值，对财务风险进行量化比较。

表 9-1　财务风险辨识问卷

问　题	是	否	说　明
财务风险源是否存在？			
财务风险是否已经形成？			
财务风险是否针对本企业？			
与财务风险相关的因素是否已显现？有何具体特征？			
财务风险在波及本企业之前是否会发生变异？			
已有财务风险资料是否充分？			
财务风险是否已对企业构成威胁？			
财务风险是否属于显化期？			
财务风险是否需要进行衡量？			
财务风险是否需要进行检测？			

3．财务风险的衡量

企业财务风险的衡量，是指对财务风险进行数量界定，它是针对某一种财务风险的形成、发展的概率，以及可能造成的损失范围和强度等进行测算，分析该财务风险对企业的威胁程度、企业的承受能力及可能造成的影响和危害。

财务风险的衡量可通过财务风险衡量问卷进行，如表 9-2 所示，也可视具体情况，对表 9-2 中的问题赋予不同权重分值，对财务风险进行量化比较。

表 9-2　财务风险衡量问卷

问　题	是	否	说　明
财务风险是否已经显化？			
财务风险资料及规律是否已经被把握？			
该财务风险是否有可借鉴和参考的先例或经验？			
财务风险将在何时或何种情况下发生？			
财务风险的发生需要具备什么条件？			
在企业内外该条件是否已形成？			
财务风险造成损失的范围和强度？			
财务风险是否会产生“并发症”？			

续表

问　题	是	否	说　明
财务风险的发生是否超出预警线？			
是否需要采取行动避免财务风险？			

4. 财务风险的防范

（1）防范企业财务风险的主要措施

一般来说，企业财务风险的防范主要应该做好以下几个方面：

1）认真分析财务管理的宏观环境及其变化情况，提高企业对财务管理环境变化的适应能力和应变能力，制定多种应变措施，适时调整财务管理政策和改变财务管理方法，以此降低因环境变化给企业带来的财务风险。

2）不断提高财务管理人员的风险意识，建立和完善财务管理系统，以适应不断变化的财务管理环境。面对不断变化的财务管理环境，企业应设置高效的财务管理机构，配备高素质的财务管理人员，健全财务管理规章制度，强化财务管理的各项基础工作，使企业财务管理系统有效运行，以防范因财务管理系统不适应环境变化而产生的财务风险。

3）提高财务决策的科学化水平，防止因决策失误而产生的财务风险。财务决策的正确与否直接关系到财务管理工作的成败，经验决策和主观决策会使决策失误的可能性大大增加。为防范财务风险，企业必须采用科学的决策方法。在决策过程中，应充分考虑影响决策的各种因素，尽量采用定量分析方法并运用科学的决策模型进行决策。对各种可行方案要认真进行分析评价，从中选择最优的决策方案，切忌主观臆断。

4）理顺企业内部的财务关系，做到责、权、利相统一。为防范财务风险，企业必须理顺内部的各种财务关系，明确各部门在企业财务管理中的地位、作用和应承担的责任，并赋予其相应的权力，真正做到权责分明。

（2）企业防范财务风险的技术方法

防范企业财务风险的技术方法主要有分散法、降低法和回避法三种。

1）分散法。即通过企业之间联营、多种经营与对外投资，将风险转移给承租方或购买方。例如，企业可以采用投资多元方式分散财务风险。对于风险较大的项目，企业可以采用与其他企业共同投资、共享收益、共担风险的方式，分散投资风险。

2）降低法。即企业面对客观存在的财务风险，努力采取措施降低财务风险的方式。例如，当市场的不可预测因素增多，股票价格出现剧烈波动时，企业因及时降低股票投资在全部对外投资中所占的比重，从而降低投资风险。

3）回避法。即企业在选择理财方案时，应综合评价各种方案对企业正常生产经营活动的影响，以及可能产生的财务风险，在保证实现财务管理目标的前提下，选择风险较小的方案，回避风险较大的方案。

（二）破产危机征兆分析

在公司财务状况由顺境到逆境的演变过程中，通常可以从公司外部特征和财务特征两方面察觉到危机的征兆。公司外部特征通常包括交易记录恶化、过度依赖借款及关联交易、通过收购或资本支出方式大规模扩张、财务报表及相关信息公布迟缓、管理层持股数下降、领导班子更换频繁等。财务特征分析可以从财务指标和会计报表两方面进行分析。

1. 财务指标

公司日常经营过程中，通过观察现金流量、销售额、资产负债率等相关财务指标的变化，可以察觉财务状况恶化的苗头。

（1）现金流量

公司出现财务危机，表现为缺乏支付到期债务的现金流。公司的现金流量与销售收入、利润密切相关，它们各自有可能上升，有可能持平，有可能下降，排列组合后呈现出联动的内在规律。

在现金流量上升的同时，存在收入和利润同时上升的现象，也存在收入和利润同时下降的现象，还存在收入下降、利润上升的现象及收入上升、利润下降的现象；同理，在现金流量下降的同时，既存在收入、利润同时上升的现象，也存在收入、利润同时下降的现象，还存在收入下降、利润上升的现象及收入上升、利润下降的现象。

通常情况下，一个公司在收入上升时，如果没有利润和现金流量伴随，那么该公司财务方面便会呈现出不良症状。因此，除收入、利润和现金流量同步上升属于正常情况外，其余情况均可能存在着危机隐患。

（2）营业收入的非正常下降

一般情况下，营业收入的下降，会导致公司当期或以后各期现金流入量的减少，当期现金流量受影响的程度主要取决于公司的信用政策。如果当期现金余额明显下降，存货大量积压，可以说公司财务出现了危险信号。

（3）现金大幅度下降而应收账款大幅度上升

在稳定的信用政策下，如果出现平均收现期延长、账面现金较少而应收账款较多的现象，表明公司现金回笼状况差，现金流转可能会受到影响。

（4）财务比率

通过选择反映公司财务状况的各项比率进行比较，观察其变化趋势，从中捕捉危机信号。判断公司财务显现危机征兆的财务比率及表现如表 9-3 所示。

表 9-3　判断公司财务状况的财务比率

财务指标	计算公式	财务危机征兆
资产周转率	营业收入/资产平均余额	大幅度下降
资本经常收益率	经常收益/股东权益平均余额	大幅度下降或负数
销售经常收益率	经常收益/营业收入	大幅度下降或负数
经常收益增长率	本期经常收益增长额/前期经常收益	负数，并逐年下降
销售利息率	利息总额/资产总额	接近或超过 6%
资产负债率	负债总额/资产总额	大幅度上升
长期适应比率	固定资产/（权益资本＋长期负债）	降到 1 以下
流动比率	流动资产/流动负债	降到 1.5 以下

续表

财务指标	计算公式	财务危机征兆
经营债务倍率	（应付账款＋应付票据）/月销售额	接近或超过 4 倍

注：经常收益＝当期收益－补贴收入、营业外收支初等非经常性损益

2．会计报表

一般来说，会计报表能综合反映公司在特定日期的财务状况和一定时期的经营成果与现金流量。因此，通过观察资产负债表、利润表和现金流量表总体结构和平衡关系，可以判断公司的安全状态。

（1）利润表

根据经营收益、经常收益与利润总额的亏损与盈利情况，可以将公司的利润表分为 6 种类型。不同类型利润表对应的安全状态如表 9-4 所示。

表 9-4　不同类型利润表对应的安全状态

项目	A	B	C	D	E	F
经营收益	亏损	亏损	盈利	盈利	盈利	盈利
经常收益	亏损	亏损	亏损	亏损	盈利	盈利
当期收益	亏损	盈利	亏损	盈利	亏损	盈利
说明	接近破产状态		若此状态继续，将会导致破产		根据亏损情况而定	正常状态

注：经营收益＝经常收益＋财务费用

（2）资产负债表

根据资产负债表平衡关系和分类排序，可以将公司财务状况分为 X 型、Y 型和 Z 型。X 型表示公司处于正常状况；Y 型表示已经亏损了一部分资本，虽然资产仍大于负债，但财务已处于危机状况；Z 型表示公司已亏损了全部资本和部分负债，处于资不抵债的状态，濒临破产。

（3）现金流量表

剖析现金流量表所隐含的信息以判断公司的安全状态，这一方法越来越受到人们的重视。对于一个健康的正在成长的公司来说，经营活动现金流量应是正数，投资活动现金流量是负数，筹资活动现金流量是正负相间。经营活动、投资活动和筹资活动现金流量的正负数值的不同，形成 8 种现金流量组合类型，如表 9-5 所示。

表 9-5　现金流量类型

项目	I	II	III	IV	V	VI	VII	VIII
经营活动现金径流量	正	正	正	正	负	负	负	负
投资活动现金径流量	负	负	正	正	负	负	正	正
筹资活动现金径流量	正	负	负	正	正	负	正	负

第 I 类型的公司：经营状况良好，经营活动不仅能带来源源不断的现金流量，而且有能力筹措资金，并有扩大生产经营或再投资的举措，说明财务状况稳定，处于良性循环状

态。保持适度的投资规模，重视投资效益的取得，对这类公司来说至关重要。

第Ⅱ类型的公司：经营活动的成效不错，贡献的现金流量在偿还债务的同时还能进行投资，但来自筹资方面的还款压力较大。因此，应密切关注经营状况的变化，防止经营状况恶化导致财务状况恶化。

第Ⅲ类型的公司：呈现出两种可能：一是进入债务偿还期，经营活动获取的现金流量无法满足偿债需求，还需依靠投资变现来摆脱债务困境，这种情况下的公司已处于财务危机状态；二是经营处于良性循环中，又无较大规模扩张或没有合适投资项目，加之过去的投资效益良好，有足够的资金用于偿还之前所欠的债务，这种情况下的公司财务状况比较稳定和安全。

第Ⅳ类型的公司：现金储备会增加，之所以出现这种情况，一种可能是公司经营和投资效益良好，并且具有较好的融资能力，财务状况良好；二是公司出于某种动机，如准备偿还大笔到期的债务或即将进行规模较大的投资等积聚资金；三是公司通过各种途径获得了大笔资金，尚未找到合适的投资项目。

第Ⅴ类型的公司：经营活动和投资活动均不能产生足够的现金流量，风险较大，各项活动都要依靠借债、接受所有者投资等外部渠道来筹集资金，筹资渠道是否畅通至关重要。如果公司处于初创时期，这种情况尚属正常。

第Ⅵ类型的公司：经营活动现金流出大于流入，投资效果较差，只能依靠以前年度的现金储备来弥补其现金短缺。这种情况只能维持一时，一旦现金储备消耗完、不能顺利进行筹资，只好采取变卖处置资产、缩减投资规模等手段套现，财务状况将变得很糟糕，面临被兼并或破产的危险。

第Ⅶ类型的公司：经营活动不能产生现金流量，主要依靠借债维持经营。如果投资活动现金净流入主要依靠收回投资或者处置长期资产取得，则说明企业虽然目前能筹措到资金，但仍无法弥补经营活动所需的资金缺口，公司的财务状况将面临严峻的考验。

第Ⅷ类型的公司：不仅经营活动产生的现金流量不足，又处于偿还债务的高峰期，债务负担沉重，资金的来源主要依靠投资活动的现金流量。如果投资活动现金流量来源于各种投资收益，说明公司在分散经营风险方面取得了一定成效，加强主营业务的管理和调整，公司可以渡过暂时的经营和财务困境；如果是通过收回投资来解决资金压力的，则说明公司已陷入严重的经营和财务困境，发展前景堪忧。

（三）财务危机预警方法

财务危机预警的方法有定性分析法和定量分析法之分。采用定性分析方法所得出的结果是一种判断，而采用定量分析方法则可以测得财务危机的警度数值。

1．定性方法

财务危机预警的定性分析法有很多种，比较常用的有标准化调查法、“四阶段症状”分析法、“三个月资金周转表”分析法、流程图分析法和管理评分法等。

（1）标准化调查法

标准化调查法，又称风险分析调查法，即通过专业人员、咨询公司、调查公司、协会等机构和人员，对企业可能遇到的问题进行详细的调查分析，并形成报告文件供企业管理者参考。该方法的优点是所提出的问题对所有企业都有意义，普遍适用，缺点是无法提供特定问题的一些个性特征。

（2）“四阶段症状”分析法

一般而言，企业财务运营情况不佳，甚至出现危机，应该有特定的症状，并且该症状应该是逐步加剧的，我们的目标就是及早发现各个阶段的症状，对症下药。“四阶段症状”分析法是把企业财务危机病症大体分为四个阶段，各阶段并发症如表 9-6 所示。如果企业运营中出现相应情况，一定要找出病因，采取有效措施，摆脱财务困境，恢复财务正常运作。

表 9-6　财务运营危机的四个阶段

财务危机潜伏期	财务危机发作期	财务危机恶化期	财务危机实现期
（1）盲目扩张 （2）无效市场营销 （3）疏于风险管理 （4）缺乏有效的管理制度，企业资源分配不当 （5）无视环境重大变化	（1）自由资本不足 （2）过分依赖外部资金 （3）缺乏会计的预警作用 （4）债务拖延偿付	（1）经营者无心经营业务，专心于财务周转 （2）资金周转困难 （3）债务到期违约不支付	（1）所有者权益小于零 （2）宣布倒闭

（3）“三个月资金周转表”分析法

“三个月资金周转表”分析法是进行短期财务预警的重要方法之一，企业制定三个月资金周转表并分析其经营状况。是否制作资金周转的三个月计划表，是否经常检查结转下月余额对总收入的比率，以及销售额对付款票据兑现额的比率及考虑资金周转问题，这对维持企业的生存极为重要。

“三个月资金周转表”分析法的实质是企业面临着变幻无穷的理财环境，所以要经常准备好安全度较高的资金周转表，假如连这一点都办不到，就说明企业已经处于紧张状态了。这种方法的判断标准与：第一，如果企业制定不出三个月的资金周转表，这本身就已经是个问题；第二，倘若已经制好了，就要查明转入下一个月的结转额是否占总收入的 20%以上，付款票据的支付额是否在销售额的 60%以下（批发商）或 40%以下（制造业）。

（4）流程图分析法

企业流程图分析是一种动态分析，这种流程图对识别企业生产经营和财务活动的关键点特别有用。运用流程图分析可以暴露企业潜在的风险，在整个企业生产流程中，即使一两个发生意外，都有可能造成较大的损失，如果在关键点上出现堵塞和发生损失，将可能导致企业经营活动或资金运转终止。一般而言，企业只有在关键点出财务措施，才可能防范和降低风险。

（5）管理评分法

管理评分法的理论基础是：管理不善导致企业灾难，其管理不善的种种表现比财务反映提前若干年就可以发现。这种管理评分法试图把定性分析判断定量化，这一工程需要进行认真的分析，深入企业及其车间，细致地对企业高层管理人员进行调查，全面了解企业管理的各个方面，才能对企业的管理进行客观的评价。这种方法的原理即对企业的经营缺陷、错误和征兆对比打分，然后根据他们对破产过程产生影响的大小程度作加权处理，得到一个总分数，以总分数的高低判断企业的财务状况，从一定意义上说，这种方法具备了定量分析中多远线性函数的思想。

美国学者仁翰·阿吉蒂设计的管理评分表如表 9-7 所示。企业的安全得分一般应小于 18 分，如果评价的分数总计超过 25 分，就表明企业正面临失败的危险；如果总分超过 35 分，企业就处于严重的危机之中。因此，18～35 分构成了企业管理的一个“黑争区域”，如果企业所得评价总分位于“黑争区域”之内，就必须要提高警惕，迅速采取有效措施，将总分数降低到 18 分以下的安全区域。

表 9-7　管理评分表

项目		评分	表现
经营缺点	管理方面	8	总经理独断专行
		4	总经理兼任董事长
		2	独断的总经理控制着被动的董事会
		2	董事会成员构成失衡
		2	财务主管能力低下
	财务方面	1	管理混乱
		3	没有财务预算或不按预算进行控制
		3	没有现金流转计划或虽有计划但从未适时调整
		3	没有成本控制系统，对企业的成本一无所知
		15	应变能力差，过时的产品，陈旧的设备，守旧的战略
合计		43	及格 10 分
错误		15	欠债过多
		15	企业过度发展
		15	过度依赖大项目
合计		45	及格 15 分
症状		4	财务报表上显示不佳的信号
		4	总经理操纵会计账目，以掩盖企业滑坡的实际
		3	非财务反映：管理混乱、工资冻结、士气低落、人员外流
		1	晚期迹象：债权人扬言要诉讼
合计		12	及格 0 分
总计		100	及格 25 分

在运用管理评分表对企业管理进行评估时，每一项得分要么零分，要么满分，不允许给中间分。所给分数表明了管理的好坏程度，分数越高，则企业的处境越差。

2. 定量方法

财务危机预警定量分析法包括单变量模型和多变量模型两大类。

（1）单变量模型

单变量模型是指运用单一变数，用个别财务比率来预测财务危机的方法。

美国学者费特兹帕特里克（Fitzpartrick）最早进行了单变量破产预测研究，他以 19 家公司作为样本，发现判别能力最高的是“净利润 / 股东权益”和“股东权益 / 负债”这两个比率。而 1966 年美国的比佛（Beaver）则是最早运用统计方法来研究公司失败问题的人。他仅仅狭义地将财务失败界定为破产，以及“债券拖欠不履行、银行超支、不能支付优先股股利等”。他首先以单变量分析法发展出财务危机预测模型，使用 5 个财务比率对 158 家公司进行一元判定预测，分别将这 5 个财务比率作为变量对 79 家经营未失败公司和 79 家经营失败公司进行一元判定预测，发现债务保障率（现金流量 / 负债总额）财务预测的效果最好，资产收益率（净利润 / 资产总额）次之，资产负债率（负债总额 / 资产总额）再次。

跟踪考察企业时，应对这些比率的变化趋势予以特别关注。一般来说，陷入财务危机的企业，这几个比率的特征是：低于行业平均水平；不断下降；具有长期趋势而非偶然。这一方法在企业失败前 5 年可达 70%以上的预测能力，失败前 1 年更可达 87%的正确区别率。日本的经营咨询诊断专家田边升一提出了利息及票据贴现费用判别分析法。以利息及票据贴现费用大小，即以企业贷款利息、票据贴现费用占其销售额的百分比来判断企业正常与否。

单变量分析法虽然简单，但却因不同财务比率的预测方向与能力经常有相当大的差距，有时会产生对于同一公司使用不同比率预测出不同结果的现象，因此招致了许多批评。其中，现金流量来自现金流量表的三种现金流量之和，除现金外还充分考虑了资产的变现能力，同时结合了企业销售和利润的实现及生产经营状况的综合分析。这个比率用总负债作为基数，是考虑到长期负债与流动负债的转化关系，但是总负债只考虑了负债规模，而没有考虑企业的债务结构，因此对一些因短期偿债能力不足而出现危机的企业存在很大的误判性。总资产这一指标没有结合资产的构成要素，因为不同的资产项目在企业盈利过程中所发挥的作用是不同的。这不利于预测企业资产的获利能力是否具有良好的增长态势。它只重视某个指标的分析能力，若企业管理人员知道了这个指标，就会尽可能地去粉饰这个指标，掩盖企业的财务危机。

另外，尽管对较长时期进行的单变量比率分析可能说明企业正处于困境或未来可能处境艰难，但这不能具体证明企业可能破产及何时会破产。而且，它还会受到企业外部经济环境的影响，如通货膨胀或紧缩。这些局限性的存在，使得单变量分析方法逐渐被多变量方法所取代。

（2）多变量模型

多变量模型是一种综合评价公司财务危机的方法。当预测公司是否会面临财务危机时，只需将多个财务比率输入模型中，模型会通过计算得到一个结果，然后根据结果判断是否会面临财务危机或破产。多变量模型包括多元线性回归模型、多元逻辑模型、多元概率比模型和人工神经网络模型等，其中以美国经济学家爱德华 • 奥特曼（Edward I.Altman）的多元线性回归分析模型（*Z* 分数模型）应用最为广泛。

1）Z 分数模型。奥特曼于 20 世纪 60 年代中期创建的 Z 分数模型，是运用多种财务比率加权汇总产生的总判别分（即 Z 分数值）来预测财务危机，其计算公式为：

$$Z=0.012X_1+0.014X_2+0.033X_3+0.006X_4+0.999X_5$$

其中，X_1 为营运资本与总资产的比值。营运资本与总资产比率是公司的流动资金相对于总资产比率。营运资本是流动资产减去流动负债后的差额。一般来说，对于经历长期经营损失的公司来说，其营运资本相对于总资产将会有所缩减，这是公司是否将面临停止运营的最好指示器之一。

X_2 为留存收益与总资产比值，该比率反映公司累计获利能力。留存收益是公司在整个寿命期内投资的收益或损失总量。在使用该比率时，要考虑到公司已存在的时间（年龄）因素。一般来说，新企业资产与收益较少，所以相对于老企业来说其留存收益与总资产比值较小。

X_3 为息税前利润与总资产比值。息税前利润与总资产的比率可以衡量除去税收及其他杠杆因素外，公司资产的获利能力。因为公司的最终生存是基于资产的盈利能力，所以该比率分析对公司财务危机的预警尤其有效。

X_4 为权益市场价值与负债账面价值的比值。权益市场价值与债务的账面价值之比能够说明在公司债务超过资产，无力偿清债务而破产前，公司的资产价值能下降多少。例如，公司权益市场价值为 1 000 万元，债务为 500 万元，资产为 1 500 万元，这意味着在公司无力偿还债务之前，资产价值只能下降 2/3，即 1 000 万元。然而，若公司权益市场价值为 250 万元，则公司资产价值下降 1/3，即 250 万元，这将陷入无力偿还债务的境地。

X_5 为销售收入与总资产的比值。资产周转率是一种能够反映公司资产营运能力的财务比率，该比率可以衡量公司在竞争环境中资产管理能力的大小。

一般来说，Z 分数值越低，公司就越可能破产。如果 Z 分数值大于 2.99，破产可能性很小；如果 Z 分数值小于 1.81，破产概率很高；当 Z 分数值介于 1.81～2.99 时，处于灰色地带。运用在这一模型可以通过对 Z 分数值的计算来判断公司处于何种状态，一旦发现处于警戒状态，就应当及时财务措施，调整经营战略和财务策略，以降低出现破产的相对概率。

Z 分数值介于 1.81～2.99 时，进入该区的公司财务状况不稳定，运用 Z 分数值预测财务危机发生误判的可能性很大，因此，奥特曼称之为“灰色地带”。

2）ZETA 模型。为了便于为非上市公司评分，1977 年奥特曼等人又对原始的 Z 分数模型进行扩展，建立了第二代模型——ZETA 模型。该模型包括七个解释变量，分别是：

X_1 为资产报酬率，采用息税前收益与总资产之比衡量；

X_2 为盈余稳定性，采用对 X_1 在前 5～10 年估计值的标准误差指标作为这个变量的试题，收入上的变动会影响到公司风险；

X_3 为债务保障，可以用人们常用的利息保障倍数；

X_4为累计盈余，可以用公司股东权益/总资产来度量；

X_5为流动性，可以用人们所熟悉的流动比率衡量；

X_6为资本化率，可以用普通股权益与总资本之比衡量；

X_7为规模，可以用公司总资产的对数形式来度量，该变量可以根据财务报告的变动进行相应的调整。

实验研究表明，ZETA 模型的分类正确率高于原始的 Z 分数模型，特别是在破产前较长时间的预测准确率较高，其中灰色区域为-1.45～0.87，Z 分数值在 0.87 以上为非破产组，小于-1.45 区域为破产组。

（四）财务危机的应对

企业破产危机应对的关键是捕捉先机，即在危机到来之前，建立明确的、便于操作的危机应急预案，避免事前无计划、事后忙乱的现象。应急预案的内容可能会随着企业经营范围、理财环境的变化而变化，但一般应包括以下几个方面：① 处理危机的目标（包括最高目标和最低目标）与原则；② 与债权人的谈判策略；③ 专家与组织；④ 应急资金的来源；⑤ 削减现金支出与变卖资产的顺序；⑥ 资产结构和负债结构的调整和优化措施；⑦ 应急措施，如利用媒体与债权人进行传播和沟通，以此控制危机，设法使受到危机影响大的债权人站到企业的一边，帮助企业解决有关问题，邀请公正、权威性机构及专家来帮助解决危机，以取得债权人与社会对企业的信任，设立危机控制中心等；⑧ 重组计划。破产危机应急具体对策如表 9-8 所示。

表 9-8　破产危机应急具体对策

对策	举　例	优缺点
规避	放弃风险大的投资项目	操作简便易行，安全可靠，效果有保障，但该方法易丧失盈利机遇，为竞争对手所利用
布控	企业建设项目投标的标的、与客户签订的购销合同的标的等重大财务决策采取加密措施	可有效控制财务风险的发生和发展，但该方法收到技术条件、成本费用、管理水平的限制
承受	变卖企业资产偿还到期债权	丢卒保车，但该方法会发生实际经济损失，并由企业内部资产进行补偿
转移	将已辨识的财务风险予以保险，或转让、转包、转租、联营、合资、抵押、预收、预提等	可减少或消除一时的风险损失，转移不慎，有可能孕育新的风险因素
对抗	企业已资不抵债，再增加借款；股票投资已套牢，再注入一笔资金	高风险，可能带来高回报，但也可能遭受加倍损失

典型案例

中达股份财务危机剖析

江苏中达新材料集团股份有限公司成立于 1997 年 6 月 18 日，主营双向拉伸聚丙烯薄膜（BOPP）、聚酯薄膜（BOPET）、多层共挤流延薄膜（CPP）三大系列高分子软塑料新

型材料。至2007年6月末，中达股份历经10年的发展，总资产由当初的6亿元增加到近50亿元。然而，中达股份的发展并非一帆风顺。2005年以来，由于国内的软塑包装材料行业发展过快，使得市场呈现供过于求的状况。而国际原油价格的持续飞涨也使原材料价格大幅度上升，产品获利空间较小。与此同时，由于中达股份前期的投资过快，造成了公司负债偏高，结构不合理。在国家宏观紧缩的货币政策下，利率不断调高，公司负担加重，财务风险凸现。2006年9月，江苏太平洋建设集团资金链断裂，而中达股份的大股东申达集团与其存在互保关系，相关债权银行追究申达集团的连带担保责任，由于中达股份也为江苏太平洋建设集团提供了1亿多元的担保，由内、外因的积聚，使得中达股份财务危机终于爆发，公司股票于2007年9月11日起紧急停牌。为什么一家如此规模的企业集团仅仅因为1亿多元的担保就陷入了财务困境？

一、财务危机产生的原因分析

（一）投资决策未充分考虑现金流及负债结构的合理性

2002年，中达股份迎来了软塑包装行业发展的黄金时期，加之增发股本的成功，使得资本比较充裕。新投资的5条生产线均创造了较好的效益。由于行业的前景看好，吸引了大量的资本涌入，加之国家将该行业的审批权限下放到地方，进入门槛降低，短短的一两年时间，产能增长了1倍，呈现供大于求的现象。2004年，随着国际原油价格的上涨，生产软塑包装材料的主要原材料聚丙烯、聚酯切片价格也随之上涨，产品的获利能力大幅下降。

在此不利的行业形势下，中达股份未按照项目资金的需要合理安排长期借款和流动资金借款的比率，也未对投资项目进行合理论证，就盲目投资兴建年产6万吨的BOPP生产线、年产6万吨的BOPET生产线及CPP生产线。所需资金为短期借款，使得资产与负债结构不配比，资金的流动性逐渐降低，短期偿债能力下降，给财务风险的形成埋下了隐患。

（二）预算管理不完善，缺乏可持续发展的计划安排

尽管中达股份在预算中明确规定了各子公司应实现的目标利润及上缴集团的款项，但编制的预算往往不能严格执行，签订的经营责任书不能起到较好的约束和激励作用，降低了经营的效率和预算执行的严肃性。各子公司为了完成各自经营期的考核指标，忽视公司的长期利益及发展，对新品研发缺乏热情。在中低端产品充斥市场的时候，没有形成核心的竞争力。此外，在财务管控中未根据市场的变化及时调整对应收账款的管理，2002—2004年，为了迅速占领产品市场，对客户放宽了信用期限，使得应收账款急剧增加，大量占用了有限的流动资金。而对于明显亏损的子公司，未能采取有效的措施及时止损。中达股份在发起上市时投入的几条生产线，由于运行时间较长，设备老化陈旧，致使产品成本偏高，已经出现明显亏损，但由于决策的滞后造成大量的资金损失。

（三）未建立负债结构与资产结构的对应关系和补偿机制

资产结构与负债结构的对应关系，就是流动资产对应短期借款，长期资产对应长期借款。中达股份未建立负债结构与资产结构的对应关系，短贷长投的情况比较严重，贷款中绝大部分是短期贷款，但是中达股份却把较多的资金用在长期项目上，导致资金无法及时回收。截至2007年6月30日，中达股份短期贷款金额为24.45亿元，而长期贷款金额只有2.09亿元。此外，中达股份在一个长期项目的现金流不能满足其还款进度时，缺少了系

统内的补偿机制来加以协调，由此也积聚了财务风险。

（四）对外担保不慎造成大量逾期担保

除了高负债，中达股份对外担保的金额也较高，不仅存在大量的体系内担保，而且还存在较大的对外担保。2007 年上半年，对内、对外担保余额共计 15.03 亿元，占净资产的比例达 152.18%，其中直接或间接为资产负债率超过 70%的被担保对象提供担保的金额为 6.75 亿元，存在较大的担保风险。

（五）在财务控制上缺乏必要的预警和监督系统

中达股份及其大股东在财务控制上缺少必要的预警机制。当企业的资本利润率高于同期银行贷款利率时，适度负债可以获得超额收益，否则将使企业背负沉重的负债负担；资金流动性及资产负债水平是反映企业短期偿债能力和长期偿债能力的晴雨表。中达股份作为上市公司财务风险控制缺少必要的监督，在净资产收益率明显低于同期银行贷款利率、流动比率低于 1、资产负债率超过 65%的情况下，未能采取必要的风险防范措施。2005 年，软塑包装行业景气度下降，产品获利水平降低，中达股份已经投产的项目远远达不到原来的预期报酬率和现金流水平，此时也没有采取有效的应对措施。

二、应对财务的危机策略及措施

中达股份陷入财务危机后，引起了银监会及上市公司监管部门的重视。为了保障公司的正常生产与经营，维护投资者的利益，中达股份积极采取措施，进行债务重组及相关资产重组，具体如下：

（一）建立银企战略合作关系

债权银行方面采取的措施：① 各债权银行统一行动，维持两个不变，即维持 2006 年 8 月 31 日贷款余额与原担保条件不变，一律展期一年，并不作逾期处理，不加罚息。② 减轻公司的财务负担，下浮贷款利率，即在 2007 年 4 月 1 日至 2008 年 3 月 31 日期间，对展期贷款在基准利率的基础上下浮 10%。③ 债权银行创造条件，将中达集团及相关下属公司的贷款组建为银团贷款方式。

公司方面采取的措施：① 在原抵押担保的基础上，中达集团的主要股东以个人全部资产承担中达集团及相关下属公司贷款的连带担保责任。② 保全资产，公司将尚未抵押的资产及超过抵押债务额之外的已抵押资产，优先抵押给现有债权银行，不再向其他债权人抵押。③ 稳定经营，按期付款。④ 接受银行的监督。⑤ 处置闲置资产，降低财务负担。

（二）债务重组及资产重组实施的具体步骤

① 重新梳理产业链，将与经营相关的资产加以清理有效利用，将与经营无关的资产加以处置，剩余资金用于偿还部分债务和补充流动资金。② 调整负债结构。一是将负债的承载主体按受益对象，由中达股份总部划分到相关的下属子公司，使借款与经营业务相配比。二是通过对长期资产现金回收期的测算，将与长期资产相对应的短期借款转为 5 年期的长期借款，解决短借长用的问题，降低短期偿债的风险。③ 与银行协商一致，对公司的相关贷款在基准利率的基础上下浮 10%，以减轻公司负担，提高偿债能力。④ 将银行借款与公司资产相对应，解除长期困扰公司的担保问题，消除互保风险。以资产抵押的方式对借款提供保证，切断公司在原互保情况下形成的担保链，以降低公司的或有风险。

三、思考与启示

（一）完善公司治理结构

公司治理结构的不明晰，角色定位的不准确，大股东的个人决策代替群体决策，对财务风险缺乏必要的谨慎，是引发财务风险的根本原因。中达股份应在完善公司治理结构的基础上，吸取过去投、融资决策方面及对外担保的经验教训，根据新的经营环境与发展的实际需要，完善财务管控模式，建立健全以预防为主的财务风险防范体系，促进公司经济运行质量与效率的提高。与此同时，充分发挥上市公司融资优势，积极创造资本市场再融资条件，引入战略投资者，提高资本金的充足率，使公司从根本上摆脱目前高负债率的财务困境。

（二）采用集权与分权相结合的财务管理模式

在财务管理模式上，应在集团统一领导的前提下，实行分层分权决策管理。集团总部制定一个内部控制的大框架，各子公司再制定符合实际需要的内控制度和内控系统。子公司在未获得集团总部授权或批准的情况下，不得进行对外投资、融资担保、资产与债务重组及限额以上的资产处置等。

（三）完善全面预算管理制度

建立全面预算管理体系，将经营预算和集团的投、融资预算紧密结合，重视经营现金流对借款偿还的保障关系。在集团总部成立运营管理中心，负责建立与预算管理相配套的控制体系及措施，并加以落实。根据预算条件和市场环境的变化，对预算目标进行修正。此外，应根据子公司的预算执行情况对承包责任人进行严格考核，以强化预算执行的刚性。

（四）加强担保风险管理

应严格控制与关联方发生大量的互保关系，避免形成一损俱损的担保链。如果一定要提供担保，也应对被担保方有充分的了解分析。一旦与被担保企业签订担保合同就应加强对被担保企业的监督与管理，如：要求被担保方提供每月财务报表或有关资金使用情况的书面资料，通过对被担保企业财务报表的资料的分析，随时掌握其经营动态，发现问题及时采取措施，以减少担保风险。

第二节 公司重整

企业濒临破产时面临一项财务决策，即是通过清算而使企业解散，还是通过重整而生存下去。这项财务决策正确与否直接关系到企业的生死存亡，必须慎重进行。

公司重整是指对陷入财务危机但仍有转机或重建价值的公司，根据一定程序进行重新整顿，使公司得以维持和复兴的做法，是对已经达到破产界限的公司的抢救措施。通过这种抢救，濒临破产的公司中的一部分甚至大部分能够重新振作起来，摆脱破产厄运，走上继续发展之路。

公司重整按是否进入法律程序、借助法律强制性地调整相关利益人的利益，分为破产重整和非破产重整。

一、影响财务重整的决策因素

首先，影响重整或破产清算财务决策的重要因素是企业重整价值与清算价值的比较。重整价值是指企业通过整顿，重整后所恢复的价值，包括设备的更新、过时存货的处理，以及对经营管理所做的种种改善等；而清算价值则是指依企业使用的资本资产专门化程度所确定的价值，包括该资产的变现价值，以及在清算过程中所发生的资产清理费用及法律费用。通常，以重整价值大于清算价值作为重整优先考虑的条件。

其次，法院或债权人对企业重整的认可是以重整计划是否具备公平性和可行性为依据的。公平性是指企业重整的认可是以重整过程中对所有债权人一视同仁，按照法律和财产合同规定的先后顺序，以各债权人的求偿权予以确认，不能违背法律。可行性是指重整应具备的相应条件，主要包括债权人与债务人两方面。为了使重整可行，债务人一般应具备如下条件：一是必须具有良好的道德信誉，在整个重整过程中，债务人不能欺骗债权人，如非法变卖企业财产以充作私用，损害债权人利益；二是债务人能提供详细的重整计划，以表明其有足够的把握使重整成功；三是债务人所处的经营环境有利于债务人摆脱困境，取得成功。为了使重整可行，必须经债权人会议讨论通过同意重整，并愿意帮助债务人重建财务基础。

二、非破产重整

非破产重整，又称非正式财务重整，是指不进入破产法律程序，通过债务公司、投资者与债权人等相关利益人的协商，完成利益调整，对公司进行的重整。

非破产重整的应用条件为公司面临的是暂时性的财务危机，此时债权人通常都愿意直接同公司联系，帮助公司恢复和重新建立较坚实的财务基础，以避免因进入正式法律程序而发生庞大的费用和冗长的诉讼时间。

（一）非破产重整的程序

非破产重整虽然不需要像破产重整那样严格遵守法律程序，但也必须经过一些必要的程序才能完成，通常情况下，非破产重整的程序主要包括以下几个方面。

1. 提出自愿和解

当公司出现不能及时清偿到期债务时，可由公司（债务人）或债权人提出和解。

2. 召开债权人会议

提出自愿和解后，要召开债权人会议，研究债务人的具体情况，讨论决定是否采用自愿和解的方式加以解决。如果认为和解可行，则成立相应的调查委员会，对债务人的情况

进行调查，写出评价报告。如果认为自愿和解不适宜，则向法院申请破产，采用正式法律程序加以解决。

3．债权人与债务人会谈

在和解方案实施以前，债权人和债务人要进行会谈，确定或调整公司重整方案。由于双方利益冲突和信息不对称，这一谈判过程往往是艰难而漫长的。债务和解谈判往往会涉及许多专业技术问题，在一些重大的债务重组中，通常会聘请专业财务顾问。

4．签署和解协议

债权人和债务人签订的和解协议，是一个以债务偿付比率、偿债金额及偿债期限为主要内容的协议，在实务中通常称之为债务重组协议。

5．实施和解协议

签订债务重组协议以后，债务人要按协议规定的条件对公司进行整顿，继续经营，并于规定的时间清偿债务。

（二）非破产重整的方式

公司重整的基本思路是通过对资产、股权和债务等方面的重整，改变资产负债表的左右两边，改善财务状况。当公司陷于财务危机时，首先想到的是能否通过债务展期、债务和解或债转股等债务重组方式来摆脱。不过，即使是与债权人达成债务展期或债务和解协议，公司仍需要一定数量的资产来偿付债务。因此，在重整的过程中，债务公司通常会通过出售一些不良资产或非核心公司、引入新的投资者或与其他公司合并等方式来获得重整所需的资金。

公司重整实质上是一项包括资产、负债和股权的综合性的重组工程，其中债务重整是核心，资产重组是为了保障债务重组的完成，债务重组则是股权重组的前提。

1．债务展期

债务展期的实质是推迟债务的偿付日期，以使陷入财务困境的公司有机会生存下去，并在未来偿付其全部债务。

债务展期是通过有关各方签署展期协议来进行的。债务公司签署展期协议的一般前提是：① 债务公司具有良好的信誉，公司管理者具有优秀的个人品质；② 债务公司具有复原的能力，从资金、技术、生产能力、市场、管理经营与才干等各方面都具备东山再起的条件；③ 债务公司所处的外部环境，特别是经营环境朝着有利公司复原的方向发展。

2．债务和解

债务和解是指债权人自愿减少对债务公司的索偿权。如果债权人认为债务和解所收回的款项高于或接近其在公司清算中支付法律费用后的所得，则债权人一般愿意接受和解。虽然债务和解会使债权人蒙受损失，但所收回的债权额通常要比破产清算所收回的数额多。债务和解要通过债权人与债务人之间或债权人之间达成债务和解协议来进行的。债务合计协议通常要规定减少债务额的数额或比例及支付债务的最后期限。

这种方法的实质是偿还部分债务以解决全部债务，但最重要的是应当公平地对待每一位债权人。债务和解的主要优点有：一是可使债权人获得更多的利益；二是债务公司还可维持生产经营活动。但导致公司财务危机的原因不会因债务和解而清除，如果债务公司经营手段依然如故，其财务状况仍有可能进一步恶化。

提　示

在债权人与债务人双方协商的过程中，通常还会产生一种债务展期与债务和解综合运用的解决办法。例如，先以现金清偿债务额的25%，其余的分6次分期偿还，每次偿还债务额的10%，全部偿还额为债务额的85%。分期偿还部分通常用票据作为抵押凭证，债权人也可以寻求其他控制手段来确保其债权额的安全。

3．债转股

将债务转换为股权，即“债转股”，也是一种可供选择的债务重组方案。但债务人根据转换协议，将可转换债券转换为资本的，则属于正常情况下的债务转成资本，不能视同此处所讲的债转股。

事实上，在成熟的市场经济国家，债转股有严格的限制条件。首先，这种转换基本上同证券的流动性结合在一起的，即一般只有流动性债券才可转换股权，而且一般被转换为流动性股票。其次，转换程序和规则是选择性的，且一般是在破产程序中进行，债务人可以在破产重组方案中将一部分债券转为股票，但必须要经过各类债权人投票批准；如果债权人不愿意债转股，这样的方案是不会通过的，重组协议不被通过就必须清算。最后，债券一般并不是被转换成普通股，而是优先股，甚至被转换成可赎回的、可回售的优先股，总之与债券的性质越相近越好。从国际经验看，虽然政府主导的大规模债转股可以脱离破产程序，但也并不背离破产制度的基本规则。

4．资产处置

陷于财务危机通常是资不抵债的状态，留存收益可能会出现赤字，资产的账面价值严重失真，因此，企业往往会进行一系列的资产处置。虽然资产的处置可以获得资金或进行债务剥离，但由于公司重整的目的是要持续经营，所以核心的、优质的资产必须保留下来，能够用于出售的主要是一些非主业或非核心的资产。同时，在重组的过程中，公司也会对一些不良资产进行处置，以期获得一些重整所需的资金，并提升公司资产质地和未来盈利能力。

5．引入新的投资者

引入新的投资者作为战略投资人。投资人注入的资金，可以帮助公司环节偿债压力，还能在较大的程度上改善公司财务状况。此外，战略投资人也可为完成重整后继续经营的公司提供技术、管理和资金等支出，使公司尽快恢复元气，从财务危机的阴影中走出来。

（三）非破产重整的利弊

非破产重整可以为债务人和债权人双方都带来一定的好处。首先，这种做法避免了履行正式手续所需发生的大量费用，需要的律师、会计师的人数也比履行正式手续要少得多。其次，非破产重整可以减少重整所需的时间，使公司在较短的时间内重新进入正常经营的状态，避免了因冗长的正式程序使公司迟迟不能进行正常经营而造成的公司资产闲置和资金回收推迟等浪费现象。再次，非破产重整使谈判有更大的灵活性，有时更容易达成协议。

但是，非破产重整也存在着一些弊端。一是债务人仍然控制着公司，这种情况可能引起法律纠纷，即仍有债务人经营的资产不断受到侵蚀而产生的种种问题。当然，可以采取许多控制手段来保障债权人债权额的安全。二是当债权人人数众多时，可能难以达成一致意见，特别是小债权人可能会纠缠不清，坚持要全额偿还。对此，一般的解决办法是设定一个基数，再加上他们的债权余额，按协商、调整后的百分比所计算出来的数额为准。三是由于公司不是进行破产重整，因此，可能得不到破产保护的好处。

三、破产重整

破产重整，又称正式财务重整，是在法院受理债权人申请破产案件的一定时期内，经债务人及其委托人的申请，与债权人会议达成和解协议，对企业进行整顿、重组的一种制度。破产重整需经过法院裁定，涉及正式的法律程序。

为了保护原有公司债权人的利益，在公司重整期间，公司股东和董事会的权力被终止，应由法院指定受托人接管债务公司，并处理改组事务，由重整监督人监察重整人执行业务的情况，以关系人会议作为最高意见机关。

受托重整人负责重整期间公司的业务经营和财产处分，拟订重整计划，并确保重整程序的顺利执行。重整人是重整工作的执行者，可以由原公司的董事担任，也可以在债权人或公司股东中选派。重整人的人数由法院依照各方面的关系酌定。

重整监督人是由法院选任的执行监督重整职责的人，对重整人的工作展开、重大决策、公司业务及财务交接负有监督、询问和许可的责任，同时还负有向法院申报有关情况、受理债权和股权申报等责任。

关系人会议是公司重整程序中债权人和股东以决议方式参与进行重整工作及商讨重整计划是否可行的会议。关系人会议的任务是听取有关公司业务与财务状况的报告，听取对公司重整的意见，审议和表决重整计划，商讨和决定其他有关公司重整的事项。其中，审议和表决公司重整计划是关系人会议最重要的任务。

在破产重整中，法院起着很重要的作用，特别是要对协议中的公司重整计划的公正性和可行性作出判断。

（一）由债权人或债务人向法院提出重组申请

公司在陷于财务危机时，可以向人民法院申请破产，进入破产重组程序。我国新修订的《破产法》规定：债权人、债务人可以直接向人民法院申请对债务人实施破产重整；如果是债权人申请对债务人实施破产清算，在破产宣告前，债务人或者出资额占债务人注册资本10%以上的出资人可以向人民法院申请重整。也就是说，债权人、债务人以及出资额占债务人注册资本10%以上的出资人均可以申请对债务人进行破产重整。

（二）法院任命债权人委员会

债权人委员会的权限与职责是：挑选并委托若干律师、注册会计师或者其他中介机构作为其代表履行职责；就企业财产的管理情况向受托人和债务人提出质询，对企业的经营活动、企业的财产及债务状况等进行调查，了解希望企业继续经营的程度及其他任何与制定重组计划有关的问题，在此基础上，制定企业的继续经营计划呈交法院；参与重组计划的制订，并就所制订的重组计划提出建议提交给法院；如果事先法院没有任命受托人，应向法院提出任命受托人的要求等。

（三）制定企业重整计划

公司要完成破产重整，关键是要制订出能获得相关利益各方认可的重整计划。重整计划是对公司现有债权和股权的清理和变更做出安排，调整公司资本结构，提出未来的经营方案和实施办法。一般来讲，制订重整计划需要经过下述三个步骤：

1）估算重整公司的价值。这是非常困难的一步，通常采用的方法是收益现值法。首先，估算公司未来的销售额；其次，分析公司未来的经营环境，以便预测公司未来的收益与现金流量；再次，确定用于未来现金流量贴现的贴现率；最后，用确定的贴现率对未来公司的现金流量贴现，以估算出公司的价值。

2）调整公司的资本结构，削减公司的债务负担和利息支出，为公司继续经营创造一个合理的财务状况。为了达到这一目的，需要对某些债务进行展期，将某些债务转化为其他证券，如受益债券、优先股甚至普通股。

3）公司新的资本结构确定之后，用新的证券替换旧的证券，实现公司资本结构的转换。要做到这一点，需要将公司的各类债权人和利益所有者按照收益索取权的优先级别分类统计，同一级别的债权人或权益所有者在进行资本结构调整时享有相同的待遇。一般来讲，在优先级别在前的债权人或权益所有者得到妥善安排之后，优先级别在后的债权入或权益所有者才能得到安置。

除上述安排外，重整计划通常还包括以下措施：

1）如果公司现在管理人员不称职，则对公司管理人员进行调整，选择有能力的管理人员替代原有管理人员对公司进行管理。

2）对公司存货及其他有关资产进行分析，对那些已经贬值的存货及其他资产的价值进行调整，以确定公司资产的当前价值。这也是调整公司资本结构、重新安排公司债权和

股权的基础。

3）改进公司的生产、营销、广告等各项工作，提高公司的工作效率。

4）必要时，还需要制定新产品开发计划和设备更新计划，以使公司有能力摆脱以往的困境，适应市场的需要。

（四）执行企业重整计划

债务公司应按照重整计划所列示的措施逐项予以落实，包括整顿原有企业、联合新的企业，以及随时将整顿情况报告债权人会议，以便使债权人及时了解企业重整情况。重整计划由债务人负责执行，由管理人负责监督执行。人民法院裁定批准重整计划后，管理人应向债务人移交财产和营业事务。在重整监督期内，债务人应当向管理人报告重整计划执行情况和债务人财务状况。

提　示

重整计划通过后，经人民法院裁定批准后，即可实施。同时，为了增加重整计划通过的可能性，《破产法》还赋予了人民法院强制批准权，即重整计划未获通过，但符合法定条件的，人民法院也可以强制批准重整计划。

（五）重整失败或终止

如果债务人或者管理人未在法定期间（即人民法院裁定重整的 6 个月内）提出重整计划，或重整期间出现法定事由，或重整计划未获通过，或重整计划未获人民法院批准，或债务人不执行或者不能执行重整计划的，意味着重整失败，人民法院宣告债务人破产，对其实施破产清算。

有下列情形之一的，经法院裁定终止重整：① 企业经过重整后，能按协议及时偿还债务，法院宣告终止重整；② 重整期满，不能按协议清偿债务，法院宣告破产清算而终止重整；③ 重整期间，不履行重整计划，欺骗债权人利益，致使财务状况继续恶化，法院终止企业重整，宣告其破产清算。

第三节　公司清算

债权人通过对负债公司的全面调查和分析后发现，该公司已无继续存在的必要，公司的财务失败是不可避免的，则清算是唯一可供选择的出路。公司清算有非破产清算和破产清算两种形式。

一、非破产清算

非破产清算是指由债权人与债务人之间通过协议私下解决。财务危机公司的管理层、股东和债权人如果一致认为持续经营该公司可能会导致公司资产的进一步损失，清算比出售或持续经营可以获得更大的价值，就会选择非破产清算。这样既可以避免诉讼成本，使债权人和股东更多地收回自己的资金，还可节省诉讼时间。因此，财务危机公司和其债权人通常偏好于非破产清算。

提　示

如果公司管理层与债权人不能在清算上达成协议，可以在《破产法》法律框架内进行清算，然而与法律服务联系的高额支出可能会是债权人所得支付减少，股东也可能一无所获。

非破产清算的一般程序是债权人经过协商后，将债务公司和资产交由按有关规定组成的清算委员会处理。清算委员会的职责主要包括：负责保管和控制债务公司的所有财产；决定负连带责任的名单和催收应缴未缴的股款；查明应清偿的债务，编制公司财产目录和资产负债表；主持资产的拍卖和收款；按规定程序和预定的比率清偿债务。

由于非破产清算必须得到所有债权人的同一，因此，非破产清算仅适用于债权人人数较少且发行在外证券不为公开持有的公司。

二、破产清算

破产清算，又称司法清算，是指通过正规的法律程序进行的清算。其情形主要有两种：一是企业的负债总额大于资产总额，即资不抵债，此时企业已不能支付到期债务；二处虽然企业的资产总额大于其负债总额，但因缺少偿付到期债务的现金资产，从而被迫依法宣告破产。

（一）破产清算的内容

破产清算主要是对企业的财产、债权、债务三个方面进行全面清查，并按清偿方案对债权、债务进行清偿和对遗留问题做出妥善处理。

1. 财产清算

财产清算的对象是企业的破产财产。

（1）破产财产的界定

破产财产是指在破产过程中依法可以清算和分配的破产公司的全部财产。破产财产的范围包括：① 破产申请受理时，属于债务人的全部财产；② 破产申请受理后至破产程序终结前，债务人取得的财产；③ 作为担保物的财产，其价格超过所担保债权数额的部分，企业的其他财产权利，如债权、知识产权等。构成破产财产所应具备的条件是：一是破产公司可以独立支配；二是在破产程序终结前取得；三是可以依破产程序强制清偿。破产财产一般具有以下特征：

1）破产财产必须是财产或财产性权利。财产是指能用货币来计量的财产，包括动产和不动产，也包括固定资产和流动资产。所谓"财产性权利"，既包括物权，也包括债权。凡应当由破产公司行使的财产性权利，都属于破产财产。

2）破产财产必须是破产公司经营管理的财产。属于破产公司经营管理的财产，是指破产公司对财产具有相对独立的财产权和经营管理权。就国有公司公司而言，破产公司经营管理的财产，应包括国家授予公司经营管理的财产、公司自由支配的各项基金、公司自有资金及其他公司和个人的投资等。

3）破产财产必须是破产公司财产的全部。破产公司财产的全部，即包括宣告破产时破产公司经营管理的全部财产，而不是其中的一部分。它既包括国内的财产，也包括国外财产，还包括由破产公司其他财产权所取得的财产。已经作为抵押担保的财产不能作为破产财产，应优先偿还该债权人，但担保物的价款超过其所担保的债务数额的部分，也属于破产财产。

4）破产财产包括清算期间按法律追回的财产。清算前无偿还转移或低价转让的财产、对原来没有财产担保的债务在清算前提供担保的财产、对未到期的债务在清算前清偿的财产和清算前放弃的债权等期间按法律追回的财产也属于破产财产，但租入、借入、代外单位加工和销售而存放在公司的财产和相当于担保债务数额的担保财产等则不属于破产财产。

（2）破产财产的计价

为了正确确定破产财产的价值，以便合理地按价值进行分配，破产财产的计价可以采用账面价值法、重估价值法和变现收入法等多种方法。

1）账面价值法是指以核实后的各项资产、负债（原值扣除损耗和摊销）为依据，计算财产价值的方法。这种方法适用于破产财产的账面价值与实际价值偏离不大的项目，如货币资金、应收账款等资产项目。

2）重估价值法是指对财产的原值采用重置成本法、现行市价法等方法进行重估所确定的价值为依据，计算企业财产价值的方法。这种方法适用于各项财产（如设备、存货等）价值的确定。

3）变现收入法是指以出售资产可获得的现金收入为依据，计算企业财产的方法。

2．债权清算

债权清算的对象是破产债权。

（1）破产债权的界定

破产债权是在破产宣告前成立的，对破产人发生的，依法申报确认，并在破产财产中获得公平清偿的可强制执行的财产请求权。

破产债权主要包括：① 宣告破产时未到期的债权，视为已到期债权减去提前时段的利息；② 债权人放弃优先受偿权利的有财产担保的债权，其数额超过担保物价款未受偿部分的债权为破产债权；③ 债务人的保证人代替债务人偿还债务后，其代替偿还款为破产债权；④ 清算组解除破产企业未履行的合同，致使其他当事人受到损害的，其损害赔偿额为破产债权。

债权是指依《合同法》约定或法律设定的民事法律关系中权利主体请求义务主体为一定行为或不为一定行为的权利，并不是所有的债权都能成为破产债权。只有依照破产程序申报，并经债权人会议确认的债权，才能作为破产债权。破产债权是一种特殊的财产请求权，它必须是能够直接以货币计量或者可以用货币折算的，因而其范围要比民法中一般债权的范围窄。

（2）破产债权的计价

破产债权的计价是为了确定债权人对破产企业拥有的债权额度，以便为破产财产的公平分配提供依据。破产债权的计价因债权的类型不同，主要有以下几种：

1）破产宣告时尚未到期的利随本清债权，其债权额为原债权额加上从债权发生日至破产申请受理时的应计利息。

2）不计利息的现金债权及非现金债权，一般按债权发生时的历史记录金额计价。

3）以外币结算的债权，按破产宣告日国家外汇牌价中间价折合为人民币金额计价。

4）索赔债权，赔偿金额由清算组与索赔债权人协商确定。

3．债务清算

债务清算的对象是破产债务。

破产债务是指依合同约定或法律设定的民事法律关系中企业对债权人应当履行的一种义务。破产债务是与破产债权相对应的概念，如企业解散或破产前甲、乙双方已经发生但尚未终结的同一笔经济业务，对甲方来说是破产债权，则对乙方来说则是破产债务。当然，破产债权和破产债务在量上并不完全一致，如果某些债权由于各种原因未依法定程序按时申报而放弃了求偿权，就会使破产债权小于破产债务。

《破产法》规定，债务人提出破产申请时，应当说明企业亏损的情况，提交有关的会计报表、债务清册和债权清册。为了使债务得到公平的偿还，或者说使债权人得到公平满足，必须对破产债务进行清算。

债务清算主要依据企业清算前正常经营期间的会计报表、破产企业向法院提交的债务清册和债权人向法院申报的债权金额及有关情况等。如果破产企业向法院提交的债务清册和债权人向法院申报的债权金额不相一致，则应查明原因，最后由法院认定并做出裁决。

（二）破产清算的程序

破产清算由法院裁定，严格按法定程序进行，这一程序一般包括以下几个步骤。

1. 法院依法宣告企业破产

人民法院对于企业的破产申请进行审理，符合《破产法》规定的，即由人民法院依法裁定并宣告该企业破产。

2. 由人民法院人名管理人管理债务人财产，保护债权债务各利益相关方利益

新的《破产法》设立了管理人制度，实现破产程序中管理主体的市场化和专业化。管理人的职责主要有：① 接管债务人的财产、印章和账簿、文书等资料。② 调查债务人财产状况，制作财产状况报告。③ 决定债务人的内部管理事务。④ 决定债务人的日常开支和其他必要开支。⑤ 在第一次债权人会议召开之前，决定继续或停止债务人的营业。⑥ 管理和处理债务人的财产。⑦ 代表债务人参加诉讼、仲裁或者其他法律程序。⑧ 提议召开债权人会议。⑨ 人民法院认为管理人应当履行的其他职责。当管理人不能依法、公正执行职务或者其他不能胜任职务情形的，债权人会议可以向人民法院申请予以撤换。

3. 编报、实施破产财产分配方案

经债权人会议通过后，并经人民法院裁定认可后，由管理人执行破产财产分配。破产财产分配方案应载明以下事项：① 参加破产财产分配的债权人名称或者姓名、住所。② 参加破产财产分配的债权额。③ 可供分配的破产财产数额。④ 破产财产分配的顺序、比例及数额。⑤ 实施破产财产分配办法。

4. 注销破产企业

分配完毕，管理人要及时向人民法院提交破产财产分配报告，并请人民法院裁定终结破产程序。收到终结破产程序请求之日起 15 日内，人民法院应做出裁定，裁定终结的，应予以公告。自终结破产程序起 10 日内，管理人持人民法院的裁定公击到原注册机关办理注销登记。

（三）破产费用和共益债务的确认与清偿

为确保破产程序正常而顺利地进行，我国《破产法》规定：对破产过程中产生的破产费用和共益债务随时进行清偿。

破产费用是指人民法院受理破产申请后发生的费用，主要包括：破产案件的诉讼费用。管理、变价和分配债务人财产的费用，管理人执行职务的费用、报酬，聘用工作人员的费用等。

共益债务主要包括以下几个方面的债务：一是人民法院受理破产申请后发生的因管理人或债务人请求对方当事人履行双方均未履行完毕的合同所产生的债务；二是债务人财产受无因管理所产生的债务；三是因债务人不当得利所产生的债务；四是为债务人继续营业而应支付的劳动报酬和社会保险及由此产生的其他债务；五是管理人或者相

关人员执行职务致人损害所产生的债务和债务人财产致人损害所产生的债务等。

（四）债务的清偿

债务清偿是指债务人根据法律或债权人的请求，履行自己的债务以满足债权人利益的以财产为内容的给付行为。债务清偿必须在破产财产优先清偿破产费用和共益债务后方可进行。债务清偿在破产清算中具有重要的地位，它直接关系到债权人和债务人的合法权益能否得到切实保证。

在破产清算过程中，进行债务清偿应当注意以下几个问题。

1. 明确债务清偿的基本特征

债务清偿一般是以当事人双方已存在的债权、债务法律关系为前提的。这种法律关系实质上是一种财产法律关系，它的内容和核心是需要债务人偿还债务，履行具有财产内容的给付行为。而且，这种法律关系是一种单方面义务的法律关系。也就是说，债权人只享有接受债务人偿还债务的权利，而债务人只有偿还债务的义务。就破产企业而言，尽管债务人已经严重亏损、资不抵债，不能清偿到期债务，但在企业清算过程中，债务人仍然必须履行偿还债务的义务，使债权人在有限的范围内得到清偿，也使债务人尽快摆脱和了结债务困境。

2. 明确债务清偿的范围

债务清偿的范围主要是指债务人的哪些财产能够用来清偿债权人的债务。在我国，由于债务主体的性质不向，债务清偿的范围也应有所不同。

就集体企业、私营企业、中外合资、合作企业及外国独资企业而言，债务清偿的范围应是债务人享有所有权的财产和享有所有权的智力成果。其中，享有所有权的财产主要表现为企业创建时所投资的财产及后来积累的财产，包括企业的固定资产、流动资产等；享有所有权的智力成果是指企业在科学技术领域中以其脑力劳动所创造的精神财产，如技术发明、专利、商标等，是一种拥有所有权的无形资产，同样也可以用来偿还债务。

就国有企业而言，债务清偿的范围则是债务人享有经营权的财产和享有所有权的智力成果。根据我国法律的有关规定，国有企业的经营权实际上是指国有企业对国家财产依法享有占用、使用、收益和处分的权利。因此，在破产清算中，国有企业可以用其经营的国家财产偿还债务。此外，国有企业享有所有权的智力成果，也属于债务清偿的范围。

无论债务主体的性质如何，债务清偿的范围都应考虑一些例外情况，以下几种情况不应列入债务清偿的范围：① 债务人所必需的一定的生活费用和设备；② 国家法律特殊规定的不得用于清偿债务的财产，如矿藏、土地、森林、河流、武器、弹药等；③ 民事诉讼法效力所不能涉及的财产。

3. 严格遵守债务清偿的法定顺序

债务清偿顺序是指对债务人的财产进行清理，并依照法律规定的清偿原则，以及债权的性质和地位所确定的债权清偿的法定顺序。债务清偿顺序关系到有关债权人能否收回借款或能否足额收回借款原值的问题。因为在债务清偿的不同顺序中，前一个顺序应优先于后一个顺序受到清偿，只有在前一个顺序的债权全部得到满足后，后一个顺序的债权才有

可能得到满足或部分满足。根据我国《破产法》的有关规定，债务清偿必须在企业破产财产中优先扣除清算费用后方可进行。这样，当企业变现财产拨付清算费用后就有可能出现不足以偿还全部债务的情况。为了依法保证债权人的合法权益，清算组在负责偿还企业债务时，必须依照法定顺序进行，不得擅自进行。对于拒不按照债务清偿顺序履行债务的，人民法院有权采取执行措施，包括冻结、划拨企业的银行存款，查封、扣押企业财产等。

根据我国《破产法》的有关规定，企业债务应按下列顺序进行清偿：

（1）应付未付的职工工资和社会保险费

应付未付的职工工资和社会保险费是债务清偿的第一顺序。职工工资是职工收入的主要来源，是维持职工本人及其家庭成员生活的基本保证。社会保险费则是职工社会保障制度的基本体现。这两项费用能否得到保证，直接关系到职工的物质利益，关系到整个社会的安定团结。因此，在债务清偿中，必须把职工的利益放在第一位，优先偿付应付未付的职工工资和社会保险费，使职工的基本生活尽可能少受影响。

（2）应缴未缴的国家税金

应付未付的职工工资和社会保险费清偿之后，企业财产将被用于清偿应缴未缴的国家税金。税收是国家财政收入的主要来源，是国家实现其政治和经济宏观调控职能的物质基础。因此，在债务清偿中，必须把应缴未缴的国家税金同普通的债务区别开来，优先给予清偿。

（3）尚未偿付的债务

债务清偿的最后一个顺序是尚未偿付的普通债权人的债务。之所以将普通债权人的债务放到最后给予清偿，并不意味着普通债权人的利益不重要，而是因为普通债权人债务的性质和形成原因与职工工资、社会保险费和国家税金不同，普通债权人理应承担更多的风险。因此，这一顺序只有在前两个顺序清偿完之后，才能得以清偿。

由于破产财产数量有限，有时可能会不足以清偿全部债务，即处于同一清偿顺序的债务不能全部得到清偿。鉴于此，我国《财务通则》规定，同一顺序的债权人之间受偿权应该平等，如果有关财产不足以偿还全部债务时，应在同一顺序的债权人之间按债权比例进行分配。

在实际工作中，清算组必须严格按上述程序清偿债务。如果出现财产不足清偿全部债务时，可以把处于同一顺序的全部债务累计相加，得到一个债务总额，再去除可供清偿的财产金额，从而求出同一顺序内的债务清偿率，即：

债务清偿率＝可供清偿的财产金额÷同一清偿顺序的负债总额×100%

然后，将清偿率乘以每个债权人的债务金额，即可求得每个债权人的清偿金额，用公式表示为：

清偿金额＝清偿率×该债权人在同一清偿顺序内的债务总额

偿还各项债务后，如果有剩余的破产财产，管理人应将剩余财产依法按所有者出资比例在其之间进行分配。有人认为，公司破产清算必然资不抵债，不可能出现这种情况，事实上，公司破产的界限是不能偿付到期债务，流动性危机也可能出现这种状态出现，因此，剩余财产分配是有可能出现的。

例题解析

【例 9-1】 这里以甲企业为例，讲解破产与清算的财务管理。甲企业连年亏损，资不抵债，已由债权人申请，法院于 2014 年 1 月 1 日依法宣告破产。此时，该企业的资产负债表如表 9-9 所示。

表 9-9 甲企业资产负债表

2013 年 12 月 31 日　　单位：万元

资产	金额	负债与所有者权益	金额
现金及银行存款	10	短期借款	40
应收账款	30	应付账款	40
存货	60	应付工资	20
固定资产原值	110	应付税金	10
减：累计折旧	10	长期借款	40
固定资产净值	100	担保债券	10
		所有者权益	40
资产总计	200	负债与所有者权益合计	200

清算组根据甲企业的资产，对实存的财产、债权、债务进行清查，以便进行清算。

（1）财产的清查、确认与变卖

经对财产的实地调查，发现甲企业的固定资产与账面情况基本相符，只是多出载重卡车一辆，后经调查发现该车是安保公司暂存于此，清算组决定让安保公司取回。固定资产经拍卖后实际收取价款 50 万元，扣除 10 万元的担保债务，尚能作为破产财产的有 40 万元。

甲企业的存货有许多毁损，经拍卖后得价款 30 万元。应收账款经清算组多方努力，收回 25 万元，其余 5 万元已无法收回。现金及银行存款数额与账面一致，共计 10 万元。这样，甲企业的流动资产实际构成破产财产的只有 65 万元（30+25+10）。

（2）破产债权的确认

经清算组审查和核对后，对企业各种债权作如下确认：

1）长期借款和短期借款是企业分别从中国建设银行和中国工商银行借入的款项，在企业破产之前已成立，构成破产债权，合计 80 万元。

2）担保债券因为有固定资产做担保，故这 10 万元债权不能构成破产债权。

3）应付账款共有 40 万元，其中 10 万元没有到期，应扣除利息 1 万元。另外，有一笔 4 万元的应付账款，债权人未在法定期限内向法院申报债权数额，被认为是自动放弃，不作为破产债权。因而，40 万元应付账款中属于破产债权的只有 35 万元。

4）应付工资的 20 万元是最近几个月积欠职工的，应付税金 10 万元是最近两年欠缴的，这两项均应属于破产债权。

（3）破产费用支出情况

甲企业的破产清算过程中，发生如下费用：

1）破产财产管理、变卖和催收账款等费用 8 万元。

2）破产案件的诉讼费用 1 万元。

3）为债权人共同利益而支付的其他费用 1 万元。

以上三项费用共计 10 万元。

破产财产、债权及破产费用支出情况如表 9-10 所示。

表 9-10　破产财产、债权即破产费用支出表

单位：元

项　目	金　额
1. 破产财产收入	
固定资产	400 000
流动资产	650 000
2. 破产财产收入合计	1 050 000
3. 破产费用	100 000
4. 供债权人分配的破产财产收入	950 000
5. 优先清偿的破产债权	
应付工资	200 000
应付税金	100 000
6. 可供一般债权人破产分配的破产财产	650 000
7. 一般无担保债权	
短期借款	400 000
长期借款	400 000
应付账款	350 000
合计	1 150 000
8. 求偿率（%）（650 000/1 150 000）	56.52

（4）债务清偿情况

清算组根据各种财产收入和法定清偿顺序，对财产收入编制出破产的分配方案。应付工资和应付税金属于优先债权，能全部受偿。长期借款、短期借款、应付账款只能 56.52% 偿还。未清偿部分则不能清偿，称为债权人的损失，如表 9-11 所示。

表 9-11　破产财产债权清偿表

债权类别	求偿权（元）	求偿率	清偿金额（元）
短期借款	400 000	56.52%	226 080
长期借款	400 000	56.52%	226 080
应付账款	350 000	56.52%	197 840
合　计	1 150 000	56.52%	650 000

案例研究与分析：
无锡尚德破产重组的启示

一、无锡尚德简介

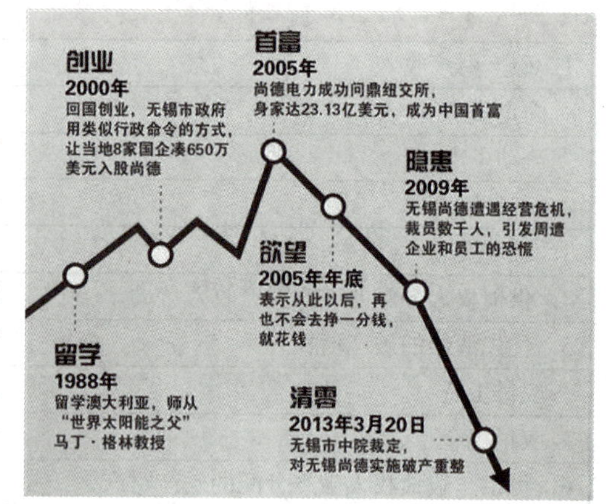

2001 年 1 月，无锡尚德太阳能电力有限公司成立。2005 年 12 月，尚德电力在纽交所上市，发行价每股 15 美元，市值 1.97 亿美元。无锡尚德作为中国内地第一家民营企业在美国证券市场上市的壮举，激励了十几家光伏企业集体登陆美国市场。2012 年，公司年产能达到 2.4GW，成为全球最大的光伏产品制造企业，也成为全球最大的太阳能面板制造商。

尽管无锡尚德取得了辉煌的成绩，但是自从金融危机以来，在全球光伏产业形势急转直下的大背景下，无锡尚德也未能幸免。急剧扩张让无锡尚德的银行贷款从 2005 年末的 0.56 亿美元上升到 2011 年的 17 亿美元，截至 2012 年，资产负债率高达 81.8%。关联交易丑闻、GSF 基金反担保欺诈、内部员工内讧等一系列新闻都将无锡尚德推上风口浪尖。此后，40 多亿的巨额贷款中部分可转债的违约将无锡尚德彻底拉入了泥潭。2013 年 3 月 18 日，无锡尚德太阳能电力有限公司债权银行联合向无锡市中级人民法院递交破产重组申诉。2013 年 3 月 20 日，无锡市中级人民法院依据《破产法》对无锡尚德太阳能电力有限公司进行了破产重整。

二、无锡尚德破产重组的内部原因分析

（一）决策失误

首先，2006 年，在多晶硅超过 150 美元/千克的高价下，无锡尚德与美国、韩国的多

晶硅原料公司签订了固定价格的10年期订单，以80美元/千克的价格采购多晶硅，而令无锡尚德没想到的是，2011年底多晶硅价格暴跌至35美元/千克。这时，尚德因为不得不提前终止合同而向原材料公司支付2.12亿美元的赔款。另外，尚德一向引以为豪并且大力发展的薄膜电池技术也因为多晶硅的价格下跌，导致多年来的大量投资成了竹篮打水一场空。而尚德对于海外市场过于乐观的估计使得其大幅度向外扩张，最终引来欧美市场的强烈排斥与打压。虽然中国光伏企业起步晚，对于国内外市场尚缺乏经验，但如此盲目乐观的估计实在过于冒进，也不难推知日后所遭受的重创。

（二）财务控制失误

无锡尚德2008—2011年度的财务指标如图9-2所示。其流动比率、速动比率总体均呈下降趋势，且幅度较大。一般来讲，流动比率为2、速动比率为1时较为合适，过小则反映公司偿债能力不强。由图9-2可以看出尚德从未达到过合适水平，偿债能力较低。

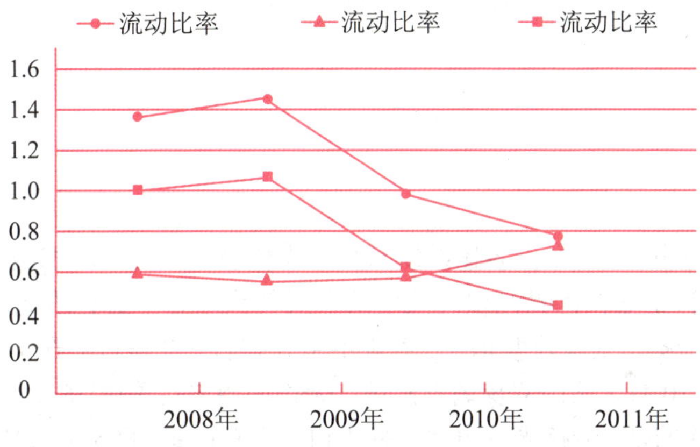

图9-2　2008—2011年度尚德财务指标

（三）GSF反担保丑闻

2012年7月30日，无锡尚德发布公告，称其正在对环球太阳能基金管理公司（GSF）提供的反担保展开调查。据称，GSF Capital向尚德提供的5.6亿欧元等值德国政府债券的担保存在瑕疵，其可能为伪造的，一旦被证明为无效，无锡尚德将自掏腰包承担相应的损失。受此消息影响，无锡尚德连续3个交易日跌幅超过10%，使公司自2005年上市以来首次跌破1美元大关。而此次丑闻也被理解为无锡尚德董事长施正荣与GSF高层之间的管理权之争，一经放大，对于无锡尚德更是雪上加霜。

（四）产业链单一

无锡尚德在整个太阳能生产链中处于中游位置，其上游有原材料产业对于其原材料价格的控制，下游又有光伏系统制造产业对于其产品价格的打压，其所面对的价格压力不言而喻。核心竞争力是一个企业在市场竞争中取胜的关键，而无锡尚德两头在外的生产经营模式无疑使其扮演了国际打工者的角色：一方面，自身核心竞争力很难提高；另一方面，虽然无锡尚德一直推崇技术创新，但遗憾的是，由于原材料等多重因素，导致其一直以来推崇的新产品计划全部落空。缺乏卖方议价能力的无锡尚德举步维艰，难以避免最后的败局。

（五）高管离职

2011 年 3 月 28 日，CFO 张怡离职；2012 年 10 月，才刚接任 2 个月 CFO 的丁怀安离职；2012 年 9 月，尚德电力首席商务长 Andrew Beeble、欧洲区总裁 Jerry Stokes 和美国分公司总裁 John 辞职；此外，主管人事和行政的邵华千和美国总裁陈立志也在 2011 年辞职。公司在竞争中取胜不仅靠其自身的硬实力，软实力的作用也不容忽视，公司团队精神往往是危急关头带领公司走出困境的重要强心剂，但遗憾的是，面对光伏行业的市场疲软及无锡尚德面临的一系列危机，公司的高管们未能做出应有的表率。人心涣散使得无锡尚德在一系列危机面前表现无力，也助推了大厦最后的倾颓。

三、无锡尚德破产重组的外部原因分析

（一）国外市场需求大幅下跌

自欧债危机爆发以来，欧洲各国纷纷减少对光伏企业的资助，使光伏制造业发展遇冷。尚德以及中国光伏企业在世界光伏产业中的发展势头过猛势必会遭到欧美国家的打压。2012 年 9 月，欧盟提出对华反倾销、反补贴的双反调查，此举目的在于将中国企业踢出欧盟市场。2012 年 10 月，美国双反调查出炉，无锡尚德被罚关税 36%，尚德又因此失去美国市场。令人扼腕的是，尚德光伏电池组件出口量占总产量的 95%，2012 年第一季度因双反就失去了占收入 4.7%的双反税准备金，损失巨大。

（二）政府的过度干预

自金融危机以来，各地方政府为了刺激经济发展，纷纷大力发展光伏产业，而光伏产业是一个既出经济又出政绩的好项目，有不少官员因此而得到提拔。在此背景下，无锡尚德在无锡市政府的大力扶持下，逐渐发展壮大，成长为当地规模大、对当地经济社会产生重大影响的企业，也成长为无锡市的一张城市名片。虽然在 2005 年国有资本退出尚德公司后，尚德公司仅是一家民营企业，政府官员基于政绩的考虑，却始终关注并参与到尚德的发展过程之中。可以说，地方政府片面的政绩追求和市场规则意识的缺失，使得地方政府具有极大的动力介入甚至包办具体的行业投资和企业经营。

当光伏产业出现下滑之势，无锡尚德出现危机时，无锡政府的过度介入和盲目支持虽然使尚德暂时度过了危机，但并没有从根本上为其解决问题。另外，恶性补贴之下的成本优势，让欧美同等产业无法匹敌，也为尚德的倾销埋下了祸根。这使得无锡尚德在种种不利的环境因素和人为因素下，财务危机像雪球一样越滚越大，萧条之势一发不可收拾。

四、无锡尚德破产重组带来的启示

作为“产能过剩”的牺牲品，尚德的命运不仅让我们对战略性新兴产业如何发展敲响了警钟，也让我们不得不再次审视目前产能已严重过剩的很多传统产业（如钢铁、水泥和造船行业）的未来发展。相关部门、地方政府和企业各方都应反思，不能让尚德的悲剧重演。

（一）政府方面

首先，政府主导应让位市场配置。特别是战略性新兴产业，虽然需要政府推动，但由于这种方式放大了投资预期，造成企业过于乐观、投资行为扭曲、忽视对核心技术的掌握。政府扶持的重点应该是市场需求的拉动，而非生产环节的刺激。其次，政府应完善相关法规，引导规范市场竞争。光伏企业的相关标准还基本处于缺失状态，缺乏特定的市场准入标准，导致很多其他行业的投资者盲目涌入光伏产业，成为产能急剧扩张的重要推手。行业内部互相打压，恶性竞争。中国制造业虽然受到了接二连三的双反，却并没有很好地处理这一问题。因此，政府应指导行业标准的制定，将结构性政策与功能性政策相结合，进行长远规划，并积极应对贸易摩擦，打开中国市场。

（二）企业方面

首先，企业应完善企业财务控制制度，建立财务预警机制。一是增强现金的产出能力和水平，开发适销对路的商品，加快经营周转速度，提高盈利水平。二是建立有效的财务预警机制和预算机制，立足于企业未来现金流量状况，通过预算管理对企业投资量、资产状况、负债水平、偿债能力有一个宏观上的把握，并对未来重大投资和大额债务偿付做出合理安排。提高风险防范意识，增强危机识别和预防能力。三是完善企业内部控制系统，通过制度化的内部控制框架以及人员的管理实现企业部门的密切合作，相互监督。

其次，企业应当考虑自身的发展战略、现有的债务水平及盈利能力之后再确定融资战略，如果预期盈利水平不足以偿付债务，那么企业应放弃继续举债，以求稳健经营。

此外，企业应当合理评估市场对于企业产能的消化空间，衡量已有资源是否能够支撑企业扩张。注重公司文化等内部管理，减少内耗，提高效率。对于事关企业长远利益的重大战略决策应该在董事会提出，经由股东大会共同批准后予以执行。

（三）商业银行方面

商业银行应建立行业分析评价体系。一方面，商业银行应当将影响行业波动的相关指标纳入信贷风险管理评价体系；另一方面，商业银行应当建立常态化的评估机制，并针对行业的特定评估体系做出正确的判断。

思考与练习

1．什么是破产？破产的法律规定有哪些？

2．破产危机征兆分析的财务指标有哪些？

3．如何应对财务危机？

4．影响财务重整的决策因素是什么？

5．简述非破产重整的程序。

6．简述破产重整的程序。

7．什么是破产清算？破产清算的内容包括哪些？

8．简述破产清算的程序。